DICCIONARIO JURÍDICO-EMPRESARIAL ESPAÑOL/INGLÉS/ESPAÑOL

BILINGUAL DICTIONARY OF LEGAL AND BUSINESS TERMS ENGLISH/SPANISH/ENGLISH

Diccionario Jurídico-Empresarial Español/Inglés/Español
Bilingual Dictionary of Legal and Business Terms English/Spanish/English

Autora/Author: Veronique Bodoutchian-Sáiz

Edita/Published by:
© FUNDACION CONFEMETAL
Príncipe de Vergara, 74. 28006 Madrid.
Tel.: 00 34 91 782 36 30 - Fax: 00 34 91 561 66 93
Internet: www.fundacionconfemetal.com
E-mail: editorial@fundacionconfemetal.es

ISBN: 84-95428-03-2
Depósito Legal/Copyright 2000 by Fundación Confemetal: M-21771-2000

Maquetación e impresión/Desing and print:
DAYENU, Grupo de Comunicación

"La regla de oro para toda traducción es, a mi juicio, decir todo lo que dice el original, no decir nada que el original no diga, y decirlo todo con la corrección y la naturalidad que permita la lengua a la que se traduce." [1]

"The golden rule for any translation is, I believe, to say everything that the original says, to avoid saying something that the original doesn't say, and to say it with all the propriety and ease allowed by the language to which we are translating." [2]

---

1 García Yebra: **Teoría y práctica de la traducción**, 1982, España, Ed. Gredos, Tomo I, p. 43.
2 García Yebra: **Teoría y práctica de la traducción**, 1982, Spain, Ed. Gredos, Volume I, p. 43.

INTRODUCCIÓN

La globalización del mercado, la eliminación de barreras económicas y políticas y el establecimiento de un nuevo orden económico mundial son hechos que hacen del manejo de distintas lenguas, en particular del inglés y del castellano, una necesidad vital y urgente. A nivel mundial, las sociedades se encuentran en permanente expansión, viven migraciones profundas, internas y externas, y como tal, la intercomunicación que las caracteriza las hace a su vez ser interdependientes. Así, es la integración entre sociedades diversas el gran desafío al que se enfrentan los países iberoamericanos y anglosajones, y es justamente su diversidad la que la convierte en el gran motor hacia la modernización y el desarrollo de nuestras sociedades. La competencia lingüística representa entonces, el vehículo obligatorio de los profesionales para acceder a otros mercados.

Este diccionario responde a la necesidad de una población profesional creciente que se enfrenta a los requerimientos que le imponen la comunicación fluida con sus homólogos en otros países. Existen dos procesos que crean esta necesidad. En primer lugar, el de integración que se vive en Iberoamérica, particularmente el TLCA (NAFTA) y los acuerdos con la Unión Europea, que conllevan un acercamiento entre países, y por lo tanto una demanda cada vez mayor de relaciones de todo tipo, tanto con los de lengua inglesa, como con los que adoptan esta lengua como *lingua franca*. En segundo lugar, la globalización, que impone un dominio de ciertas lenguas, en particular del inglés y el castellano, para responder a las necesidades comerciales y profesionales del mercado mundial.

El fruto de años de experiencia profesional en el campo de la traducción legal, vertidos en esta obra, ofrecen al usuario una variedad de opciones para interpretar un término o un giro completo en el área de competencia de la misma. Estas opciones se alejan de la traducción literal y buscan reflejar el sentimiento propio de cada idioma, para así expresar un concepto en la lengua término con toda la naturalidad con la que el mismo sería utilizado en la lengua de origen.

INTRODUCTION

The globalisation of the market, the elimination of economic and political barriers and the establishment of a new world economic order are facts which make the use of languages, especially Spanish and English, a vital and urgent need. From a global perspective, the constant expansion of today's societies and their large external and internal flux of migrant populations, that characterises their intercommunication are making them ever more interdependent. Thus, the integration amongst diverse societies is the great challenge that stands before the Spanish and English speaking words. Understood as such, the way to gain access to other markets logically implies being linguistically competent.

This dictionary is a response to the need of a growing professional population, which must now confront the demands of today's global communication. There are two kinds of processes that create this communicative need. Firstly, that of the integration that is taking place between Spain and Latin America, particularly the implications of NAFTA and the agreements with the European Union, which have approached these countries and have created an on-going need of various relationships among countries, both with the English speaking ones as with those which have adopted English as the *lingua-franca*. Secondly, the process of globalisation which requires mastering certain languages, especially English and Spanish, in order to be able to respond to the economic and professional needs of the global market.

Years of professional experience in legal translation reflected in this dictionary, offer the user a variety of options so that he/she can find the most accurate translation or linguistic "twist". These options shy away from the literal translation and instead aim at reflecting the actual nature of each language, so as to allow the writer to express him/herself naturally, in either Spanish or English, with the same spontaneity and ease as he would express himself/herself in his/her own native language.

ALCANCE

Este no es un tratado de Derecho, ni un texto de lingüística. Es una recopilación de equivalentes aproximados utilizados en las áreas legal y empresarial entre dos lenguas que poseen sistemas jurídicos distintos: el angloamericano o Derecho consuetudinario de los países de habla inglesa y el romano o civil de España e Hispanoamérica. Igualmente, se aleja de los términos obvios que se encuentran en un diccionario general para centrarse en la contextualización de éstos, así que han sido incluidas frases que ejemplifican el sentido/significado de los términos tal como se utilizan en la práctica.

Para concluir, es importante recalcar que cada uno de los términos, frases y expresiones aquí incluidas provienen de situaciones y documentos reales de las áreas más diversas del Derecho y de la mayor diversidad de países de habla hispana e inglesa: desde España a Hispanoamérica, hasta Gran Bretaña y Estados Unidos, pasando por Canadá, Nueva Zelanda y el Caribe de habla Inglesa. En este sentido, su alcance es amplio. En efecto, en él se hace referencia al lenguaje jurídico-comercial de más alta frecuencia de uso en los eventos del desarrollo económico mundial, pero igualmente se incluyen algunos regionalismos y expresiones propias de España, Gran Bretaña, Norteamérica e Hispanoamérica que, por su frecuencia, y por la presencia de España en estos países, resultan de interés para el usuario final.

SCOPE

This dictionary is neither a law book nor a linguistics program. It is a collection of commonly used correspondents in both Spanish and English, in the business and legal contexts, taking into account that we are dealing with two languages with different legal systems: the Anglo-Saxon Common Law system and the Roman or Civil Law employed in Spain and Latin America. Additionally, the dictionary steers away from the obvious terms that can be found in any general dictionary, and instead focuses on contextualising the terms. Sentences have been included so as to provide examples of the way that the words are used.

In conclusion, it is important to highlight that each one of the entries, sentences and expressions comes from real situations and real documents used in legal contexts in various Spanish and English speaking countries: from Spain to Latin America, Great Britain to the United States and Canada, and from New Zealand to the English speaking nations in the Caribbean. This is a diverse dictionary. In fact, the entries in this dictionary contain the most common terms used in the legal and business language of today's world market. Some regional expressions form Spain, Great Britain, North America and Latin America are included in those cases when they can be of interest to the final user given their frequency and the presence of Spain around the world.

ABREVIATURAS UTILIZADAS/ ABREVIATIONS USED IN THIS DICTIONARY

English	*Abbreviations Abreviaturas*	*Español*
Argentina	A	Argentina
Central America	AC	América Central
adjective	adj.	adjetivo
administrative	adm.	administrativo
adverb	adv.	adverbio
affirmative	af.	afirmativo
antonym	ant.	antónimo
article	art.	artículo
Aviation	Av.	Aviación
Bolivia	B	Bolivia
The Caribbean	C	Caribe
Canada	Can	Canadá
Chile	Ch	Chile
Colombia	Col	Colombia
colloquial	coll.	coloquial
Commerce	Com.	Comercio
complement	compl.	complemento
Computer Science	Comp.	Computación, Informática
direct object	compl. dir.	complemento directo
conjunction	conj.	conjunción
Law	Der.	Derecho
Civil Law	Der. Civil	Derecho Civil
International Law	Der. Int.	Derecho Internacional
Penal Law	Der. Penal	Derecho Penal
direct	dir.	directo
Ecuador	Ec	Ecuador
Economy	Econ.	Economía
Education	Ed.	Educación
	EEUU	Estados Unidos de América
	ej.	ejemplo
especially	esp.	especialmente
example	ex.	
figuratively	fig.	figuradamente
Great Britain	GB	Gran Bretaña

Generally	gen.	generalmente
government	gov.	gobierno
Spanish-speaking countries	Hisp.	Hispanoamérica
in example	i.e.	
infinitive	inf.	infinitivo
international	int.	internacional
legal (term)	leg.	(término) legal
Mexico	M	Méjico
maritime (Law)	mar.	(Derecho) marítimo
noun	n.	nombre (sustantivo)
negative	neg.	negativo
object	obj.	objeto
past participle	past. part.	participio pasado
Peru	Pe	Perú
plural	plur.	plural
positive	pos.	positivo
preposition	prep.	preposición
pronoun	pron.	pronombre
regulation	reg.	regulación
reflexive verb	rv	verbo reflexivo
singular	sing.	singular
synonym	syn.	sinómimo
Uruguay	U	Uruguay
United States of America	US/USA	
verb	v.	verbo
intransitive verb	vi	verbo intransitivo
transitive verb	vt	verbo transitivo
Venezuela	Vzla.	Venezuela

SIGNOS UTILIZADOS Y ACLARACIONES EXPLICATIVAS

/ = o. Indica dos o más posibilidades (se dan tres situaciones: A/B -una palabra u otra-, CD/ E -una parte de la oración u otra-, FG / HI -una expresión u otra-; es decir, A/B, con la barra entre dos palabras, sin espacios, indica que puede elegirse entre esas dos palabras que están tocando la barra; CD/ E, con un espacio antes del segundo elemento, quiere decir que se debe formar la frase siempre empezando por C, pero puede continuarse eligiendo entre D y E; finalmente, FG / HI significa que hay dos formas de decirlo, entre las que se puede elegir).

|| Separa dos acepciones de la misma palabra, que implican, generalmente, cambio en la categoría gramatical (por ejemplo, una es verbo, la otra sustantivo).

; Separa también dos acepciones, pero normalmente sin cambiar de categoría gramatical.

, Separa sinónimos dentro de la misma acepción.

+ Seguido de / followed by (Ej.: + v., «seguido de verbo», + adv., «seguido de adverbio», etc.)

Palabras en cursiva Aclaraciones que indican categorías gramaticales o matices de significado (en negrita cursiva si forman parte del título de la entrada).

(v.) Va en cursiva por tratarse de una aclaración [=se trata de un verbo. Puede ser especialmente importante cuando al pasar de un idioma a otro las categorías gramaticales cambian: I'm hungry (adj.), Tengo hambre (n.)]. En el diccionario, la información accesoria suele posponerse a la palabra.

v. Delante de varias palabras que comparten la misma categoría gramatical (verbo).

viz. (del latín videlicet) es una abreviatura inglesa (muy frecuente, como tantas otras de origen latino: e.g. -exempli gratia; en español, p. ej., por ejemplo-, i.e. -id est; en esp., es decir, o sea-, v.g. -verbi gratia; en español, verbigracia (v.g.). Quiere decir "a saber, es decir", exactamente lo mismo que namely.

Al (+ v.) = Upon (+ n.) Esta entrada, traducida, quiere decir: «Al, seguido de (o más) un verbo, por ejemplo, "al renovarse", hay que traducirlo al inglés por upon seguido de (o más) un nombre o sustantivo, por ejemplo, "upon renovation"».

SINGS AND EXPLANATIONS INCLUDED IN THIS DICTIONARY

/ = o. This indicates there are two or more possibilities. There are mainly three situations : A/B – one word or the other-, CD/ E – one part of the sentence or the other-, FG / HI – one expression or the other. This is to say that A/B, with no additional spacing, indicates that you may choose between those two words ; CD/ E with a space before the second element indicates that the sentence must begin with C, but that it may continue with D or E ; finally, FG / HI indicates there are several ways to express the same idea.

|| This is used to separate different meanings of a word, generally implying a different grammatical category (for example: a noun, a verb).

; This is used to separate two meanings of a word, with no change in grammatical category.

, This is used to separate synonyms.

+ This means: followed by. For example +v, indicates: followed by a verb, +adv., followed by an adverb.

Italics They are used to indicate the grammatical category or additional information. They are in bold face when they belong to the title of the entry.

(v.) The italics here are used to provide additional explanation. This is particularly important in those cases when the grammatical categories change, for example: the English expression, I´m hungry (adj.), becomes Tengo hambre (n.) in Spanish. The information in italics is included after the term.

v. Located at the beginning of a list of verbs.

viz. From the latin expression videlicet, it means: that is, namely. It is an abbreviation very frequent in English (such as many others of the same origin: e.g. –exempli gratia, (p. ej. – por ejemplo, in Spanish); i.e. –id est, (es decir/o sea, in Spanish); v.g. –verbi gratia (verbigracia, in Spanish).

Al (+ v.) = Upon (+ n.) This means that if **Al** is followed by a verb, for example: "Al renovarse", it should be translated by Upon followed by a noun, in this case: "upon renovation".

Español - Inglés

Spanish - English

A

ESPAÑOL

A At

A 1 de agosto As of August 1

A bajo precio At low cost

A bordo del buque *X* On the vessel *X*

A cambio de Against

A cargo de For/on the account of

A cargo del juicio Hearing the case

A contar de As of; from

A contar de la fecha del envío desde la fábrica Starting from the date of shipment from the factory

A contar del día As of the time when

A continuación Hereinafter

A costa de At the cost of, by dint of

A crédito On account

A cuenta On account; in partial payment

A cuenta de For/on the account of

A descubierto o con provisión de fondos With or without overdraft privileges

A discreción At its option, at discretion

A disposición de At the disposal of

A domicilio At...'s home address

A este fin Hereto

A esto Hereto

A excepción de Unless

A expensas de At the expense of

A falta de In the absence of

A favor For

A favor de To the account of, for the sake of

A favor de nuestros intereses On our behalf

A favor del cónyuge *X* To the account of the spouse *X*

A fin de cuentas Eventually

A fin de cumplir con In order to comply with

A fin de gestionar In order to establish

A fin de no So as not to

A fin de tratar aspectos To discuss aspects connected with

A flote Afloat

A juicio de In the judgement of, at the discretion of, according to

A la disposición On hand

A la jurisdicción de cuyos tribunales, en caso de controversia, ambas partes nos sometemos To the jurisdiction of which courts they declare to submit themselves in the event of disputes

A la justa... As to the fair...

A la mayor brevedad Promptly, at your earliest convenience, as soon as possible

A la medida de As to the fair...

A la misma Thereto

A la orden de To the order of

A la presentación de este pagaré y a la orden de Against this promissory note, to the order of...

A la presente *(escritura)* Hereto

A la suma otorgada por este pagaré le ha sido deducida una porción por concepto de intereses anuales This promissory note has been discounted at an interest rate for one year term

A la vanguardia In the forefront

A la vista At sight, on demand; in prospect

A las direcciones que más adelante se mencionan To such addresses as hereafter shall be furnished

A los efectos de For the purpose of, for purposes of, to the effects of

A los efectos de la decisión Nº 24 For the purpose of Decision No. 24

A los efectos de la excepción prevista en For the purpose of the exception provided for in

A los fines de For the purpose of, for purposes of, to the effects of

A los fines de exención For purposes of a petition of exemption

A los fines de la aplicación For the purpose of the application

A los fines de que In order that the same

A los fines de su fijación, registro y publicación For purposes of the posting, registration and publication thereof

A manera de By way of

A más tardar... No later than/ before or on...

A mediados de Halfway through, in the middle of

A medida que As, at the same time as

A menos que Barring; unless

A menos que el contexto exija una interpretación diferente Unless the context otherwise requires

A mi entera satisfacción At my full satisfaction

A nivel internacional At international level

A no ser que lo disponga la ley Unless required by law

A nombre y en representación del suscrito For and in the name, place and stead of the undersigned

A nuestro alcance Within our means

A nuestro leal / buen saber y entender To the best of our knowledge and belief

A objeto de For (the) purpose(s) of

A objeto de solicitar... He requests to be issued...

A objeto de transacción For purposes of the settlement

A partir de As of, as from; from the time of; net of

A partir de la fecha de la misma From the date hereof

A pesar de Notwithstanding

A petición de At the request from

A precio de ganga At bargain price

A presentación At sight

A principios de At the beginning of, early in *(date)*

A propósito In passing, incidentally

A prorrata Apportioned

A prudente distancia At arm´s length

A Ptas. 160 / US $ At Ptas. 160 / US $; at Ptas. 160 to the US $

A que se contrae Which is the object of

A que se hace referencia Referred to in

A que se refiere *(establecido/estipulado)* Set forth in

A quien conozco personalmente To me personally known

A quienes las presentes vienen, reciban salud To all to whom these presents shall come, Greetings:

A raíz de As a result of, because of; right after, following; upon

A razón del At the rate of

A requerimiento de On demand of

A resultas de dicha revocación As a consequence of such revocation

A saber: Namely *(viz.)*; S. S.

A satisfacción de At/To the satisfaction of; to... ´s satisfaction

A solicitud On request

A solicitud de At someone´s request, upon request from, at the request of

A solicitud de la parte interesada At the request of the interested party / the party in interest /party concerned at

A su debido tiempo In due course/time; eventually

A su juicio At its option

A su lado Along with him

A su libre albedrío Freely and voluntarily

A su recepción When received

A su tiempo In due time, at the proper time, opportunely

A su tiempo debido In due course/time

A su vencimiento When due, on their due dates, on their maturity

A su vez Also

A tal efecto In this capacity

A tales fines To such end

A tasas preferenciales Special/preferential rates

A título confidencial To be held in confidence

A título de As, by way of

A título de recompensa o compensación By way of compensation/as a compensation

A título oneroso At onerous title

A todo efecto To all intents and purposes

A todos los efectos For any and all purposes, for the uses and purposes of

A todos los efectos correspondientes For the uses and purposes therein mentioned

A todos los fines y con la facultad, autoridad y poder de decisión For such purposes and with such powers, authorities and discretions

A todos los fines y propósitos expuestos en el mismo For the uses and purposes therein set forth

A través de *(actividad de persona)* Reliance on; through

A través de corredores, comisionistas y otros intermediarios Reliance on brokers, agents and other intermediaries

A través del cual By means of which; whereby

A un mismo efecto For the same purpose

A *X* días a partir de la fecha *X* days after *(date)*/the date of

Ab intestato/Abintestato Abintestate; Intestate

Abandonar *v.* Quit, abandon; abdicate

Abandonar mis deberes Have I forsaken my responsibilities

Abandono Desertion; abandoning, abandonment

Abandono de derechos Abandonment of rights

Abandono de propiedad asegurada Abandonment of insured property

Abandono voluntario del hogar Abandonment, desertion

Abaratamiento artificial Dumping

Abaratar *v.* Abate

Abarcar *v.* Cover, involve; be completed for

Abastecer *v.* Supply *(something)* to *(someone)*, provide *(someone)* with *(something)*

Abastecer(se) de combustible Fuelling

Abastecimiento Supply; supplying, provisioning; providing

Abdicación Abdication

Abdicante Abdicant

Abdicar Abdicate *(v.)*

Abintestato/ab intestato Abintestate

Abogado Attorney in Law / at Law *(US)* /Solicitor *(GB)*

Abogado acusador Prosecuting attorney

Abogado colegiado Be in the Bar

Abogado defensor Defense counsel

Abogado en ejercicio Practicing Attorney at Law

Abogado litigante Advocate

Abogado representante Attorney, agent

Abogar por Advocate *(v.)*

Abolición Abolition, abolishment; abatement; abrogation

Abolir *v.* Abolish, abate; annul

Abonar *v.* Make partial payment; credit

Abonar las primas en el momento de su vencimiento Pay premiums when due *(v.)*

Abono Allowance; credit

Abordar *v.* Approach *(X with a suggestion)*

Abordar 2 *v.* Undertake, to tackle *(difficult assignment)*

Abordar un problema Come to grips with *X (v.)*

Aborigen *adj.* aboriginal; indigenous || *n.* aborigine *(Australia)*

Aborigen 2 *n.* native; original inhabitant

Abreviar Curtail *(v.)*

Abrir Open *(v.)*

Abrir a pruebas el proceso File proofs *(v.)*

Abrirse paso Cut through *(v.)*

Abrogación Abrogation

Abrogar Abrogate *(v.)*

Abrumador Overwhelming

Absolución Acquittal

Absolución de un acusado Acquittal

Absoluto Absolute

Absolver Acquit *(v.)*

Absolver (absuelto) Acquitted

Absolver posiciones Answer questions *(in court) (v.)*

Absorber Digest *(v.)*

Abstención *(n.)* Abstain *(v.)*

Abstención de opinión Disclaimer of opinion

Abstenerse de Withhold from *(v.)*

Absurdo Senseless, absurd

Abundancia de bienes materiales Abundance of material goods

Abusar sexualmente Molest *(v.)*

Abuso Abuse, misuse

Abuso de confianza Breach of faith, breach of trust

Acabar por End(ed) up *(v.) (generally past tense)*

Acaloradas *(discusiones, argumentos)* Heated

Acaparamiento Corner

Acaparar Forestall *(v.)*

Acarrear *v.* Result in; carry, convey, transport, haul

Acarrear 2 *v.* Entail/occasion/cause *(misfortune)*

Acatar Comply with *(v.)*

Acceder Agree to *(v.)*

Accediendo a In compliance with

Accesión Accession

Acceso Access; to gain access to *(ganar acceso)*; to have access *(tener acceso)*

Acceso aleatorio Random access

Acceso confiable Reliable access

Acceso directo Direct access

Accidental (cargo) Acting *X;* interim

Accidente Casualty

Acción Action, case *(leg.)*; (plur.) stocks, shares, bonds *(com.)*

Acción a traición Back-stabbing

Acción administrativa Administrative act

Acción bancaria Bank share

Acción conjunta para cometer fraude Collusion

Acción contra las cosas sin consideración a la persona In rem

Acción de divorcio Action of divorce

Acción de jactancia Action in jactitation

Acción hipotecaria Foreclosure proceedings

Acción judicial Action

Acción penal Criminal action

Acción pendiente Pending court action

Acción personal Personal action, action in personam

Acción personal con prescindencia de las cosas In personam

Acción por cobro de dinero Action of debt

Acción por daños y perjuicios Action for damages

Acción preferente de dividendo acumulativo Cumulative preferred stock

Acción sobre rendición de cuentas Action for accounting

Acciones al portador Bearer shares

Acciones alfabéticas Alphabet stock

Acciones amortizables Redeemable shares; callable shares

Acciones con derecho a voto Voting stock/share

Acciones con valor nominal Par value stock

Acciones de capital Capital stock/ preference share/stock

Acciones de clase o grupo Class actions

Acciones de fundador Founders' capital stock

Acciones de interés público Relator actions

Acciones emitidas a cambio de bienes y servicios Stocks issued in exchange for goods and services

Acciones emitidas por encima de las acciones autorizadas en el documento constitutivo original Shares authorized in the original Articles of Incorporation

Acciones en circulación Outstanding capital stock

Acciones en premio Bonus shares

Acciones judiciales en juicio de divorcio Matrimonial actions

Acciones no redimibles Debenture stock

Acciones nominativas Registered shares

Acciones o valores Stocks or bonds

Acciones ordinarias Common stock

Acciones ordinarias con un valor nominal de $ 100 cada una Shares of common stock with a par value of $ 100 per share

Acciones preferidas/preferenciales Preferred stock

Acciones preferidas en cuanto a dividendos Preferred shares on account of dividends

Acciones preferidas en cuanto a la distribución de activos Preferred shares on account of distribution of assets

Acciones suscritas por cada fundador Shares subscribed by each founder

Accionista Stockholder

Acechar Forestall *(v.)*

Aceleración de las ganancias Profits acceleration

Acelerada *adj.* quick, rapid

Acelerar Speed up *(v.)*

Aceptación Acceptance

Aceptación a *posteriori* After-acceptation

Aceptación bancaria Banker´s acceptance

Aceptación comercial Trade acceptance

Aceptación de favor Accommodation acceptance

Aceptación de poderes Acceptance of proxies

Aceptación de una letra de cambio Acceptance of a bill of exchange

Aceptación en blanco Blank acceptance

Aceptación incondicional Clean acceptance

Aceptación no pagada o no aceptada Dishonored acceptance

Aceptación por los consumidores Consumer acceptance

Aceptación tardía After-acceptation

Aceptaciones por cobrar Acceptances receivable

Aceptaciones por pagar Acceptances payable

Aceptador Acceptor

Aceptante Acceptor

Aceptar Acknowledge *(v.)*

Aceptar depósitos The taking of deposits

Aceptar y constituir garantías en respaldo de obligaciones asumidas o por asumir Accept and constitute *(v.)* any such guarantee to support obligations assumed or to be assumed

Acerca de Concerning/Regarding

Acerca de esto Hereof, hereon; thereabout

Acercamiento Approach

Acierto Success, wisdom

Aclamación Acclamation

Aclamación (por) By acclamation, unanimously

Aclaración Clarification, explanation

Aclaración de la defensa Clarification of the defense

Aclarar Clear up *(vt)*

Aclarar 2 Point out *(v.)*

Acogida Acceptance

Acometer Launch *(v.)*

Acompañado de Accompanied by

Acompañar *v.* Attach to / annex to; enclose with

Aconsejar Advise *(v.)*

Acontecimiento Event, happening, incident, ocurrence

Acopiar *v.* Forestall, garner

Acoplado Online

Acordado en ésta Agreed upon herein

Acordar *v.* Decide, resolve, agree, agree upon

Acortar Curtail *(v.)*

Acosar Harass *(v.)*

Acotación Annotation

Acotado Bounded

Acotar (impuestos, contribución) Assess *(v.)*

Acrecentar Accrue *(v.)*

Acreditar *v.* Credit; attest, prove; evidence, proof; entitle

Acreditar 2 *v.* Provide/furnish evidence/proof

Acreditar su condición de titular de las cédulas hipotecarias Attest/prove *(v.)* his capacity as the owner/holder/bearer of the mortgage bonds

Acreedor Creditor *(n.)*

Acreedor a Eligible, deserving

Acreedor hipotecario Mortgagee

Acreencia Accession, accretion

Acta Certificate, deed; record, proceeding; acts

Acta 2 Official minutes of a meeting

Acta Constitutiva *(Estatutaria)* Articles of Incorporation; Certificate of Incorporation

Acta Constitutiva del Banco Agreement Establishing the Bank

Acta de acusación Bill of indictment

Acta de cesión Deed of release

Acta de constitución Deed of settlement

Acta de embargo Attachment

Acta de juicio Court record

Acta de la Junta Directiva Minutes of the (Meeting of the) Board of Directors

Acta de matrimonio Marriage certificate

Acta de nacimiento Birth certificate

Acta de rescisión Act of rescission; action for annulment

Acta del comité Minutes of the committee meeting

Acta final de avenimiento para asuntos fiscales pendientes Final agreement/ memorandum of agreement for pending taxes

Acta levantada Minutes drawn up

Acta matrimonial Record of a marriage

Acta (minutas tal como serán archivadas) Minutes-final version

Acta modificatoria de los Estatutos Meeting to modify By-Laws

Acta notarial de reconocimiento Certificate of acknowledgement

Acta resumida Summary minutes

Actitud Approach *(n.)*

Actividad Effort

Actividad en horas-máquina Activity in machine-hours

Actividad fuera del mercado Nonmarket activity

Actividad mercantil Business activity

Actividades gubernamentales Government activities

Activo Asset

Activo agotable Exhaustible asset, depletive asset, wasting asset

Activo comercial/circulante Current assets

Activo corriente o circulante Active assets

Activo de capital Capital assets

Activo de rápida liquidación Quick assets

Activo de respaldo Cushion asset

Activo depreciable Durable asset

Activo devengado Accrued asset

Activo disponible Cash on hand and in banks

Activo en el exterior que inhabilite (la solicitud *X*) Offsetting offshore asset

Activo fijo Capital asset; fixed asset

Activo fijo neto Net fixed assets

Activo físico duradero Durable physical asset

Activo intangible Intangible asset

Activo líquido Net worth

Activo neto Owner's equity

Activo oculto Concealed assets

Activo productivo Earning asset

Activo social Partnership assets

Acto *Act*, action, proceeding, ceremony

Acto administrativo Administrative act/action

Acto continuo Immediately *(hereafter)*; subsequently, then

Acto dañoso Tort

Acto de contestación Reply

Acto de graduación Commencement

Acto de intervención Act of honor

Acto de rescisión Action for annulment, act of rescission

Acto doloso en sí mismo Malfeasance

Acto en perjuicio del dueño de un barco Barratry *(maritime law)*

Acto encaminado a disminuir el afecto entre personas Alienation of affections

Actor que se beneficia de la resolución judicial Relator suitor

Actos y asuntos Acts and things

Actuación *(Leg.)* action, proceeding, (plur.) proceedings

Actuación judicial Judicial order/ resolution

Actuación mediante apoderados Acting/Proceeding by proxy

Actual Current, present; ongoing

Actualizar Discounting *(adj.)*

Actualmente At present, currently

Actualmente o en adelante Now or hereafter

Actualmente surto en el puerto de *X* Anchored at the port of *X*

Actuar *v.* Perform judicial acts; litigate; act; proceed, discharge a duty, prosecute

Actuar (actuando en mi propio nombre y en representación de mi legítima esposa) Acting in my own name as well as for / in representation of my legitimate wife

Actuar (como) Serve as *(v.)*

Actuar como presidente Act *(v.)* as a Chairman

Actuar en mi representación en cualesquier procesos penales Represent *(v.)* me in any and all criminal actions

Actuaria Actuary office

Acuerdo Covenant, compromise; accommodation; accord, accordance, agreement; decree

Acuerdo de comercio preferencial Preferential trade agreement

Acuerdo de préstamo Loan agreement

Acuerdo General sobre Tarifas y Comercio (AGTC) General Agreement on Tariffs and Trade (GATT)

Acuerdo integral Entire agreement

Acuerdo mutuo Mutual consent

Acuerdo obligatorio Binding agreement

Acuerdo total entre las partes en cuanto a los términos y condiciones de sus relaciones Entire understanding between the parties as to the terms and conditions of their relationship

Acumulación Accrual; accretion; backlog

Acumulación con acción de nulidad Joinder with action for annulment

Acumulación de acciones judiciales por orden del Juez Consolidation of actions

Acumulación de capital Capital accumulation

Acumulación progresiva *(de fuerzas, tropas)* Build-up

Acumulaciones Accruals

Acumulaciones por pagar Accruals payable

Acumulado Accrued

Acumular v. Accrue; garner

Acusación Presentment, arraignment; count *(n.)*; (plur.) allegations

Acusación contra un empleado público Impeachment

Acusación criminal presentada por el Gran Jurado Indictment

Acusación presentada por un oficial judicial Information (penal)

Acusado Accused, defendant

Acusador (se considera como testigo del Estado) Complaining witness

Acusar *v.* Accuse, charge; denounce

Acusar recibo Acknowledge *(v.)* receipt

Acuse de recibo Acknowledgement of receipt

Adecuación Fitting, adapting

Adecuado Suitable, appropriate, adequate

Adecuar *v.* Adapt, fit

Adelantado Advanced

Adelantar ante el Tribunal los trámites necesarios para obtener Take *(v.)* before the Court any such steps as may be necessary or required to obtain

Adelantar los trámites Take *(v.)* the steps required for... before...

Adelantarse a *(en sentido positivo)* *v.* Brush aside *(positive)*; forestall

Adelante There in after

Además Furthermore, further, moreover; thereto

Además de In addition to; besides

Además de cualquier otro recurso legal disponible de conformidad con la ley In addition to any other remedies available under law

Adentro Therein

Adeudar *v.* Owe; charge

Adeudo Debit; indebtedness; charge

Adhesión Adherence, loyalty, support, adhesion

Adicionabilidad Addibility

Adicionales a los 18 meses de dicha fecha After 18 months

Adiestramiento Training, teaching, instruction

Adiestramiento de servicio Service training

Adiestrar *v.* Train, teach, instruct

Adjudicación Adjudication, adjudgment; award

Adjudicar *v.* Adjudicate, award, grant, assign; apportion, allocate

Adjudicar 2 Adjudicate *(v.)* as bankrupt

Adjudicarse Appropriate *(v.)*

Adjuntar Attach *(v.)*

Adjunto *adj.* Attached, annexed, accompanied; enclosed (in letter)

Adjunto 2 *n.* Adjunct, colleague, associate

Adjunto a la misma Annexed therewith / attached thereto; herewith

Administración Management, handling; administration

Administración, compra y venta y distribución de bienes muebles, valores y participaciones Administration, sale, purchase and distribution of real property, securities and shares

Administración de Hacienda Finance authority

Administración de negocios Business administration

Administración de propiedad por el albacea testamentario Execution

Administración de proyectos Project administration

Administración de riesgos Risk management

Administración pública Civil service

Administración tributaria Tax administration

Administrador Administrator

Administrador *ad hoc* Administrator ad hoc

Administrador de aduanas Collector of customs

Administrador de cartera Money manager

Administrador judicial / receptor Receiver

Administrar Manage *(v.)*

Administrar juramentos Administer *(v.)* oaths

Administrar (negocio) Conduct *(v.)*

Admisible Allowable; eligible

Admisión Acceptance; acknowledgment, avowal

Admisión de la prueba Acceptance of proof

Admitida la solicitud Upon admission of the request

Admitir *v.* Acknowledge; concede

Adopción Adoption

Adopción de decisiones Decision making

Adquirir Purchase *(v.)*

Adquirir bienes en actos de remate Acquire *(v.)* property at judicial auctions

Adquisición Purchase; takeover

Adquisición de la totalidad de una empresa Leverage Buy-Out (LBO)

Adquisición de viviendas Home owning

Aducir Cite as proof

Adulteración Adulteration, debasement

Adulterar *vt.* Adulterate // *(rv.)* become adulterated

Adulterino Adulterine, adulterous

Adulterio Adultery, criminal conversation

Advertencia Advice

Advertir *vt.* observe, notice, note; advise // *vi.* realize // *rv:* become aware of

Afán Effort, eagerness, zeal, anxiety, keenness, keen desire

Afear Deface; discredit

Afectado Encumbered

Afectar *v.* Charge (acusar formalmente); damage (perjudicar)

Afecto a *(sujeto/expuesto a)* Subject to

Afianzado *(n.)* (el) The bonded

Afianzar Guarantee *(v.)*

Afiliados Joiners, affiliates

Afín Akin, kindred, allied, connected, related

Afirmaciones Assertions; statements, affirmance

Afirmar *v.* Aver, state; assert; attest; assure, confirm, claim to

Afirmativamente Affirmatively, in the affirmative

Aforo Appraisal

Afrontar Cope *(v.)*

Agencia Agency, branch office

Agencia de compras Buying agency

Agencia norteamericana que vigila el mercado bursátil Security Exchange Commission (SEC)

Agenda Minutes

Agente Agent; attorney

Agente de cambios Bill-broker

Agente de compras Buying agent

Agente de fabricantes Manufacturers agent

Agente expedidor/ de despacho/ de transporte Forwarding agent

Agente o representante diplomático Envoys

Agobiante Overwhelming

Agobiar Overwhelm

Agotamiento *(Com.)* Depletion

Agotar *v.* Drain

Agotar una instancia Give *(v.)* its verdict

Agotarse Be *(v.)* used up

Agradecer *(compl. dir.)* Thank *(v.)* (someone) for (something)

Agrandar Increase *(v.)* in size

Agraviar *v.* Wrong; injure; offend

Agravio Tort; grievance

Agravio a la persona Personal tort

Agregar *v.* File; add

Agregar (agregado) Aggregate

Agregar (agregado al expediente que se forme de dicha Compañía) Included in the file opened on said Company

Agremiado Unionized; organized (labor); forming a guild

Agrícola Agrarian

Agricultor Farmer

Agrimensor (el que mide una tierra) Mensor

Agro Farmland; farming

Agropecuario Pertaining to farming and cattle raising; agriculture

Aguas blancas Storm-water drainage

Agudamente Dramatically

Agudizar Become *(v.)* more serious

Agudo Acute

Aguinaldo Year-end bonus

Ahora, por lo tanto, las partes acuerdan lo siguiente: Now, therefore, the parties hereto agree as follows:

Ahorrar *v.* Save

Ahorro Saving, savings

Ahorro impositivo Tax savings

Ahorro interno Domestic savings

Aislamiento Isolation; insulation

Ajeno Alien; extraneous

Ajeno a Alien to

Ajustar *v.* Accomodate; adjust

Ajustarse a To be *(v.)* in accordance/in keeping /consonant/in agreement with

Ajustarse a 2 To be *(v.)* suited to

Ajuste Adjustment, fitting, accomodation; hiring, engaging; setting (of price)

Ajuste 2 Agreement, settlement

Ajuste adelantado Forward adjustment

Ajuste de adquisición Acquisition adjustment

Ajuste de la balanza de pagos Balance-of-payments adjustment

Ajuste de pago de renta Adjustment of income payment

Ajuste de pérdidas Loss adjustments

Ajuste en la valuación de las existencias Inventory valuation adjustment

Al At the time of

Al *(fecha)* At *(date: day, month)*

Al *(+ v.) (ej. al revocarse)* Upon *(+ n.). (ex. upon revocation)*

Al aceptar On acceptance of, by accepting

Al aceptar este conocimiento On acceptance of this document *(bill of lading)*

Al azar At random

Al calcular los costos de las órdenes de producción In costing jobs

Al contado Cash down, for cash

Al corriente de Informed

Al costo At cost

Al dar *X* por terminado On termination of

Al efecto To such effect

Al efectuarse el proyecto urbanístico definitivo Upon the final development

Al extinguirse *(una vez extinguida)* Having extinguished/ having been extinguished

Al fin y al cabo In the end, when all is said and done

Al margen de On the margin

Al margen de la presente acta se encuentra una nota On the margin of the above record there is a note

Al momento Outright

Al momento de At the time of

Al ocurrir cualquiera de los eventos siguientes Upon the occurrence of any of the following events

Al parecer Reportedly

Al presentar las opiniones que aquí se expresan In rendering the opinions expressed below

Al presente o en adelante Now or hereafter

Al recibir... Upon receipt

Al respecto In this regard; concerning this matter (+ thereon/thereabout)

Al respecto se conviene To such effect/respect the parties agree that

Al revocarse esta constancia Upon revocation of this certificate

Al ser recibido Upon receipt

Al tanto de Informed

Albacea Administrator, executor

Alcalde Mayor, Sheriff

Alcaldesa Sheriff, Woman Mayor

Alcaldía Sheriff's office

Alcanzar para *v.* Cover/suffice

Alegar *v.* Cite, allege, claim

Alegar (alegado) Alleged, purported

Alegar (alegando que) Claiming that

Alegar defecto de forma del libelo Use *(v.)* the argument of defect of form of the complaint

Alegar razones en defensa de Argue *(v.)* in defense of...

Alegato Allegation; summing; brief; plea, pleadings

Alegato que prescinde de formalidades Material allegation

Alejamiento Estrangement, embittered estrangement

Alejar *v.* Estrange, alienate; withdraw, leave

Alentador Encouraging, heartening

Alentar Encourage *(v.)*

Alfanumérico Alphanumeric

Algoritmo Algorithm

Alguacil Marshal, Bailiff, Constable

Alguien designado únicamente con un fin específico Ad hoc

Alguno Whatsoever

Alienable Alienable

Alienación Alienation

Alienar *v.* Alienate

Aliviar Mitigate *(v.)*

Aliviarse Allay *(v.)*

Allanamiento Unlawful entry; search and seizure

Allanamiento (de un establecimiento) Raid

Allanar *v.* Overcome (difficulties); break into; search, raid (house, building)

Almacén de depósito Bonded warehouse

Almacén de guarda de depósitos Depositary

Almacenador de información binaria Core storage

Almacenamiento Storage; warehousing

Almacenamiento en núcleo Core storage

Almacenar *v.* Store, accumulate, hoard

Almacenar granos Garner *(v.)*

Alojamiento Room

Alojar *vt.* Lodge, give accomodation to

Alquilado Leased

Alquilar *vt.* Rent, lease

Alquilar un barco/avión Charter *(v.)*

Alquiler Rent, lease

Alrededor Thereabout

Alteración Alteration, disruption

Alteración en un documento escrito Material alteration

Alterar Alter *(v.)*

Altercado Altercation

Alternando con Alternating with / taking turns with

Alternativa Choice

Alto el fuego Cease-fire

Alto riesgo High risk

Altoparlante Loudspeaker

Aludido(s) Such/abovesaid, aforementioned

Aludir *(vi.)* Refer to

Alumbrado eléctrico Electrical wiring

Alza Rise, increase (prices); hike

Alzar vt. Raise, elevate; rv. rise, rebel; *(leg.)* appeal

Ambas partes cometen hechos ilícitos o faltas In pari delicto

Ambas partes nos sometemos They declare to submit themselves

Ambos mayores de edad y de este domicilio Both of legal age and residents of this municipality

Amenaza Menace

Amenaza de violencia o de pérdida de la libertad Duress

Amenazar *vt.* Threaten, menace

Aminorar *v.* Mitigate, abate

Amortiguar Cushion *(v.)*

Amortizable Callable

Amortización (deuda) Amortization (debt)

Amortizar *vt.* Pay off, refund; depreciate (equipment)

Amparar *v.* Advocate; cover

Amparo Constitutional guarantee for protection of civil rights

Amparo (orden judicial que prohíbe determinados actos) Injunction

Ampliamente facultado Fully authorized

Ampliar *v.* Extend; enlarge *(picture)*; amplify; expand *(industry)*

Amplio Comprehensive

Amplitud Breadth

Análisis Analysis (general)

Análisis combinatorio Combinatorial analysis

Análisis con múltiples variables Multivariate analysis

Análisis críticos Critical reviews

Análisis de costo-efectividad Cost-effectiveness analysis

Análisis de cuenta Account analysis

Análisis de cuentas por antigüedad Age analysis of accounts

Análisis de la sentencia Regarding the analysis...

Análisis de operaciones arriesgadas Venture analysis

Análisis de sensibilidad Sensitivity analysis

Análisis del insumo y de la producción Input-output analysis

Análisis del riesgo Risk analysis

Análisis macro-económico de las finanzas públicas Macro Public Finance Analysis

Análisis numérico clásico Classical numerical analysis

Análisis por productos Analysis by commodities

Analista Analyst

Analista de sistemas Systems analyst

Analizar *(vt.)* Analyze

Analizar la actividad Monitor

Ancestro Ancestor

Ancianos The elderly; old people, aged

Andina Andean

Anexar *vt.* Attach, annex

Anexo *(n.)* Exhibits

Anexo *(v.)* I attach hereto

Anexo indicativo de *X* Annex listing *X*

Animales domésticos Household pets

Animosidad Animosity

Anotación Annotation

Anotado Entered

Anotar *vt.* Make a note of, write down; remark, point out

Antagónica Antagonistic, opposed, opposing, contrary

Ante Before *(X)*, in front of, in the presence of

Ante 2 In view of, with regard to

Ante el despacho a su digno cargo Before you

Ante mí compareció personalmente Before me personally appeared

Ante mí se apersonó Before me personally appeared

Ante quien Before whom

Ante quien se hizo el reconocimiento, juramento o declaración jurada Before whom the annexed acknowledgment, oath, affidavit was taken

Ante todo Above all, first of all

Ante Ud. respetuosamente ocurro y expongo: Before you I respectfully resort to state/appear before you to state

Antecedente Background; antecedent; former

Antecedente (antecedentes del análisis) Background of analysis

Antecedente (antecedentes penales) Criminal record

Anteceder Antecede, precede

Antepasado Ancestor, predecessor

Anteproyecto Project draft; blue-print *(fig.)*

Anterior Foregoing, former

Anteriormente Hereinbefore, heretofore, there in before

Anteriormente en la presente Hereinabove

Antes Heretofore; there in before

Antes de/del Prior to, previously; in advance of

Antes mencionado Aforementioned

Antes señalada Last above written

Antesala Lounges

Anticipación Prior

Anticipar *vt.* Anticipate, foresee; pay in advance, lend (money)

Anticipar dinero Advance *(v.)*

Anticiparse a Forestall *(v.)*

Anticipo Advance payment, initial payment

Anticipo en efectivo a cuenta de la tarjeta de crédito Cash advance on your credit card

Anticipo pendiente Advance outstanding

Anticipos a los empleados Advances to employees

Anticipos sobre conocimientos de embarque Advances against bill of lading

Anticipos sobre mercancías Advances on merchandise

Antigüedad Seniority pay

Antigüedad de las cuentas Age of accounts

Antigüedad de las cuentas a pagar Age of accounts payable

Anualidad Annual allowance, annuity

Anualidad anticipada Annuity due

Anualidad (anualidades ciertas) Annuities certain

Anualidad (anualidades eventuales) Contingent annuities

Anualidad con reembolso en efectivo Cash refund annuity

Anualidad de pago inicial Annuity due

Anualidad vitalicia con reembolso en efectivo Cash refund life annuity

Anulación Annulment, abatement, abrogation; abolition

Anulación de carta de crédito Letter of credit cancellation

Anular/ rescindir *v.* Terminate, annul; cancel, revoke; abate, abrogate; abolish

Anunciar *vt.* Announce; advertise

Anuncios Advertising

Anverso Front page, face

Año *(X)* al *(fecha)* *(X)* year at *(date)*

Año calendario Natural business year

Año civil Calendar year, civil year

Año de 360 días A 360 (day) year

Año de la Federación 125° (de la Federación) = 125 Years since Federation

Año de la Independencia 174° (de la Independencia) = 174th Year of Independence

Año del Señor AD (Anno Domini)

Año económico más apropiado al giro Natural business year

Año fiscal/civil Fiscal year, tax year

Año lectivo Academic year

Año natural Natural business year

Año sabático Sabbatical leave

Años de gracia Years' grace

Años futuros Future years, the coming years, the years ahead

Años superiores de los estudios Senior college

Apaciguarse Allay *(v.)*

Apagado Off

Apalancamiento Leverage

Aparato Apparatus, device, appliance; machine

Apareado Assorted

Aparece un acta que dice así: Includes a record which reads as follows:

Aparecer Show up, turn up; include

Aparición Appearance (in court); apparition (ghost)

Apartados Appropriations

Apartar *v.* Reserve; set aside; divert

Apartar *(mirada, pensamientos)* Avert *(v.)*

Aparte *(n.)* Subparagraph

Aparte de Apart from, besides...

Aparte único Sole paragraph

Apelación *(Der.)* Appeal *(n.)*

Apelaciones y resoluciones finales del Ministro Appeals and final orders of the Minister thereon

Apelante Appellant

Apelar Appeal for/to petition for (something); to have recourse

Apenas *adv.* scarcely, barely, hardly

Apeo o deslinde Description of boundaries

Apice Top, vertex, summit

Aplanadoras Bulldozers

Aplastante *(triunfo, mayoría)* Overwhelming

Aplazamiento Adjournment, deferral

Aplazamiento/continuación Continuance

Aplazamiento o retraso del cobro Deferment of collection

Aplazar Defer *(v.)*

Aplazar indefinidamente *(arrinconar)* Shelve *(v.)*

Aplicación Implementation; use; furtherance

Aplicación analógica Pursuant to

Aplicación de los principios legales Matter of law

Aplicaciones para registrar *X* Apply for registration of *X*/for application to register *X*

Aplicar *v.* Allocate; extend

Apoderado Attorney-in-fact (US/GB); attorney; proxy holder, agent, assignee, commissioner

Apoderado de Attorney-in-fact for

Apoderado real y verdadero True and lawful attorney

Apoderar *v.* Commission; empower

Aportar Bring, contribute

Aportar la correspondiente prueba Have *(v.)* the burden of proof

Aporte Contributions

Aporte (aportes al capital) Capital contributions

Apoyar *v.* Back, advocate

Apoyo *n.* Support

Apreciación Appraisal

Apremiadas por Urged, pressed

Apremiante Compelling

Apremiar *vt.* press, urge, compel, oblige, hurry, harass, hound

Apremio Constraint

Aprestarse *v.* Prepare oneself, to get ready

Apresurar *v.* Hurry, hasten

Aprobación Approval, adoption, consent

Aprobaciones oficiales Official permits/approvals

Aprobar Adopt *(v.)*

Aprobar y sancionar *(una ley)* Enact *(v.)*

Apropiación de propiedad ajena en forma ilegal Larceny

Apropiación de propiedad ajena Embezzlement

Apropiación ilícita de bienes Conversion

Apropiación indebida Misappropriation

Apropiado Suitable, appropriate, adequate; expedient

Apropiarse *v.* Appropriate, preempt

Aprovechable Available

Aprovechamiento Use, exploitation, development

Aprovechar *v.* Reap the benefits, take advantage from

Aprovisionamiento Supplying, provisioning

Aprovisionar(se) de combustible Fuelling *(n.)*

Aproximadamente Thereabout

Aptitud Competence, capability; inclination, talent

Apuesta uniforme Straight betting

Apunte Annotation

Apuro Plight

Aquél The former

Aquéllas/aquéllos Any such... as

Aquí In this document

Aquí contenido Herein

Aquí dentro Herein

Aquí expuestos Stated herein

Aquí regulados Hereinunder

Arancel Customs tax

Arancel de aduana Customs tariff, book of rates

Arancel flexible Flexible tariff

Arbitraje Arbitrage; arbitration

Arbitraje de intereses Interest arbitrage

Árbitro Hearing officer

Árbitros arbitradores o de derecho Arbiter, whether an arbitrator not bound by legal principles or an arbitrator bound by legal principles

Árbol de arrastre Drive-shaft

Archivar *vt.* File (documents)

Archivos Files

Archivos de crédito Credit files

Áreas comunes Common elements

Áreas y servicios comunes Limited common elements

Arenas bituminosas Oil sands

Argumentación Argumentation, reasoning, argument

Argumentar Bickering *(n.)*, *v.* Argue

Argumento Contention

Arma del asesinato Murder weapon

Armador Shipper

Armonía Accordance

Arqueo de caja Cash count

Arqueo de la caja general Count of general cash

Arqueo y conciliaciones bancarias Appraisal of assets and banking settlements

Arraigado Rooted

Arraigarse *v.* Settle, establish oneself in a place, take root *(somewhere)*

Arras *(depósito de dinero)* Earnest money

Arrasar *v.* Raze, destroy, demolish

Arreglar Accommodate *(v.)*

Arreglárselas con Cope *(v.)* with

Arreglo Accommodation, adjustment; accord, agreement; compromise

Arreglo definitivo Final settlement

Arreglo donde se confía una escritura a terceros Escrow

Arreglo entre acreedor y deudor Compositions

Arreglo entre acreedores Arrangement

Arreglo entre la parte ofendida y el criminal Compounding a crime

Arrendado Leased

Arrendador Lessor

Arrendar *vt.* Rent, lease

Arrendarlo por cualquier período de tiempo Rent *(v.)* such real estate for any length of time

Arrendatario Lessee, lease holder; tenant

Arrendatario actual Present tenant

Arresto Arrest

Arresto ilegal False arrest

Arriendo Lease

Arriesgado Chancy

Arriesgar *vt.* Risk, venture

Arrinconar *(aplazar indefinidamente)* Shelve *(v.)*

Arrogante Big-headed

Arrojar Show *(v.)*

Arrollador *(triunfo, mayoría)* Overwhelming

Arruinar Bankrupt *(v.)*

Artefacto Appliance

Artículo Item

Artículos de comercio o de consumo Commodities

Artículos de consumo corriente Convenience goods

Artículos de consumo general Staple shopping goods

Artículos de primera necesidad Basic commodity

Artículos domésticos Household effects

Asaltar *vt.* Assautl, attack

Asalto Attempt, assault, attack

Asalto y agresión Assault and battery

Asalto y agresión simple Simple assault and battery

Asamblea Assembly, meeting

Asamblea anual de miembros de dicha corporación Annual meeting of the members of said corporation

Asamblea de accionistas Shareholders' meeting

Asamblea de gobernadores Board of governors

Asamblea extraordinaria de accionistas (Shareholders') extraordinary general meeting (of S-holders)

Asamblea extraordinaria de accionistas 2 Special stockholders' meeting

Asamblea ordinaria de accionistas Ordinary stockholders' meeting

Ascender a Amount to, totalling....

Ascensión Accession

Ascenso *(al trono, dignidad)* Accession

Asegurado *n.* Insured, assured || *adj:* covered, insured; provided

Asegurado de nuevo Insured anew

Asegurado por *(cantidad)* *(Amount)* insured under...

Asegurador Underwriter

Asegurar *v.* Ensure *(something non-existent)*; secure *(something existing)*; insure

Asegurar / afirmar *v.* State / aver, assure (confirm)

Asentamiento Settling; settlement

Asentar *v.* Seat; settle, establish; erect; enter, register

Asentar al debe Debit *(v.)*

Asentar en el haber Credit *(v.)*

Asentimiento Accession

Asesor Adviser

Asesor de política exterior Foreign policy adviser

Asesor *(juez)* Amicus Curiae

Asesor jurídico Amicus Curiae; legal advisor

Asesor legal Legal counsel

Asesor y Director Suplente Advisor and Assistant Director

Asesorado por On advise by, advised by, assisted by, upon the counsel of

Asesoramiento Advice, counsel, advisory services; consultant work

Asesoramiento autorizado Authoritative expert advise

Asesoramiento de expertos Authoritative expert advise

Asesorar *v.* Advise, counsel

Asesores técnicos Technical consultants

Asesoría Advice

Aseveración Statement

Aseverar Assert *(v.)*

Así As follows, in the following manner, thus

Así como las demás disposiciones de rango similar As well as any other provisions of a similar rank

Así lo *(+ v. inf.)* So *(+ v.)*

Así lo compra He is thus purchasing

Así lo digo, otorgo y firmo ante una notaría pública So I do declare, assume and sign it before a notary public

Así mismo acompaño Likewise I am attaching hereto

Asiento Record/ entry

Asiento (asientos de ajuste) Adjusting entries

Asiento (asientos de apertura) Opening entries

Asiento de Registro N°... Registry Entry No....

Asiento principal Head Office

Asignación Allotment, assignment; (plur.) allocation

Asignación de costos Allocation of costs

Asignación de recursos Resource allocation

Asignación por antigüedad Longevity bonus

Asignación presupuestal Budget allowance

Asignante Assigner

Asignar *vt.* give, apportion, allot, assign; allocate

Asimilable Assimilable

Asimismo Further/furthermore

Asistencia a la reunión Attend meeting of

Asistencia en forma de capital Capital assistance

Asistencia mientras que se llega a una decisión final Assistance pending the fair hearing

Asistente Assistant *(adj.)*

Asistir *vt.* Assist, help; attend, be present

Asistir a su evacuación Assist *(v.)* in the filing thereof

Asistir (asistido en este acto por) Assisted in this act by

Asociación Association, partnership

Asociación de abogados Bar

Asociación de libre comercio Free trade association

Asociación de Seguros para Créditos en el Exterior (ASCE) Foreign Credit Insurance Association (FCIA)

Asociación Europea de Libre Comercio (AELC) European Free Trade Association (EFTA)

Asociación Latinoamericana de Libre Comercio (ALALC) / de integración (ALADI) Latin-American Free Trade Association (LAFTA)

Asociación mercantil Trade association

Aspecto Aspect, side; appearance

Aspecto exterior de The exterior of

Aspectos corporativos y fiscales Corporate and tax aspects

Aspirar *v.* Aim at, call for

Aspirar a *v.* Hope to (do something); wish for; intend

Asumir *v.* Assume (responsibilities, command); raise, elevate

Asumir *(un cargo)* Take *(v.)* charge of

Asunto Subject; Re: (reference); affair

Asunto (asuntos fiscales pendientes) Pending taxes

Asunto (asuntos que fueren debidamente presentados para la correspondiente decisión en dicha asamblea) Matters which may be properly presented for action at such meeting

Asunto (asuntos y situaciones) Matters and things

Asunto privado Private business

Asunto procesable Actionable

Ataduras y precintos Fastenings and closure

Ataque Attempt

Atención Attention, heed; care

Atender Honor *(v.)*

Atender a apelaciones interpuestas Hear *(v.)* the appeals filed by

Atender a apelaciones interpuestas por Which is hearing the appeals filed by

Atender algo Get *(v.)* around to

Atender apelaciones Hear *(v.)* the appeals

Atender consulta de *X* Answer *(v.)* Mr. *X's* inquiry on...

Atender solicitudes autorizadas de los registros Honor *(v.)* authorized requests for records

Atentado Illegal procedure, illegality. Aggression against...; crime, offense

Atentado contra la vida de Attempt on (someone's) life

Atestiguación Affidavit

Atestiguar *v.* Attest, depose

Atrasado *adj.* Delinquent; belated

Atrasar Delay *(v.)*

Atraso Arrears, delay

Atraso de la depreciación Arrears of depreciation

Atraso en pagar Arreage

Atribuible a Which may be attributed to

Atribuir *vt.* Attribute, ascribe to; confer, grant || *rv.* confer on oneself

Atribuirse el crédito Take *(v.)* credit

Audaz Bold, audacious, daring

Audiencia de apelación Appeal hearing

Audiencia final Trial

Audiencia previa y de conciliación Pre-trial

Auditar *vt.* Audit

Auditores independientes Independent auditors

Auditoría Audit

Auditoría de caja Audit of cash

Auditoría externa Independent audit

Auditoría gerencial Management audit

Auditoría interna Internal audit

Auditoría operacional Operational audit

Auge Boom

Aumentar Boosting *(n.)*

Aumentar en Increase *(v.)* by

Aumento Accrual, accretion; hike

Aumento de capital Capital increase

Aumento del gasto público Government spending increase

Aumentos en bonificaciones Bonus additions

Aun cuando Even when

Aunque Albeit

Aunque sin limitarse a But not limited to

Ausencia Absences

Ausencia continuada Continued absence

Auspiciar *vt.* Back, support, sponsor

Austral Southern, Austral

Auto Registrar writ

Auto de admisión Admission writ

Auto de comparecencia Summons

Auto de detención Bench warrant, warrant of arrest

Auto de embargo Writ of attachment

Auto que sobre ella recaiga Registrar writ of proceeding on

Autoliquidación Personal settlement

Autoliquidar *vt.* Settle, make personal payment

Autoliquidar el impuesto Make personal settlements of such taxes

Automatización Automation

Automotriz Automotive, self-propelling; automobile

Autor de un crimen Perpetrator of a crime

Autoridad fiscal Tax authorities

Autoridad marital Marital coercion

Autoridad prestamista Lending Authority

Autoridad pública Public authorities

Autoridad social Company authority

Autorización Consent; fiat

Autorización de firmas de pagarés Authorization to sign Promissory Notes

Autorización de la deuda bajo Decreto *X* Authorized debt under Decree *X*

Autorización de préstamo Loan authorization

Autorización para importación de *X* *X* import authorization / authorization to import *X*

Autorización para retiro de divisas Authorization for the foreign currency withdrawal

Autorizado en Qualified in

Autorizar Authenticate *(v.)*; commission, entitle

Autorizar a dicho apoderado para sustituir, total o parcialmente, todas o cualesquiera de dichas facultades, autoridades y poderes a él otorgados Authorize any such attorney to sub-delegate all or any of the powers, authorities and discretions vested in him

Autorizar por escrito Authorize *(v.)* in writing

Autos Judicial proceedings

Auxiliar *(n.)* Auxiliary; helper, assistant; substitute, aide

Auxiliar de contabilidad Bookkeeper

Auxilio *(n.)* Assist *(v.)*

Aval Endorsement, accommodation endorsements; guarantee; Collateral signature (in a note)

Aval (avales de préstamos) Loan guarantees

Avaluar Assess *(v.)*

Avalúo Appraisal, assessment

Avalúo certificado Certified appraisal

Avalúo de una propiedad Appraisal

Avalúo fiscal Assessment

Avance Lead

Avanzar Move *(v.)* ahead

Avasallar *vt.* subdue, subjugate || *rv.* become a subject, submit

Avenencia Agreement; compromise

Averiguación de oposiciones (para) Inquire on objections

Averiguar Inquire on *(v.)*

Averiguar acerca de la citación Gather *(v.)* information on the summons

Averiguar estado de la tramitación Inquire *(v.)* on the status of

Averiguar oposiciones Inquire *(v.)* on objections

Aviación civil Civil aviation

Avisar *v.* Call; advise; apprise

Aviso Call; advice

Aviso de subasta Bidding notice

Ayuda Assistance

Ayuda en un acto delictuoso Connivance

Ayuda exterior Foreign aid

Ayuda extranjera Foreign aid

Ayudante de contabilidad Junior accountant

Ayudar Assist *(v.)*

Ayudar a salir de un apuro Bridge-over *(v.)*

Ayuntamiento City Council, City Hall

Ayuntamiento municipal Municipal Borough *(GB)*; Municipal Council

Azorar Bewilder *(v.)*

B *ESPAÑOL*

Bachiller High School graduate

Baja Downturn

Baja de precios Decline

Bajo condiciones de *X* días plazo At net *X* day terms

Bajo esto Hereunder

Bajo fianza On bail

Bajo juramento Under oath

Bajo la custodia del tribunal de justicia Impounded

Bajo los aspectos penal, régimen de inversiones extranjeras y fiscal From the criminal, foreign investment policy and tax view points

Bajo los auspicios de Under the auspices of

Bajo ningún caso Under any circumstance

Bajo nuestras condiciones normales de venta Under our standard conditions of sale

Bajo términos de *X* días plazo At net *X* day terms

Balance Balance sheet

Balance de caja Cash balance

Balance de comprobación Trial balance

Balance de cuenta Account form

Balance general Balance sheet

Balance que refleje el capital social asignado Balance sheet showing the capital stock assigned

Balanza Balance, scale; estimate

Balanza básica Basic balance

Balanza comercial Trade balance

Balanza de comercio Balance of trade

Balanza de pagos Balance of payments

Banca Banking *(com.)*

Banca comercial Commercial banking

Bancarrota Bankruptcy

Banco Bank *(com.)*

Banco Abridor *(hisp.)* Opening bank

Banco Central Central Bank

Banco comercial Commercial bank

Banco confirmador/confirmante Confirming bank

Banco corresponsal Correspondent bank

Banco de compensaciones Clearing bank

Banco de datos Data bank

Banco de emisión Bank of circulation, bank of issue

Banco de la Reserva Federal de Atlanta Federal Reserve Bank of Atlanta

Banco de pagos internacionales/de operaciones internacionales Bank for International Settlements (BIS)

Banco emisor issuing bank; opening bank

Banco estatal/del Estado Government bank

Banco hipotecario Mortgage bank

Banco Hipotecario de Crédito Urbano Urban Credit Mortgage Bank

Banco Interamericano de Desarrollo Inter-American Development Bank

Banco Internacional para la Reconstrucción y el Desarrollo International Bank for Reconstruction and Development

Banco para el desarrollo regional Regional development bank

Barata Bargain sale

Barcaza Barge

Barrenar Drill *(v.)*

Barrera Roadblock; barriers

Barrera (barreras al comercio) Trade barriers

Barrera (barreras no arancelarias y otras distorsiones del comercio) Nontariff barriers to and other distortions of trade

Basar en v. Substantiate; support, serve as/ provide grounds for

Base *(n.)* Basis, foundation (principle, argument, idea)

Base actuarial Actuarial basis

Base acumulativa Accrual basis

Base atenuada Fully diluted basis

Base de acumulación Accrual basis

Base de desembolsos acumulados Accrued-expenditure basis

Base de Entendimiento Particular/Profesional (BEP) Personal/Professional Understanding Base (PUB)

Base del interés participante en la contabilidad Equity basis of accounting

Básicamente Substantially

Básico Basic

Basura entra, basura sale GIGO (garbage in, garbage out)

Batalla publicitaria Advertising battle

Beca para estudiantes graduados Fellowship

Bélgica, Holanda y Luxemburgo Benelux Nations

Beneficiar *vt.* Benefit, profit, help

Beneficiario Payee, beneficiary, endorsee; alienee

Beneficiario alternativo Alternative payee

Beneficiario de un abandono Abandonee

Beneficiario por endoso de un pagaré Beneficiary by endorsement of a promissory note

Beneficiario por endoso de un pagaré 2 Beneficiary of a promissory note endorsed by

Beneficencia pública Welfare, social service

Beneficio *n.* Benefit, profit, advantage; *(leg.)* right; (plur.) benefits, benefit payments

Beneficio (beneficios imponibles) Taxable earnings

Beneficio (beneficios marginales) Fringe benefits

Beneficio (beneficios por incapacidad) Disability benefits

Beneficio (beneficios saldados) Paid-up benefits

Beneficio de inventario Benefit of inventory

Beneficio del plazo Grace period

Beneficio en especie Benefit in kind

Beneficio neto Clear profit

Bien que Albeit

Bienes Commodities, goods; property; *(der.)* asset

Bienes afectos a reversión en las concesiones de hidrocarburos Property subject to reversion in hydrocarbon concessions

Bienes colectivos Collective goods

Bienes confiscados Confiscated goods

Bienes conyugales Community property

Bienes de capital Capital assets, capital goods

Bienes de capital empleados en la producción Capital equipment

Bienes de fortuna Property

Bienes de todo tipo Goods of all kinds

Bienes dotables Dower rights

Bienes durables de consumo Consumer durables

Bienes físicos o tangibles Physical or tangible goods

Bienes inmuebles Real estate / property

Bienes inmuebles comerciales / de tipo comercial Commercial real estate

Bienes inmuebles con mejoras / bienhechurías *(hisp.)* Improved real estate

Bienes muebles Chattels; personal property

Bienes muebles personales Personal assets

Bienes que se reciben de la madre o de los ascendientes maternos Material property

Bienes raíces Real asset

Bienestar social Social welfare

Bienhechurías *(hisp.)* Improvements

Bigamia Bigamy

Billetes falsos Counterfeit bills

Binario Binary

Bodega Warehouse

Boicotear Boycott *(v.)*

Boletín de prensa Press release

Boletín Oficial del Estado (BOE) *(Esp.)* Official Gazette of the Spanish State

Bolsa de productos Commodities exchange

Bolsa de valores Stock exchange

Bondad de (la) Propricty of (the)

Bonificación Allowance, bonus

Bonificaciones familiares Family allowances

Bonificar Credit *(v.)*

Bono Bond; bonus

Bono de descanso por comida Bonus for rest during meals

Bono de fianza Fidelity bond

Bono de garantía colateral Collateral trust bond

Bono de primera hipoteca First-mortgage bond

Bono de servicios públicos Public utility bond

Bono depreciado Baby bond

Bono en circulación Outstanding bonds

Bono nocturno Night bonus

Bono perpetuo Annuity bond

Bono que devenga interés fijo Active bond

Bono redimido Bond retired

Bono secundario Junior bond

Bono sobre equipo en fideicomiso Equipment trust bond

Bono u obligación al portador Bearer bond

Bono u obligación amortizable Debenture bond

Bordillo de la acera Curb-side

Borrar Expunge *(v.)*

Bóveda de custodio Custodian vault

Buen logro del objeto social Achievement of the corporate purpose

Buen nombre Goodwill

Buena conducta Good conduct

Buena paga Good pay

Buena pro en una licitación Award

Bufete Lawyer's office; Law firm; Law office

Buscar *v.* Seek, find; pick up

Buscar *(+ compl. dir.)* Looking for

C *ESPAÑOL*

C & F Costo y Flete C&F Cost & Freight

C.A. Inc.

Cabal Overall *(adj.)*

Cabe (señalar) It bears (repeating)

Cabildo Town Hall, Town Council; Local government

Cabotaje Coast trade

Cada fecha de pagos de intereses Each interests' payment date

Cada quien por separado Each for himself

Cada quince días Every fortnight

Cada uno Each of

Cada vez más Increasingly

Caducar *v.* Lapse, expire, be outlawed, be forfeited

Caducidad Caducity

Caducidad de la acción Lapsing of the legal action

Caducidad de la instancia Lapsing of a legal action, nonsuit

Caer en desuso Put *(v.)* out of favor

Caída Fall, falling, drop; breakdown

Cajero Collection teller

Calcular *vt.* Calculate; compute

Calcular (calculado en base a un año de 365 días) Calculated over one year of 365 days

Cálculo Computation

Cálculo del costo de absorción Absorption costing

Cálculo del valor efectivo Computation of proceeds

Cálculos Computations

Calibre Size, importance

Calidad Quality, worth; rank; position

Calidad de las emisiones de las sociedades prestatarias Rating

Calificación Grade

Calificar *v.* Rate, rank, class, classify; assess; consider, regard, think of; entitle

Calificativo Qualifying *(adj.)*; qualifier *(n.)*

Calles de rodaje Running lanes

Calmarse Allay *(v.)*

Calzado Footwear

Cámara Chamber

Cámara de Comercio Chamber of Commerce

Cámara de compensación Clearing house

Cámara de compensación local Local clearinghouse

Cambiar Barter *(v.)*

Cambiar la bandera a la embarcación Change *(v.)* the flag under which the vessel has been sailing

Cambio Barter/bartering; alteration

Cambio de nombre Change of (company) name

Cambio en el nivel de precios Price-level changes

Cambio en las existencias Change in stocks

Campaña de difamación ***(Periodismo)*** Smear campaign

Campaña publicitaria Advertising campaign

Campo Country side; field

Campo de aleación Alloy field

Campo de la manufactura Manufacturing concerns

Campo de trabajo Field work

Campos petroleros Oil fields

Canal de servicio Service channel

Canalizar Channel *(v.)*

Cancelación Annulment

Cancelación de activo fijo Disposal of fixed assets

Cancelada e insubsistente Shall become null and void

Cancelar *v.* Cancel, clear, annul, write off; expunge

Cancillería Chancery, Chancellery, Foreign Office *(GB)*, State Department *(US)*

Candidatura Candidature; candidacy

Canje Barter/bartering; conversion

Canon Rental rate

Cánon enfitéuticos Heritable leasehold rental rates

Canon trimestral de Quarterly rental rate of

Cantidad cobrada Collected amount

Cantidad disponible Amount available

Cantidad neta disponible Net amount available

Cantidad no exigida Uncalled amount

Cantidad perdida Amount lost

Cantidad sobrevencida Amount past due

Capaces de Capable of

Capacidad 1 Competence

Capacidad 2 Capacity *(volume; legal power)*

Capacidad 3 Ability *(natural or acquired)*

Capacidad 4 Capability *(legal power; ability to analyze)*

Capacidad crediticia Lending capacity

Capacidad de ganancia Earning capacity

Capacidad de obtener utilidades Earning power

Capacidad de pago Ability to pay

Capacidad mental Mental capacity

Capacidad no utilizada Idle capacity

Capacidad o idoneidad de los testigos Competency

Capacidad para otorgar testamento Testamentary capacity

Capacidad para ser parte Capacity to sue

Capacidad prestataria Borrowing capacity

Capacidad procesal Capacity to sue

Capacidad técnica Software

Capacitación Competence; training

Capacitación de personal Training of personnel

Capacitar *vt.* Train; empower, delegate

Capataz Foreman

Capaz Of legal capacity, having full legal capacity; able

Capital Capital, principal sum; assets; funds

Capital a pequeña escala Small-scale capital

Capital a suscribir Capital to be subscribed

Capital activo Active capital

Capital autorizado Authorized capital

Capital circulante Working capital

Capital contable Net worth

Capital contable de las sociedades anónimas Corporate net worth

Capital de explotación Working capital

Capital de trabajo Working capital

Capital declarado Stated capital

Capital del banco Capital stock

Capital desvalorizado o diluido Watered capital

Capital emitido Capital issued

Capital en acciones Capital in shares of stock, capital stock, share capital

Capital exigible Callable capital

Capital improductivo Dead stock

Capital inicial Initial capital

Capital interregional Inter-regional capital

Capital líquido Cash

Capital no asignado Unassigned capital

Capital ordinario Ordinary capital

Capital pagadero en efectivo Paid-in capital

Capital pagado de la Sociedad Paid-in capital of the Company

Capital pendiente de pago Outstanding/unpaid capital

Capital social Capital stock, owner's equity

Capital social asignado Capital stock assigned

Capital suscrito Subscribed capital

Capital suscrito exigible Subscribed callable capital

Capitalización de créditos Capitalization of credits

Capitalizar *v.* Capitalize; add, interest to capital

Capitán Master

Capitulaciones matrimoniales Marriage settlement, ante-nuptial contract

Carácter Nature; character

Carácter de apoderado Capacity of attorney

Carácter de control Control character

Carácter factible Feasibility

Carácter ilimitado Unlimited

Características Description

Características del consumo Consumption characteristics

Características no gravables Nontax features

Carecer de todo Lack *(v.)* everything

Careo Comparison, confrontation

Careo entre acusador y acusado Confrontation

Carga Loading, load; cargo, freight; burden; (plur.) liabilities, encumbrances

Carga (cargas procesales) Duties of parties to a suit

Carga (cargas sociales) Social security taxes

Carga fiscal Tax burden

Cargable Chargeable

Cargado Charged; drawn

Cargador Shipper

Cargar *v.* Charge, assess

Cargar en cuenta Bill *(v.)*

Cargar en cuenta de Collect *(v.)*

Cargas Liabilities, encumbrances

Cargo Assessment; post, position, office, responsibilities; title

Cargo 2 *n.* Count; charge

Cargo académico Academic position

Cargo accidental Acting *X*

Cargo adicional Additional debit

Cargo bancario Bank charges

Cargo de defensor ad-litem Court appointed attorney for the defense

Cargo diferido Deferred charges

Cargo diferido amortizado Deferred expenses charged off

Cargo excesivo Overcharge

Cargo por atraso en los pagos Delinquency assessments

Cargo por depreciación Depreciation charge

Cargo por pago retrasado/ por mora Late charge

Cargo por servicio de asistencia en tierra Ground handling

Cargo público Public office

Cargo real Actual charges

Carpeta Folder

Carrera Required course of study

Carrera armamentista Arms race

Carta Charter

Carta de aviso Letter of advice

Carta de cobranza Collection letter

Carta de contratación Engagement letter

Carta de crédito Letter of credit, bill of credit

Carta de crédito complementaria Ancillary letter of credit

Carta de crédito especial Special letter of credit

Carta de crédito respaldada Back-to-back letter of credit

Carta de facilidad Facility letter

Carta de facilidad para asesoramiento imparcial acerca de la compra y venta de activos exigibles a corto plazo Uncommitted guidance facility letter for short term receivables purchases and sales

Carta de nacionalidad Citizen papers

Carta de pago Acquittance, acquitment

Carta de porte Bill of freight

Carta de recomendación Letter of recommendation

Cartas remitiendo lo anterior Covering letters

Carteles Banns

Cartera de inversión extranjera Foreign portfolio investment

Casa de comercio Business establishment

Casa de corretaje de bolsa Broker

Casa de habitación Dwelling house

Casa matriz Main office, home office, headquarters; parent company

Casa para vivienda familiar House for living quarters

Casa-quinta Residential house

Casco de acero Steel hull

Casilla de correos Post office box

Caso Instance; case

Caso de incumplimiento An event of default

Caso fortuito Acts of God; casualty

Castigar *vt.* Punish; reduce *(expenses, budget)*

Castigo Charge-off

Castigo cruel y no aplicado corrientemente Cruel and unusual punishment

Castigo de la plusvalía Penalty of surplus value

Castigo de las pérdidas financieras Financial losses charge off

Casualidad Coincidence

Catalizador Catalyst

Categórico Absolute

Caución Bail *(n.)*

Caucionar Bail *(v.)*

Caudal Volume, flow; *(fig.)* abundance, plenty, large quantity

Caudal *(de una crecida)* Floodwaters

Caudales Funds

Causa Grounds, case

Causa de disolución del matrimonio anterior Last marriage ended by *(specify: death, divorce or annulment)*

Causa inmediata Immediate cause

Causa por la cual se pide Causa petendi

Causa subyacente Underlying cause

Causa subyacente *(de defunción)* Due to, or as a consequence of

Causahabientes Successors

Causal Cause, (plur.) grounds

Causal (causales de divorcio) Grounds for divorce, reasons for divorce

Causal (causales de incumplimiento) Grounds of non-compliance

Causar (causará los correspondientes intereses moratorios) Will entail the relevant/appropriate interests for delayed payments

Causar (causará pago de la siguiente contraprestación) Shall give rise to the following compensation

Causar (causare) Shall result in, would be/would cause

Causar (dar lugar a) *v.* Bring about *(coll.)*; produce, entail, be conducive to, generate

Causar impresión Make *(v.)* an impression

Cautivante Captivating

Cedente Assigner; abandoner

Ceder Assign, convey, transfer; allow, cede; abandon

Ceder(se) Assigned

Cedible Transferable

Cédula Scrip

Cédula de Identidad (Documento Nacional de Identidad) Identity card; Identification; ID *(US)*

Cédula hipotecaria Mortgage bond/certificate, mortgage debentures

Celebrar contrato v. Enter into a contract/ an agreement, make/sign a contract/ an agreement

Celebrar cualesquiera actos Enter *(v.)* into any act

Celebrar el matrimonio que tienen convenido Contracting marriage as they have agreed upon

Celebrar matrimonio Solemnize *(v.)* a marriage

Celebrar operaciones *vt.* Perform/carry out/execute transactions

Celebrar todo género y especie de operaciones sobre el inmueble antes descrito: *vt.* Perform/execute/carry out any and all type of transactions in connection with the real estate aforementioned, namely (to)...

Celebrar un convenio *v.* Make/enter into any agreement/arrangement/contract

Celeridad Haste

Celo Zeal; ardor; fervor, devotion

Censo agropecuario Census of agriculture

Censura Scourging *(severe punishment)*; censorship

Centro Core

Centro provisional de recepción para los refugiados Holding center

Cerca Thereabout

Cerciorarse Ascertain *(v.)*

Ceremonia de entrega de títulos Commencement

Cerrar el negocio Go out of business *(v.)*

Certificación Acknowledgment, certificate; affidavit

Certificación de la deuda Debt certificate

Certificación de una firma notarial NP certificate

Certificación del pago de derechos de aduana Clearance papers

Certificación en autos Certification of judicial proceedings

Certificado Certificate

Certificado de antecedentes penales Certificate of criminal record

Certificado de averías Certificate of damage

Certificado de bautismo Certificate of baptism

Certificado de depósito Certificate of deposit

Certificado de nacimiento Birth record

Certificado de nombramiento de un sustituto para votar Certificate of appointment of voting representative

Certificado de origen Certificate of origin

Certificado de protesto Certificate of protest

Certificado de reconocimiento Certificate of acknowledgement

Certificado de registro de *X* *X* registration certificate

Certificado de sanidad Bill of health

Certificado en fideicomiso con derecho a voto Voting trust certificates

Certificado o título de acciones Stock certificates

Certificado para reintegro Debenture

Certificador Attestor

Certificante Certifier

Certificar *v.* Acknowledge, certify; authenticate, attest

Certificar la autenticidad Certify *(v.)* that the following is a true

Certificar que (I do) hereby certify that

Certifico que la información personal/privada que aparece en este certificado es exacta a mi leal saber y entender I certify that the personal information provided on this certificate is correct to the best of my knowledge and belief

Cesación de pagos Suspension of payments

Cesantía Severance pay; layoff

Cesar *vt.* Cease, stop + ger.; abandon

Cese de hostilidades Cease-fire

Cesión Assignment, conveyance; demise, abandoning

Cesión a un fideicomisario Deed of trust

Cesión de acreencias Assignment of credit

Cesión de bienes General assignment

Cesión de contrato Assignment of contract

Cesión de crédito a favor de un banco Credit assignment in favor of a bank

Cesión de propiedad raíz por testamento Devise

Cesión que consta de documento autenticado bajo el nº... Which assignment is contained in document authenticated under no. ...

Cesionario Assignee, cessionaire

Cesionista Assigner; abandoner

Césped Lawn

Cesta familiar Market basket

Chalana Barge

Chantaje (extorsión de dinero por medio de amenazas) Blackmail

Cheque Check

Cheque a nombre de Check payable to

Cheque al portador Check to bearer

Cheque antefechado Antedated check

Cheque anulado Voided check

Cheque aprobado Certified check

Cheque caducado Stale check

Cheque certificado Certified check

Cheque como pago completo Check in full settlement

Cheque con fecha adelantada Postdated check

Cheque con fecha anterior Ante-date/ antecedated check

Cheque de gerencia Cashier's check; certified check

Cheque devuelto Returned check

Cheque en blanco Blank check

Cheque falsificado Forged check

Cheque o transferencia que no sea efectivo en su totalidad Check or draft not honored for theirs full amount

Cheque pendiente Outstanding check

Cheque sin fondos Overdrawn check

Cheque sobregirado Overdrawn check

Chequera Checkbook

Cibernética Cybernetics

Ciclo básico de la escuela secundaria Junior High School

Ciclo básico del colegio universitario Junior college

Ciclo diversificado Senior High School

Ciclo normal de operación Regular operational cycle

Ciencia de la computación Computer science

Ciencias Administrativas Business Administration

Cierre Wrap-up, close; lockout

Cierre de operaciones Close of business

Ciertamente Certainly, surely

Ciertas y exactas Truthful

CIF Costo, Seguro y Flete CIF Cost, Insurance, Freight

Cifrar sus esperanzas en Pin *(v.)* one's hopes on

Cifras Figures

Cifras corrientes Current figures

Cimentar *v.* Substantiate; support, serve as/provide grounds

Cinta magnética de almacenamiento Storage magnetic tape

Circuito District

Circuito de registro Registry District

Circuito de retroalimentación Feedback loop

Circulante Money supply, currency

Circunscribir *v.* Limit, restrict

Circunscripción judicial Judicial District/Circuit

Circunscripción Judicial del Distrito Federal y Estado Miranda *(Vzla.)* Federal District and State of Miranda Judicial District

Circunstancia atenuante Extenuating circumstance

Circunvenir *(leyes, propósitos)* Circumvent *(vt.)*

Citación Summons; subpoena; call

Citación de socios no prevista Called meeting

Citación judicial Arraignment

Citación para sentencia Notice that court is ready to announce judgment

Citar Call *(V)*; quote *(V)*

Ciudad Town

Ciudad Universitaria Campus

Ciudadanía Citizenship

Ciudadano National

Ciudadano Sr. Juez No se traduce/ Not to be translated

Ciudadano, Registrador Mercantil de la Circunscripción Judicial del Distrito Federal y Estado Miranda *(Vzla.)* The Mercantile Registrar for the Judicial Circuit of the Federal District and State of Miranda

Cívico Public-spirited

Clamar *vi.* Clamor || *v.* cry out, implore, wail, call for

Claramente Vividly

Clase de negocio Kind of business

Clase práctica Laboratory

Clase teórica Lecture

Clasificación de cuentas Accounting classification

Clasificación por antigüedad Aging

Clasificación por edades Age grading

Clasificación según vencimiento de las cuentas Aging of accounts

Clasificación Uniforme para el Comercio Internacional (CUCI) Standard International Trade Classification (CTCI)

Clasificado Assorted

Clasificar Array *(v.)*

Clasificar (clasifíquense por vencimientos las cuentas a cobrar) Age the accounts receivable

Cláusula compromisoria del juicio Arbitration clause

Cláusula de arbitraje Arbitration clause

Cláusula de retiro Callable provision

Cláusula general Blanket clause

Cláusula primera Article 1, Clause 1

Cláusula transitoria Temporary Clause

Clausura Close *(n.)*

Clausurar Close *(v.)*

Cliente Client, customer

Cliente de mejor posición crediticia Most creditworthy customers

Cloacas Sewers

Co-propietario Joint owner

Coacción Constraint

Coacreedor Cocreditor

Coadyudará Shall assist

Coadyuvar *v.* Collaborate/cooperate with, help, assist

Coartada Alibi

Coaseguro Coinsurance

Cobertura Hedging

Cobertura de este riesgo To cover this risk

Cobertura de incendio Fire coverage

Cobertura global Blanket coverage

Cobrabilidad Collectibility

Cobrabilidad de las cuentas Account collectibility

Cobrador Collector; payee

Cobranza Collection

Cobrar *vt.* Collect; charge; cash (a check)

Cobrar a la entrega v. Cash on delivery (COD)

Cobrar aliento Take *(v.)* courage

Cobrar cheques Cash *(v.)* the checks

Cobro Collection

Cobro contra entrega Collect/cash on delivery (COD)

Cobro de deuda declarada judicialmente Execution

Cobro de ingresos Income collection

Cobro de montos vencidos y pagaderos Collection on moneys due and payable

Cobro de préstamo Loan collection

Cobro judicial o extrajudicialmente In or out-of-court collection

Cobro judicial o extrajudicialmente 2 Judicially or extrajudicially collection

Codificador Coder

Codificar Encode *(v.)*

Código Code

Código binario Binary code

Código Civil vigente Civil Code in effect

Código de comercio Code of commerce

Código de Procedimiento Civil Code of Civil Procedure

Código del Estado de Maryland, versión acotada Annotated Code of Maryland

Código militar Articles of war

Código Orgánico Tributario Taxation Code/ Tax Code

Coeficiente de actividad Activity ratio

Coeficiente de coincidencia Agreement coefficient, coefficient of agreement

Coeficiente de dispersión Scatter coefficient

Coeficiente de ponderación Weighting coefficient

Cofirmante Co-signer

Coheredero Coparcener

Cohesión Cohesion

Coincidente Concurrent

Coincidir *v.* Coincide, agree; arrive simultaneously

Colaboración Contribution, collaboration, cooperation, help

Colateral Collateral

Colectividad Community

Colectivo Aggregate

Colegio School, college; association

Colegio de abogados Bar association

Colegio universitario Junior college

Colgar Hang *(v.)*

Colidar *v.* Collide, interfere

Colocación Allocation

Colocación de bonos Placement/sale of bonds

Colocación de emisiones para reventa en el mercado primario Underwriting

Colocar Allocate *(v.)*

Colusión *(acción conjunta para cometer fraude)* Collusion

Combinarse en forma indisoluble Grow *(v.)* indissolubly

Comentarios Comments

Comercialización Merchandising, marketing

Comercializar Market *(v.)*

Comerciante Businessman

Comerciar Carry on business *(v.)*

Comercio Trade, business

Comercio a término Futures trading

Comercio de recursos a término Commodity futures trading

Comercio exterior Foreign trade

Comercio intangible Invisible trade

Comercio internacional International trade

Comestible Edible

Cometido Assignment, commission, duty

Comisario Commissioner, examiner

Comisión Commission, charge

Comisión asesora Advisory board

Comisión de bolsa y valores Securities and exchange commission

Comisión de cobranza Collection fee

Comisión de crédito Credit fee

Comisión general Committee of the whole

Comisión mixta Joint committee

Comisión Nacional de Valores National Securities Commission

Comisión ordinaria Ordinary commission

Comisión por servicios Service commission

Comisión sobre ventas Commission on sales

Comisionado Agent, commissioner

Comisionar Commission *(v.)*

Comisionista Agent

Comité Committee, commission

Comité asesor Advisory Committee

Comité de enlace Steering committee

Comité intra-gubernamental Inter-governmental committee

Comité permanente Standing committee

Comitente Consignor

Como As such

Como acto libre y voluntario As her free and voluntary act

Como cabe recordar As the members will recall

Como constancia de As a testimonial

Como constancia de su graduación en *X* As a testimonial of graduation from the *X* High School

Como en él se expresa As stated therein

Como erradamente figura As it is erroneously set forth

Como funcionario designado por As the official appointed by

Como garantía de pago In order to secure the payment of

Como la persona identificada en el documento que antecede Is the individual described in the above instrument / whose name is subscribed to the above instrument

Como lo hiciere el otorgante de estar presente personalmente As the grantor might or could do if personally present

Como prueba de As evidence of

Como quiera que Inasmuch as

Como se consigna en la cláusula que sigue As set forth in the following clause

Como se estipula As provided for in

Como se expone As described/explained

Como tal As such

Como también As well as

Como yo misma pudiere hacerlo de estar presente personalmente en la realización del mismo As I might or could do if personally present at the doing thereof

Comodante Lender

Comodatario Borrower

Comodato Accommodatum, commodatum

Comodidad Convenience

Cómodo Convenient

Compañía Corporation

Compañía afiliada Related company

Compañía anónima Stock company, limited company

Compañía aseguradora Insuring company

Compañía de fianzas Bonding company

Compañía de fideicomiso Trust company

Compañía de seguro Insurance company

Compañía emisora Borrowing company

Compañía filial Subsidiary / affiliated company; controlled company

Compañía matriz Holding company

Compañía mixta Mixed company

Compañía propietaria Closed corporation

Compañía subsidiaria Controlled company

Compañía tenedora Holding company

Comparar Compare *(v.)*

Comparecencia Appearance

Comparecer *v.* Come before, appear

Comparecer a juicio Enter *(v.)* an appearance

Comparecer ante los tribunales v. Appear in court; come before

Comparecer ante los tribunales en representación de la compañía, sea como demandada o como demandante Appear *(v.)* in court in the name of the company either as a defendant or plaintiff

Comparecer (compareció ante mí, en persona el día de hoy) Appeared before me this day in person

Comparecer (compareció personalmente) Personally came

Compareciente Person appearing in court

Compatible con Consistent with

Compatriotas Countrymen

Compensación Compensation, payoff; relief

Compensación adecuada Adequate compensation

Compensación (compensaciones bancarias) Check clearings

Compensación (compensaciones de cheques) Clearance of checks, check clearings

Compensación (compensaciones por enfermedad) Sickness benefits

Compensar *v.* Compensate for, indemnify; make ammends/make up for, hedge, cover

Competencia Competence, capability; capacity; jurisdiction

Competencia factible Workable competition

Competente Appropiate/pertinent, able; having jurisdiction, qualified

Compilador Compiler

Compilar *v.* Collect *(literary works)*; compile, gather

Complejo *(n.)* Compound, complex

Complementado Supplemented, complemented

Completamente aceptados Duly honored

Completo Comprehensive, overall, absolute

Cómplice Accomplice

Cómplice o coautor en un caso de divorcio Co-respondent

Componer *(números)* Compounding

Componerse de Consist of

Comportamiento Performance *(Econ.)*

Composición Membership *(people)*; mix *(things)*

Composición de las ventas Product mix

Composición o distribución por edad Age distribution

Compra *n.* Purchase, buy *(coll.)*

Compra a crédito Purchase on account

Compra a futuro Forward buying

Compra a plazos Installment buying

Compra en lote Purchase in lot

Compra y venta de activos exigibles a corto plazo Short term receivables purchases and sales

Comprador Alienee

Comprar Buy *(v.)* into

Comprar a crédito *v.* Buy on credit; buy on account

Comprar al contado *v.* Buy for cash

Compraventa Purchase and sale, buying and selling; bargain and sale

Comprender v. Include, involve

Comprendida Comprised

Comprobación Checking

Comprobación automática Automatic check

Comprobación de transferencia Transfer check

Comprobante Voucher

Comprobante bancario Bank deposit voucher

Comprobante de caja chica/gastos menores Petty cash voucher

Comprobante de control de desembolso Expense account voucher

Comprobante de depósito bancario Bank deposit voucher

Comprobante de pago Payment receipt for, voucher for

Comprobar *v.* Check; compare

Comprometer el crédito de Pledge *(v.)* the credit of

Comprometer en árbitro Appoint *(v.)* an arbiter/arbitrator

Comprometer en árbitros arbitradores o de derecho Submit *(v.)* to arbitration, either that governed by equitable principles or that restricted to application of the law

Comprometerse *v.* Bind oneself, agree to, covenant to; undertake; compromise; engage

Comprometerse a Aver *(v.)*

Compromiso Commitment, binding agreement; statement

Compromiso arbitral Arbitration agreement

Compromiso arbitral del juicio Arbitration agreement

Compromiso de arrendamiento Lease commitment

Compromiso de compra Purchase commitment

Compromiso escrito Written promise

Compromiso irrevocable Irrevocable commitment

Compulsión física Duress

Computado Calculated, computed

Computar *v.* Compute, count, calculate

Cómputo Computation

Cómputo del interés compuesto Compounding of interest

Comunal Communal

Comunero Share-holder, part-owner, joint-owner

Comunicación Notice, letter, dispatch, advice

Comunicado de prensa *(oficial)* Press release

Comunicar *v.* State, announce, apprise

Comunicar (comuníquese) Let it beknown

Comunicar (comuníquese 2) Know all men by these presents

Comunicar (comuníquese y publíquese) Let it be announced and published

Comunidad bancaria Banking community

Comunidad conyugal Conjugal community

Comunidad conyugal de bienes Community property

Comunidad de gananciales Community property

Comunidad de intereses Union of interests

Comunidad Económica Europea (CEE) European Economic Community (EEC)

Comunidad real indivisible Entirety

Con Together with all

Con anterioridad a la presente Heretofore

Con arte Artfully

Con cargo de For the account of

Con cargo del enfiteuta For the account of the emphiteuticary or bond-tenant

Con derecho a Eligible

Con derecho a ser acreditados en cuenta For credit

Con derecho a voto Voting; voting preferred

Con destino a For the purpose of; for

Con dinero de mi propio peculio With my own funds

Con dividendo Cum dividend

Con efecto inmediato Forthwith

Con el correr del tiempo With the passing of time, with years

Con el debido acatamiento me dirijo a usted I respectfully address your Office

Con el debido acatamiento ocurro ante usted I respectfully resort to your Office

Con el debido acatamiento ocurro ante usted y expongo I respectfully appear before the Court to declare

Con el fin de So as to, for the purpose of

Con el fin de celebrar el matrimonio que tienen convenido For the purpose of contracting marriage as they have agreed upon

Con él relacionados Pertaining thereto

Con el tiempo Eventually

Con esto Herewith

Con exclusión de With the exclusion of, excluding

Con exclusión de cualquier otra moneda de curso legal Exclusive of any other currency

Con financiación propia Self-financed, self-funded

Con inclusión del auto que sobre ella recaiga The writ including the proceeding pertaining thereto

Con intereses Cum interests

Con jurisdicción en su domicilio fiscal Having jurisdiction at his legal residence

Con justicia In all fairness

Con la colaboración de Assisted by

Con la condición On condition that, provided that

Con la facultad de fijar el precio y demás prestaciones y condiciones que tenga por conveniente Being the said attorney authorized to set the price thereof as well as other compensation terms as he may deem fit / he may think to be fit / advisable / suitable

Con la misma Therewith

Con la presente Herewith

Con lo establecido With the provisions of

Con lo establecido en el Decreto *X* The provisions of Decree *X*

Con opción With option

Con pleno poder de sustituir y revocar With full power of substitution and revocation

Con pleno poder/autoridad para sustituir a nombre y en representación del suscrito With full power of substitution for and in the name, place and stead of the undersigned

Con posterioridad a Subsequent to; since

Con premeditación Aforethought

Con prima Above par

Con provisión de fondos With overdraft privileges

Con reserva de dominio With reserve of ownership

Con respecto a With regard to

Con respecto de Covering

Con salvedad Qualified

Con sede en Having its head office at

Con sede principal en With its principal office at

Con su asiento principal Having its head office

Con todo Nonetheless *(adv.)*

Con todos Jointly, together, along with

Con todos los correspondientes honores, derechos y responsabilidades Together with all the appertaining honors, rights and responsibilities

Con un mínimo de No less than

Con y sin With and without

Concedente Licensor

Conceder *v.* Award, allow

Conceder crédito Accredit *(v.)*

Concedido Set, established; be granted

Concejo Council

Concejo Municipal de *(lugar)* *(Place)* Municipal Council

Concentración Concentration

Concentrar *v.* Be centered, concentrate

Concertado Concerted, arranged, agreed, reached

Concertar Bargain *(V)*

Concertar una reunión Arrange *(v.)* for a meeting

Concesión Accordance; allowance

Concesión de efectivo Cash grant

Concesión de pagos tributarios diferidos Allowing deferred tax payments

Concesión por agotamiento Depletion allowance

Concesión recíproca de licencia Cross Licensing

Concesión recíproca o mutual Reciprocal concession

Concesionario Contractor, licensee

Concierto Agreement, accord

Conciliación Conciliation, settlement, accord

Conciliación bancaria Banking settlement

Conciso Concise, succinct

Concluir *v.* Finalize, close

Conclusión Completion

Concubinato Common-law-marriage

Concurrente Concurrent

Condado County; parish

Condena Conviction

Condición Condition; term

Condición (condiciones crediticias / de crédito) Credit terms

Condición (condiciones de pago al contado) Cash terms

Condición (condiciones de servicio) Conditions of operating

Condición (condiciones de vida) Living conditions

Condición (condiciones especiales) Special conditions

Condición (condiciones normales de trabajo) Normal operating conditions

Condición (condiciones normales de venta) Standard conditions of sale

Condición (condiciones previas al primer desembolso) Conditions prior to the first disbursement

Condición contabilizable Accountable condition

Condición *(en ~ de)* Capacity as

Condición en la frontera Boundary condition

Condición imposible en derecho Condition contrary to the law

Condición previa Condition precedent

Condición suspensiva *(acto que está pendiente en un contrato)* Executory

Condonación Condonation

Condonar Abate *(v.)*

Conducir Conduct *(v.)*

Conducir en estado de embriaguez Drunken driving

Conducir por Channel *(v.)*

Conducta económica Economic behavior

Conducta negligente de parte del demandante Contributory negligence

Conectado On

Conexa Related to

Conexidades Incidental rights or questions

Confabularse Collude *(v.)*

Conferencia Conference

Conferencia telefónica Telephone conference

Conferir *v.* Confer, vest, award

Conferir (conferido) Vested

Conferir (confiero) I make, constitute and appoint

Conferir (confiero a *X*) I confer *X* unto/to *X*, I grant *X* upon, I award *X* to/unto

Conferir (confiero poder especial, pero amplio y suficiente en cuanto a derecho se requiere al Sr. D. *X*) I make, constitute and appoint *X* as my true and lawful Attorney with full power and authority as required by law

Conferir (confiero poder general de administración y disposición del inmueble de nuestra propiedad a *X* I grant/confer/award a general power of attorney to manage and dispose of a real state of our property upon *X*

Conferir (confiero *X* a) I grant *X* upon

Confesar Acknowledge *(v.)*

Confesión Avowal, admission

Confesión calificada Qualified confession

Confesión de culpabilidad Admission of guilt

Confesión dividida Divisible confession

Confesión espontánea Voluntary confession

Confesión expresa Direct confession

Confesión extrajudicial Extrajudicial confession

Confesión ficta *(leg.)* Implied confession

Confesión judicial Deposition

Confidencialidad y no competencia Secrecy and non-compete agreement

Confirmación Acknowledgment; affirmance

Confirmación de cuentas Confirmation of accounts

Confirmar *(declaración)* Endorse *(v.)*

Confiscación Confiscation

Confiscación *(de bienes o propiedad)* Condemnation

Conflicto Involvement; disorder

Conflictos que pudiesen originarse en Any such conflicts as may arise from/ originate from/spring from/as a result of

Confluencia Meeting point, confluence

Confluir Flowed

Conforme Pursuant

Conforme a In compliance with, consistent with

Conforme a la presente *(escritura)* Hereunder

Conforme a las leyes de EEUU In compliance with the laws of the US

Conforme a su valor Ad val. *(ad valorem)*

Conforme se venzan As they fall due

Conformidad Acquiescence, accordance, consent, agreement, conformity

Conformidad de importación Import approval

Confrontar *v.* Compare, check

Confundir Bewilder *(v.)*

Congreso Conference

Congruencia Congruity

Conjetura Guesswork

Conjuez Associate justice

Conjunción de intereses Union of interests

Conjunta o separadamente Jointly or severally

Conjunto Number; aggregate

Conocer Be *(v.)* well acquainted with

Conocer (conozco de vista, trato y comunicación al solicitante) I am personally acquainted with the requestor

Conocer (conozco su letra) I am acquainted with his handwriting

Conocer de una apelación *(un tribunal toma conocimiento de una causa)* Hear *(v.)*

Conocer de una demanda *(enterarse)* Admit *(v.)*

Conocer de vista, trato y comunicación Be personally acquainted with

Conocer en consulta *(revisión de decisiones)* Certiorari

Conocimiento Awareness

Conocimiento de embarque Bill of lading

Conocimiento de embarque certificado Certified bill of lading

Conocimiento de embarque sin restricciones Clean bill of lading

Conquista Española The Conquest of America *(by Spain)*, Spanish Conquest

Consciencia Awareness

Conscientemente Conscientiously; consciously

Consecución Attainment

Consecuencia Consequence, result, aftermath of; implication

Consejero Advisory

Consejero de Estudiantes Extranjeros Assistant International Student

Consejero legal Legal counsel

Consejero vocacional Vocational counselor

Consejo Board of, Council

Consejo Administrativo/de Administración Governing Council

Consejo consultivo Advisory Board

Consejo de Administración Board of Directors

Consejo de Aseguradores Board of Underwriters

Consejo de Asistencia Económica Mutua (COMECON) Council for Mutual Economic Assistance (COMECON)

Consejo de Directores Board of Directors

Consejo de revisión Board of audit

Consejo escolar del Condado de Lake School Board of Lake County

Consenso General assent or consent, consensus

Consentimiento Accession; consent, acquiescence

Consentir Allow *(v.)*

Conservacionistas Environmentalists

Conservar *v.* Maintain, keep

Conservar (conservado) Preserved

Conservar (conservo) I still have

Conservar los registros académicos estudiantiles Maintaining student educational records

Consideración de Nación más Favorecida (NMF) Most Favored Nation Status (MFN)

Considerando que Whereas

Considerar Deem *(v.)*

Considerar *(+ n.)* Shall be deemed to be *(+ n.)*

Considerar (considere) He may think/deem *X (obj.)* for

Considerar oportunas Deem *(v.)* expedient

Consignación Consignment; statement

Consignada Described in

Consignador Consignor

Consignar *v.* File, address; appropriate

Consignar ante el Despacho a su digno cargo Consign *(v.)* in the Registry Office in your charge

Consignar la voluntad (hacer constar/manifestar) State *(v.)* the will

Consignatario Consignee

Consiguiente Attendant *(adj.)*

Consistir en Consist *(v.)* of

Consola del operador Operator console

Consolidar *v.* Consolidate *(property under one's control)*; strengthen

Consorcio Holding companies, consortium; association; partnership, joint venture, copartner; syndicates

Consorcio de bancos Consortium banks

Consorcio extranjero Foreign owned holding company

Constancia Certificate; documentary proof

Constancia de graduación *(hecho)* Testimonial of graduation from

Constancia de nombramiento Certificate of appointment

Constancia escrita de los detalles de una reclamación Bill of Particulars

Constando dicha *X* de manera fehaciente, aun cuando sea por documento privado By means of a certified record of said *X*, although this be only a private document

Constar *v.* Be recorded; show

Constar (consta) There is recorded

Constar (consta del acta) Evidenced from the record

Constar (conste por el presente documento) Know all men by these presents

Constar de Consist *(v.)* of

Constar en el citado documento Be *(v.)* of the record

Constatar *v.* Verify, prove, confirm

Consternación Distress, panic, consternation, concern

Constitución de fianza File a bond

Constituir *v.* Incorporate, establish, constitute, be

Constituir (constituida de acuerdo con las leyes de) Established pursuant to the laws of

Constituir (constituido) Incorporated

Constituir (constituido en fiador principal) As first guarantor

Constituir (constituidos los ciudadanos *(estar presentes con carácter oficial)*) With *X* and *X*, be/being in official attendance

Constituir (constituirán una renuncia a los mismos) Shall constitute a waiver thereof

Constituir (constituirán o harán constituir en Lima, Perú, una compañía anónima para lograr los objetivos de la sociedad) Shall incorporate or cause to be incorporated in Lima, Peru, a corporation to carry out the purpose of the joint-venture

Constituir (constituyo a *X* en...) I appoint *X* as..., I make *X*...

Constituir cualquier tipo de garantía real o personal Constitute *(v.)* any such real or personal guarantee

Constituir un pagaré Make *(v.)* a note

Constituir una compañía Organize *(v.)* a company

Constituir una sociedad Enter *(v.)* into partnership

Constituyente de una empresa Incorporator

Construcción Construction

Constructivo Constructive

Consulado General Consulate General

Consulta Opinion, judgement; proposal, recommendation; consultations; conference

Consulta de *X* *X's* inquiry on

Consultivo Advisory, consultative

Consultor Consultant

Consultor jurídico Attorney at Law; legal counsel

Consumidor final Ultimate consumer

Consumirse Be *(v.)* used up

Contabilidad Accounting

Contabilidad *(adj.)* Accountability

Contabilidad acumulativa Accrual accounting

Contabilidad de costos Cost accounting

Contabilidad de costos de procesos Process cost accounting

Contabilidad de costos por órdenes Job cost accounting

Contabilidad de distribución Merchandising accounting

Contabilidad de fondos Financial accounting

Contabilidad de herencias Accounting for estates

Contabilidad de la sucursal Branch accounting

Contabilidad de producción Manufacturing accounting

Contabilidad de venta al detalle Retail accounting

Contabilidad del ingreso nacional National income accounting

Contabilidad diferida Accrual accounting

Contabilidad fiscal Tax accounting

Contabilidad por partida doble Double entry bookkeeping

Contabilidad por partida simple Single entry bookkeeping

Contabilización de las ventas Accounting for sales

Contabilización de los gastos de seguro Accounting of insurance expenses

Contabilizar *vt.* Enter/register/record in accounts or books; assess

Contabilizar en cuenta de Assess *(v.)* against

Contable Accountable

Contador Accountant; counter

Contador contratado Chartered accountant

Contador de costos Cost accountant

Contador Público Colegiado Certified Public Accountant (CPA)

Contaduría Accountancy

Contaduría gubernamental e institucional Governmental and Institutional Accounting

Contar con *v.* Rely on, depend on, count on; be armed with

Contar (contados a partir de la fecha) As of this day

Contenedores Containers

Contener *v.* Contain; curb

Contener (contenido) Contained, included

Contener (contentivo de la cesión *(hisp.)*) Containing the deed of assignment

Contener (contentivo de la venta *(hisp.)*) Which contains the deed of sale

Contentarse con (+ v.) Merely *(+ v.)*

Contestación Answer *(n.)*

Contestación a la demanda Answer *(v.)* to the complaint

Contestación pagada Prepaid reply

Contestar demandas Answer *(v.)* to any complaints

Contestar excepciones, defensas y reconvenciones Answer *(v.)* to the exceptions, demurrers and objections/defenses and counterclaims

Contestar reconvenciones Answer *(v.)* to the suits in reconvention or to counter pleas

Contienda Contend, fight, dispute; contention

Contigüidad Immediacy

Contingencia Adventure; casualty

Continuación Continuance

Continuar *v.* Continue, carry on

Continuar con una acción Follow *(v.)* up

Contra Versus

Contra la persona In personam

Contra reembolso Collect/cash on delivery (COD)

Contra todo riesgo Against all risks

Contrademanda del demandado contra su demandante Counter claim

Contraer *v.* Incur *(a debt)*; assume/take on *(an obligation)*

Contraer 2 *v.* Make/enter into *(agreement, engagement)*

Contraer matrimonio Enter *(v.)* into a marriage contract, contract matrimony, wed

Contraer matrimonio por poder Contract *(v.)* matrimony, wed *(v.)* by proxy

Contrafianza Back bond

Contralor Comptroller

Contralor General Comptroller General's

Contraloría General de la Nación *(hisp.)* National Comptroller's Office

Contraloría General de la República *(Vzla.)* Comptroller General's Office

Contrapartida Balancing item

Contraprestación Consideration *(money)*

Contrapunto Counterpoint

Contrarrestar *v.* Counteract; check; stop, block, thwart; resist, oppose

Contrario a Alien to

Contratación Recruitment

Contratación colectiva Collective bargaining

Contratado Contracted, made through

Contratante Contractor

Contratar *v.* Retain *(services)*; hire

Contratista Contractor

Contrato Contract, articles of agreement; bargain

Contrato adjudicado Contract awarded

Contrato celebrado con *X* Agreement entered to with *X*

Contrato colectivo Collective contract

Contrato de alquiler/arrendamiento Lease agreement

Contrato de arrendamiento Leasehold contract

Contrato de arrendamiento para la villa "Villasol" Lease for 'Villasol'

Contrato de asistencia técnica con Technical assistance agreement with

Contrato de compraventa Sale agreement

Contrato de compraventa a futuro Futures

Contrato de compraventa de divisas Foreign currency purchase and sale contract

Contrato de consultoría Consultancy contract

Contrato de depósito para custodia y administración de títulos de cédulas hipotecarias Deposit contract for the custody and management of mortgage bond titles

Contrato de distribución Distribution agreement

Contrato de fletamento Charter *(n.)*

Contrato de futuros Future contract

Contrato de garantía Security agreement, guarantee agreement

Contrato de préstamo Loan contract

Contrato de sociedad Deed of partnership

Contrato de sociedad colectiva Articles of partnership

Contrato de trabajo Work contract/agreement

Contrato de transferencia de tecnología Agreement for technology transfers

Contrato de venta Sales agreement

Contrato escrito Covenant

Contrato garantía de la deuda Debt guarantee agreement

Contrato incumplido Forfeited contract; defaulted contract

Contrato llave en mano Turnkey contract

Contrato modificatorio Amendatory contract

Contrato sindical Union contract

Contrato social Memorandum of association; corporate contract

Contrato solemne Matter in deed

Contrato sujeto a la realización de alguna condición estipulada Executory contract

Contrato suscrito Contracts made

Contrayentes Contracting parties *(esp. marriage)*

Contribución Assessment

Contribución *(cuota mensual)* Monthly assessments

Contribución a la carga fija Contribution to overhead

Contribución al capital Capital contribution

Contribución autorizada Authorized contribution

Contribución de los miembros Member contribution

Contribución inicial Initial contribution

Contribuir Assist in

Contribuyentes Taxpayers, contributors

Contribuyentes de menores ingresos Taxpayers in the lower income brackets

Control de auditoría Audit control

Control de cambio Exchange control

Control de inventario Stock control

Control de la calidad Quality control

Control de la natalidad Birth control

Control interno Internal control

Control por tandas Batch control

Controlador Comptroller/controller

Controversia Dispute, altercation

Convencer Evince

Conveniente Proper, appropriate, suitable, advisable, fit; expedient; necessary

Convenio Agreement, covenant, pact, compromise; settlement *(Com.)*, Articles of agreement, accordance, accord

Convenio de arreglo entre litigantes Compromise

Convenio de arrendamiento neto Net lease arrangement

Convenio de cooperación técnica Technical Cooperation Agreement

Convenio de depósito en garantía Security deposit agreement

Convenio de distribución exclusiva Exclusive distributor agreement

Convenio de formación de sociedad Joint-venture agreement

Convenio de licencia de uso de denominación comercial License agreement for trade name use

Convenio de préstamos Loan agreement

Convenio de representación Representation agreement

Convenio de suministro de personal Staffing agreement, personnel supply agreement

Convenio integral Entire agreement

Convenio por escrito debidamente registrado y reconocido Deed

Convenio sobre confidencialidad y no competencia Secrecy and non-compete agreement

Convenir *v.* Agree, promise; be advisable, be convenient, be profitable, be worthwhile

Convenir (convenido) Agreed to

Convenir (convenimos en pagar) We promise to pay

Convenir (convenimos en pagar, en forma irrevocable e incondicional, sin aviso ni protesto a la presentación de este pagaré y a la orden de) Irrevocably and unconditionally, without protest or notification, promise to pay against this Promissory Note, to the order of...

Convenir (convenimos en reconfirmar dicha validez y autenticidad en la oportunidad de cada nuevo endoso, si así se solicitare o exigiere) We pledge to reconfirm this on the occasion of each additional endorsement, if requested and required

Convenir (conviene en pagar) Agrees to pay

Convenir en las siguientes disposiciones Agree *(v.)* as follows

Convenir novaciones subjetivas u objetivas de obligaciones contractuales de cualquier tipo Make *(v.)* subjective or objective novations on any contractual obligation

Convenir, transigir, desistir tanto de la acción como del procedimiento Consent *(v.)* to entry of judgment in accordance with the complaint; compromise and settle; dismiss proceedings with or without prejudice

Convenir, transigir, desistir, hacer posturas y adquirir bienes en actos de remate Consent *(v.)* to entry of judgment in accordance with the complaint, compromise and settle, make bids and acquire property at judicial auctions

Conversación telefónica Telephone conference (TC)

Conversaciones confidenciales entre un cliente y su abogado Privileged communications

Conversión Conversion

Conversión a sociedad anónima Conversion to a stock corporation

Convertir el presente pagaré en obligación válida del prestatario Constitute *(v.)* this Promissory Note the valid obligation of the borrower

Convicción Strong belief

Convivir Cohabit *(v.)*

Convocada Called

Convocada a tal efecto Convened for such purpose

Convocada legalmente *(Asamblea)* Be lawfully convened (Shareholder's Meeting)

Convocar Call for *(v.)*

Convocar a reunión *v.* Call into session, call a meeting

Convocatoria a junta de accionistas Calling stockholders' meeting

Conyugal Conjugal, marital

Cónyuge Spouse, consort; *(plur.)* married, married couple, man and wife, partners

Cónyuge culpable Guilty party in a divorce case

Cooperación técnica Technical Cooperation

Cooperación técnica activa Active technical cooperation

Cooperación técnica aprobada Approved technical cooperation

Cooperación técnica de recuperación contingente Contingent repayment technical cooperation

Cooperación técnica no reembolsable Non-reimbursable technical cooperation

Cooperación técnica reembolsable Reimbursable technical cooperation

Cooperativa bajo control estatal Co-operative undertaking under State control

Cooperativa de consumo Consumers' cooperative

Copartícipe Copartner

Copia Transcript

Copia certificada Certified copy, attested copy

Copia (copias de un mismo tenor) Original copies

Copia (copias simples) Simple copies

Copia del plano de deslinde Copy of the survey

Copia fotostática Photostat

Copia que se expide a solicitud de ... A transcript was made upon request from...

Copropietario Joint-owner, co-owner

Cornucopia Horn of plenty

Corporación Body

Corporación creada por ley Statutory corporation

Corporación Nacional de Ventas Internacionales (CNVI) Domestic International Sales Corporation (DISC)

Corrección Alteration

Corredor de bienes raíces Realtor

Corredor de bolsa Broker

Corredores que colocan emisiones en el mercado primario Underwriters

Corregir Debug *(v.)*

Correo certificado Registered mail

Correr (corre inserta en el expediente n°...) Is inserted in record file no. ...

Correr el riesgo de *v.* Risk *(+ gerund)*; become accustomed to

Correr por la absoluta cuenta de *v.* Be for the exclusive/sole account of

Corresponder Receive *(v.)*

Corresponder a *v.* Account for; be due to, be

Corresponder (corresponda) Covered by

Corresponder (corresponde aportar la correspondiente prueba) Have the burden of proof

Corresponder (correspondería al demandante aportar la correspondiente prueba) The plaintiff would have the burden of proof

Corresponder en el trabajo de liquidación Fall *(v.)* to the share of *X* spouse in the process of liquidation

Corresponder ***(proceso de repartición)*** Fall *(v.)* to the share of

Correspondiente Appropriate, pertinent, relevant, appertaining; due; so to do; for

Correspondiente a Covering *X*; equaling *X*

Correspondiente a dicha compañía Corresponding to the aforementioned Company

Correspondiente al capital pagado de la sociedad por la cantidad de Corresponding to the paid-in capital of the company for the amount of

Correspondiente (correspondientes honores, derechos y responsabilidades) Appertaining honors, rights and responsibilities

Corretaje Brokerage

Corriente Currents *(general)*; trend, flow; tendency *(habits)*; wave *(people)*

Corriente de fondos Cash flow

Corriente directa Direct current

Corte Court of justice, Courthouse

Corte primera de lo contencioso administrativo First Administrative Court

Cortesía Comity *(esp. Der. Int.)*

Corto plazo Short term

Cosa expresada en el procedimiento no enunciada en la demanda Matter of course

Cosa juzgada Res judicata, former adjudication

Cosa o asunto objeto de incumplimiento Thing or matter in default

Cosa/objeto alguno Anything; nothing

Cosecha Harvest, crop

Costa Cost, price; living allowance; charge

Costa (costas) ***(leg.)*** Costs, fees

Costa (costas procesales) Court costs

Costanero Offshore

Costar ***(fig.)*** *v.* Take a lot of; be difficult

Coste Charge *(n.)*

Costeabilidad Affordability

Costeño Coastal

Costo *n.* Charge, cost

Costo adicional After-cost

Costo asignado Allocated cost

Costo autorizado Authorized cost

Costo comparativo Comparative cost

Costo comprometido Committed cost

Costo (costos y honorarios) Costs and attorney fees

Costo de acarreo Cartage cost

Costo de administración Administrative cost

Costo de asignación Allocating cost

Costo de cobranza Cost of collection

Costo de compra Actual cost

Costo de computación Computational cost

Costo de fábrica Factory cost

Costo de fábrica o de producción Prime cost

Costo de la devolución Return shipping charges

Costo de oportunidad Opportunity cost

Costo de reposición Replacement cost

Costo del despacho Return shipping charges

Costo directo Direct costing

Costo distribuido Apportioned cost

Costo en divisas Foreign exchange cost

Costo imparcial Arm's length cost

Costo incidental Contingent costs

Costo indirecto Burden

Costo indirecto de fabricación Manufacturing overhead cost

Costo medio de la mano de obra Average labor cost

Costo mínimo Least-cost

Costo por pedido Cost per order

Costo primario Prime cost

Costo procesal Court cost

Costo prorrateado Apportioned cost

Costo real Actual cost

Costo real de la mano de obra Actual labor cost

Costo social de oportunidad Social opportunity cost

Costo total Full costing

Costo verdadero Actual charge

Costo y flete Cost and freight (C&F)

Costo, flete y seguro Cost, insurance and freight (CIF)

Costo, seguro y flete CAF (cost, assurance and freight)

Costumbres comerciales Business customs

Cotejar *v.* Check, compare

Cotidiano Day-to-day

Cotizaciones Quotations

Cotizaciones al cierre Closing price

Cotizaciones diarias de cierre Closing daily prices

Cotizar Quote *(v.)* a price

Creado o por crearse Existing or coming to exist

Crecimiento de *X*% Growth rate at *X*%

Credenciales Credentials; credential letters

Credibilidad que merece un testigo Credibility of a witness

Crédito Credit; accommodation

Crédito activo Asset

Crédito al 12% Credit at 12%

Crédito al 12% pagadero en 10 años de plazo 10 year term credit at 12%

Crédito (créditos o valores) Credits or securities

Crédito de aceptación Acceptance finance facility, acceptance credit

Crédito de exportación Export credit

Crédito de proveedores Suppliers credits

Crédito en cuenta corriente Charge account credit

Crédito pleno Full credit

Crédito provisional Bridge-over *(n.)*

Crédito rotatorio Revolving credit

Crédito sobre bienes muebles Chattel mortgage

Creencia Belief

Creer Deem *(v.)*

Cremación Cremation

Crimen Crime, criminal offense, felony

Crimen sancionable con pena de muerte Capital crime

Criterio On the ground...; view

Criterio básico de cuidado adecuado Basic standard of adequate care

Criterio de aceptación Acceptance criterion

Cronista Free-lance writer

Cronología óptima Optimal timing

Crucial Crucial; critical, decisive

Crudo pesado Heavy crude

Crueldad mental Mental cruelty

Cuaderno de comprobantes Book of record

Cuadra City block

Cuadrante Dial

Cuadro estadístico Statistical chart

Cuál *(de los dos)* Whether *(prep.)*

Cualesquier Any and all; all; any

Cualesquier intereses que yo tuviese personalmente o como esposa de *X* en el bien inmueble de tipo comercial Any and all interest which I may have individually, or as the wife of *X*, in a commercial real estate

Cualesquier poderes otorgados por el suscrito a persona alguna con anterioridad a la presente Any proxy or proxies heretofore given by the undersigned to any person or persons whomsoever

Cualesquiera clase de operación Any type of business operations

Cualesquiera o todas las órdenes de compra Any or all purchase orders

Cualesquiera que sea Whatever *X* may be

Cualquier All and every, whatsoever *(pron.)*

Cualquier acto o trámite que fuere requerido o necesario en o respecto de dicha propiedad All and every act and thing whatsoever, requisite and necessary to be done in and about the premises

Cualquier comunicación será válida si es dirigida mediante original con acuse de recibo Any communication shall be valid if delivered or mailed by registered or certified mail

Cualquier cosa que Whatsoever

Cualquier índole Any nature

Cualquiera que sea Whatsoever *(pron.)*

Cualquiera que sea mayor Whichever may be higher/ is greater

Cualquiera que sea su saldo Regardless of balance

Cuando así se justifique When it be/is so justified

Cuando lo juzgue oportuno As it shall deem advisable

Cuanto en derecho se requiere As provided for by Law, as required by Law

Cuartillas Sheets of paper

Cubierta *n.* Afterdeck, deck

Cubierto *adj.* Covered

Cubierto por contrato Under contract

Cubo para basura Garbage can

Cubrir *v.* Cover; be completed for

Cubrir los gastos Underwriting the expenses

Cubrirse Hedge *(v.)*

Cuenca Amazónica Amazon Basin

Cuenca del Amazonas Amazon's Basin

Cuenta Account; bill

Cuenta abierta Open account, charge account

Cuenta acreedora Creditor account

Cuenta adjunta Adjunct account

Cuenta auxiliar Subsidiary account

Cuenta bancaria Bank account

Cuenta bloqueada Blocked account

Cuenta comercial Commercial account

Cuenta con el exterior External account

Cuenta conforme Account settled

Cuenta convenida Account stated

Cuenta corriente Current account, account current A/C, drawing account, checking account *(bank)*

Cuenta corriente con intereses Checking account cum interest

Cuenta de actividad Activity account

Cuenta de activo Asset account

Cuenta de apropiaciones Appropriation account

Cuenta de caja Cash account

Cuenta de capital Proprietor's account, capital account

Cuenta de capital/patrimonial Capital account

Cuenta de cheques *(corriente)* Checking account

Cuenta de compras a plazos Charge account

Cuenta de compraventa Trading account

Cuenta de consumo Consumption account

Cuenta de control Controlling account

Cuenta de depósito Account deposit

Cuenta de efectivo Cash account

Cuenta de especulación a la baja Bear account

Cuenta de ganancias y pérdidas Profit and loss account

Cuenta de gastos Expense account; account of charges

Cuenta de gastos de impuestos sobre la renta Income tax expense account

Cuenta de inventario Inventory account

Cuenta de inversiones y ahorros brutos Gross savings and investment account

Cuenta de la nómina de haberes Payroll account

Cuenta de liquidación Realization account

Cuenta de orden Memorandum account

Cuenta de pasivo Liability account

Cuenta de resultados Economic account

Cuenta de retiro Account withdrawal

Cuenta de servicios Services account; utility bills

Cuenta de sobrantes y faltantes en caja Cash over and short account

Cuenta de superávit ganado Earned surplus account

Cuenta de ventas Sales account

Cuenta de ventas realizadas por un comerciante por cuenta de otro Account sales

Cuenta del préstamo Loan account

Cuenta del síndico o administrador judicial Receiver's account

Cuenta en fideicomiso Trust account

Cuenta en garantía Assigned account

Cuenta en movimiento Active account

Cuenta en oro Gold account

Cuenta en participación Joint account

Cuenta en un banco Bank account

Cuenta entre compañías Inter-company account

Cuenta garantizada Secured account

Cuenta girada Account rendered

Cuenta incobrable Bad debt

Cuenta intervenida Attached account

Cuenta nueva After-account

Cuenta pagada o saldada Account settled

Cuenta pendiente Unsettled account

Cuenta pignorada Pledged account

Cuenta por cobrar Receivable account

Cuenta por cobrar descontada Account receivable discounted

Cuenta por cobrar facturada Receivable-billed account

Cuenta saldada Account closed

Cuenta vencida Account past due

Cuentas a descubierto o con provisión de fondos Accounts with or without overdraft privileges

Cuentas a pagar Accounts payable

Cuentas cobrables al entregar la mercancía Collection-on-delivery accounts

Cuentas comerciales por cobrar Trade accounts receivable

Cuentas de clientes Customers´ accounts

Cuentas de consignación Consignment accounts

Cuentas de ingresos Income accounts

Cuentas de responsabilidad Accountability accounts

Cuentas del activo y del pasivo Asset and liability accounts

Cuentas del ingreso o renta nacional National income accounts

Cuentas del mayor Ledger accounts

Cuentas del patrimonio de los dueños Owner's equity accounts

Cuentas dudosas Doubtful accounts

Cuentas en garantía Escrow accounts

Cuentas incobrables Uncollectable accounts, uncollectibles

Cuentas pendientes Outstanding bills

Cuentas por cobrar Account receivable

Cuentas por pagar Account payable

Cuentas presupuestarias Budgetary accounts

Cuentas saldadas Closed accounts

Cuentas sin valor Worthless accounts

Cuentas varias Sundry accounts

Cuentas vencidas Past-due accounts

Cuerdo Sane

Cuerpo Body

Cuerpo de la herencia Estate corpus

Cuerpo de profesores Faculty, teaching staff

Cuestión Issues

Cuestionable Questionable, dubious

Cuidado Care; accuracy

Cuidado de crianza Foster care

Cuidado y manutención Care and support

Culminó satisfactoriamente las unidades de estudio de educación media *(hisp.)* Completed the required units of High School work

Cultivadas Harvested

Cultivo Cultivation

Culto Cult, religion, worship

Cumplimiento Due compliance with; performance, fulfillment, completion, execution; effectual discharge

Cumplimiento con la cláusula que antecede Compliance with the foregoing sentence

Cumplimiento de los objetivos que se establecieron en la compañía Achievement of corporate purposes

Cumplir *v.* Perform; carry out; execute

Cumplir con *v.* Accomplish *(a task)*, meet *(something)*; fulfill; comply with

Cumplir con las obligaciones alimentarias Perform *(v.)* his obligations regarding alimony

Cumplir con lo prometido Fulfill the promise

Cumplir (cumple) Meets

Cumplir (cumplido uno, todos los demás serán nulos y sin valor) One of which being accomplished, the others to be void

Cumplir (cumpliendo con) In compliance with

Cumplir los requisitos Fulfill the terms

Cumplir una obligación *vt.* Discharge, fulfill, perform *(an obligation)*

Cumplir *X* años To turn *X*

Cuota Payment; quota, installment; allocation

Cuota anual Annual fee

Cuota de contribución Contribution quota

Cuota de retribución Rate of return

Cuota inicial Down payment

Cura Párroco Parish Priest

Curador Caretaker *(graves)*; curator *(museum)*; guardian

Curador ad-hoc o especial Curator ad-hoc, special guardian, guardian ad litem

Cursar *v.* Attend to, transmit, expedite *(legal matter)*

Cursar (cursa) Is inserted

Cursar (cursa en el expediente n°...) Included in file no. ...

Cursar (cursado) Given

Cursar (cursando tiempos de crisis) Be in the midst of a crisis

Curso normal de la gestión comercial de la distribuidora Ordinary course of the distributor's business

Custodia Custody

Custodia y administración Escrow

Custodio Custody

Cuya discusión Consideration of which

Cuyo nombre aparece firmado al anterior reconocimiento Whose name is subscribed to the foregoing certificate of acknowledgment

Cuyo nombre aparece suscrito al pie del mismo Whose name is subscribed to the above instrument

D ESPAÑOL

Da Fe: Witnesseth:

Dado bajo mi firma Given under my signature

Dado bajo mi firma y sello notarial Given under my hand and notarial seal

Dado en Given at

Dado que Bearing in mind, considering, in view of, given

Daño a la propiedad personal Personal property damage

Daños por accidente Accidental damage

Daños y perjuicios Damages and impairments

Dar *v.* Give, convey, communicate; occur

Dar apoyo A word for *(something)*

Dar aviso de inmediato por escrito Give *(v.)* immediate notice in writing

Dar cabida a *v.* Include, give rise to

Dar cuenta de Account *(v.)* for

Dar cumplimiento a *v.* Perform, comply with

Dar curso a giros Forward *(v.)* drafts

Dar (darle curso legal) To put *(v.)* through legally

Dar (darse por citado) *v.* Admit services of process, accept summons

Dar (darse por citado y notificado) Accept *(v.)* service of summons or notice

Dar (darse por notificado) Accept *(v.)* notifications

Dar (darse por reproducidos aquí) Be deemed to have been reproduced in this document

Dar derecho a Entitle *(v.)*

Dar (dio el carácter de cosa juzgada) As res judicata

Dar en anticresis Give *(v.)* in antichresis

Dar en parte de pago Deliver *(v.)* as partial payment/ by way of partial payment

Dar en prenda Receive *(v.)* pledges

Dar fe *v.* Attest; testify

Dar fianza *v.* Bail, bond

Dar forma a *v.* Shape, elaborate

Dar lectura a Read *(v.)* out

Dar lectura a la convocatoria Read *(v.)* the call

Dar lugar a *v.* Bring about (col.); produce, entail, be conducive to

Dar mal uso o empleo Misuse *(v.)*

Dar más detalles Follow *(v.)* up

Dar pie a Give *(v.)* grounds to

Dar por terminado *v.* Dismiss; terminate

Dar razón de Account for *(v.)*

Dar término a End *(v.)*

Dar testimonio de Attest *(v.)* to

Dar y tomar dinero en préstamo Give *(v.)* and request loans

Datar de Dates from, goes back to

Datos Description; particulars

Datos de los representantes Sponsor's particulars

Datos de referencia Bench-mark data

Datos definitivos Final data

Datos del novio Male personal data

Datos del registro Registry data

Datos primarios Raw data

De... a... Ranging from... and...

De acuerdo a las instrucciones As provided by

De acuerdo con In accordance with, in compliance with; as

De acuerdo con la ley Due process of law

De allí/ahí Therefrom; thereof

De anterioridad/anticipación a la fecha de entrega solicitada Before the requested delivery date

De anticipación a In advance of

De año en año From year to year

De apenas Barely

De aquello Therefrom; thereof

De buena fe Bona fide

De común acuerdo In mutual/common accord

De común acuerdo con In agreement with; with X's consentment

De conformidad con In agreement/accordance/compliance with, in pursuance of, pursuant to, under

De conformidad con lo establecido en *(documento)* Pursuant to, in accordance with the provisions of, as provided for in

De cualquier clase Whatsoever *(pron.)*

De cualquier otra manera Or otherwise

De cujus *(la persona fallecida)* Decedent

De dicho Registro Civil Of the said Civil Registry entry

De dominio público In the public domain

De esa manera *(referencia a lo anterior)* Verb + So

De eso Therefrom; thereof

De espera Interim *(n.)*

De esta misma fecha Dated as hereinbelow/hereinabove

De este domicilio Domiciled in this city, residents of this *X*

De este modo Thus

De éste/esto Hereof

De facto De facto

De fecha... Held on...

De fecha 17 de julio de 1981 Dated the 17th of July, 1981; on/dated July 17th, 1981; dated as of July 17th, 1981

De fines o efectos análogos Analogous in purpose or effect

De forma alguna In any manner

De forma tal que no So as not to

De gran alcance Farreaching

De gran extensión Comprehensive

De hacer el pago To make payment

De hecho Indeed

De igual manera Likewise

De igual valor nominal Having the same face value

De iguales montos Of like amount

De importancia Major

De inmediato Forthwith

De inmediato, mediante la debida notificación Immediately by notice

De la From the

De la empresa... Of the...

De la naturaleza que fuere Of whatever nature

De la noche a la mañana Overnight *(adv.)*

De la recepción From receipt of

De la unión matrimonial procrearon un hijo There was one child born unto the parties hereto as the issue of their marriage

De largo In length

De lo alegado por *X* se evidencia la veracidad de lo expuesto por *X* como fundamento de su acción Has established by competent material and relevant proof all the allegations and charges contained in *X* complaint

De lo expuesto Of the foregoing statement

De longitud In length

De los cuales forman parte Including ...

De los mismos Thereof

De manera alguna In any manner

De manera continua On a regular basis

De manera tal In a manner which

De manera tan amplia As fully

De manos de Created by, under the touch of

De mi legítima propiedad Which is my rightful property

De modo que no se So as not to

De mucho alcance Far-reaching

De nacionalidad española A national of Spain

De neto sabor... Distinctly...

De no indicarse una opción Failure to indicate a choice

De no surgir solución amistosa en ese plazo, el asunto deberá ser sometido a arbitraje Should an amicable settlement fail within this term, the said controversy shall be settled by arbitration

De otra manera Otherwise

De paso In passing

De profesión profesora A teacher by profession

De puño y letra del Director In the true and proper handwriting of the Director

De ser / de no ser Should... *(at the beginning of the sentence)*

De si Of whether

De tiempo en tiempo From time to time, occasionally

De toda clase y características Of every kind and description

De todas maneras In any event

De tránsito In transit

De un mismo tenor y a un solo efecto Identical/original copies for the same purpose

De una sola vez At one time, in full

De vanguardia *(arte)* Advanced

Deba ser (Is) To be

Debajo de Beneath/below

Deben suscribirla Who were to sign

Deber Duty, obligation

Deberá *(indicativo de obligación)* Shall

Deberes y derechos Rights and obligations

Deberse a Be *(v.)* due to

Debidamente autorizado para este acto en el acta constitutiva de dicha compañía Duly authorized for this purpose by the Company´s Articles of Incorporation

Debidamente designado y facultado Duly commissioned or qualified

Debidamente designado y juramentado Duly commissioned and sworn

Debidamente facultado por las leyes del Estado de *X* para recibir el mismo Duly authorized by the laws of *X* to take the same

Debidamente inscrita Duly registered

Debido Due, proper

Debido 2 Therefore

Debido a Due to, owing to, because of

Debido a que Due to the fact that, by virtue of the fact that, due to having

Debido cuidado Proper care

Debido y no pagado Delinquent *(adj.)*

Debilidad Weakness

Debilitamiento Demise

Débito Debit

Decano de estudiantes *(hisp.)* Dean of Students

Decano residente Resident Dean

Decena Ten, group of ten

Decidir Determine; adjudge

Decir Say, express *(opinion)*

Decir (dice) Reads

Decir (dice así) Reads as follows

Decir (dice textualmente) Reads verbatim

Decisión Decision, ruling, resolution; verdict

Decisión nº 24 Decision no. 24

Decisión colectiva/de la empresa Corporate action

Decisión de culpabilidad en un caso: Veredicto *(culpable o no)* Verdict *(Court case)*

Decisión del tribunal Ruling *(Court´s decision)*

Decisión judicial basada en principios de equidad Decree

Decisión judicial que debe quedar registrada en los libros Matter of record

Decisión que implica castigo: sentencia Sentence *(implies punishment)*

Declara con lugar Admits

Declara con lugar la solicitud de... Wheretofore it is ordered, adjudged and decreed that...

Declara conocer ... Declares / asserts that he is well acquainted with ...

Declaración Declaration, decree *(written)*, statement, avowal *(oral)*

Declaración *(leg.)* Deposition, statement, manifestation, affidavit, representation

Declaración aduanal Bill of entry

Declaración contenida en sentencia judicial que no alcanza a ser un fallo inapelable Dictum

Declaración de culpabilidad Guilty plea

Declaración de derechos Bill of rights

Declaración de impuestos sobre la renta Income Tax Return

Declaración de insolvencia Decree of insolvency

Declaración de la asociación de vecinos de las Villas de Bonaventure Declaration of The Villas at Bonaventure

Declaración de la persona que certifica Certifier

Declaración de patrimonio Declaration of assets

Declaración de referencia Hearsay evidence

Declaración de rentas Income-tax return

Declaración de suspensión de pagos Act of bankruptcy

Declaración escrita y juramentada Deposition

Declaración falsa False statement

Declaración falsa de la edad del asegurador False statement of age by the insured

Declaración inaugural Opening statement

Declaración judicial de quiebra Adjudication of bankruptcy

Declaración jurada Affidavit

Declaración jurada de bienes Sworn statement on patrimony or property owned

Declaración jurada de los novios Affidavit of male and female

Declaración jurada notarial Affidavit of Notary

Declaración privada que no puede hacerse pública Confidential Communications

Declarante Deponent, avower

Declarar *v.* Attest, affirm, depose; make statements *(press)*, give declarations *(official)*

Declarar 2 *v.* File, make

Declarar (declaramos nuestra garantía irrevocable e incondicional "por aval" de los términos, condiciones y requisitos de este documento) Affirm our irrevocable, unconditional and irretractable guaranty per aval of the terms, conditions and requirements of this instrument

Declarar (declaramos, por otra parte, que componen el haber y las cargas de la sociedad conyugal los siguientes bienes y pasivos) We further declare that the assets and liabilities of the marital community include/ are the following

Declarar (declarse como) Hold *(v.) (X)* out to be

Declarar (declarse culpable) Plead *(v.)* guilty

Declarar (declarse insolvente o en quiebra) Bankrupt *(v.)*

Declarar (declaro (los declaro) unidos en matrimonio civil) I now pronounce you man and wife/ lawfully joined in civil marriage

Declarar en quiebra Adjudicate *(v.)* as bankrupt

Declarar inválida *(una sentencia, etc.)* Annul *(v.)*

Declarar judicialmente Adjudicate *(v.)*

Declarar sin lugar Overrule *(v.)*

Declarar sin lugar la solicitud Dismiss *(v.)* the request

Declinante Downward

Decomisar Attach *(v.)*

Decomiso Attachment; confiscation

Decoración o detalles innecesarios Embellishment

Decremento Decrease

Decretar *vt.* Decree, resolve; give judgment on

Decretar (decreta) Decrees, does hereby decree

Decreto *(n.)* Act; decree; fiat

Dedicado a Meant for

Dedicado a fines comerciales For trade purposes

Dedicarse a *v.* Be engaged in, take up *(goal)*, be in

Dedicarse a los negocios Attend *(v.)* to business

Dedicarse a todo tipo de inversiones mobiliarias e inmobiliarias Engage *(v.)* in all type of investments in real and personal property

Deducción Deduction; tax return; allowance

Deducir *v.* Allow; abate

Defectos admisibles Allowable defects

Defectuoso Defective

Defender *v.* Back; advocate

Defensa Defense, answer, plea; protection; case

Defensor Defendor, advocate, guardian

Deficiencia Shortfall; failure

Deficiente Deficient, faulty, imperfect

Déficit Deficit

Definido de una manera única Uniquely defined

Definitiva Final, conclusive, definitive; actual

Deflación Deflation

Defraudación Fraud, defalcation

Defraudar Defraud *(v.)*

Defunción Decease, death

Degradación Debasement

Degradar Downgrade *(v.)*

Dejación de bienes Abandonment

Dejar *v.* Allow; bequeath

Dejar constancia Spread *(v.)* upon the record

Dejar constancia ***(se certifica que)*** We wish to declare

Dejar de ejercer Failure to exercise

Dejar (dejará en fideicomiso el monto total de sus gananciales) Shall place in trust/escrow the full amount of his share of the property

Dejar (dejare de realizar negocios durante un período de tres meses consecutivos) Ceases to engage in business for a period of three consecutive months

Dejar en desorden Littered

Dejar en fideicomiso *v.* Place in trust/escrow

Del documento constitutivo-estatutos sociales de la citada empresa Of the Articles of Incorporation-By Laws of the aforementioned Corporation

Del mismo Thereof

Del organismo nacional competente National entity having jurisdiction

Del presente Hereof, herein (both without the noun)

Del recibo From receipt of

Delantera Lead *(v.)*

Delatar Betray *(v.)*

Delegar Commission *(v.)*

Deliberada Intentional, voluntary, on purpose

Deliberadamente Intently

Deliberantes Deliberating, deliberative

Delincuente Criminal

Delito Crime, delict, offense

Delito contra la propiedad Damage to property

Delito de información privilegiada Insider Trading

Delito grave Felony

Demanda Claim, action; call

Demanda agregada de recursos Aggregate resource demand

Demanda de divorcio Legal cction/petition/complaint for divorce, divorce suit/case/petition

Demanda del Sr. *X* Claim filed by *X*

Demanda en conjunto Aggregate demand

Demanda fraudulenta Barratry

Demanda global / total Aggregate demand

Demanda para reembolso Demand for payment

Demanda por daños y perjuicios Claim damages

Demandado Defendant, respondent

Demandante Plaintiff, petitioner, complainant

Demandar *vt.* File suit *(against X)*, sue, bring suits

Demás Any other

Demasiado Overdue

Demora en pagar Arrearage

Demorar *v.* Delay, retard

Demorar 2 *v.* Stay, remain, tarry

Demostrar *v.* Betoken; evince

Demostrar falta de pruebas Become *(v.)* non-suited

Denegación de dictamen Disclaimer of opinion

Denegar ***(más formal)*** *v.* Withhold; overrule

Denodadamente Boldly, intrepidly, daringly, resolutely

Denominación comercial Trade name

Denominación social Company´s trade name

Denominado Referred to as

Denominado *X (nombre propio)* Was named/its name being/bearing the name of

Denominador Movement, characteristic, denominator

Denominar *v.* Name, indicate; denominate, designate

Dentro de Bearing in mind, considering, in view of, given

Dentro de los 5 días hábiles siguientes a la fecha de cada pago Within the 5 working/court days following the time of each payment

Dentro de los límites del área metropolitana Inside city

Dentro de todo el territorio de *X* Throughout *X*

Dentro de Brasil Within Brazil

Dentro del contexto In the context of

Dentro del marco de Within, in the framework

Dentro del perímetro urbano Inside city limits

Dentro del plazo legal previsto Within the legal term/term provided by law

Dentro del plazo legal previsto 2 Within the stipulated time limit/time limit established therefor

Dentro del territorio de *X* Within *X*

Denuncia Accusation, denunciation; presentment

Denuncia por hurto Accusation of robbery

Denunciar Betray *(v.)*

Departamento Unit

Departamento de garantía para créditos de exportación Exports Credits Guaranty Department (ECGD)

Departamento de rentas municipales Municipal Revenue Division

Departamento de salud Department of Health

Departamento del Tesoro Treasury

Departamento legal Legal department

Departamento/Ministerio de Obras Públicas Department of Public Works

Dependencia gubernamental Government Department

Dependencias Departments and agencies, dependencies, units

Depender de *v.* Depend on, hinge upon, be subject to

Deponente Deponent

Deponer *v.* Attest; deprive *(from office, dignity, esp. clergyman)*

Deposición Deposition

Depositadas en custodia Deposited in custody

Depositante Depositor; bailor

Depositar en un banco Bank *(v.)*

Depositar todos los votos Cast *(v.)* all votes

Depositario Depositary

Depositario *(a quien se confía la custodia de una propiedad)* Bailee

Depositario de plica Escrow Agent

Depositario judicial Garnishee

Depósito Deposit; warehouse

Depósito a plazos Time deposit

Depósito comercial Business deposit

Depósito de equipaje Baggage room

Depósito de la banca comercial Commercial bank deposit

Depósito disponible / a la vista Demand deposit

Depreciación Depreciation

Depreciación acelerada Accelerated depreciation

Depreciación acumulada Accrued depreciation

Depredador de empresas Raider

Depresión *(Com.)* Downturn

Depurado Exquisite, delicate

Depurar *v.* Depurate, purify, cleanse; debug

Derecho Right, claim; law; (plur.) duties, taxes, fees and expenses, imposts, rights

Derecho a abrir a pruebas el proceso Right to file proofs

Derecho a hacer uso de la aeronave en forma exclusiva e ilimitada To have and to hold singularly the said aircraft forever

Derecho adjetivo *(de procedimiento judicial)* Adjective law

Derecho administrativo *(ante las oficinas del gobierno)* Administrative law

Derecho antecedente Antecedent right

Derecho civil Civil Law

Derecho común Common law

Derecho consuetudinario Common law, unwritten law, common right

Derecho de expropiación forzosa Eminent domain

Derecho de prioridad Preemptive right

Derecho de propiedad sujeto a futuras eventualidades Future estate

Derecho de superficie *(uso de propiedad inmueble ajena)* Encroachment

Derecho de traspasar una propiedad ajena Easement

Derecho de un deudor hipotecario a obtener de nuevo su título de propiedad Equity of redemption

Derecho de vía Right of way

Derecho de visitas Rights of visitation

Derecho exclusivo y no transferible Exclusive and non-transferable

Derecho mercantil Commercial law

Derecho mercantil o comercial Mercantile law

Derecho penal Criminal law

Derecho preferencial *(acciones)* Pre-emptive rights *(shares)*

Derecho procesal Law of procedure

Derecho que afecta una propiedad raíz Encumbrance

Derechohabiente Beneficiary

Derechos aduanales Custom duties

Derechos civiles Civil rights

Derechos constitucionales de defensa y prueba Constitutional rights of defense and proof

Derechos Consulares pagaderos en Canadá Consular fees payable in Canada

Derechos contractuales Contract rights

Derechos de acción Choses in action

Derechos de aduana ad valorem Ad-valorem duty

Derechos de autor Copyrights, royalties

Derechos de construcción Fees on construction

Derechos de importación Import duties

Derechos de miembro que corresponden al suscrito Membership rights owned by the undersigned

Derechos de propiedad Title, property rights, rights of ownership

Derechos de sucesión Death duty

Derechos de visitas Rights of visitation

Derechos dejados inmovilizados Rights allowed to remain dormant

Derechos reales sobre *X* Good and valid title to *X*

Derechos registrados Copyrighted

Derivar de Grow *(v.)* out of

Derivar (derivado de) Issuing/resulting/originating/stemming/deriving/arising from

Derivar (derivado de 2) Due to, caused by; hereunder

Derogación Annulment; abrogation

Derogar *v.* Annul, repeal, revoke; abolish

Derribar *v.* Tear down, demolish

Derrota Defeat

Derrumbamiento Breakdown

Desacato Contempt

Desacoplado Offline

Desacreditación Impeachment

Desacreditar *v.* Downgrade, deface; boycott; blow upon

Desafiado Challenged, dared, defied, opposed

Desalojar Send *(v.)* off

Desalojo Vacating of the premises; eviction

Desaparición Demise

Desarme Disarmament, disarming

Desarraigado Uprooted; banished, eradicated

Desarrollo equilibrado Balanced growth

Desarrollo forestal Forestry development

Desastre Casualty

Desatender Disregard *(v.)*

Desavenencia Estrangement, embittered estrangement; squalls at home

Descalificación de un testigo de dudosa credibilidad Impeachment (judicial)

Descaradamente/ desvergonzadamente Brazenly

Descargado Acquitted

Descargar *v.* Unload; acquit

Descargarse Burst *(v.)* with (esp. rain)

Descartarse Be *(v.)* ruled out

Descenso Decline, falling

Descentralización Decentralization

Descentralizado Descentralized

Descomponer Break *(v.)*

Desconectado Off

Desconfianza Distrust, suspicion, diffidence (moral, persons, honor, lack of faith); mistrust (less strong)

Desconocer Abdicate *(v.)*

Descontar *v.* Allow; abate

Descorchar Uncork *(v.)*

Descripción de una materia Syllabus

Descuento Discount

Descuento 2 Allowance; abatement

Descuento compuesto Compound discount

Descuento en cadena Chain discounts

Descuento en efectivo Cash discounts

Descuento por pronto pago Discount for early payment

Descuento por pronto pago sobre compras y sobre ventas Discount for early payment on purchases and sales

Descuento sobre bonos Bond discount

Descuidar Disregard *(v.)*

Descuido Negligence, careless/forgetful/absentmindedness, disregard, failure

Desde As of

Desde allí con el curso del río Thence with the meander of the river

Desde el mismo día de la inversión As of the date of such investment

Desde un principio Early on

Desechado Rejected, excluded; discarded

Desechos Debris

Desembolsar Disburse *(v.)*; pay *(v.)* out

Desembolso Disbursement

Desembolso autorizado Authorized disbursement

Desembolso capitalizado Capital expenditure

Desembolso de capital Capital outlay

Desembolso de costo Cost outlays

Desembolso directo Direct disbursement

Desembolso programado Programmed disbursement

Desempeñar sus mejores esfuerzos Use *(v.)* best efforts

Desempeño Performance, fulfillment, carrying out *(of duties)*

Desempeño de un cargo Position, responsibilities

Desengañado Cynical

Desentonar Discomfited

Deseo colectivo Public desire

Desequilibrio Inbalance; disruption

Desequilibrio en materia de pagos Payment imbalances

Deserción de una apelación Abandonment

Desertificación Desertification

Desfalco Defalcation, fraud, embezzlement

Desfigurar Deface *(v.)*

Desfigurar a una persona Mar *(v.)*

Desglosar Break *(v.)* down

Desgracia Misfortune, disgrace

Desgravamen Tax deductions, nontaxable-features

Designado Commissioned *(adj.)*; appointee *(n.)*

Designado y facultado Appointed and commissioned

Designar *v.* Appoint *(position)*, name, designate, assign *(someone for a particular function or position)*, nominate

Designar 2 Plan *(work)*, designate *(something for a special purpose)*

Designar (designo al Sr. *X* para que actúe como mi apoderado / mandatario leal y verdadero para) I make, constitute and appoint Mr. *X* as my true and lawful attorney

Designio Intent

Desigualdades Inequalities

Desistimiento Abandonment, voluntary dismissal of action

Desistimiento de demanda Abandonment of demand

Desistimiento de la acción Abandonment of action

Desistimiento de la instancia Abandonment of suit

Desistir *v.* Waive a claim or abandon an action

Desistir de la acción Dismiss *(v.)* action

Desistir en toda clase de procedimientos instaurados por la compañía Dismiss *(v.)* proceedings of any nature filed by the company

Desistir tanto de la acción como del procedimiento Dismiss *(v.)* proceedings with or without prejudice

Deslinde Meander

Deslumbrar Dazzle *(v.)*

Desmovilización Demobilization

Desnivel Unevenness *(landscape)*, unbalance

Desobediencia intencionada a reglamentos/decisión de un juez o magistrado Contempt of Court

Desocupación Vacating of the premises

Desolado Desolate, destroyed

Desordenado Disorderly; unruly, wild, lawless

Despachar en la aduana Clear out *(v.)*

Despachar un barco para la partida Clear out *(v.)*

Despacho Office, Direction; Judge´s Chambers

Despacho 2 Delivery, shipment; business, trade, custom; dispatch

Despacho 3 Message; official communication; court order

Despacho de aduana Clearance

Despacho de pasajes Booking office

Despectivo Demeaning

Despedido Laid-off

Despedir Discharge *(v.)*

Desperdicios Debris

Desplazamiento Displacement; falling

Desplazar *v.* Move, shift, take the place of, displace; deploying (troops, forces)

Despojar *v.* Divest; deprive

Despolitización Depoliticizing

Desposeer Divest *(v.)*

Desposeerse Abdicate *(v.)*

Desprender de *v.* Be deduced or inferred from, issue/stem/spring from

Despreocupado Easygoing

Desproporción Imbalance

Después Hereinafter; there in after

Después de Following the

Destacado Outstanding, prominent, well known

Destacamento # 7 de la Policía Metropolitana *(hisp.)* 7th Metropolitan Police Station

Destacar Highlight *(v.)*

Destacarse *v.* Be outstanding or prominent, excel

Destinado para Enmarked for *(something)*, meant for, intended for

Destinar *v.* Assign, allocate; appropriate

Destinatario Addressee, consignee

Destino del cuerpo Disposition *(of the body)*

Destinos *(países)* Markets

Destrezas necesarias Skill set

Destrezas que permiten el trato a altos niveles de gerencia Boardroom skills

Destrucción intencionada de propiedad ajena por fuego Arson

Destructor Destroying, destructive

Desventaja Drawback

Desviación absoluta Absolute deviation

Desviación acumulada Accumulated deviation

Desviar Avert *(v.)*, diverting *(adj.)*, deterring *(adj.)*

Detallista *(venta al detall o al por menor)* Retailer

Detención Arrest *(n.)*, demurrage

Detener Arrest *(v.)*

Detenidamente Thoroughly

Deterioro Deterioration, damage, impairment, wear and tear

Determinación de un juez Adjudication

Determinar *(daños, montos)* Assess *(v.)*

Determinar judicialmente Adjudicate *(v.)*

Detrás de At the rear of

Deuda Indebtedness, obligation

Deuda consolidada Funded debt, bonded debt

Deuda consolidada traspasada Negotiated funded debt

Deuda efectiva Active debt

Deuda externa Foreign debt

Deuda externa privada Private foreign debt

Deuda financiera reconocida Recognized financial debt

Deuda garantizada Bonded debt

Deuda haya sido saldada The indebtedness has been cleared

Deuda pendiente Obligation outstanding

Deuda por acreedores Debt by creditors

Deuda por patente de industria y comercio Industrial and commercial patent debt

Deuda privada Business debt

Deuda que no causa intereses Barren money

Deuda transitoria Goods-in-transit debt

Deuda vencida Debt due

Deudor hipotecario Mortgagor

Deudor moroso Delinquent debtor

Devaluación Devaluation

Devengar *v.* Earn, accrue

Devengar fruto Yield *(v.)* earned

Devengar intereses *vt.* Draw/bear interest *(at the rate of)*

Devengar intereses de mora Accrue *(v.)* interests for delayed/late payments

Devolución Refunding; (plur.) returns

Devolución impositiva consolidada Consolidated tax return

Devoluciones y bonificaciones sobre ventas Sales returns and allowances

Devolver *v.* Forward, carry back

Día civil Calendar day

Día de su exigibilidad The date it becomes demandable

Día (días a contar / a partir de la fecha de la notificación) After *X* days notice

Día (días calendario) Calendar days

Día (días de atraso) Days past due

Día (días hábiles) Court days, working days

Día (días laborables) Business days

Día (días realmente transcurridos) Actual days elapsed

Día (días seguidos) Consecutive days

Diagrama de flujo Flowchart

Diagrama de flujo de los datos Data flowchart

Dial Dial

Diálogo norte-sur North-South dialogue

Diario Newspaper

Diario de compras Purchases book

Dibujante *(bosquejador)* Draftsman

Dicente Deponent

Dicha Such, the said

Dicha impresión es del sello oficial auténtico de *X* The same to be an imprint of the genuine official seal of the said *X*

Dicha persona será considerada residente del territorio He shall be deemed to be a resident of the territory

Dicho expediente recoge todo el trabajo escolar realizado por *X* This record is complete for the academic work that *X* completed at

Dictado Was decreed

Dictamen Opinion paragraph

Dictamen con salvedad sujeto a explicación Adverse opinion; qualified opinion

Dictamen favorable Fairness

Dictamen limpio/sin salvedad Unqualified opinion

Dictamen pericial Expert opinion

Dictar *vt.* Dictate; pronounce (sentence)

Dictar sentencia de divorcio Pronounce *(v.)* a sentence for divorce, grant a divorce

Diestramente Artfully

Diez primeros artículos de la constitución americana Bill of Rights

Diezmado Decimate, ravage, destroy

Diezmar *vt.* Decimate, ravage, destroy

Difamación Defamation

Difamatoria Defamatory, slanderous, libelous

Diferencia Difference, balance *(quantities)*

Diferencia de cambio por devaluación Devaluation exchange difference

Diferencias de la moneda en las tasas de interés Currency disparities in interest rate

Diferente Alien to

Diferidos Differing

Diferimiento Deferral

Diferir *v.* Defer; delay

Difundir *v.* Diffuse, spread, divulge, publish, make known

Difunto Decease

Dígito binario (bit) Binary Digit (BIT, bit)

Diligencias de emplazamiento *(entrega de citaciones)* Service of process/of summons

Diligencias para mejor proveer Proceedings to furnish additional evidence

Diligente Diligent, careful; industrious, quick, speedy, prompt, swift

Dilucidar Clear up *(vt.)*

Dimensión Dimension, nature, aspect

Dimisión Abdication

Dimitir Abdicate *(v.)*

Dinámica *(n.)* Dynamics

Dinero Money, funds; (plur.) moneys

Dinero a la orden Call money

Dinero en préstamo a alto interés Dear money

Dinero improductivo Barren money

Dinero prestado sin interés Barren money

Diploma Award

Dique Dam

Dirección Direction, Administration, Office of the Director; address

Dirección *(cine)* Film directing

Dirección cablegráfica Cable address

Dirección de Office of the Director

Dirección de Apoyo Docente Office of the Director of Teaching Assistance

Dirección de Educación Board of Education

Dirección de este plantel de educación media Board of Education for the High School

Dirección de liquidaciones de la Gobernación *(hisp.)* Municipal Tax Office

Dirección general de rentas General Tax Division

Dirección General Sectorial de Relaciones Consulares Office of the Director General, Sector of Consular Affairs

Dirección Nacional de Identificación y Extranjería *(hisp.)* National Office/Direction of Identification and Aliens

Dirección Nacional de Obras y Servicios de la Gobernación *(hisp.)* General Direction of Work Projects and Services of the Office of the Governor of

Dirección postal Mailing Address

Directiva Board

Directivo Officer, Head

Directivo ejecutivo/principal Principal

Directivos de Appointed officers

Director Director

Director de escuela primaria o secundaria Principal

Director de Finanzas Chief Financial Officer (CFO)

Director de la escuela secundaria Principal of High School

Director del Instituto de Educación Secundaria High School Principal *(US)*; School Master *(GB)*

Director de una orquesta Conductor of the orchestra

Director ejecutivo Chief Executive Officer (CEO); Principal

Director financiero Chief Financial Officer

Director General de la Seguridad del Estado *(Esp.)* Minister for State Security

Director General del Ministerio Fiscal/Servicio de acusación pública *(Esp.)* Director of Public Prosecution

Director suplente Assistant Director

Directorio ejecutivo Board of Executive Directors

Directrices Guidelines; advice

Dirigida a Addressed to

Dirigiéndose a los dos Addressing both of them

Dirigir *v.* Address, conduct

Dirigirse a *v.* Headed for; addressing *X*

Discernimiento Insight

Disco magnético de almacenamiento Storage magnetic tape

Discordar Clashing *(adj.)*

Discreción Discretion

Discriminar Break down

Discutible Debatable

Discutir Argue *(v.)*

Disensión en materias opinables Dissent

Diseño óptimo Optimal design

Disminución Decline, falling; abatement; charge-off

Disminución de tensiones *(esp. entre naciones por medio de tratados, etc.)* Détente

Disminuir Abate *(v.)*

Disminuir *(de categoría o importancia)* Downgrade *(v.)*

Disolver *vt.* Dissolve; liquidate

Disolver (disuelto en consecuencia el vínculo matrimonial existente entre ellos The bonds of matrimony between *X* and *Y* are hereby dissolved

Disolver el matrimonio *vt.* Dissolve/liquidate/annul the bonds of matrimony/the joint ownership of property by husband and wife

Disparidades de la moneda en las tasas de interés Currency differential in interest rate

Disponer Direct *(v.)*

Disponer (dispongo de capital) I have capital at my disposal

Disponerse a Be *(v.)* out for *X*

Disponibilidades Availabilities

Disponibilidades para préstamos Available for lending

Disponible Available

Disposición Resolution, regulation *(formal)*, provision *(of law)*; instructions, arrangements, acts; disposal

Disposiciones de rango similar Provisions of a similar rank

Disposiciones del reglamento Provisions of the Code

Disposiciones generales General provisions

Disposiciones legales Regulations

Disposiciones legales cambiarias vigentes en Uruguay Official exchange regulations of the government of Uruguay

Disposiciones penales Criminal ordinances

Dispositivo accionador del disco Disk drive

Dispositivo de entrada y salida I/O devices *(input/output)*

Dispositivo fuera de línea Off-line devices

Disputa Contention, dispute, altercation

Disputable Debatable

Disputar *v.* Contest; debate

Distar *v.* Be at a certain distance, be *(away, far)* from; be different *(fig.)*

Distinguida Marked

Distinta a/de Other than

Distorsión Distortion

Distorsionado por intereses políticos Colored by power politics

Distribución Allocation; apportionment

Distribución de gastos Allocatur

Distribución de ingresos Income distribution

Distribución de la utilidad neta Apportionment of net income

Distribución de los recursos Allocation of resources

Distribución del costo Cost apportionments

Distribución del impuesto sobre la renta Income tax allocation

Distribución del ingreso Income allocation

Distribución equitativa Equitable distribution

Distribución interna Domestic distribution

Distribuidor Distributor, dealer

Distribuidor exclusivo Exclusive distributor

Distribuir Allot *(v.)*

Distribuir (distribuido entre) Circulated to

Distrito de X District

Distrito electoral Constituency

Disturbio Disorder

Disuadir Deterring *(adj.)*

Disuasión Deterrence

Divergencia en las opiniones Conflicting views

Dividendo Dividend

Dividendo acumulado Accumulated / Accrued dividend

Dividendo de capital Capital dividend

Dividendo extra Bonus

Dividendo en especie Dividend in kind

Dividendo por cobrar Account dividend

Dividendo voluntario Voluntary dividend

Dividido en Divided into

Divisa Foreign exchange/reserve

Divisible Divisible

División Partition; division

División de control fiscal Tax Control Division

División de pequeñas reclamaciones Division of Small Claims

División de Promoción Industrial del Ministerio de Fomento *(hisp.)* Industrial Promotion Division of the Ministry of (Economic) Development

División de rentas municipales *(hisp.)* Municipal Revenue Division

División de valoración aduanera *(hisp.)* Customs Appraisal Division

División general de rentas *(hisp.)* General Tax Division

Divorcio sin culpa No fault divorce

Divulgación Disclosure

Doblar el codo de los *(años de edad)* Was already over *(age)*, has passed the *(number)* mark

Docencia Teaching

Docente Teaching; of education, educational

Doctorado Doctorate, Doctor´s Degree

Documentación a ser suscrita Documents to be executed

Documentación del préstamo con *X* Documentation for the *X* loan

Documento Act, deed, indenture, instrument

Documento aceptado Acceptance

Documento al portador Bearer instrument

Documento autenticado el día... Document authenticated on the...

Documento comercial Business paper

Documento complementario Supplementary document

Documento constitutivo de la empresa Articles of Incorporation and By-Laws of the Corporation

Documento de título o propiedad *(inmueble)* Abstract of title

Documento de venta de una aeronave Aircraft Bill of Sale

Documento en que consta una deuda I.O.U. (I owe you)

Documento escrito a mano *(gen. se aplica a testamentos)* Holograph

Documento escrito a ser registrado en dicho Estado Instruments in writing to be recorded in said State

Documento hipotecario de un barco Ship pledge

Documento hipotecario de un bien inmueble Mortgage document

Documento hipotecario de un bien mueble Pledge

Documento mercantil Commercial paper

Documento notarial Notarial deed

Documento o efecto al portador Bearer paper

Documento privado Document not officially recorded

Documento público Public document

Documento que alega un error de hecho Memorandum in error

Documento que declara terminado un pleito Accord and satisfaction

Documentos escritos Instruments in writing

Dólar a tasa preferencial Preferential-rate dollar

Dólar de valor constante Constant dollars

Dólar en cartera Dollar holdings

Dólar libre Free dollars

Dolor físico de la angustia, ansiedad o depresión moral Mental anguish

Dolorosa Painful, pitiful, moving

Domiciliar Domicile, take up residence

Domiciliar (domiciliada en) With main offices / place of business / commercial domicile in, domiciled in

Domicilio Residence

Domicilio fiscal Legal residence

Domicilio permanente de una persona Domicile

Dominante Prevailing

Dominio Owner's equity

Domo Dome

Don Talent, natural ability; present, gift

Donación en testamento Bequest

Donante *(adj.)* Donating, giving

Donante *(n.)* Donor, giver

Donar en testamento Bequeath *(v.)*

Donde Wherein

Dotar *vt.* Supply, give, furnish, provide

Dotar (dotación de agua) Water supply

Dotar (dotado de un sello legal) Having by law a seal

Drenaje Drainage

Dueño Owne

Dueño no puede alegar ignorancia de ventas presenciadas por él *(Doctrina legal)* Esttopel

Dueño o propietario absoluto Absolute owner

Dueño útil Beneficial owner

Duplicar Double *(v.)*

Duplicidad Duplication, doubling; duplicity, double-dealing, falseness *(fig.)*

Duplicidad de funciones Overlapping

Duración del cargo es de tres años These members shall remain in office three years

Duración del contrato Term of the agreement

Durante el matrimonio During continuance of the matrimony

Durante el presente año During the current year

Durante el término del presente contrato During the life of this contract

Durante ese lapso During such period

Durar *v.* Last, endure, remain

E ESPAÑOL

Ecólogos Environmentalists

Economato laboral Company store

Economía controlada/dirigida Controlled economy

Economía de escala Economy of scale

Economía subdesarrollada Backward economy

Echar mano a *vt.* Lay hands on, grab, seize

Edad crucial Pivotal age

Edad promedio de los contrayentes de matrimonio Average age at marriage

Edad y tasa o razón de crecimiento Age and rate of growth

Edicto Fiat; decree

Edificaciones Buildings, constructions

Edificar Erect *(v.)*

Edificio Building *(v.)*

Edificio de los tribunales Courthouse

Educado Well-mannered

Efectividad Effectiveness

Efectivo *(adj.)* Real

Efectivo *(n.)* Cash

Efectivo adelantado Cash in advance

Efectivo de caja Cash items

Efectivo en caja Cash on hand

Efectivo en el banco Cash in bank

Efectivos en su totalidad *(cheques)* Honored for their full amount *(checks)*

Efectos Wares

Efectos a cobrar Bills receivable

Efectos a pagar Bills payable

Efectos externos External effects

Efectos mercantiles Business paper

Efectos por cobrar Collectible receivables

Efectos por pagar comerciales Commercial papers payable

Efectuar *v.* Make; effect

Efectuar dichas actuaciones Carry *(v.)* through the foregoing proceedings

Efectuar pagos Effect *(v.)* payments

Efectuar por su propia cuenta, o por cuenta de otros, operaciones financieras, comerciales e industriales Engage *(v.)*, on its own behalf or on behalf of others, in financial, commercial and industrial transactions

Eficacia Effectiveness, efficiency

Eficiencia Efficiency

Eficiente Qualified

Efímero Transient

Egresar *(casa de estudios) (hisp.)* Graduate *(v.) (university)*

Egreso Outflow

Eje de mando Drive-shaft

Eje impulsor Drive-shaft

Eje motor Drive-shaft

Ejecución Foreclosure, execution, performance, completion, achievement

Ejecución *(de hipoteca)* Foreclosure

Ejecución de obras por administración Force account

Ejecución de una sentencia penal *(Der. Penal)* Execution

Ejecución equivocada de un acto legalmente permitido Misfeasance

Ejecución procesal Execution of judgment

Ejecución procesal de sentencia de los jueces de paz Execution of judgment of the Judge of Peace

Ejecución procesal de sentencias de otros Estados Execution of judgment by other Governments

Ejecutar *v.* Effect; execute; enforce; achieve, carry out, perform

Ejecutar la fianza Execute *(V)* the bond

Ejecutar operaciones en cualquier instituto bancario en referencia al inmueble de nuestra propiedad Carry *(v.)* out any transactions with any banking institution, in relation with such property of ours

Ejecutivo Executive; administrator

Ejecutivo/directivo ***(sector privado)*** Officer

Ejecutivo debidamente designado de Appointed officer of

Ejecutivo Nacional National Government, Executive Branch

Ejecutor Executor

Ejemplar ***(n.)*** Copy

Ejemplares de un mismo tenor y a un mismo efecto Identical copies of this document were made for the same purpose

Ejemplo Instance

Ejercer *v.* Practice a profession; exercise *(one's rights)*

Ejercer el voto haciendo uso de todos los derechos de miembro que corresponden al suscrito Vote *(v.)* all membership rights owned by the undersigned

Ejercer presión Put *(v.)* pressure

Ejercer toda clase de recursos ordinarios y extraordinarios Invoke *(v.)* all kinds of ordinary and extraordinary legal remedies

Ejercicio Fiscal year

Ejercicio 1985-1986 Fiscal 1985-1986

Ejercicio contable Accounting period, accounting year

Ejercicio de la acción Prosecution of the action

Ejercicio fiscal Fiscal year

El acta constitutiva que a la vez le sirve de estatutos sociales a mi representada The Articles of Incorporation and By-Laws of my Principal

El afianzado The bonded

El asunto será sometido a la discusión de un árbitro The said controversy shall be submitted to arbitration

El buen nombre de Reputation

El caso que está cursando por ante el tribunal The case which is pending in the court

El consignatario tiene derecho a Consignee is entitled

El contenido de dicho documento The contents of said instrument

El derecho de visitas sea ejercido por el padre así: The father shall have rights of visitation as follows/in the following manner

El documento anexo ha sido otorgado en conformidad con las leyes del Estado de *X* The annexed instrument is executed according to the laws of the State of *X*

El documento que antecede The above

El fallo de un tribunal de jurisdicción competente The sentence from a court having due jurisdiction

El inmueble de nuestra propiedad Such property of ours

El interrogado respondió afirmativamente en forma clara e inequívoca He answered/ replied affirmatively/in the affirmative in a clear and unequivocal manner

El mejor ... es At its best

El niño antes mencionado nació vivo en el lugar, fecha y hora antes señalados The above named child was born alive at the place and time and on the date stated above

El otorgamiento del título The title awarded

El otorgante The mandator

El presente reglamento These provisions

El prestatario se compromete a The borrower promises

El principio Outset

El que ejecuta una obra por cuenta de otro sin ser su empleado Independent contractor

El secretario dio lectura The clerk read out

El titular del presente The holder hereof

Elaboración Draft

Elaboración automática de datos (EAD) Automatic Data Processing (ADP)

Elaboración de escrito Drafted brief

Elaboración de solicitud de Application for

Elaboración electrónica de datos (EED) Electronic Data Processing (EDP)

Elaboración integrada de datos (EID) Integrated Data Processing (IDP)

Elaboración por tandas Batch processing

Elasticidad de la demanda de mercancías Elasticity of commodity demand

Electrodoméstico Appliance

Elegibilidad financiera Financial eligibility

Elegible para desembolso Eligible for disbursement

Elegida como Selected to be

Elemento binario Binary element

Elemento de datos Data element

Elemento final de regulación Final control unit

Elevación al cubo Cubing

Elevado High

Eliminar Abolish *(v.)*

Elucidar *v.* Elucidate, explain, clear up

Eludir *v.* Elude, avoid, evade, by pass

Emanado de Issued by, arising from; hereunder

Emanado del Juzgado Quinto de Primera Instancia en lo civil *(hisp.)* Issued by the 5th Civil Court of Common Pleas/First Instance

Embalaje Packing

Embarcación Vessel

Embarcar *vt.* Embark *(people)*, ship, load *(merchandise)*

Embarcar (embarcados en aparente buen estado y condición) Shipped in apparent good order and condition

Embargar *v.* Attach; levy

Embargo Attachment, injunction; embargo *(of countries)*; seizure

Embargo de bienes Attachment of property

Embargo de una propiedad al iniciarse un juicio Attachment

Embargo en ayuda de la ejecución Attachment in aid of execution

Embargo preventivo a favor de trabajadores de obras materiales Mechanic's Lien

Embargo previo al juicio Attachment prior to judgment

Embargo provisional Temporary injunction

Embarque Shipment

Embarque sucesivo/ suficiente Further shipment

Embate Pounding, dashing

Embolsarse Pocketing

Embrujo Bewitchment

Embudo Bottleneck

Emigrar *v.* Emigrate *(country to country)*, migrate *(from area to another)*

Emisión Issue, issuance; (plur.) securities, shares

Emisión de bonos/ valores Bond issues

Emisor de un pagaré Maker of a promissory note

Emitir *v.* Issue; render

Emitir juicio anticipado *v.* Involve/imply/entail any prejudgment

Emitir, aceptar, endosar, protestar letras de cambio u otros efectos *v.* Issue, accept, present for collection any such promissory notes, drafts and other commercial papers

Empadronador Census enumerator

Empadronamiento Census enumeration

Empapado de Immersed in

Empaquetar Nest *(v.)*

Emparentar Become *(v.)* related

Empatar *v.* Equal, match; tie, be tied

Empeñado In hock

Empequeñecer Dwarf *(v.)*

Emplazamiento Summons, citation

Emplazamiento por edictos Summons by publication

Empleado Employee, clerk; servant

Empleado de banca Bank clerk

Empobrecer *vt.* Drain

Emprender Launch *(v.)*

Empresa Corporation, business, company; enterprise, undertaking, venture

Empresa comercial Business enterprise

Empresa conjunta Joint venture company

Empresa de servicio público Public utility company

Empresa de servicios públicos Utilities

Empresa estatal Incorporated company with State ownership

Empresa fabril Manufacture

Empresa filial Affiliate

Empresa mancomunada Joint venture

Empresa mercantil Corporation

Empresa mixta Joint venture

Empresa oficial o estatal Government firms

Empresa privada bajo dirección estatal Private company under State management

Empresa pública Public ownership firm

Empresa receptora Recipient company

Empresario Impresario, promoter, entrepreneur

Emprestar Borrow

Empuje Energy

En Under

En *(lugar)* At

En actividad Acting *X*

En adelante Hereafter; onwards

En aparente buen estado y condición In apparent good order and condition

En base a dicha comparación, puedo afirmar que From such comparison I verily believe

En base a no recurso Nonrecourse basis

En beneficio de For the sake of

En blanco Blank *(adj.)*

En breve término Within a short period

En bruto Gross; in bulk

En buena posición académica In good standing

En cada fecha On each date

En cada fecha de pagos de intereses On each interests' payment date

En cada oportunidad From time to time

En calidad de As

En calidad de representante real y verdadero del suscrito The true and lawful attorney, agent and proxy of the undersigned

En cambio Whereas

En caso alguno In any instance

En caso de In the event, should..., when; eventually

En caso de controversia In the event of disputes

En caso de exigirse/requerirse dichas deducciones If it shall be required to make such deductions

En caso de que In the event that

En caso de que el tenedor del pagaré dejare de ejercer cualesquier derechos emanados de este documento en caso alguno The failure of the holder of the Promissory Note to exercise any of its rights hereunder in any instance

En caso de sobrevencimiento de alguna deuda contraída con *X* In the event that any indebtedness owing to *X* shall be past due

En conclusión In short

En condiciones similares Under similar conditions

En conformidad *(+ v.)* Accordingly...

En conformidad con As (may be) required by, in compliance with

En conjunto Overall *(adv.)*

En consecuencia Consequently, accordingly, therefore

En contra Against

En cuanto a In so far as to, as regards, as to

En cuanto a derecho se refiere As provided for by Law

En cuanto a su derecho a voto From voting

En cuenta con In account with

En cumplimiento con In (due) compliance with

En cumplimiento de ello In this capacity

En curso Ongoing

En custodia In escrow

En cuyo caso se conviene: In which event the parties agree that

En definitiva It is certainly true

En diez pagos semestrales sucesivos Through ten semi-annual and consecutive payments

En efectivo In cash

En efecto In fact

En ejercicio de este mandato In exercising this/such mandate

En ejercicio de sus funciones *(notario)* Acting

En el acto Forthwith

En el caso de When

En el caso de ausencia de In the absence of

En el día *X* del mes *X* del año cual On the 9th day of February of the year 1956

En el diario *X* In the daily *X*

En el exterior Abroad

En el interés de In furtherance

En el juicio correspondiente In the corresponding proceedings

En el lugar y representación de Place and stead

En el margen In the margin

En el mejor de los casos At its best

En el mismo Therein

En el mismo estado y condición In the same order and condition

En el momento de la firma On signature

En el momento de su vencimiento When due

En el momento del incumplimiento Upon infringement

En el mundo entero From all over the world, the world over

En el presente (documento) Hereunto

En el sentido de que To the effect that

En el sentido de que la suscrita o el fiador está en quiebra, insolvente o en suspensión de pagos To the effect that the undersigned or the guarantor is bankrupt, insolvent or in suspension of payments

En ella Herein

En esa oficina a su digno cargo In that *(Registry)* Office under your charge

En escena On stage

En ese carácter In my capacity as

En ese caso o en cualquier otro caso In that or in any other instance

En ese respecto Therein

En ésta Herein

En esta forma venda Shall so sell

En este documento Herein, hereinafter

En este poder Pursuant this Power of Attorney

En estricto cumplimiento de las leyes pertinentes de *X* In due and strict compliance with the applicable laws of *X*

En fe de lo cual In witness thereof/whereof

En fe de lo cual, firmo la presente y estampo mi sello oficial In witness whereof, I have hereunto set my hand and official seal

En fecha oportuna In due time

En forma alguna In any manner whatsoever

En forma C+F o CIF On a C+F or a CIF basis

En forma clara e inequívoca In a clear and unequivocal manner

En forma completa Outright

En forma desapercibida Unobtrusively

En forma exclusiva Singularly

En forma ilimitada Forever

En forma intencional/premeditada Willfully

En forma pro rata/prorrateada Pro rata

En forma total o parcial Of all or any part

En función de In terms of

En funcionamiento On

En jefe In-chief

En la cual Wherein

En la fecha antes señalada The day and year last above written

En la fecha de The day and year, on the date, by the time of

En la fecha en que sea debida At the time in which it is due, then due

En la forma más absoluta With the fullest power and authority; in the most unrestricted manner

En la forma más amplia permitida por el derecho With full power and authority as provided for by law, without any restriction whatsoever

En la forma prevista As provided in

En la medida en que To the extent that

En la medida posible In as much as possible, as far as, to the extent possible

En la misma Therein

En la misma proporción en que In the same proportion as

En la oficina principal At Company Headquarters

En la oportunidad de cada nuevo endoso On the occasion of each additional endorsement

En la oportunidad en que, de la manera que, y en caso de que When, as and if... *(+ v.)*

En la parte anterior Hereinbefore

En la venta del activo On the disposal of assets

En lo adelante Hereinafter; in the future

En lo civil In civil matters

En lo precedente Hereinbefore

En lo que respecta In so far as to

En lo sucesivo Hereinafter; there in after

En lo sucesivo denominado "El Comprador", Hereinafter referred to as 'The Buyer', as party of the second part,

En lo sucesivo denominado "El Representante", por una parte, y por la otra, Hereinafter referred to as 'The Representative', as party of the first part, and,

En los casos en que When

En mano On hand

En materia de In questions of, regarding, in the matter of, on matters involving

En mérito Therefore; in view

En mi calidad As *(+ position)*

En mi calidad/carácter de funcionario designado por As the official appointed by

En mi carácter de In my capacity of, as

En mi condición de tal As such

En moneda de curso legal de los EEUU In lawful tender of the US

En muelle *(del puerto de destino)* Ex dock/ex quay

En ningún momento At no time

En ninguna de sus partes In no respect

En nombre de la República y por autoridad de la ley In the name of the Republic, by authority of the Law

En o con anterioridad a On or before

En o con anterioridad a la fecha de vencimiento On or before the above expiration date

En o respecto de dicha propiedad In and about the premises

En otra forma Otherwise

En otras partes Elsewhere

En otro lugar Elsewhere

En parte de pago As partial payment, by way of partial payment

En perspectiva In prospect

En plena fuerza y vigencia In full force and effect

En poder de Held by

En promedio On the average

En que Wherein

En que se Whereby

En razón de Due to the fact that, due to having, by virtue of the fact that

En realidad Actually

En reconocimiento de sus logros académicos y buena conducta As evidence of scholastic attainments and good character

En referencia a In relation to, with regards to

En referencia al inmueble de nuestra propiedad In relation with such property of ours

En relación a Regarding

En relación a citación In response to summons

En relación con For, in connection with, regarding, concerning, as regards, in regard of

En relación con 2 On matters involving, with respect/regard to, by

En relación con compras realizadas por el gobierno de la República de Argentina On purchases by the government of the Republic of Argentina

En representación de On behalf of

En respaldo de las obligaciones asumidas a través del presente documento For purposes of endorsing any obligations agreed upon

En su carácter de tenedor legítimo As holder in due course

En su debido momento Eventually

En su fecha de vencimiento At maturity

En su mayor parte Largely

En su momento Eventually

En su oportunidad From time to time

En tal sentido In such sense

En tanto no sea revocada por una certificación posterior Until revoked by a subsequent certificate

En testimonio de lo cual In witness thereof/whereof

En testimonio de lo cual se estampa el sello del instituto, así como también las firmas debidamente autorizadas In witness whereof the seal of the institute and duly authorized signatures are hereby affixed

En todo caso In any case, at any rate, anyway, anyhow

En todo lo posible As much as possible

En todo momento At all times

En todos los casos In any and all events

En todos los casos, circunstancias y ocasiones en que las leyes no prohíban la actuación mediante apoderados In every event, circumstance and occasion where proceeding/acting by proxy are not prohibited by law/ are provided by law

En tramitación In the pipeline *(fig.)*

En última instancia In the last resort, in the end

En un lapso no mayor de Within a period no later than/not exceeding

En una sola porción At one time, in full

En uso de las atribuciones que le confiere el Making use of the powers granted to him by

En virtud de By virtue of, in virtue of, under, by reason of; pursuant of

En virtud de éste Hereunder

En virtud de este poder By virtue hereof

En virtud de lo cual By virtue of, pursuant to, under

En virtud del presente mandato By virtue of this mandate, under this power of attorney

En vista de que Whereas; in view of, given, considering, in the light of, in the face of

En y por dicho In and for said

Enajenable Alienable

Enajenación Alienation

Enajenación en vida por el testador de los bienes testados Ademption

Enajenador Alienor

Enajenamiento Abalienation, alienation

Enajenante Alienor

Enajenar Dispose *(v.)* of

Enajenar (enajenarlo a título oneroso) Dispose of hereof at onerous title

Enajenar (enajene cualesquier intereses que yo tuviese personalmente o como esposa de *X* en el bien inmueble de tipo comercial) Dispose of any and all interest which I may have individually, or as the wife of *X*, in a commercial real estate

Enardecido Heated

Encabezado Headed by

Encabezamiento Heading

Encabezar Head *(v.)*

Encajar *v.* Be appropriate, fit

Encaje legal Cash position

Encaje requerido Required cash reserve

Encaje retenido Retained cash reserve

Encaminada a Aimed at, designed to, headed for

Encaminada a zanjar las diferencias suscitadas entre nosotros Aimed at overcoming/designed to overcome the differences arisen between us

Encarar *v.* Face, confront

Encarcelado In hock

Encarecer Advance *(v.)*

Encargado Agent

Encargado *(adj.)* Commissioned; acting *X (cargo)*

Encargado *(n.)* Person in charge

Encargar Commission *(v.)*

Encargarse de *v.* Be responsible for; undertake

Encartar Register *(v.)*

Encasillar *v.* Pigeonhole, classify, sort out

Encauzar Channel *(v.)*

Encendido On

Encima de eso Thereon

Encomendar *v.* Entrust, commend, assign, commit

Encontrarse bajo el control/administración de un síndico Become *(v.)* the subject of receivership proceedings

Encontrarse bajo la custodia de *(formal)* Be *(v.)* in the custody of

Endeudamiento Borrowing; external borrowings

Endosante Endorser

Endosar Back *(v.)*

Endosar títulos de créditos Endorse *(v.)* credit instruments

Endosar un cheque Endorse a check

Endosatario Endorsee

Endoso al portador Blank endorsement

Endoso de favor Accommodation paper

Endoso por aval Accommodation endorsement

Energéticas Energy *(adj.)*

Enfáticamente Emphatically

Enfermera Nurse

Enfermera auxiliar Nurse's aide

Enfermera graduada Registered nurse

Enfermería Nursing

Enfiteuta Emphiteuticary or bond-tenant

Enfoque Approach

Enfoque emocional Emotional stuff

Enfrentar *v.* Confront, face; wage *(a war)*

Enfrentar un problema y resolverlo Come *(v.)* to grips

Engañar Defraud *(v.)*

Engaño Deception

Engañosamente Deceptively

Engavetar *(hisp.) (aplazar indefinidamente)* Shelve *(v.)*

Engendro Production; creation

Enjuiciamiento civil Civil procedure

Enrejar Enclose *(v.)*

Enriquecimiento Enrichment

Ensamblador Assembler

Ensamblaje Assembly

Ensayar Attempt *(v.)*

Enseguida Forthwith

Enseñanza superior Higher education

Enseres Chattels

Entablar demanda To file suit *(against X)*, to sue

Entablar una queja/ un pleito/ un litigio Bring a suit

Ente Entities

Ente autárquico creado por una ley especial Statutory corporation

Entidad Entities

Entidad mercantil Commercial entity

Entonces At the time

Entorpecer *v.* Hamper by; interfere with

Entrada Inflow

Entrada directa Direct entry

Entrada en efectivo Cash inflow

Entrada neta Net income

Entrada por tandas Batch entry

Entrada/salida Input/Output (I/O)

Entrada y desembolso real Actual receipt and disbursement

Entrañablemente Very affectionately, lovingly

Entrañar Involve *(v.)*

Entrar al Servicio Militar *v.* Be enrolled in/enter military service

Entrar en ira Blow *(v.)* up

Entrar en vigencia Shall take legal effect, shall become effective, shall be valid

Entrar en vigor *v.* Take (legal) effect, become effective, come into force

Entre Between (/2), among (+2)

Entre la Primera y la Segunda Guerra Mundial Interwar

Entre las comunidades Intercommunal

Entre los cuales Including

Entre otros beneficios Among other benefits

Entrega Delivery

Entrega contra reembolso Cash on delivery (C.O.D), collect on delivery

Entrega en depósito Bailment

Entrega en fecha futura Forward delivery

Entrega libre Franco delivered/free delivered

Entrega sin cargo por flete Freight allowed

Entrega sucesiva Further deliveri

Entregado Deposited

Entregar *v.* Deliver, submit; abandon

Entrenamiento en ventas Sales training

Entrenamiento sobre la marcha (ESM) On-the-job training (OJT)

Entretanto Interim *(n.)*

Entrevista Conference

Entrevista con Met with

Entrevista de comprobación Check-interview

Entrevistador Intake worker

Enumerar las transacciones Itemizes *(v.)* all transactions

Envejecimiento demográfico Aging of the population

Envergadura Breadth

Enviado Envoys

Enviar Forward *(v.)*

Envidiar Envy *(v.)*

Envilecimiento Debasement

Envío Dispatch(ing), sending, shipping, remittance, shipment, consignment

Envío sucesivo/suficiente Further shipment

Envolvente Absorbing

Equidad Equity, fairness

Equiparar Offset *(v.)*

Equipo Equipment *(collective noun)*

Equipo mecánico Hardware

Equipos sonoros Loud speakers

Equitativo Equitable, fair, just, reasonable

Equivalencia Transfer credit

Equivalente en dólares estadounidenses Equivalent in US dollars

Equivaler a Be *(v.)* tantamount to *(for facts, not quantities)*

Erogación corriente Current outlay

Erosión Erosion, wear away

Error Bug

Error absoluto Absolute error

Error de determinación Ascertainment error

Error de recolección de datos Data collection error

Error en las conformidades de importación Mistake in the import approvals

Es copia fiel y exacta de su original This is a true and exact copy of the original record

Es decir That is to say (i.e.)

Es el caso The fact is

Es el propietario real de *X* Owns good and valid title to *X*

Es improcedente el reclamo This item of the claim has no grounds

Es justicia In testimony whereof; filed in

Es mi apoderado He holds my power of attorney, he stands proxy for me

Es por ello por lo que / por ello For this reason

Es producto de mi libre voluntad/albedrío Is my act and deed

Es representante exclusivo para (lugar) de los productos *X* Is our exclusive/sole representative for *X* products

Es titular Is a holder

Es traslado fiel y exacto de su original que cursa en el expediente *X* A true and exact copy included in file no. *X*

Esbozar Sketch, outline

Escabrosidad Roughness, harshness

Escala óptima Optimal scale

Escalada Escalation

Escapar de Break *(v.)* away

Escéptico Cynical

Esclarecer Clear up *(vt.)*

Escombros Debris

Escribano del tribunal Court clerk

Escrito Brief, notice, communication, application

Escrito con apariencia de validez pero discutible Color of title

Escrito de demanda Writ of proceedings

Escrito de solicitud de mandamiento de *Hábeas Corpus* Brief requesting for an Habeas Corpus writ

Escrito para rectificar el nombre Writ to rectify name

Escrito para rectificar la partida de nacimiento Writ to rectify the Birth Certificate

Escritura Deeds

Escritura de cesión de bienes Assignment

Escritura de compraventa Bill of sale

Escritura de constitución de sociedad Articles of partnership

Escritura de constitución de una sociedad anónima Certificate of incorporation

Escritura de constitución social Articles of association

Escritura de contrato Covenant

Escritura de fianza Bail bond

Escritura de fideicomiso Deed of trust, trust deed

Escritura de propiedad con garantía de título Warranty deed

Escritura de traspaso Conveyance

Escritura de venta Bill of sale

Escritura hipotecaria Mortgage deed

Escritura pública Notarial deed, public deed

Escritura social de una compañía o sociedad Articles of association

Escuchar *(+ compl. dir.)* Listen *(v.)* to

Escudo nacional Coat of arms

Escuela School

Escuela de Comercio Business/commercial school

Escuela por correspondencia Correspondence school

Escuela secundaria High school

Escueta Plain, simple, direct

Esfera Dial

Esforzarse por mejorar Strive to improve

Esfuerzo Effort; spirit, courage; endeavor

Esfuerzo total All our effort

Eslora Length

Esmero Accuracy

Espacio Breadth

Espacio adjunto Adjoint space

Esparcimiento Recreation

Esparcir papeles u objetos menudos Littered

Especialización Major

Especialización secundaria Minor

Especialmente Specially *(specific, opposed to the general)*

Especialmente 2 Especially *(extraordinary, outstanding)*; notably

Especialmente 3 Particularly *(covers both)*

Especie Kind

Especificar *v.* Set forth, describe, specify

Especulación Adventure; corner

Especulador a la baja Bear *(n.)*

Especulamiento en valores de bolsa Agiotage

Espera Adjournment, abeyance

Esperado In prospect

Esperar *(+ compl. dir.)* Wait *(v.)* for

Esperar la acción del tribunal Await court action

Esporádico Sporadic, irregular; isolated *(occurrence)*

Esquina de On the corner of

Esquivo Unfriendly, disdainful; distant, aloof, elusive

Estabilizar *v.* Stabilize; peg *(value, price)*

Establecer *v.* Set forth, provide for, stipulate, specify

Establecer hipoteca sobre *v.* Establish/raise a mortgage on

Establecer los derechos y deberes de los cónyuges Provide for the rights and obligations of the married couple/spouses/man and wife

Establecer un acuerdo Enter *(v.)* into any arrangement/agreement/contract

Establecer una compañía Organize *(v.)* a company

Establecer una sociedad Enter *(v.)* into partnership

Establecido Prescribed

Establecido en *(ley, art., reg.)* Established in, specified in, set forth in, as provided for in/under *(+ legal)*

Establecido mediante ley Provided by law

Establecido por la Dirección de este Instituto de Educación Secundaria Prescribed by the Board of Education for the High School

Establecimiento Establishment; setting; (plur.) stores; agencies

Establecimiento en cadena Chain store

Establecimiento que emite información sobre sociedades Mercantile agencie

Estación de servicio Filling station

Estadía Demurrage

Estado civil Civil status

Estado de Status of; condition

Estado de conciliación del banco Bank reconciliation statement

Estado de cuenta Abstract of account

Estado de cuenta del banco Bank's account

Estado de cuenta mensual Monthly statement

Estado de flujo de caja Cash flow

Estado de ganancias y pérdidas Profit and loss statement

Estado de ingresos Income statement

Estado de la deuda con Status of the *X* debt

Estado de la situación Balance sheet

Estado de la tramitación Status of

Estado de salud Condition

Estado deudor Debtor nation

Estado financiero Balance sheet, financial statement

Estado mental que incapacita para manejar bienes *(Der. Civil)* Insanity

Estafar Defraud *(v.)*

Estampada Affixed

Estampar *vt.* Stamp, affix

Estampar (estampo mi sello oficial) I affix my official seal

Estancado Deadlocked

Estancamiento Standstill *(stronger)*, deadlock, paralyzation, stalemate

Estando *(+ verbo)* *Subject* + being

Estar a cargo/ encargado de Be *(v.)* responsible for

Estar a punto de Be *(v.)* about to

Estar acorde con *v.* Be in agreement/in keeping/in accordance/consonant with/suited to; equal

Estar atado Be *(v.)* tied up

Estar aterrado Be *(v.)* awed

Estar conformado por Consist *(v.)* of

Estar conforme a Be *(v.)* in keeping with

Estar conforme con In conformance with

Estar constituido por Consist *(v.)* of

Estar de acuerdo Agree *(v.)*

Estar dentro de patrones requeridos Be *(v.)* in agreement/in keeping/in accordance/ consonant with/suited to

Estar destinado a Be *(v.)* bound to

Estar disponible Be *(v.)* available

Estar dotado de Be *(v.)* armed with

Estar en condiciones de Be *(v.)* in a position of

Estar en conflicto Clashing

Estar en mora Be *(v.)* in default

Estar en tramitación Be *(v.)* in the pipeline

Estar encaminado Be *(v.)* under way

Estar encomendada a Shall be entrusted to

Estar estancada Be *(v.)* marking time

Estar facultado para *v.* Be authorized, have the right to, be entitled to

Estar fuera de lugar Discomfited

Estar integrado por Consist *(v.)* of

Estar prestando servicio militar Serve *(v.)* in the Arm Forces

Estar sujeto a *v.* Be subject to

Estar vigente por el período de un año Shall be effective/valid for one year

Estatutariamente By statute

Estatutos By-Laws

Estatutos de una sociedad Articles of association

Estatutos sociales By-Laws

Estimación Appraisal

Estimación de gastos Estimated expenses

Estimado financiero Forecast

Estimar Appreciate *(v.)*

Estimar en Assess *(v.)* at

Estimar la demanda Entertain *(v.)* the complaint

Estipulación Agreement

Estipulado Provided, stipulated

Estipulado en Set forth in; under

Estipular Stipulate *(v.)*

Estorbar Hamper *(v.)* by

Estratificación postselectiva Stratification after selection

Estratos *(sociedad)* Strata

Estrenar Be *(v.)* first heard/premiered

Estructura de división internacional International Division Structure

Estructura de gastos Spending pattern

Estudiante a tiempo completo Currently enrolled full time

Estudiante de primer año de universidad Freshman

Estudiante de segundo año Sophomore

Estudiante de tercer año Junior

Estudio Approach

Estudio de factibilidad Feasibility study

Estudio de prefactibilidad Prefeasibility study

Estudio de vinculación con proveedores extranjeros Investigation of ties with foreign suppliers

Etiquetas Tag, label

Étnico Ethnic, ethnical

Eurodólares Eurodollars

Europeizantes Europeanized

Evacuar *vt.* Carry out, perform, put through

Evacuar (evacuada que haya sido tal declaración) Once the foregoing proceeding is put through

Evaluación Appraisal

Evaluación de desempeño Job evaluation

Evaluador de riesgos Underwriter

Evaluar *v.* Appreciate, assess at

Evasión del impuesto Tax evasion; tax avoidance

Evasivo Elusive

Evicción ***(despojo de la posesión de una finca)*** Eviction

Evidencia documentaria Documentary evidence

Evidencia legal aceptable Admissible evidence

Evidencia que no es suficiente Immaterial evidence

Evidencia que no tiene que ver con el caso debatido Irrelevant evidence

Evidencia suministrada por los médicos Medical evidence

Evidenciar Betoken, witnesseth; prove

Evidente Apparent

Evitar *v.* Avert; rule out

Ex-ante Ex-ante

Ex-*(cargo)* Former

Ex-concesionarias Former concessionaires

Ex-fábrica o punto de origen Ex-works, point of origin

Ex-post Ex-post

Exacerbar Aggravate; irritate, annoy, exacerbate

Exactitud Accuracy

Excedente de costo Cost overrun

Excedente del consumidor Consumer surplus

Exceder *v.* Surpass, exceed, go beyond

Excepción Demurrer, exception; exemption

Excepción de falta de acción Sine actione agis

Excepción prevista en Exception provided for in

Excepto que Unless

Exceptuar Exempt *(v.)*

Excesivo Inordinate; overdue; overriding

Excluir *v.* Forestall; rule out, boycott

Exclusiva Sole

Excluyendo a To the exclusion of, barring

Exento Exempt, free from

Exequatur o pase Comity

Exhibición Displaying, displays

Exhibir evidencia Produce *(v.)* evidence

Exhortar *v.* Exhort, arouse with words; warn

Exigencia Demand; claim

Exigente Particular

Exigibilidades Current liabilities, demandability; liquidity

Exigible Demandable, requirable, withdrawable; due

Exigible de conformidad con las leyes de *X* Imposed under the laws of the Government of *X*

Exigibles durante el período de pago Demandable/requirable during the payment period

Exigido Prescribed

Exigir *v.* Charge, demand, exact; call for, require; claim to; levy

Exigir tal cumplimiento Require *(v.)* such performance

Exigir una interpretación diferente Otherwise requires

Eximir Release *(v.)*

Eximir de toda responsabilidad a Hold *(v.)* harmless *(X)* from

Eximir (eximirá a los consignatarios de las obligaciones que surjan del presente conocimiento) Consignees shall be exempted from the obligations arising from this bill of lading

Existencia básica Base stock

Existencia de las empresas Business inventory

Existencia de materiales y repuestos Supplies and parts stocking

Existencia en caja Cash balance, cash on hand

Exodo Exodus; emigration; mass departure

Exoneración Exemption

Exoneración del pago de la prima Waiver premium

Exonerar al representante de cualesquier pérdidas o daños Hold *(v.)* the representative harmless against any loss or damage

Expandirse Branch *(v.)* out

Expectativa Abeyance

Expedición y despacho de aduana Forwarding and clearing

Expedidor Addresser

Expedidor de un cheque Drawer of a check

Expediente Record files

Expediente académico Educational transcript

Expediente oficial de notas Official transcript of credits

Expediente remitido por *X's* file

Expediente respectivo Respective record file

Expedir Issue

Expedir (expide a solicitud de la parte interesada) Issued at the request of the interested party/party in interest/party concerned at...

Expensas Expenses, costs

Experimentar *v.* Experiment *(carry out an experiment)*; experience, undergo; have

Expide Issued

Expiración Caducity

Expiraciones de costos Cost terminations

Explicar Account *(v.)* for

Explotación laboral de los niños Exploitation of children at work, child ork

Exponer *v.* Put in danger, jeopardize; run a risk, imperil or endanger

Exponer 2 Take *(v.)* part in an exhibition

Exponer 3 Describe, state

Exponerse a *v.* Take a chance, run a risk, imperil or endanger oneself

Exposición Exhibition

Exposición de hechos Bill of particulars

Exposición deshonesta Indecent exposure

Exposición nacional Country exposure

Expresamente Expressly

Expresar *v.* Indicate, point out, explain, pinpoint *(+ precision)*, express

Expuesto *adj.* Described/ stated herein

Expuesto a Subject *(v.)* to

Extender Enter *(v.)*

Extender (extendida) Upon entering

Extender (extendida inmediatamente la presente acta en el libro correspondiente Upon entering this record in the appropriate register

Extender (extendido en papel común) Drawn up on plain paper

Extensión Breadth; extent; range, roll over

Extensión de la actividad gubernamental Scope of government activity

Extensión de un seguro Coverage

Exteriores Outside; external

Exterminio Extermination; eradication, extinction

Extorsión Blackmail

Extractivo Extractive

Extracto de cuenta Abstract of account

Extralimitación de funciones Overstepping of authority

Extranjería Alienage

Extranjero Alien

Extranjero no residente Nonresident alien

Extraño Alien

Extrapolar Extrapolate *(v.)*

Extravío Loss

Extremo de fondo y de forma Fact of substance or form

Extremo *(hecho/asunto)* Fact

Exuberancia Lushness

F

ESPAÑOL

Fabricado Manufactured

Facilidad Ease

Facilitar Facilitate, enable, make easy; supply, provide, furnish, give, accommodate

Fácilmente Readily

Factible Workable

Factor de acumulación Accumulation factor

Factor de desajuste Offsetting factor

Factorial Factor

Factoría Mill

Factura Invoice, bill

Factura comercial Commercial invoice

Factura consular Consular invoice

Factura de embarque Shipping bill

Factura de fletes Freight bill

Factura debidamente legalizada Certified true invoice

Facturación Billing

Facturación de comisiones Commission billing

Facturar Bill *(v.)*

Facturar las mercancías vendidas a *X* *(X)* Bills goods sold to *X*

Facultad School, faculty; ability, power; (plur.) the powers and authority

Facultad conferida Power conferred

Facultado Be empowered

Facultar *v.* Commission; empower

Fachada The exterior of

Faena Task, job, work

Faja petrolífera Oil belt

Falsificación Adulteration; debasement

Falsificar Counterfeit *(v.)*

Falso testimonio Perjury

Falta civil Conversion

Falta de Failure to *(+ v.)*; default in *(+ n.)*

Falta de equilibrio Imbalance

Falta de pago Nonpayment, default in payment, failure to pay/to make due payment

Falto de pruebas Non-suited

Falla Deficiency

Fallar *(dictar)* Adjudicate *(v.)*

Fallecido ab-intestato Who died intestate

Fallecimiento Death, decease

Fallo Sentence; award

Fallo de un tribunal de jurisdicción competente Sentence from a court having due/appropriate jurisdiction

Fase preliminar de preparación de la audiencia final Summons for directions

Favor Accommodation

Favorecer *v.* Favor, support, back

Fe de Bautismo Baptismal certificate

Fecha Time

Fecha clave Key date

Fecha de acumulación Accrual date

Fecha de aprobación Date of approval

Fecha de asiento Date of entry

Fecha de autorización Authorization date

Fecha de cierre Closing date

Fecha de devolución Date returned

Fecha de emisión Date of issue

Fecha de entrada en vigencia Effective date

Fecha de expedición Date of issue

Fecha de expiración Expiration date

Fecha de iniciación Date started

Fecha de la firma Date signed

Fecha de llegada Arrival

Fecha de llegada a los EEUU Arrival in USA

Fecha de pago Payment date

Fecha de recepción del documento por el registrador Date received by local Registrar

Fecha de remesa Date of delivery

Fecha de valor Value date

Fecha de vencimiento Maturity, due date

Fecha del documento Date of paper

Fecha efectiva Value date

Fecha límite Cutoff date

Fecha media de una cuenta Average date of an account

Fecha media o de vencimiento común Equated date

Fecha prevista para la graduación Projected graduation

Fechado Dated the

Fechar Date *(v.)*

Fehaciente Attesting

Feligrés Parishioner, Church member

Ferrocarril Railway, railroad

Fiador Bailor, guarantor, bondsman

Fiador principal First guarantor

Fiador secundario Second guarantor

Fiadora solidaria y principal pagadora de Cosurety in solido and principal disburser

Fianza Bail, bond, guarantee

Fianza común o simple Common bail

Fianza constituida Bond executed

Fianza de caución/ de seguridad/ de garantía Surety bond

Fianza de contrato Contract bond

Fianza de pago Payment bond

Fianza de tribunal Court bonds

Fianza del cesionario Bond of assignee

Fianza excesiva Excessive bail

Fianza judicial Judiciary bond

Fideicomisario Voting Trustee

Fideicomiso Trusts

Fideicomiso comercial Business trust

Fidelidad Accuracy

Fiel Faithful, loyal; exact, accurate

Figura Feature

Figura jurídica Juristic concept; criminal action *(acción penal)*

Figurar Be set forth; rank

Figurar en Be found in

Figuras no gravables Nontax features

Fijación Posting

Fijación de carteles Publication/proclamation of the banns

Fijación de una suma determinada como monto de una deuda Account stated

Fijación, registro y publicación Posting, registration and publication thereof

Fijar *v.* Assess, assign; pin down

Fijar el precio Set the price; peg *(v.)*

Fijar (fijado) Established, set

Fijar (fijado para el pago de) Stipulated to effect the payment of

Fijarse en *(persona)* Notice *(someone)*

Filiación Filiation

Filial Affiliate

Fin Close *(n.)*

Finado Decedent

Finalidad Aim, purpose, object

Finalizar Finalize

Financiación Financing

Financiación comercial Financing business

Financiación de cuentas a cobrar Accounts receivable financing

Financiamiento Financing

Financiamiento complementario Complementary financing

Financiamiento de crédito de exportación Export credit financing

Financiamiento paralelo Parallel financing

Financiamiento pre/post embarque/ expedición Pre-/post-shipment finance

Finaciar *vt.* Finance

Financiera Finance, financial

Finanzas *n.* Finance

Finca Property, farm

Fines de lucro Profit

Fines empresariales Corporate purposes

Fingir Pretend

Finiquitar Wind up; finalize

Finiquitar cuestiones referentes a On matters involving

Finiquitar *(una cuenta)* Close *(v.)*

Finiquito Quit-claim deed; affidavit; quittances, releases, settlements, adjustment; acquittance, acquitment

Finiquito de hecho/ efectivo Effectual discharge

Finiquito de ley Release required by law

Finiquito pertinente Pertinent release or settlement

Firma auténtica Genuine signature

Firma comercial Business enterprise

Firma consultora Consulting firm

Firma de respaldo Countersignature

Firma del registrador local Local Registrar's signature

Firma *(empresa)* Corporation

Firma en blanco Blank signature

Firma notarial auténtica del notario público antes mencionado Genuine official signature of the said Notary Public

Firma que aparece en el mismo es auténtica Signature thereto is/to be genuine

Firmar *vt.* Sign

Firmar declaración de rentas Signing the income-tax return

Firmar en su nombre Sign in his name

Firmar (firmado (Fdo.)) Signed (Sgd.)

Firmar (firmado y jurado ante mí) Subscribed and sworn before me

Firmar (firmen a nombre y por cuenta de la compañía) Sign in the name and on behalf of the company

Firmar (firmo) Subscribe my name

Firmar (firmo y estampo mi sello oficial) Set my hand and official seal

Firmar los documentos que en el ejercicio de este poder sean necesarios o convenientes Sign documents which may be necessary or desirable in the exercise of this power of attorney

Firme *(adj.)* Absolute

Fiscal District Attorney

Fiscal de Distrito District Attorney

Fisco Nacional National Treasury

Fisión Fission

Fisionomía Character, style

Fletamento Affreightment

Fletar un barco/avión Charter *(v.)*

Flete Freight

Flete marítimo hasta el puerto de La Guaira Ocean freight up to the Port of La Guaira

Flete pagado Freight prepaid

Florecimiento Flourishing

Flota Fleet

Flota aérea comercial Commercial air fleet

Fluctuación aleatoria Chance fluctuation

Fluctuación en la venta de divisas Fluctuating exchange sales

Flujo de caja Cash flow

Flujo de efectivo Cash flow

Flujo de fondos Cash flow

Folio Page

Folleto Brochure

Fomentar *vt.* Boost, foster, promote; encourage

Fomento Furtherance, fostering, promotion, development, encouragement

Fondo de amortización Sinking fund

Fondo de reserva Reserve fund; coverage

Fondo en/de fideicomiso Trust fund

Fondo excedente Surplus cash

Fondo (fondos adecuados) Adequate funds

Fondo (fondos administrados) Funds under administration

Fondo (fondos fiduciarios) Trusts Funds

Fondo (fondos fijos reembolsados) Disbursed fixed funds

Fondo marino Sea beds

Fondo Monetario Internacional (FMI) International Monetary Fund (IMF)

Fondo para amortización de obligaciones o bonos Bond sinking fund

Fondo para operaciones especiales (FOE) Fund for special operations

Fondo rotatorio de las Naciones Unidas UN Revolving Fund

Fondo vitalicio Life annuity

Forma de liquidación Settlement procedure, type of settlement

Formación de sociedad Joint-venture

Formación del carácter Character training

Formación interna de capital Domestic capital formation

Formado Flowed

Formador The former *(n.)*

Formar Constitute

Formar la base Form the basis

Formar parte de empresas comerciales e industriales Form part of commercial and industrial companies

Formar una sociedad Enter into partnership

Formarse Be trained

Formas brutas Ore

Formato Format

Formato de solicitud Application form

Formular Design

Formular 2 Make a *(certificate)*

Formulario Form, office-form

Formulario de declaración de impuestos Tax-return form

Formulario de liquidación Assessment bills; bill of registry fees

Formulario en blanco Blank form

Formulario normal de reconocimiento Standard acknowledgement form

Fórmulas Ways and means

Fortalecer Strengthen

Fortuito Chancy, casual

Forzamiento material y entrada a un edificio/casa para cometer un delito Burglary

Forzosa Inevitable, unavoidable; obligatory, compulsory

Fracaso Failure, breakdown

Fraccionarse en Break up, divide

Fragmento Passage, excerpt

Franco a bordo hasta el lugar de destino FOB destination

Franco de derechos de aduana Customs-exempt

Franja de confianza Confidence belt

Franqueo Postage

Franquicia Franchise

Franquicias como empresa Corporate franchises

Fraude Fraud

Frenar Curb

Frente a In view of, given, considering, in the light of, in the face of

Frondosidad Lushness

Frontera de aceptación Acceptance boundary

Fuente de ingreso foránea Foreign source income

Fuentes Suppliers

Fuera Later than, not within the term

Fuera de Beyond

Fuera de duda razonable Beyond a reasonable doubt

Fuera de orden Down

Fuera del plazo previsto Later than the deadline provided therefor

Fuera del territorio Abroad

Fuerza Duress

Fuerza gravitacional Gravitational pull

Fuerza laboral ***(de un país)*** Manpower

Fuerza mayor Acts of God

Fuga de capital Flight of capital; disinvestment

Función Function, responsibility

Función de decisión admisible Admissible decision function

Funcionamiento Operation

Funcionario Official

Funcionario del gobierno Officer

Funcionario (funcionarios que firman cheques) Check-signing officials

Funcionario público Public Officer; civil servant

Fundamental Basic, fundamental, essential

Fundamentar Substantiate, support, serve as grounds, provide grounds

Fundamentos de la contabilidad de costos Essentials of costs accounting

Fundar Found (institution, city); base, ground (opinions)

Fundar una declaración Provide grounds to the declaration

Fundirse en Fuse, join, unite, merge

Fungir Act, function

Fungir de Hold *(X)* out to be

Fungir de representantes de *X* Hold themselves out to be agents of *X*

Furor Fad

Fusión Amalgamation, fusion

Fusiones y compras de empresas Mergers and acquisitions (M&A)

Futuro Intended

Futuros clientes Prospective customers

G *ESPAÑOL*

Gabarra Barge

Gaceta Oficial Official Gazette

Galería de Arte Nacional National Art Gallery

Gama Range

Ganadería Cattle raising

Ganancia neta Net profit

Gananciales *(derecho de esposo sobre bienes de esposa fallecida)* Curtesy, share of the property *X* has in community with *X2*

Ganancias Returns, benefits, profits, earnings

Ganancias de capital Capital gains

Ganancias gravables Taxable profits, taxable earnings

Ganancias retenidas Retained earnings

Ganar intereses Draw/bear interest *(at the rate of)*

Ganar prestigio Become famous

Garante Bondsman, bailor, guarantor

Garantía Warranty *(of goods)*, collateral, guarantee *(money)*, bail; assurance

Garantía absoluta Absolute guaranty

Garantía colateral Collateral security

Garantía completa Absolute warranty

Garantía de carta de crédito Guarantee of letter of credit

Garantía (garantías de suscripción de acciones comunes en circulación) Common stock warrants outstanding

Garantía (garantías en respaldo de obligaciones) Guarantee to support obligations

Garantía (garantías individuales) Bill of Rights

Garantía (garantías y avales) Underwriting

Garantía irrevocable e incondicional "por aval" de los términos, condiciones y requisitos de este documento Irrevocable, unconditional and irretractable guaranty per aval of the terms, conditions and requirements of this instrument

Garantía subsidiaria Collateral security

Garantía vigente Outstanding guarantee

Garantizar Guarantee, vouch, answer for, aver, insure

Garantizar (garantice su mejor) Be secured on a sound basis

Garantizar (garantizado por escrito) Bonded

Garantizar que el monto recibido por el prestamista sea igual a la cantidad neta indicada en este pagaré Insure that the net amount received by the lender shall equal the net amount of this Promissory Note

Gasto Expenses *(individual level)*, spending, expenditure, charge

Gasto de capital Capital outlay; capital expenditure

Gasto extraordinario After-cost

Gasto (gastos) Fees and expenses

Gasto (gastos acumulados) Accrued expenses

Gasto (gastos administrativos generales) General administrative expenses

Gasto (gastos bancarios) Bank charges

Gasto (gastos de embarque) Shipping charges

Gasto (gastos de explotación) Operating charges

Gasto (gastos de operación) Operating expenses

Gasto (gastos de representación) Entertainment; filing fees

Gasto (gastos de tramitación) Processing fee

Gasto (gastos de transporte terrestre) Inland transportation expense

Gasto (gastos de vida y mantenimiento) Living and maintenance expenses

Gasto (gastos deficitarios) Deficit spending

Gasto (gastos directos) Direct expenses

Gasto (gastos generales) Common counts

Gasto (gastos generales administrativos) Administrative overhead

Gasto (gastos generales fijos) General expenses; overhead

Gasto (gastos imprevistos) Incidental

Gasto (gastos indirectos) Indirect expenses

Gasto (gastos judiciales) Judicial cost and expenses

Gasto (gastos locales) Local expenses

Gasto (gastos militares) Military expenditures

Gasto (gastos operacionales) Operating expenses

Gasto (gastos ordinarios) Current expenditures

Gasto (gastos pagados o contraídos) Expenses incurred

Gasto (gastos reales) Actual charges

Gasto (gastos varios) Incidental (expenses)

Gasto general Overheads, general expenditure; common count

Gasto público Government spending

Generación ficticia Fictitious cohort

General All-around

Generalidad Rank and file

Generar Generate, produce

Genérico Generic

Género Kind

Gente People

Gerente Manager

Gerente de investigación de cuentas Account research manager

Gestión Administration, management; effort

Gestión de negocios Undertaking *(n.)*

Gestión (gestiones) Negotiations, efforts; steps

Gestión (gestiones en) Went to

Gestión (gestiones en el tribunal) Went to court on matters involving

Gestión (gestiones para la constitución legal de la compañía) Procedures for the lawful incorporation of the company

Gestión (gestiones para obtener empleo) Canvassing for a job

Gestionar Deal with

Gestor Agent

Girado *(adj.)* Drawn

Girado *(n.)* Drawee

Girador Drawer of the check

Girar un cheque Draw a check, write checks

Giro Drawing, draft, bill, draught *(GB)*

Giro a término Time draft

Giro aceptado Acceptance, accepted draft

Giro aceptado por un banco Bank acceptance

Giro bancario Bank money order, bank draft

Giro con apoyo documentario Documentary *(draft)*

Giro de favor Accommodation bill

Giro o libranza postal Money orders

Giro sin documentos Clean draft

Giro sobre el exterior Foreign draft

Giros por él liberados Drafts executed by him

Gobernación del Distrito Federal *(hisp.)* Governor's Office of the Federal District

Gobierno Administration

Gozar de buena salud Be in good health

Gozar de los beneficios Enjoy the benefits

Grado *(escolar)* Grade

Gran amplitud de miras Considerably broad outlook

Gran Jurado Grand Jury

Grande Large

Granero Granary, barn, grain loft

Granja colectiva Collective farm

Granjearse Earn, get, gain, acquire; win, capture

Gratis Cost free

Gravable Taxable, assessable, dutiable

Gravamen Encumbrance, lien, burden, charge; tax, taxation, assessment, levy

Gravar Encumber, charge, assess; levy, tax

Gravar con impuesto Assess

Gravar y enajenar Encumber and sale

Grupo de auditoría y negocios pequeños Audit/enterprise group

Grupo de trabajo Working group

Grupo de votantes Constituency

Grupo del banco Bank panel

Grupo generador Electric power plant

Guardarse Pocketing

Guardia y custodia Guardianship and custody

Guía aérea Bill of lading B/L

Guiatura *(tutoría)* Homeroom

H *ESPAÑOL*

Haber *(n.)* Assets, credit

Haber *(v.)* To have

Haber (ha confrontado la copia fotostática que precede) She has compared the above/ foregoing photostat with the original instrument

Haber (ha culminado el plan de estudios) Has completed the course of study

Haber (ha llegado a ser) Has come into being

Haber (ha participado en) Has been engaged in

Haber (ha sido otorgado en conformidad con las leyes del Estado de *X*) Is executed according to the laws of the State of *X*

Haber (había otorgado el mismo a su libre albedrío, a todos los efectos correspondientes) He executed the same freely and voluntarily for the uses and purposes therein mentioned

Haber (habiendo manifestado su conformidad firman) They signed/set their hands in agreement therewith

Haber (habiendo prestado juramento) Being duly sworn

Haber (habiendo sido el funcionario que suscribe el escogido por los contrayentes para presenciarlo) The undersigned official having been selected by the contracting parties to solemnize such marriage

Haber (habiendo sido informado por el suscrito acerca del contenido de dicho documento) Having been informed by me of the contents of said instrument

Haber (han convenido en las siguientes disposiciones) Have agreed as follows

Haber (han otorgado/ conferido/ concedido a *X*) Have conferred upon *X*

Haber (¡he aquí!) Lo and behold

Haber (he comparado la firma del sello al pie del documento) I have compared the imprint of the seal affixed to the attached instrument

Haber (he suscrito) Have I signed

Haber (hemos celebrado la siguiente transacción encaminada a zanjar las diferencias suscitadas entre nosotros) Have made the following agreement aimed at overcoming/designed to overcome the differences arisen between us

Hábil Able, legally capable

Habilitación de Registry fees *(leg.)*; equipment, equipping, fitting out, supplying

Habilitar Entitle

Habilitar *(leg.)* Apply the necessary overtime

Habitantes Dwellers

Hablar Discuss

Hablar en forma directa y en voz alta Belting out

Hace poco Recently

Hacer Do *(engage in activity)*, make *(create)*

Hacer algo Go about

Hacer borroso o ilegible Deface

Hacer caso omiso de Disregard

Hacer constar Certify, formally state

Hacer constar en acta Spread upon the record

Hacer cumplir la ley Enforcement

Hacer declaraciones juradas Make Affidavits

Hacer efectivo Cashing

Hacer entregas sucesivas Effect further deliveries

Hacer extender Cause to be issued

Hacer frente a Face, deal with

Hacer gestiones Take steps, negotiate

Hacer (haga su cheque a nombre de) Make your check payable to

Hacer (hago constar) I formally state

Hacer (hago tradición legal del bien vendido) I make actual delivery of the said item

Hacer (hiciere o consintiere legalmente) May lawfully do or consent to be done

Hacer (hiciere o mandare a hacer lícitamente, en virtud del presente poder) Shall lawfully do or cause to be done by virtue hereof

Hacer (hizo extender la señora Alcaldesa) The Sheriff/Mayoress *(or Woman Mayor)* caused to be issued

Hacer licitaciones como representantes autorizados nuestros Bid as our authorized representative

Hacer lo pertinente Take the necessary steps

Hacer los trámites Take the steps required for... before...

Hacer negocios Do business

Hacer o aceptar daciones en pago Set or accept compensation terms

Hacer o consentir Do or consent to be done

Hacer ofertas/posturas Bid

Hacer posturas y adquirir bienes en actos de remate Make bids and acquire property at judicial auctions

Hacer que Prompt *(someone)* to *(do something)*

Hacer que se haga algo Cause to be *(+ past part.)*

Hacer todo lo posible Use best efforts

Hacer un proyecto/borrador de Draft *(v.)*

Hacer una consulta Consult *(a doctor)*; ask for advice

Hacer valer Assert

Hacer válido Validate

Hacerse acreedor a un diploma Be entitled to this diploma

Hacerse al mar Set sail, set out to sea (again)

Hacia adelante Ahead

Hacienda Ministry of Finance, Treasury Department

Hacienda *(propiedad)* Farm; estate; plantation

Hasta Until, until such time as

Hasta ahora Up to now, so far

Hasta *(al extremo de)* May be as harsh/severe as

Hasta el fallecimiento de During *the X person's* life time

Hasta el pago total Until full payment has been made

Hasta el presente So far, thus far, to this day

Hasta ese momento Up to that/such time, prior to that time

Hasta la fecha Heretofore

Hasta mediados de 2000 Through mid-2000

Hasta que expire el mandato During the remainder of the term

Hasta tanto Until such time as

Hasta tanto no sea revocado Until revoked

Hasta tanto sea sustituido Until replaced

Haya sido Once...

Hecha por Effected by

Hecho Fact, deed *(something you do, implies action)*; thing

Hecho a la orden Custom built

Hecho (hechos de percepción directa) Matter of fact

Hecho (hechos materiales probados oralmente *(sin procedimiento legal)*) Matter in pais

Hecho (hechos no substanciales que puede alegar el demandante) Matter in issue

Hecho (hechos que autorizan para seguir juicio a alguien) Cause of action

Hecho (hechos relacionados con la forma) Matter of form

Hecho (hechos substancialmente básicos de una causa) Matter

Hecho incidental o accesorio Collateral

Heredero Heir

Heredero abintestato Abintestate heir

Herencia Hereditament

Heurístico Heuristic

Hidroeléctrico Hydroelectric

Hierro en bruto Iron ore

Higiene Hygiene, sanitation

Hijo del primer matrimonio Child of one's first marriage

Hijo ilegítimo Child born out of wedlock, illegitimate child, natural child

Hijo ilegítimo de la presentante Illegitimate child of the person presenting her

Hijo natural *(mayor)* Illegitimate child *(of legal age)*

Hijo natural *(menor)* Illegitimate child *(minor)*

Hipoteca Mortgage

Hipoteca cancelada Closed mortgage

Hipoteca colectiva Blanket mortgage

Hipoteca general Blanket mortgage

Hipoteca prendaria Chattel mortgage

Hipotecado Bonded

Hipotecar Mortgage, bond

Hipotecarlo y librarlo de hipotecas Mortgage and release from mortgage

Hogar Household

Hoja de costo Cost sheet

Hoja de pedidos Order blank

Homenaje Do homage, pay tribute

Homicidio cometido sin que intervenga la voluntad de matar Involuntary manslaughter

Homicidio no premeditado, voluntario o involuntario Manslaughter

Homicidio sin premeditación Manslaughter

Homicidio voluntario ocurrido en forma imprevista Voluntary manslaughter

Homologación Exequatur

Honorarios de abogados Lawyer's fees

Honorarios del comité Committee agency fees

Honorarios profesionales Fee

Honorarios prudenciales de abogados Reasonable solicitor's/attorney's fees

Honorarios y gastos de abogados Fees, loyalties

Honradamente Bona Fide

Hora semanal de clase por semestre Semester hour

Hora-crédito por trimestre Quarter credit hour

Horario comercial Business hours

Horno Furnace

Hostigar Harass

Hostil a Alien to

Huelga general o cesación del trabajo Mass strike

Huella Imprint

Humanidades Liberal Arts, Humanities

Hurto de menor cuantía Petit larceny

I

ESPAÑOL

Ideas preconcebidas del informe Assumptions of the report

Identidad *(documento de identidad)* Identity card, identification, ID *(US)*

Identificación y Extranjería *(hisp.)* Office of Identification and Aliens

Identificar *vt.* Identify; associate

Identificar (identificados como aparece al pie de nuestras firmas) Identified as appears beneath our signatures

Identificar (identificados plenamente en autos) Fully identified

Idoneidad Capability

Ignorancia de la ley Ignorance of law

Ignorar Be unaware of *something, (neg.)* brush aside

Igual o inferior a Equal to or less than

Igualar Hedge

Iguales montos Of like amount

Iliquidez Cash shortage

Ilustrar Exemplify

Imaginar Envision

Impartir Demand, give

Impecablemente Faultless, impeccable

Impedido Disabled, handicapped

Impedimento Objection, impediment

Impedimento dirimente *(anulatorio)* Diriment impediment to matrimony

Impedimentos Objections

Impedir Hamper by, rule out; forestalled, deterring

Impertinencia Cockiness

Implementación Furtherance

Implicaciones para certificado de origen Implications in so far as the Certificate of Origin is concerned

Implicar Involve, imply, entail, mean, implicate, result in

Imponer Lay on; levy

Imponer contribución Assess

Imponerse Be authoritative

Imponible Assessable

Importación Importation

Importación de bienes Merchandise imports

Importación de mercancías Import of goods

Importancia concedida al balance Emphasis upon the balance

Importe Amount, value

Importe a pagar Amount payable, amount due

Importe a riesgo Amount at risk

Importe de factura Amount of invoice

Importe de tasación de valores Appraised value of securities

Importe retenido Amount withheld

Imposición Assessment, charge

Imposición doble Double taxation

Imprescindible Essential, indispensable, imperative

Impresión Imprint

Impreso en el anverso o parte delantera de la tarjeta Printed on the face of the card

Imprevisto *adj.* Unforeseen, unexpected

Improcedencia de la vía Illegality of the procedure

Improcedente Contrary to law, having no grounds; irrelevant

Impuesto *(n.)* Assessment, charge; tax

Impuesto a las ganancias de capital Capital gains tax

Impuesto a pagar Tax payable

Impuesto de crédito foráneo Foreign tax credit

Impuesto diferido Deferred tax

Impuesto directo Direct tax

Impuesto gubernamental Government taxes

Impuesto (impuestos atrasados) Back taxes

Impuesto (impuestos, derechos, gravámenes u obligaciones de cualquier índole) Taxes, imposts, levies or duties of any nature

Impuesto (impuestos puestos al cobro) Taxes assessed

Impuesto indirecto Indirect tax

Impuesto municipal Municipal taxes

Impuesto que grava la venta de acciones Transfer tax

Impuesto sobre el capital Capital levy

Impuesto sobre el capital social Capital stock tax

Impuesto sobre la propiedad Capital levy

Impuesto sobre la renta Federal income tax

Impuesto sobre la renta 2 Income tax

Impulsar Drive up

Imputable Imputable, chargeable

In situ On site

Inamovible Unremovable; inmovable

Inasistencia Absence

Inaugurar Inauqurate, open

Incapacidad mental del culpable para discernir moralmente *(Der. Penal)* Insanity

Incautación Confiscation, attachment

Incendio intencional Arson

Incentivo a la inversión Investment incentive

Incentivo fiscal Fiscal/tax incentive

Incesante Incessant, continual, unceasing, uninterrupted, on going

Incidencia en Incidence on

Incierto Untrue

Inciso Clause, sentence; point; subparagraph

Inciso 1 del parágrafo C Sub-paragraph 1 of paragraph C

Incitar Elicit

Inclinación Bias

Incluir *(fig.)* Involve

Incluir *(en algo, un obj. no puede incluir algo)* Include

Inclusive Including...

Inclusive los referentes al caso de fuerza mayor Including force majeure

Incluso Herewith, herein; including

Incoar algún proceso Bring suit/action

Incoar demanda To file suit (against *X*), to sue

Incoar demanda de divorcio To start/file a complaint for divorce, to sue for divorce

Incontestable Absolute

Incontinenti Immediately, then

Inconveniente Drawback

Incorporar Add, incorporate

Incorporarse Be filed

Incremento Accrual, increase

Incremento en el volumen Increase in volume

Incremento por revaluación Appraisal increment

Incuestionable Insurmountable

Incultivable *(terrenos)* Intractable

Incumplido Delinquent *(adj.)*

Incumplimiento Default in *(+ n.)*, failure to *(+ v.)*, breach of *(contract)*

Incumplimiento de contrato Breach of a contract

Incumplimiento de la palabra de casamiento Breach of promise

Incumplimiento no remediado Default not cured

Incumplimiento posterior Future breach

Incumplir Fail to comply with, break *(a contract)*

Incumplir las disposiciones contenidas en la presente resolución Fail to comply with this resolution

Indagación de *(un)* préstamo Loan inquiry

Indebido Improper

Indemnización Compensation, benefit payments; relief

Indemnización pecuniaria Monetary compensation

Indemnización por defunción Death benefit fund

Indemnizar Compensate, cover

Independientemente de Notwithstanding, irrespective of

Indicación Display

Indicada Described in, stated

Indicador de mercado Market indicator

Indicar *vt.* Indicate, show, point out; describe

Indicar (indicando las instrucciones de pago) Describing the instructions for payment

Indicar (indique si éste es su primer matrimonio) Number of this marriage

Indicar (indique si la dirección se encuentra dentro de los límites del área metropolitana) Inside city

Índice Ratio; agenda

Índice de bienestar Comfort index

Índice del costo de la vida Cost-of-living index

Índice medio Average rate

Indicio Indication, sign, trace; leg. evidence, clue

Indiscutible Insurmountable, absolute

Indisputabilidad Noncontestability

Individuo que lanza una oferta pública de acciones (OPA) hostil Raider

Índole Nature, character, disposition; class, kind, type

Indolente Easygoing

Inducir Lure

Indudablemente Unequivocally

Indulto Pardon, condonation

Industria ligera Light industry

Industrial Industrialist, manufacturer

Inequívoco Unequivocal, unmistakable, certain

Inexacto Inaccurate, inexact, untrue

Inexistencia de sesgo Freedom from bias

Infamante Defaming

Inferior a Beneath/below

Influencia Hold on *(n.)*

Influjo Influence

Información Information, data; report; investigation

Información (informaciones de dominio) actions

Información (informaciones posesorias) Possessory actions

Información personal/privada Personal information

Informado Informed

Informar Advise, give notice, apprise

Informática Information theory, computer science

Informe Report, account

Informe certificado Audited report

Informe completo de auditoría Complete examination

Informe contable Accountant's report

Informe de fondo rotatorio Revolving fund report

Informe del fiscal Indictment

Informe especial Special report

Informe que complementa Follow-up report

Infracción Breach of *(law)*

Infraestructura Substructure, infrastructure

Infranqueable Insurmountable

Ingeniero de caminos Construction/ civil engineer

Ingobernable Intractable

Ingreso Admission; income, proceeds; inflow

Ingreso acumulado Accrued income, accrued revenues, accumulated income

Ingreso bruto Gross income/receipts

Ingreso bruto ajustado Adjusted gross income

Ingreso compartido/dividido Income splitting

Ingreso corriente de la familia Family income

Ingreso del banco Bank income

Ingreso del préstamo Loan income

Ingreso devengado Income earned

Ingreso (ingresos en efectivo) Cash earnings

Ingreso (ingresos y egresos varios) Revenues and expenditures

Ingreso (ingresos y gastos acumulados) Accruals

Ingreso (ingresos, rentas o sueldos percibidos) Income, earnings or salary received

Ingreso neto Net income

Ingreso neto de capital Net capital inflows

Ingreso no en efectivo In-kind income

Ingreso ordinario Ordinary income

Ingreso por inversiones Investment income

Ingreso previo Income prior

Ingreso principal Revenues

Ingreso proveniente de participaciones Income from participations

Ingresos del Tesoro Treasury income

Inherente Inner

Iniciar *vt.* Enter; bring

Iniciar procedimientos de disolución o liquidación Enter dissolution or liquidation proceedings

Iniciar *(una empresa)* Launch

Iniciar una queja/ un pleito/ un litigio Bring a suit

Iniciarse en una cultura nueva Acculturation

Inicio de estudio de vinculación con proveedores extranjeros Involving the investigation of ties with foreign suppliers

Injuria a la reputación ajena Defamation

Injuria dolosa o culposa a las personas o a la propiedad ajena Malicious mischief

Inmediación Immediacy

Inmediatamente Forthwith

Inmediatamente exigibles Forthwith due

Inmediatez Immediacy

Inmoderado Inordinate

Inmueble Real property/estate

Inmueble (inmuebles por destinación) Fixture

Inmunidad *(protección de un testigo sobre los hechos que declara)* Immunity

Innovación Innovation

Innovador Innovative

Inoperante Non valid; nonoperating

Inquilinato Rent-control

Inquilino Leaseholder; lessee; occupant

Inquilino o arrendatario que retiene una finca ya expirado el contrato Holdover

Inscribir Register

Inscribir (inscrito como escritura pública) Filed as a public deed

Inscribir (inscrito con el Instituto de Previsión Social del Abogado bajo el nº...) Registered with the Attorneys Social Welfare Institute, under no. ...

Inscribir (inscrito en *(ed.)*) Accredited by the *X* association

Inscripción Enrollment

Inscripción en el libro de accionistas Entry in the Stock Register

Inscripción en el registro Register

Inscripción inicial Initial enrollment

Inscrito Registered

Insoluble Unsolvable

Insolvencia Bankruptcy

Insolvente Insolvent

Inspección judicial Physical examination of exhibits

Inspección para aceptación Acceptance inspection

Inspección restringida Curtailed inspection

Inspección y vigilancia Inspection and supervision

Inspectoría adjunta del trabajo Office of the Assistant Labor Inspector

Inspectoría de Guadalajara Labor Inspector in Guadalajara

Instalaciones Facilities

Instalaciones productivas Productive facilities

Instalada Installed; established

Instancia State of a process, instance; appeal

Instar Urge to/from, press, insist

Instigación Instance

Institución de fianzas Bonding institution

Institución inscrita en Accredited institution

Institución para ayuda extranjera Foreign aid institution

Institucional *(opuesto de privado)* Corporate

Instituto autónomo Official Autonomous Institute

Instituto bancario Banking institution

Instituto de educación media del ciclo diversificado aprobado por el Estado de Louisiana State-Approved Senior High School of Louisiana

Instituto de Previsión Social del Abogado Attorneys Social Welfare Institute

Instituto Nacional de Obras Sanitarias (INOS) National Institute of Sanitation Works

Instrucciones Provisions, instructions

Instructivo de orientación Guidelines

Instruir Direct

Instruir al jurado Charge the jury

Instrumento Device; instrument, act, document, deed

Instrumento contentivo *(hisp.)* Document containing

Instrumento de fondo de activos líquidos Liquid asset fund instrument

Instrumento negociable Negotiable instrument; Bill of Exchange

Instrumento prestatario Borrowing vehicle

Instrumento público Notarial deed

Insubsistente Baseless, without justification

Insumo Investment, input

Insumos a utilizar Inputs to be used

Insuperable Insurmountable

Intangibles Invisible transactions, intangibles

Integrantes Membership

Integridad Completeness

Intención Intent

Intención dolosa Malice

Intencional Deliberating; intended

Intentado por Brought by

Intentar Attempt, intend

Intentar apelaciones o recursos Introduce appeals and/or recourses

Intentar demanda de divorcio To start/file a complaint for divorce, sue for divorce, bring a divorce suit

Intentar hacer algo An attempt is made to

Intentar (intentare hacer uso del beneficio de cualquier ley que otorgue liberación a deudores) Seeks to avail itself of the benefit of any law for the relief of debtors

Intentar resolver Try to cope

Intentar resolver el desacuerdo Attempt to resolve the dispute

Intentar toda clase de acciones legales Initiate all kind of legal actions

Intentar una acción judicial Bring action to court

Intento *(n.)* Attempt, intention, aim, design, intent, effort

Intercambio Exchange

Interceptar Forestalled

Intercesor Advocate

Interdicción Interdiction, restraint

Interdicto *(orden judicial que prohíbe al demandado determinados actos)* Injunction

Interdicto *(para restituir a su dueño una propiedad)* Ejectment

Interés Effort

Interés acumulado Accrued interest

Interés compuesto Compound interest

Interés (intereses acumulados hasta el 30 de noviembre de 1983) Interest accrued through November 30, 1983

Interés (intereses de obligaciones sin garantía) Interest on debentures

Interés (intereses moratorios) Interests for delayed payment, penalty interests

Interés (intereses que devenguen los títulos) Interests earned by the titles

Interés (intereses sobre montos por capital) Interests on the capital sum/on capital

Interés mayoritario Control interest

Interesado Concerned

Interferir con Interfere with

Ínterin Interim *(n.)*

Interino Interim *(adj.)*, acting *(+ position)*

Interior *(de un país)* Inland

Intermediario Middleman; dealer

Intermedio Interim *(n.)*

Interminable Endless

Internado Boarding school, internship

Interponer una demanda File suit/action

Interpretación diferente Otherwise requires

Interpretación jurídica Legal interpretation

Interpretar Interpret, construe

Interrogar Ask

Interrupción Disruption

Interrupción del proceso Stay of proceedings

Intervalo Interim *(n.)*

Intervención de los jurados Examination

Interventor Comptroller, auditor, inspector, supervisor

Interventor general Comptroller general

Intra-gubernamental Inter-governmental

Intrínseco Inner

Introducir Broached

Introducir demanda (contra o en contra de) To file suit/action (against X), to sue

Introducir demanda de divorcio To start/file a complaint for divorce, to sue for divorce

Introducir solicitud de registro File application for the registration of

Inundación Floodwaters

Inútil Useless, pointless

Invadir tierras Trespass

Invalidar Cancel, annul

Invencible Insurmountable

Inventario Inventory

Inventario inicial Beginning inventory

Inversión de capital Capital expenditure

Inversión en bonos Bond investment

Inversión extranjera directa Foreign direct investment

Inversión fija Fixed investment

Investido Vested

Investigación concluyente Conclusive research

Investigación de las operaciones Operations research

Investigación posterior After-inquiry

Investigación registral de Matters involving the search for the registration of

Invitados Social guests

Invocar recursos Invoke and/or resort to recourses

Involucrar Involve, implicate

Ir bien encaminada Be under way

Irregular Inordinate

Irrelevante Irrelevant

Irrenunciabilidad Non-waiver

Irrevocable Absolute

Írrito y nulo Null and void

J

ESPAÑOL

Jefatura Chieftainship; headquarters, command

Jefe Head+

Jefe civil de municipio *(hisp.)* Chief Civil Authority of the Municipality of

Jefe de árbitros Chief referee

Jefe de contabilidad Accountant general

Jefe de Estado Head of State,Chief of State

Jefe de la división de control y evaluación de estudios Head, Study Control and Evaluation

Jefe de Policía *(del Condado)* Sheriff

Jefe ejecutivo Chief executive

Jerarquía Rank

Jornada Day-labor

Jornada o turno doble Double shift

Jornal Day wages

Jubilación Retirement with a pension

Judicial o extrajudicialmente In or out-of-court, judicially or extrajudicially

Juego de palabras Pun *(to make puns)*, play on/with words

Juez Judge; Master *(UK)*

Juez de parroquia Judge of the Parish

Juez de Primera Instancia en lo Civil de la Circunscripción Judicial de Judge of the Court of First Instance in Civil Matters of the Judicial Circumscription of

Juez del tribunal testamentario Surrogate

Juez (jueces *(término colectivo)*) Bench

Jugar a la baja Bear *(v.)*

Jugar al alza Buy for the rise

Juicio Case

Juicio arbitral Arbitration proceedings

Juicio civil Civil suit

Juicio civil de mayor cuantía Civil suit for more than a limiting amount

Juicio civil de menor cuantía Civil suit for less than a limiting amount

Juicio civil plenario Plenary (civil) suit

Juicio de quiebra Bankruptcy proceedings

Juicio ejecutivo Executory process

Juicio especial de desahucio Action of unlawful detainer

Juicio hipotecario Foreclosure

Juicio (juicios en todas sus instancias) Cases on the trial and appellate levels

Juicio nulo Mistrial

Juicio por divorcio Divorce suit/case/petition, action for divorce, complaint for divorce

Juicio por incumplimiento de contrato Assumpsit

Juicio que intenté Case I brought to court

Juicio sucesorio Proceeding for settling the estate of a decedent

Juicio temerario *(sin fundamentos probables)* Malicious prosecution

Juicio testamentario Probate Proceedings

Junta administradora Board of Directors

Junta aplazada Adjourned meeting

Junta consultiva Advisory Board

Junta de... Council, board; meeting

Junta de comercialización Marketing Board

Junta de Comercio de Chicago Chicago Board of Trade

Junta de conciliación Conciliation board

Junta de Gobernantes del Sistema de Reserva Federal Board of Governors of the Federal System

Junta de Síndicos Board of Trustees

Junta directiva Board of Directors, Managing Board

Junto Aggregate

Junto con Coupled with

Junto con esto Herewith

Jurado de Acusación Grand Jury

Jurado no capacitados para desempeñar su cargo Mental defect of the jury

Juramentar Attest

Juramentarse Be sworn in, file oath of office

Juramento Oath

Juramento de inventores con cesión de derechos Oath of inventors and assignment

Juramento de mancuadra Oath of calumny

Juramento de toma de posesión de un cargo público Oath of Office

Jurar *vt.* Swear, declare under oath

Jurar (jurado ante mí a los *X* días del mes de *X*) Sworn to before me this *X* day of

Jurar (jurado ante mí en esta fecha) Sworn to before me this day

Jurar (juramos la urgencia del caso) We declare under oath that this matter is urgently required

Jurar un cargo *(Esp.)* File oath of office

Jurisdicción voluntaria Voluntary jurisdiction

Jurisprudencia Jurisprudence, body of laws, case law

Juristas Jurists

Justificación de fondo rotatorio Justification of revolving fund

Justificación de los cargos y abonos Vouch charges and credits

Justificado Justified; justifiable

Justificante de depósito Trust receipt

Justificar *vt.* Justify, validate; prove

Justificativo de soltería *(hisp.)* Proof to be bachelor

Justificativo para la exención del servicio militar *(hisp.)* Proof to have the right to be free from military services

Justo Equitable

Juzgado Court of Law

Juzgado mercantil Mercantile Court

Juzgado Tercero de Primera Instancia en lo Civil *(hisp.)* Third Civil Court of First Instance/ Third Court of Common Pleas

Juzgado Tercero Mercantil del Distrito Federal y Estado Miranda *(Vzla.)* Third Mercantile Court of the Federal District and State of Miranda

Juzgar Deem, adjudge

L ESPAÑOL

La administradora Management firm

La autoridad judicial, puede, sin embargo, no estimar la demanda The judicial authority, however, will not entertain the complaint

La bondad de The propriety of

La declaración suscrita por The declaration between

La firma corresponde a la persona autorizada para tal efecto Is the true signature of the person authorized therefor

La firma que aparece en el mismo es auténtica The signature thereto is/to be genuine

La información que antecede Foregoing information

La Junta Directiva podrá, por vía del presente poder, ... The Board may by power of attorney ...

La ley del Estado de *X* exige la impresión del sello de dicho Notario The law of said State of *X* does require the impression of the Seal of such notary

La ley otorga The law provides

La mayoría de Most

La mejor prueba Best evidence

La menor fue reconocida por su padre The minor child was acknowledged by her father

La mercancía devuelta deberá ser despachada con transporte pagado por anticipado Returned goods must be forwarded with transportation prepaid

La mitad de los dineros provenientes de la venta One half of the moneys resulting from/ issuing from the sale

La persona cuyos datos están contenidos en el anverso de este folio The individual whose description appears on the front page of this document

La presente acta es copia fiel y exacta de su original This is a true copy of the original record

La presente legalización no prejuzga acerca de ningún otro extremo de fondo ni de forma This authentication does not involve/entail/imply any prejudgment concerning any other fact, of substance or form

La sociedad se obliga por sí The partnership binds itself

La suscripción y ejecución por parte del vendedor de cada uno de los documentos The making and performance by the seller of each document

LAB (FOB) Libre a Bordo FOB Free on Board

LAB o FOB vagón FOR Free on Rail

Labor académica Academic work

Lacayo Menial

Lapso de tiempo Time span

Lapso no mayor de... Within a period no later than .../not exceeding ...

Las leyes no prohíban la actuación mediante apoderados Proceeding/acting by proxy are not prohibited by law/are provided by law

Las obligaciones serán conjuntas y de diversa índole The obligations shall be joint and several

Laudo Decision, award

Lavadero Laundry

Le otorgamos el presente diploma We therefore award this diploma as

Lector de tarjetas perforadas Card reader

Leer Read; instruct

Leer (leída la presente acta al presentante y testigos) Once this record was read out to the person presenting the child as well as to the witnesses

Leer (leído (documento)) Read out

Legado Legacy, request, bequest

Legalización de nuestra separación de cuerpos Legalizing the separation from bed and board between us

Legalizar Authenticate

Legalmente constituida Lawfully organized

Legalmente/lícitamente hacer o consentir Lawfully do or consent to be done

Legar Bequeath *(v.)*

Legislación Law

Legislación aplicable Governing law

Legislación pesquera Fishing law

Legítima *(n.) (derecho de la viuda a los bienes inmuebles del esposo)* Dower; marital portion

Legítima propiedad Rightful property

Legitimación procesal Competency to sue

Legítimo *(adj.)* Lawful, legitimate

Lemas comerciales Slogans

Lenguaje orientado hacia problemas Problem oriented language

Lenguaje orientado hacia procedimientos Procedure oriented language

Letra al cobro Collection draft

Letra de cambio Bill of Exchange, draft

Letra de cambio a plazo fijo Time bill

Letra de cambio aceptada Accepted bill of exchange, accepted draft

Letra de cambio de favor Accommodation draft

Letra de favor Accommodation bill

Letra por cobrar Bill receivable

Letra por pagar Bill payable

Levantamiento aerofotogramétrico Aerial survey maps

Levantar (la sesión) Close *(v.)*

Levantar cargos Press charges

Levar anclas Weigh anchor

Ley Law, Act *(syn. of)*

Ley antimonopolio Anti-trust law/legislation

Ley aplicable Governing Law

Ley de Impuesto sobre la Renta Income Tax Act

Ley de privilegio e hipotecas navales *(hisp.)* Vessel mortgage law

Ley de Quiebras *(hisp.)* Bankruptcy Law, Act of Bankruptcy

Ley de Registro Público Public Registry Act

Ley de seguridad social Social Security Act

Ley del Banco Central de Colombia Law of the Colombian Central Bank

Ley del Medio Ambiente de trabajo Workplace Environment law

Ley del trabajo *(Estatuto de los trabajadores)* Labor Statute

Ley destinada a la compensación de los deudores Law for the relief of debtors

Ley General/Orgánica de Compañías de Delaware General Corporation Law of Delaware

Ley (Leyes (del Estado)) Statutes

Ley (Leyes pertinentes) Applicable laws

Ley (Leyes sobre impuestos corporativos) Corporate tax-laws

Ley (Leyes sobre intereses) Law on interests

Ley Orgánica de Prevención, Condiciones y Medio Ambiente de Trabajo Organic Law on Workplace Prevention, Conditions and Environment

Ley Orgánica de procedimientos administrativos Organic Act of Administrative Procedures/Proceedings

Ley que establece que ciertas obligaciones deben constar por escrito Statute of Frauds

Ley sobre reorganización de compañías Corporate reorganization law

Libelo Complaint

Libelo de demanda Writ of proceedings

Libelo de divorcio emanado de... Divorce sentence issued by...

Liberación de anticresis Antichresis release

Liberación de fianza que garantiza recursos pendientes Release of the bonds guaranteeing pending appeals

Liberada Released

Libertad condicional Parole

Libertad de expresión *(de palabra)* Freedom of speech

Liberte Free, exonerate; exempt

Librado alternativo Alternative drawee

Librado en bancarrota Bankrupt drawee

Librado *(por lo general es el banco quien lo libra)* Drawee

Librador Drawer of the check

Librador en quiebra Bankrupt drawer

Libranza Bill of exchange, bill

Librar Draw, issue

Librar de hipotecas Release from mortgage

Libre a bordo Free on board (FOB)

Libre comercio Free trade

Libre de cargo o gravamen alguno hasta salir de la planta de Fair Lawn, NJ Are ex-works Fair Lawn, New Jersey

Libre de impuestos Duty free

Libre de restricciones Freedom from restrictions

Libre de toda obligación de retención Free of any obligation to withhold

Libre en el camión FOT Free on Truck

Libre en el muelle FAS Free along side ship

Libre mercado Free market

Libre y exento de deducciones por concepto o a cuenta de cualesquier impuestos, derechos, gravámenes u obligaciones de cualquier índole, presentes o futuras, que fueren exigibles de conformidad con las leyes de *X* Free and clear of deductions for or on the account of any taxes, imposts, levies or duties of any nature, present or future, imposed under the laws of the Government of *X*

Libre y exento de impuesto o gravamen alguno Free and clear of all taxes and liens

Libremente cedible/transferible, negociable y fraccionable Freely transferable, assignable and divisible

Libreta de depósitos en un banco Bankbook

Libro copiador de sentencias Docket

Libro de accionistas Stock Register

Libro de actas Minute Book

Libro de Actas de la Junta Directiva Board of Directors' Minute Book

Libro de autenticaciones Book of Authentications

Libro de bautismo Register of Baptisms

Libro de caja Cash book

Libro de cuentas Book of account

Libro de cuentas a cobrar o pagar Bill book

Libro de cuentas por cobrar Accounts receivable ledger

Libro de defunciones Record of death

Libro de defunciones del registrador local Local Registrar's Record of Death

Libro de pedidos Order book

Libro de referencias Handbook

Libro de registro civil Civil Register

Libro de registro civil de nacimientos llevados por este despacho durante el año 1960 Civil Register of Births kept at/by this Office for the year 1960

Libro de registro de poderes Powers of Attorney Registry Book

Libro mayor General Ledger

Libro mayor de acumulación de costos Cost-accumulation ledgers

Libro primero del código civil Book One of the Civil Code

Licencia de uso Trademark license

Licencia de uso de denominación comercial License for Trade Name Use

Licencia industrial Industrial License

Licencia matrimonial Marriage license; License to marry

Licenciamiento *(mil.)* Demobilization

Licenciarse *(Esp.)* Graduate *(v.)* *(university)*

Licenciatura Bachelor's Degree

Lícito/legítimo Lawful

Licitación Bidding; tender

Licitación pública internacional International Public Bidding

Licitación pública nacional National Public Bidding

Liderar el esfuerzo Carry the ball

Lidiar Cope

Liga Coalition

Limitar Limit, confine, restrict

Límite Border

Límite de crédito Credit limit

Límite de la producción Boundary of production

Límite de reservas Ultimate resources

Linderos Boundary lines

Línea de aceptación Acceptance line

Línea de crédito Line of credit

Línea de crédito renovable Renewable line of credit

Línea de crédito rotatorio Revolving line of credit

Lineamientos Guidelines

Líneas abajo Hereunder

Líneas que constituyan competencia a... Lines competitive to

Lío Jam

Liquidación Clearance sale *(products)*, bargain sale, close-out; liquidation, auction

Liquidación de bienes Sale of property

Liquidación de mercancías Clearance sale

Liquidación de nuestra sociedad conyugal Dissolution of the bonds of matrimony between us/of our marriage

Liquidación de ventas Account sales

Liquidación del consorcio Liquidation of the partnership

Liquidación (liquidaciones que por impuestos municipales pesen) Municipal tax liquidation sheets due

Liquidar cuentas Clear *(v.)*

Liquidar (disolver) Dissolve, liquidate; wind up

Liquidar la sociedad conyugal Dissolve/liquidate/annul the bonds of matrimony/the joint ownership of property by husband and wife

Liquidar (liquídese la comunidad conyugal) The dissolution of the bonds of matrimony is hereby declared

Liquidez monetaria Money supply

Líquido imponible Amount of assessment

Lisiada Disabled, crippled

Lista de actividades pendientes To do's

Lista de empaque Packing list

Lista de géneros de entrada en la aduana Bill of entry

Lista de materiales Bill of materials

Lista de pleitos, juicios, señalamientos Calendar

Lista estándar de materiales Standard bill of materials

Lista negra Black book

Literal (letra) ***(leg.) (hisp.)*** Paragraph

Litigantes Liquidators

Litigio Suit, lawsuit; cause

Litisconsorcio Joint litigation

Litispendencia Lis pendens (same case pending in another court)

Litoral Coast, shore

Llamada Call *(n.)*

Llamado a licitación Call to tender

Llamado (el) de algo A word for *(something)*

Llamamiento a la presentación de ofertas periódicas Invitation of periodic bids

Llamar Call *(v.)*

Llegar a Perform; carry out; come to

Llegar a hacer algo Get around to

Llegar a la convicción profunda Come to the realization that

Llegar a la mayoría edad Become of age

Llegar a ser Come into being

Llegar a transacciones Reach settlements

Llegar (llegado el caso) Eventually; as the case may be

Lleva por nombre Was named; was given the name of

Llevar Carry forward, conduct

Llevar a cabo Carry out; achieve

Llevar a cabo toda clase de operaciones relacionadas directa o indirectamente con el objeto antes mencionado Engage in transactions of any nature relating directly or indirectly to the aforementioned purpose

Llevar dichos escritos File the briefs on

Llevar los registros Record keeping

Llevar (llevado por el juzgado) Kept by the Court of

Llevar (llevado por esta notaría a su digno cargo) In that Notary Public's Office under your charge

Llevar (llevados por este despacho durante el año 1960) Kept at/by this Office for the year 1960

Llevar por nombre Be named, be given the name of

Llevar recaudos Deliver documents

Llevar un libro Keep a book

Llevar *X* a... Raise *X* against...

Lo antedicho The foregoing

Lo consignado Provided for

Lo dice así Sic.

Lo estipulado The provisions

Lo previsto That provided for, the provisions

Lo que atañe a la substancia de un proceso Matter of substance

Lo que es peor Or even worse; worse yet

Lo que se pide Petitum

Lo solicite Has requested the same

Lo sustantivo The sense

Local ***(comercial u otro)*** Premises

Lodo de perforación Drilling mud

Lograr Achieve, attain, obtain, get; possess, enjoy

Lograr ***(+ inf.)*** Manage *(+ inf.)*, succeed in *(+ gerund)*

Logro Achievement, attainment

Logro (logros académicos) Scholastic attainments

Los ***(art.)*** Those *(adj.)*

Los declaro unidos en matrimonio civil I now pronounce you man and wife/ lawfully joined in civil marriage

Los otorgantes expusieron: su contenido es cierto y nuestras las firmas que aparecen al pie del instrumento Executors declared the same to be true and the signatures affixed to be their exact signatures

Los que Such ... as

Los solicitantes nombrados en este certificado, cada quien por separado, We the applicants named in this certificate, each for himself,

Los testigos presenciales de este acto fueron Attesting witnesses to this ceremony/proceeding were:

Lote Lot; plot; batch

Lucidez Insight

Luego Thereon

Luego de la ocurrencia Upon the occurrence

Lugar de nacimiento Place of birth

Lugar donde ocurrió el deceso City, town or location of death

Lugar público y fijo para vender y comprar mercaderías Market

Lugar y fecha de expedición Place and date of issue

M *ESPAÑOL*

Maestría Master's Degree

Magistrado Magistrate; *(US)* judges in penal law

Mala fe Bad faith

Maltratar Misuse

Malversación Misappropriation

Malversación de bienes Embezzlement

Malla Screen

Manar de Spring up, flow forth, issue, run, rise

Mandamiento de *Hábeas Corpus* Habeas Corpus writ

Mandamiento *(orden judicial contra la autoridad que no cumple)* Mandamus

Mandante Principal, constituent, mandator

Mandar hacer algo Cause to be *(+ past part.)*; cause to do *(something)*

Mandatario Attorney in Fact; attorney, proxy holder, agent, assignee

Mandatario especial/singular Special agent

Mandatario general General agent

Mandatario leal y verdadero True and lawful attorney

Mandato Command, fiat, mandate, decree

Manejar Handle, deal with

Manejárselas con Cope with

Manejo adecuado de los negocios de la compañía Proper conduct of the company's business

Manejo de Handling; management, administration

Manifestación Representation; statement

Manifestación de voluntad Declaration

Manifestación de voluntad de ser... *(ciudadano de)* Declaration of my will to become a... citizen

Manifestación estudiantil Student demonstration

Manifestar Represent; express

Manifestar (manifestaron conformidad y firman) They signed in agreement therewith

Manifestar (manifiesto...) I do hereby declare

Mantener en fideicomiso a nombre de Hold on/upon trust for

Mantener un depósito en garantía a favor del representante o de la persona designada por este último Place cash collateral with representative or with representative's nominee

Mantenimiento del valor Maintenance of value

Mantenimiento para el niño Child support

Manual Handbook

Manufactura Manufacture

Manufactura de proceso continuo Continuous-process manufacturing

Manuscrito *adj.* Handwritten

Manzana *(de casas)* Block, city block

Máquinas excavadoras Ditching machines

Marca Imprint

Marca de fábrica Brand name, trademark

Marca o medida de distancia hacia la meta Milestone

Marcas registradas Trade-marks

Marco de referencia Frame of reference

Marcharse Be off

Margen Border

Margen aplicable Applicable margin

Margen de preferencia Margin of preference

Margen preferencial Preferential margin

Marineros Seamen, sailors

Más abajo Hereunder, hereinafter

Más abajo (en este documento) Hereinbelow

Más adelante Hereinafter; subsequently

Más allá Beyond

Más arriba Hereinbefore, hereinabove; there in before

Más el uno por ciento Plus one per cent

Más lejos Beyond

Más o menos Thereabout

Máster *(título de post-grado)* Master´s degree

Materia cambiaria Exchange matters

Materia de un litigio Matter in controversy

Materia de utilidad pública Matters of public utility

Materia *(Ed.)* Subject

Materia objetiva Matter of fact

Materia sustancial o primordial de la causa Material

Material de apoyo a la venta Sales aid

Matrícula *(costo)* Fee

Matrícula escolar School tuition

Matrícula (personas) Enrollment

Matriculado Registered

Matricular Register

Matrimonio con hijos menores bajo su patria potestad Marriage with minor children under parental authority

Matrimonio sin hijos Childless matrimony, union barren of issue

Matriz The former *(n.)*

Máxima autoridad contable Chief accounting officer

Máximas jurídicas o principios Maxim

Máximo admisible Allowable maximum

Máximo de precios Price ceiling

Mayor de edad Of legal age/full age

Mayor que *(edad)* Older than

Mayor rendimiento Best-return

Mayoridad civil Majority

Mayorista Wholesaler

Mayoritario Pertaining to the majority

Mayormente Substantially

Me constituyo en fiador solidario y principal pagador de todas las obligaciones que asuma *X* I make myself liable as solidary guarantor and main payer of all the obligations assumed by *X*

Me contenté con preguntarle el nombre I merely asked his name

Me ha sido presentado ante este despacho una niña por la Sra. Dña. *X* A female child was presented before me at this Office by Mrs. *X*

Me obligo al saneamiento de ley I free myself of any encumbrance

Mecanismo Device

Mecanismo de control Control device

Mecha de perforación en forma de diamante Diamond drill bit

Mediador Mediator

Mediante By means of, by way of, on

Mediante cesión del derecho de propiedad que le corresponde sobre un inmueble y del mobiliario que según inventario se anexa By assignment of the property rights of the buyer on a real property, as well as the movables in such apartment according to the inventory attached hereto

Mediante despacho FAB *(franco a bordo)* On a LOB basis

Mediante despacho LAB *(libre a bordo)* On a FOB (free on board) basis

Mediante la cual Whereby

Mediante notificación Immediately by notice

Mediante notificación por escrito With written notice

Mediante petición By petition

Médico M.D.

Médico forense Medical examiner

Medida Measure; step

Medida cautelar Precautionary measure

Medida preventiva Preventive and executory measure

Medios Funds

Medios de comprobación Means of evidence

Medios de vida Means of livelihood

Medir Pin down

Mejor defensa Sound protection

Mejor licitador Highest bidder

Mejorar un paisaje Landscaped

Mejoras Improvements

Mejoras en propiedades arrendadas Improvements in leased properties

Memorándum de entendimiento Memorandum of understanding

Memorándum sobre... Memorandum on...

Mena Ore

Mención *(Ed.)* Major

Mencionado Referred to

Menor *(edad)* Less

Menor de Under

Menos gastos de operación Deduct operating expenses

Menoscabar Impair

Mensaje Dispatch

Mensajero Envoys

Mensualmente On a monthly basis

Mercadeo Merchandising

Mercaderías amparadas según la ley de aseguros marítimos *(Mar.)* Memorandum Articles

Mercaderías de fácil alteración no amparadas por la ley de aseguros marítimos *(Mar.)* Memorandum Clause

Mercado cambiario Foreign exchange market

Mercado común Common Market

Mercado Común de Centro América (MCCA) Central American Common Market (CACAM)

Mercado de abasto Wholesale marketplace; regional marketplace

Mercado de capitales Capital market

Mercado de divisas Foreign exchange market

Mercado de futuros Forward market, futures market

Mercado financiero Capital market

Mercado intercambiario Interbank market

Mercado (mercados) Markets

Mercado monetario Money market

Mercado nacional Home market

Mercancía Commodities

Mercancía en depósito Bonded goods

Mercantil Mercantile

Merecedor Eligible

Mesa de dinero Money desk

Mestizaje Crossbreeding

Método Approach

Método de anualidades Annuity method

Método de depreciación de saldos decrecientes Declining-balance method

Mi mandato vence el *(fecha)* My commission expires on *(date)*

Mi representada My Principal

Miembro del jurado Juror

Miembro extrarregional Nonregional Member

Miembro (miembros) Membership

Miembro (miembros alternos *(suplentes)*) Alternate Members

Miembro (miembros de un cuerpo colegiado *(cuerpos legislativos americanos US)*) Committee

Miembro (miembros elegidos en junta ordinaria de accionistas) Members elected at the annual Shareholder's Meeting

Miembro regional Regional Member

Mientras Until such time as ...

Mientras *(en cambio)* Whereas

Militar Servicemen

Ministerio Ministry

Ministerio de Agricultura, Pesca y Alimentación *(Esp.)* Ministry of Agriculture, Fisheries and Food

Ministerio de Agricultura y Cría *(hisp.)* Ministry of Agriculture and Livestock

Ministerio de Asuntos Exteriores *(Esp.)* / de Relaciones Exteriores *(hisp.)* Ministry of Foreign Affairs

Ministerio de Comercio Board of Trade *(GB)*

Ministerio de Energía y Minas *(hisp.)* Ministry of Energy and Mines

Ministerio de Fomento *(Esp.)* *(engloba Transportes, Comunicaciones y Obras Públicas)* Ministry of Transport, Communication and Works

Ministerio de Fomento *(hisp.)* Ministry of Economic Development

Ministerio de Industria y Energía *(Esp.)* Ministry of Industry and Energy

Ministerio de Hacienda Treasury Department; Ministry of Finance

Ministerio de Planificación *(hisp.)* Ministry of Planning

Ministerio de Salubridad *(hisp.)* Department of Health

Ministerio de Sanidad y Asistencia Social *(Vzla.)* Ministry of Health and Social Welfare

Ministerio de Sanidad y Consumo *(Esp.)* Ministry of Health

Ministerio de Trabajo y Asistencia Social *(Esp.)* Ministry of Labor and Social Welfare

Ministerio de Transporte y Comunicaciones *(hisp.)* Ministry of Communications

Ministro Consejero Minister-Counselor

Ministro de Asuntos Interiores *(Esp.)* / de Relaciones Interiores *(hisp.)* Minister of the Interior *(US)*; Home Secretary *(GB)*

Ministro de Cultura Minister of Culture

Ministro de Estado para la Cultura *(hisp.)* Minister of State for Culture

Ministro de Interior Minister of the Interior *(US)*; Home Secretary *(GB)*

Minorista Retailer

Minucioso Thorough

Minuta preparada por un abogado sobre el caso de su cliente Brief

Minutas *(borrador de las notas del secretario)* Minutes-first draft

¡Mirad! Lo & behold

Mirar *(+ compl. dir.)* Look at

Miras Outlook

Miseria Poverty

Misión Mission

Misión de administración de préstamos Loan administration mission

Misión de análisis Analysis mission

Misión de cooperación técnica Technical cooperation mission

Misión de evaluación Evaluation mission

Misión de negociación Negotiation mission

Misión de orientación Orientation mission

Misión de programación Programming mission

Misión mixta Joint mission

Mixto Assorted

Mobiliario Movables

Mobiliario y equipo Furniture and fixtures

Moda Fad

Modalidades Modalities

Modelo Blank *(adj.)*

Moderarse Allay

Modificación de estatutos Amendments to the By-Laws

Modificación de linderos Revision of boundary lines

Modificación (modificaciones) Modifications, amendments

Modificación (modificaciones contractuales) Contractual modifications

Modificado Amended

Modificar Modify, amend *(a resolution)*; alter

Molestar Annoy; impose

Molestia Nuisance

Molienda Grinding

Molinos de harina Flour milling

Momentáneo Transient

Momento principal Zenith, prime

Momentos absolutos Absolute moments

Moneda Currency

Moneda acuñada Coined money, coin

Moneda bloqueada Blocked currency

Moneda común Common currency

Moneda de curso legal en... Lawful tender, legal tender

Moneda falsa Bad coin

Moneda (monedas libremente convertibles) Freely convertible currency

Moneda nacional Local currency

Moneda restringida Restricted currency

Monopolio Corner

Monopolizar Forestalled

Montaje de la planta Setting-up the plant

Montante Amount

Monto del capital pagado Amount of paid-in capital

Monto (montos) Amounts

Monto por capital Capital, principal sum

Monto superior a Amount in excess of

Monto total Full amount

Mora Default

Moradores Dwellers

Moratoria Moratorium

Moroso Delinquent

Mostrar evidencia Produce evidence

Motivar Generate

Motor de combustión interna Internal combustion engine

Movilización de las cuentas bancarias de *X* Signing for *X* bank account

Movilización de recursos Mobilization of resources

Movilizar una cuenta Manage an account

Movimiento obrero Labor

Movimiento obrero organizado Organized labor

Muelle Pier, wharf, dock

Muerte Decease/demise

Muerte accidental Accidental death

Muestra Sample, specimen; displays

Muestra equilibrada Balanced sample

Muestra representativa Adequate sample

Muestreo con captura y liberación Capture-release sampling

Muestreo de aceptación Acceptance sampling

Muestreo en bloque Bulk sampling

Muestreo por grandes cantidades Chunk sampling

Multa Fine *(n.)*

Multa de 100 ptas. a 10.000 ptas. A 100 ptas. to 10.000 ptas. fine / a fine ranging from 100 ptas. to 10.000 ptas.

Multar Fine *(v.)*

Municipio Municipality

Mutilación criminal de cualquier parte del cuerpo Mayhem

Mutuo consentimiento Mutual consent

N

ESPAÑOL

Nación acreedora Creditor nation

Nación deudora Debtor nation

Nación más favorecida (NMF) Most favored nation (MFN)

Nación prestataria *(frente a: prestamista)* Borrowing nation

Nacionalidad *(ej.: francés)* A French national/citizen, a national/citizen of France, of French nationality

Nacionalización Nationalization

Natural de Born in

Naturaleza Nature

Naturaleza jurídica Legal status

Necesitar Call for

Negación Denial

Negación de los hechos Traverse on questions of fact

Negación del derecho Traverse on questions of law

Negado, tanto en los hechos como en el derecho Denied de facto and de jure

Negar Withhold

Negar la paternidad Deny paternity

Negarse Balk at

Negativa Refusal, negative

Negativa injustificada a pagar Unjustifiable refusal to pay

Negligencia Disregard

Negociable Assignable

Negociación Deal, bargain

Negociador Business agent

Negociante de aceptaciones Acceptance dealer

Negociar Carry on business; bargain, trade

Negociar en y comerciar con Deal in and with

Negocio al detall o al por menor Retail business

Negocio al por mayor Wholesale business

Negocio de comercio al detall o al por menor Retail trade business

Negocio mayorista Wholesale business

Negocio minorista Retail business

Negocio (negocios) Affairs

Negocio (negocios adversos) Adverse business

Negocio (negocios de fábricas) Factories works

Nemo auditur *(contrato cuyo motivo es una causa ilícita)* Illegal consideration

Netamente Clearly, distinctly, exactly

Ni Nor *(+ full verb –complete sentence– or + gerund –clause, incomplete–)*

Ni libera en forma alguna Or in any way releases

Niebla Fog, mist

Ninguna persona Any

Niña Female child

Nivel crediticio Credit standing

Nivel profesional Professional standing

Nivelar el presupuesto Balance the budget

No a manera de limitación Not in limitation of

No cobranza Non-collection

No cobrará por este servicio cantidad alguna No fee will be charged for this service

No competencia Non-compete

No confiere título de propiedad o derecho Does not confer title

No constituirá una renuncia a los mismos Shall not constitute a waiver thereof

No constituirá una renuncia o impedimento de hacer valer su derecho o exigir tal cumplimiento Shall not constitute a waiver or estoppel to assert its right or require such performance

No cumplidas Unmet

No deberá pagarse sanción o indemnización de ninguna índole No penalty or indemnity of any kind will be payable

No deberá ser negado sin motivo razonable Shall not be unreasonably withheld

No efectivos en su totalidad *(cheques)* Not honored for their full amount *(checks)*

No es un documento oficial Not an official record

No está de más It bears (repeating)

No estar de acuerdo Differ

No factoriales Non-factor

No fuera exacta (edad) Not be his true age

No fuese Of failure of

No gravable Nontaxable

No habiendo otro asunto de que tratar, se levantó la sesión There being no further business, the meeting adjourned

No infringe ni infringirá Do not and will not violate

No mayor de... Not exceeding...

No obstante Albeit, notwithstanding, nevertheless, nonetheless

No obstante 2 Provided

No obstante lo previsto Notwithstanding the Provisions

No pagados a su vencimiento Not paid when due, not paid on their due dates/on their maturity

No poder efectuarse Has not been possible

No podrá ser enajenada sin que se le haya otorgado el finiquito de ley May not be disposed of without the release required by law

No prejuzga acerca de ningún otro extremo de fondo ni de forma Does not involve/entail/imply any prejudgment concerning any other fact, of substance or form

No prestar atención a... Overlook...

No pudiere pagar sus deudas conforme se venzan Is unable to pay its debt as they fall due

No puedo dejar de pensar I still believe, I can' t help but think

No registra antecedentes penales Has no criminal record

No registra (no tiene) *(+ n.)* Has no *(+ n.)*

No se entenderá bajo ningún caso como cesión de contrato Shall not be understood under any circumstance as an assignment of contract

No se exigirá ningún recargo de la prima No surcharge shall be exacted/demanded on the premium

No ser posible Not be feasible/possible

No tenemos conocimiento de No *X* is known to us

No tenemos conocimiento de impedimento legal alguno para que se realice este matrimonio No legal objection to the marriage is known to us

No viable Nonviable

Nobleza Nobility

Noción Cognition

Nombrado Appointee

Nombramiento Commission, appointment

Nombramiento 2 Documents of appointment

Nombramiento de un fideicomisario o síndico Appointment of trustee

Nombrar Appoint, name, nominate

Nombrar cualesquier compañías, empresas o personas, o cualesquier grupos de personas Appoint any company, firm or person, or any fluctuating body of persons

Nombre comercial *(buen)* Goodwill

Nombre del cónyuge sobreviviente Surviving spouse

Nombre y cargo de la persona que asistió el parto si es distinta al certificante Name and title of attendant at birth if other than certifier

Nómina devengada Accrued payroll

Nóminas Payroll

Norma Norm, standard, rule

Norma (normas aplicables sobre la compra de bienes y servicios por las empresas del Estado) Applicable standards for the state-owned companies procurement of goods and services

Norma (normas comerciales) Business customs

Norma (normas de actuación) Standards of performance

Norma (normas de contabilidad) Accounting policies, accounting standards

Norma (normas fundamentales) Basic policies

Normativa Advice

Normativa cambiaria Exchange regulations

Nostalgia Nostalgia

Nota Annotation

Nota de débito Debit note

Nota del traductor Sic. (...)

Nota marginal Marginal note

Notable Outstanding, remarkable; noteworthy, notable

Notación binaria Binary Notation

Notaría Notary Public's Office

Notaría pública de Office of the Notary Public

Notario público debidamente designado y facultado y en ejercicio de sus funciones Duly appointed, qualified and Acting Notary Public

Notario público debidamente designado y juramentado y residente de dicho condado Notary Public duly commissioned and sworn and residing in said County

Notario público en y por dicho condado, debidamente facultado por las leyes del Estado de *X* para recibir el mismo Notary Public in and for said County, duly authorized by the laws of *X* to take the same

Notificación Notice, notification; summons; advice, service; brief

Notificación a tiempo Timely notice

Notificación directa a cada accionista por escrito con 5 días de anticipación por lo menos Direct written notice to each shareholder at least 5 days in advance

Notificación Judicial Judicial Notice

Notificar Notify, serve notice, advise

Novaciones de obligaciones contractuales de cualquier tipo Novations on any contractual obligation

Novedad Fad

Núcleo Core

Nuestro apoderado nombrado The said attorney of ours

Nuevamente Further; once again

Nuevo endoso Additional endorsement

Nulidad del procedimiento Nullity of proceedings

Nulificar Annul

Nulo y sin valor Null and void

Numeral Subdivision

Numeral arancelario Tariff schedule

Número de serie Serial number

Número del acta Docket number

O

ESPAÑOL

O a cualquier otra persona (natural o jurídica) que pueda ser designada por *X* Or such other party as may be nominated by *X*

O de alguna otra manera Or otherwise

O sea That is...; i.e.

Obedecer a Be due to

Objeciones levantadas a Objections raised against

Objeto del contrato Purpose of the agreement

Objeto social Purpose of the corporation or business

Objetos en posesión Choses in possession

Obligación *(Com.)* Obligation, liability, bond, debentures, duties; charge

Obligación de comprobar To have the burden of proof

Obligación legal de presentar la evidencia de los hechos To have the burden of proof

Obligación (obligaciones) Outstanding bills

Obligación (obligaciones a la vista) Demand obligations

Obligación (obligaciones alimentarias) Obligations regarding alimony

Obligación (obligaciones asumidas) Obligations agreed upon

Obligación (obligaciones bien colocadas) Digested bonds

Obligación (obligaciones contractuales) Contractual obligations

Obligación (obligaciones contraídas) Outstanding obligations

Obligación (obligaciones correctas) Correct liabilities

Obligación (obligaciones cotizables) Marketable bonds

Obligación (obligaciones de alto riesgo y alto rendimiento) Junk bonds

Obligación (obligaciones derivadas de los contratos o de la ley) Obligations arising from agreements or the law

Obligación (obligaciones económicas) Economic liabilities

Obligación (obligaciones emitidas) Obligations issued

Obligación (obligaciones imprevistas) Contingent liabilities

Obligación (obligaciones no hipotecarias) Debenture bonds

Obligación (obligaciones pendientes) Outstanding obligations

Obligación (obligaciones perpetuas) Perpetual debentures

Obligación (obligaciones por pagar) Bonds payable

Obligación (obligaciones principales) Underlying bonds

Obligación (obligaciones tributarias/taxativas/impositivas) Tax liabilities

Obligación (obligaciones vencidas) Matured bonds

Obligado principal Primary obligor

Obligante *(adj.)* Binding

Obligante *(n.) (tenedor de una obligación)* Obligee

Obligar Compel; *(leg.)* oblige

Obligar mediante fianza Bond *(v.)*

Obligar (obligado a) Be compelled to

Obligarse a Agree to, bind oneself to, convenant to, undertake

Obligatorio Compelling, binding

Obra Effort

Obra maestra Masterpiece

Obrar *vi.* Act, proceed

Obrar de acuerdo con Comply with

Obrar (obrando en mi propio nombre y en representación de mi legítima esposa) Acting in my own name as well as for/in representation of my legitimate wife

Obras civiles Facilities

Obras completas Collected works

Observaciones Comments, remarks

Observar *(orden/reglamento)* Comply with

Obstaculizar Interfere with

Obstáculo Constraint, roadblock

Obstáculo (obstáculos no arancelarios y otras distorsiones del comercio) Nontariff barriers to and other distortions of trade

Obtener Obtain

Obtener franquicia para Franchising

Ocasión Instance

Ocasional Casual

Ocasionar Generate

Ocasionar (ocasionare) Shall result in

Ocultación dolosa de hechos que deben ser revelados a la autoridad Concealment

Ocupación o desalojo Occupation or eviction

Ocupación o disfrute de una propiedad ajena Adverse possession

Ocurrencia Witticism

Ocurrir *vi.* Occur, happen; come, resort

Ocurrir (ocurro ante Ud. y expongo) Appear before the Court to declare

Ocurrir (ocurro y expongo) Resort to state

Oferta Offer

Oferta global/total Aggregate supply

Oferta provisional Provisional offer/quotation

Oficial *(adj.)* Governmental

Oficial *(n.)* (bancarios) Officer

Oficial del tribunal de justicia Marshal

Oficial mayor Chief clerk

Oficial multilateral Multilateral Official

Oficina central de presupuesto Central Budget Office

Oficina de aduanas Bureau of Customs

Oficina de Armonización del Mercado Interior (OAMI) *(Esp.)* Office for Armonization in the Internal Market

Oficina de enlace Liaison Office

Oficina de estadísticas vitales Office of Vital Records

Oficina de registro Registry Office

Oficina de representación Representative office

Oficina magisterial de apoyo docente *(hisp.)* Division of Educational Assistance

Oficina prestamista del beneficiario Payee's lending office

Oficina principal de... Head Office, Headquarters, Registered Offices

Oficina receptora de fondos nacionales Tax Collector's Office

Oficina subalterna de Registro *(hisp.)* Subordinate/subsidiary office

Oficina subalterna del 2° circuito de registro Subordinate Office of the Second Registry District

Oficinas privadas de un magistrado o juez Chambers

Oficinista Clerical/office worker, white-collar worker

Oficio de (organismo) official letter

Oficios del hogar (de) A housewife

Omisión de ejecutar un acto al que está obligado Nonfeasance

Opción Choice

Opción de compra Options to purchase

Opción de compra de acciones Option to buy a number of shares

Opcionales Alternative

Operación Business operation

Operación (operaciones a término) Forward transactions

Operación (operaciones al contado) Cash and carry

Operación (operaciones bancarias) Banking business, banking operations

Operación (operaciones con base foránea) Foreign-based operations

Operación (operaciones contables) Accounting transactions

Operación (operaciones crediticias) Credit operations, loans

Operación (operaciones de fusión o de compra) Deals

Operación (operaciones de venta de acciones) Sale of shares of stock

Operación (operaciones departamentales y funcionales) Departmental and functional operations

Operación (operaciones mercantiles) Deals *(n.)*

Operación (operaciones normales de la Compañía) Company's day-to-day business

Operación (operaciones normales de venta a crédito) Credit-sales transactions

Operar Conduct

Opinar Deem

Opinión Views; advice

Opinión jurídica Legal opinion

Oponerse a Balk at

Oportunamente In due course/time

Oportunamente 2 From time to time

Oportunamente presentaré I will present in due time

Oportunidades Occasions

Oportuno Timely, convenient; prompt, expedient

Oposiciones Oppositions, objections

Optar por *(+ inf.)* Choose *(+ inf.)*, decide in favor of *(+ gerund)*

Opuestos Balky

Orador Speaker

Orden Fiat, instruction

Orden atrasada Backorder

Orden de arresto Bench warrant, warrant of arrest

Orden de compra Purchase order

Orden de pago Payment order

Orden de registro Search warrant

Orden de remesa Remittance order

Orden del día Agenda

Orden emitida por una autoridad central Command issued by a central authority

Orden judicial de internación de una persona mentalmente enferma Commitment

Orden judicial de poner bajo custodia a una persona Commitment

Orden judicial para presentar al detenido ante el tribunal Habeas Corpus

Orden monetario internacional International monetary order

Ordenanza Ordinance

Ordenar Ordering, instruct; array

Ordinal Section; subparagraph

Orfebre Goldsmith, silversmith

Organigrama Organization chart

Organismo Body

Organismo de control de cambio Exchange control agency

Organismo de ejecución Executing agency

Organismo gubernamental Government agency

Organismo oficial Governmental agency

Organismos y carteles internacionales International bodies and cartels

Organización comercial estatal State trading organization

Organización de cooperación Cooperating guidelines

Organización de Países Exportadores de Petróleo (OPEP) Organization of Petroleum Exporting Countries (OPEC)

Organización Europea de Cooperación Económica (OECE) Organization for European Economic Cooperation (OEEC)

Organización Internacional de Normalización International Organization for Standardization (ISO)

Organización para el Desarrollo Industrial de las Naciones Unidas (ONUDI) United Nations Industrial Development Organization (UNIDO)

Organización para la Alimentación y la Agricultura de la ONU (OAA) Food and Agriculture Organization of the United Nations (FAO)

Organización para la Cooperación y el Desarrollo Económico (OCDE) Organization for Economic Cooperation and Development (OECD)

Órgano Agency; authority

Órgano jurisdiccional Jurisdictional authority

Órgano oficial Governmental agency

Oriente Medio Middle East

Origen de los bienes y servicios Origin of goods and services

Originar Give rise to (something)

Originarse Originate/spring/arise from

Ornato Improvement

Oro o plata sin acuñar Bullion

Oscilar Range from

Oscurecer Overshadow

Otorgamiento Granting, giving, awarding, accordance

Otorgamiento de efectivo Cash grants

Otorgamiento de fianzas Granting of bonds

Otorgamiento de garantías más amplias Extension of warranties more inclusive than...

Otorgamiento del presente documento Executing this document

Otorgamiento (documentos) Execution, issuing

Otorgante de crédito comercial Commercial credit grantor

Otorgantes Executors

Otorgar Deliver, execute, extend; grant, award to *X*

Otorgar (documentos) Execute

Otorgar (hipotecas) Execute mortgages

Otorgar la escritura pública de disolución de nuestra sociedad conyugal Execute the notarial deed for dissolution of our conjugal community

Otorgar los correspondientes recibos o finiquitos Issue any appropriate receipts/vouchers or quittances

Otorgar los recibos y finiquitos que sean necesarios a tales fines Give the receipts and acquittances which may be necessary for such purposes

Otorgar (otorgados por el suscrito a persona alguna) Given by the undersigned to any person or persons whomsoever

Otorgar (otorgando a dicho apoderado poder amplio y suficiente) Giving and granting unto said attorney full power and authority

Otorgar (otorgando a dicho mandatario plenos poderes) Having full authority

Otorgar (otorgará crédito bajo condiciones de 90 días plazo) Will extend credit at net ninety (90) day terms

Otorgar (otorgó dicho documento como acto libre y voluntario a todos los fines y propósitos expuestos en el mismo) Delivered the said instrument as her free and voluntary act, for the uses and purposes therein set forth

Otorgar poder a Confer power of attorney on

Otorgar (recibos) Issue

Otorgar (títulos) Grant, award

Otorgar un instrumento Execute an instrument

Otorgar y revocar poderes generales y especiales a abogados o personas de su confianza Grant and revoke general and special powers of attorney to attorneys or persons of trust

Otras materias similares Matters incidental thereto

Otro país Foreign country

Otrora *(adv.)* Formerly, in other times, of yore

Otros recursos Other remedies

P

ESPAÑOL

Paciente interno Inpatient

Pactar Agree, bargain

Pactar en daño de tercero Collude *(v.)*

Pacto Accord, agreement, covenant; compromise

Pacto o promesa oral Assumpsit

Padre o representante Parent or guardian

Pagadero Payable

Pagadero a solicitud Due on demand
Pagadero en *(X)* años de plazo *(X)* year term credit
Pagado en su totalidad Paid in full, totally paid
Pagado mediante transferencia bancaria Made through bank transfer
Pagado por anticipado Paid in advance
Pagador principal Principal disburser
Pagador y recibidor Paying and receiving
Pagar Clear, acquit
Pagar a la orden de Pay to the order of
Pagar a la presentación de Pay against
Pagar a la presentación de este pagaré y a la orden de Pay against this Promissory Note, to the order of...
Pagar a solicitud Pay on application
Pagar derechos del documento original Pay the fees for the original document
Pagar obligaciones contraídas Pay for outstanding obligations
Pagar por adelantado Advance *(v.)*
Pagar por anticipado todo o parte del saldo pendiente a plazos diferidos Repay all or part of the total amount remaining unpaid for a purchase on an extended payment plan
Pagaré Promissory note, bill
Pagaré a la presentación Demand notes
Pagaré a la vista Sight draft/note, demand note, note payable on demand
Pagaré con garantía prendaria Collateral note
Pagaré con resguardo Collateral note
Pagaré de favor Accommodation note
Pagaré hipotecario al portador Bearer mortgage note
Pagaré mancomunado Joint note
Pagaré por una deuda Bill of debt
Pagaré prendario Collateral note
Pagaré quirografario Note without collateral
Pagaré solidario Joint and several note
Pago Acquitment, acquittal
Pago a plazos Deferred payment plan
Pago adelantado Advance payment
Pago al contado Cash payment
Pago al contado y transporte a cargo del comprador Cash and carry
Pago antes de la entrega Cash before delivery (CBD)
Pago anticipado Advance payment
Pago de las primas Premium's payments
Pago de multas Penalty fees
Pago de préstamo Loan Payment
Pago de regalías Royalty payment
Pago del saldo Payment of balance
Pago del saldo insoluto del capital Unpaid capital balance
Pago en efectivo con el pedido Cash before delivery (CBD)
Pago en efectivo por adelantado Cash in advance
Pago fuera del término de vencimiento Payment not within the term established
Pago garantizado Certified check
Pago incompleto Incomplete payment
Pago (pagos al contado) Cash items
Pago (pagos beneficiales) Benefit payments
Pago (pagos *(de deuda)*) Discharges
Pago (pagos globales) Lump-sum payment
Pago (pagos vencidos) Delinquent payments
Pago parcial del capital social Partial payment of the capital stock
Pago por concepto de siniestro Claim
Pago puntual Make payments in due time

Pago real Actual payment

Pago retenido Withheld pay

Pago total Full payment

Pago único One time payment

País anfitrión Host country

País de origen Home country, state of origin

País miembro extrarregional Nonregional member country

País miembro regional Regional member country

País natal Native country

País no miembro Non-member country

País (países industriales) Industrialized countries

País (países menos adelantados) Least developed countries

País (países miembros con derecho a voto) Voting power of the member countries

País (países sin litoral) Land-locked countries

Papel fundamental Pivotal role

Papel sellado Imprinted paper

Para acompañar To be attached to

Para averiguación de To inquire on

Para comodidad de For the convenience of

Para constancia In witness thereof

Para el logro de los objetivos propuestos To achieve the purposes thereof

Para el momento / la fecha de At the time of

Para el trámite ante el Banco Central se requiere la siguiente documentación The following documents are required to carry out the proceedings before the Central Bank

Para ello Therefor

Para entonces At the time

Para este caso For this case/event

Para este efecto For this purpose, to such effect

Para este fin Therefor

Para exponer To state

Para fines empresariales Corporate purposes

Para la debida aplicación/implementación/uso In furtherance

Para la fecha de On the date of, at the time of

Para la mejor conveniencia de la Compañía In the Company's best interest

Para la mejor defensa y resguardo de los derechos e intereses de For the sound protection of the rights and interests of

Para la mejor protección de mis intereses For a sound protection of my interests

Para lo cual Wheretofor, wheretofore *(more formal)*

Para llevar dichos registros To file the briefs on

Para que So that, so as to

Para que actúe en su lugar en calidad de representante real y verdadero del suscrito To act in her stead, the true and lawful attorney, agent and proxy of the undersigned

Para que actúe en su nombre como mandatario real y verdadero del suscrito To act in her stead, the true and lawful attorney, agent and proxy of the undersigned

Para que actúe en sustitución de esta persona Act in her stead

Para que actúen como apoderado o apoderados de la compañía To be the attorney or attorneys of the company

Para que en mi nombre So that on my behalf

Para que previas las formalidades legales ordene su registro y publicación For their registration and publication upon compliance with all the legal formalities

Para que represente los derechos e intereses de *X* So that he may act on behalf and representation of *X*

Para que se tramite *(el proceso)* For the appropriate proceedings

Para realizar reconocimientos, declaraciones juradas y pruebas de escrituras o traspasos de terrenos, tenencias y herencias To make acknowledgments, affidavits and proofs of deeds or conveyances for land, tenements or hereditaments

Para realizar, sin excepción alguna, cualquier acto o trámite que fuere requerido o necesario en o respecto de dicha propiedad To do and perform all and every act and thing whatsoever, requisite and necessary to be done in and about the premises

Para ser acreditadas en / en cuenta For credit to

Para su presentación al concejo To be submitted to the Municipal/Town Council

Para sus propios objetivos Corporate purposes

Para tal efecto To such effect; therefor

Para todos los efectos For the uses and purposes

Para todos los efectos y consecuencias For all intends and purposes

Para todos los efectos y sobre todos los asuntos que fueren debidamente presentados para la correspondiente decisión en dicha asamblea For any and all purposes and all matters which may be properly presented for action at such meeting

Para tratar del siguiente orden del día To consider the following agenda

Para un período de *X* días Within a *X* day period

Para uso informativo For information media

Para *X* In so far as *X* is concerned

Paradero Whereabouts

Paradigmas de computación Computational paradigms

Parado Deadlocked

Parágrafo (número) Paragraph

Parágrafo Único Sole Paragraph

Paraíso fiscal Tax Haven

Parcela nº... Lot no.

Parcialidad Bias

Parecerse a una persona Take after somebody

Parentesco con el niño Relation to child

Pari passu cláusula *(cláusula de nación más favorecida) (Der. Int.)* Pari passu clause *(most favored nation clause) (Der. Int.)*

Paridad Par value

Parientes próximos Next of kin

Paro forzoso Lockout

Párrafo de opinión Opinion paragraph

Párrafo Único Sole paragraph

Parroquia Parish

Parte Portion *(of something)*; allotment; party

Parte alícuota Aliquot part

Parte autora de la notificación contra la parte incumplidora Party serving such notice against the party in default

Parte difunta Deceased party

Parte exterior Outside

Parte incumplidora Party in default

Parte interesada Interested party, party in interest, party concerned

Parte más meridional Southernmost part

Parte recíproca de la demostración Converse part of the proof

Partición de los bienes hereditarios Partition of a succession

Participación Advice, subscription

Participación al registro de venta de acciones Notification to commercial registry on sale of shares of stock

Participación de cesión de crédito a favor de un banco Notification of credit assignment in favor of a bank

Participación de utilidades Profit sharing

Participación en el capital Capital interest

Participación en el valor de.... Percentage share of...

Participación en ganancias Sharing of profits

Participación en las acciones de capital Shares of the capital stock

Participación en remates/subastas Participation in auctions; submission of periodic bids

Participación garantizada Guaranteed participation

Participación no desembolsada Undisbursed participation

Participación relativa Relative share

Participar activamente Take an active part

Participar en Be engaged in

Participarle Advise/inform you

Particular *(adj.)* Private

Particular (particulares *(n.)*) Terms; individuals, persons

Particularmente Notably

Partida *(Com.)* Entry, item *(ledger, balance sheet)*; item, financial allotment *(budget)*

Partida de defunción Certificate of death

Partida de Nacimiento Birth certificate

Partida doble Double entry

Partida (partidas acumuladas) Accruals

Partida (partidas admisibles) Admissible entries

Partida (partidas del activo *(Com.)*) Asset

Partida (partidas por cobrar) Receivables

Partida primera (del activo) Item one

Partida única Sole item

Pasajero Transient

Pasante Passant; assistant; interns

Pasantía Tutorship; assistantship; internship

Pasar Carry forward *(v.)*

Pasar al Be transferred to

Pasar por alto Bypass, disregard

Pasivo Liability

Pasivo a largo plazo Long-term liabilities

Pasivo acumulado Accrued liability

Pasivo circulante/flotante Current liabilities

Pasivo contingente Contingent liability

Pasivo corriente Floating liabilities

Pasivo de capital Capital liability

Pasivo eventual Contingent liabilities

Pasivo social Partnership debts

Pasmoso Appalling

Paso Pace

Patentar Licensing *(inventions)*

Patente de industria y comercio Industrial and Commercial patent/license, business license

Patente de la empresa *(pagos al Municipio)* Municipal Tax

Patio descubierto Uncovered yard

Patria potestad Parental Authority , Patria Potestas, custody

Patrimonio Owner's equity, net worth, patrimony; heritage, inheritance

Patrimonio nacional National property

Patriótico Public-spirited

Patrocinar Sponsor; support, favor

Patrón de comercio Trade pattern

Patrón oro Gold standard

Patrones Standards

Peaje marítimo Bar tolls

Pedido Order

Pedido al contado Cash order

Pedido para el personal Schedule request

Pedimento Items of this claim

Pedir Call for; request, ask for

Pedir el divorcio Sue for divorce

Pena capital Capital crime

Pena de muerte Capital punishment

Pendiente Outstanding, unpaid

Pendiente de pago Unpaid

Pensar Deem

Pensión Annuity

Pensión a los ancianos Pension for the aged

Pensión anual Annuity

Pensión de alimentos Alimony

Pensión de retiro Retirement allowance

Pensión definitiva Permanent alimony

Pensión escolar (matrículas) School tuition

Pensión que un juez asigna a la esposa durante un divorcio Alimony pendente lite

PEPS (primeras entradas)/UEPS (primeras salidas) FIFO (first in, first out)/LIFO (last in, first out)

Pequeño delito Misdemeanor

Percepción Cognition

Pérdida accidental Accidental loss

Pérdida de valor de nuestro signo monetario Reduction in the value of our currency

Pérdida del beneficio del plazo By exceeding/overrunning the Grace period

Pérdida en cuentas incobrables Loss on account of uncollectable accounts

Pérdida financiera Financial loss

Pérdida neta de la sucursal Branch net loss

Pérdida por incendio Fire loss

Perdón Pardon

Perdón de una falta Condonation

Perdonar Condone

Perfeccionamiento Improvement

Perforación direccional Directional drilling

Perforador de tarjetas Card punch

Perforar Drill

Periférica Marginal

Período contable Accounting period

Período de amortización Payback period

Período de desembolso Disbursement period

Período de gobierno Administration

Período de gracia Grace period

Período de pago Payment period

Período de regreso a clases Back-to-school period

Período de sesiones Sessions

Período de tiempo Length of time

Período del depósito Escrow period

Período fiscal Fiscal period

Período improductivo Barren period

Período inflacionario Inflationary period

Período medio de cobranzas Average collection period

Período presupuestario Budget period

Perito contador Expert accountant

Perito mercantil Accountant

Perjudicar ***(lesionar, menoscabar)*** Prejudice, Interfere with

Perjuicio Damage, injury, impairment, loss; prejudice; nuisance; tort

Permanecer en la custodia de Be in the custody of

Permanencia Duration, demurrage

Permisible Allowable

Permiso Consent; license

Permiso de demolición Demolition permit

Permiso de habitabilidad Habitability permit

Permiso para edificar Building permit

Permitir Make possible for, allow for *(+ n./+ inf.)*, enable *X* to, permit *(+ gerund)*

Permitirse Be allowed

Permuta Barter/bartering

Permutar Barter/exchange

Pero no se limita a But not limited to

Persiana Shutter

Persistente Lingering

Persona (natural o jurídica) Party

Persona alguna Any; whomsoever

Persona autorizada Duly authorized

Persona demandada o acusada criminalmente Defendant

Persona interesada The person concerned/in interest, the interested person

Persona jurídica Legal entity

Persona muy útil Asset *(fig.)*

Persona (personas ajenas a este contrato) Persons extraneous to the foregoing agreement

Persona (personas de edad) Elderly

Persona (personas naturales o jurídicas de cualquier clase) Private persons and companies of every kind

Persona (personas que hacen operaciones of fusiones de empresas) Dealmakers

Persona (personas que suscriben) Persons signing below

Persona (personas representadas por cualesquiera de dichos apoderados) Persons dealing with any such attorney

Persona que asistió al parto Attendant at birth

Persona que ayuda al criminal a eludir su captura Accessory after the fact

Persona que induce o estimula al delincuente Accessory before the fact

Persona que suministra materiales de construcción Material man

Persona responsable Accountable person

Personal contratado a tiempo determinado Fixed-term personnel

Personal de ventas Sales manpower

Personal docente Faculty, staff

Perspicacia Insight

Pertinente Relevant

Perturbar Disturb, interfere with

Pesar Be due

Pese a In spite of

Peso neto Net weight

Petición Appeal, plea; Instance, motion; request

Petición para adopción Petition for adoption

Peticionario Applicant

Petróleo Crude

Peyorativo Demeaning

Pignoración Collateral *(n.)*

Pignorado In hock

Pignorar Pledge

Pistas *(Av.)* Runways

Placas de matrícula falsas Fictitious plates

Placas ficticias Fictitious plates

Plan Approach

Plan de estudio de educación secundaria del Estado establecido por la junta de educación primaria y secundaria del Estado de *X* State High School Course of Study prescribed by the *X* State Board of Elementary and Secondary Education

Plan de estudios Course of study

Plan de operaciones Plan of operations

Plan de salarios continuos Wage continuation plan

Plan orgánico municipal City plan

Plan publicitario Advertising scheme

Planificación económica centralizada Centralized economic planning

Planificación tributaria Tax planning

Planilla *(hisp.)* Form, office-form

Planilla de declaración de impuestos *(hisp.)* Tax-return form

Planilla de liquidación *(hisp.)* Assessment bills/bill of registry fees

Plano de deslinde Survey

Planta Factory; mills

Planta de fibras cerámicas Ceramic fiber plant

Planta eléctrica Electric power plant

Plantear Discuss

Plantel de educación media *(hisp.)* High school

Plazo Credit terms; terms

Plazo de amortización Payback period

Plazo de gracia Grace period

Plazo de prórroga Extension term

Plazo fijado Term stipulated for

Plazo límite Deadline, time limit

Plazo último Deadline

Pleito Quarrels, judicial action or proceeding, case, suit

Plena propiedad Absolute property

Pleno conocimiento Of which you were fully aware

Plusvalía Surplus value; goodwill

Población presente De facto population, actual population

Poder Power of attorney, proxy, letter of attorney

Poder actuar por iniciativa propia Be responsible in their own right

Poder administrativo requerido Required administrative powers

Poder adquisitivo Purchasing power

Poder amplio y suficiente para realizar, sin excepción alguna, cualquier acto o trámite que fuere requerido o necesario en o respecto de dicha propiedad Full power and authority to do and perform all and every act and thing whatsoever, requisite and necessary to be done in and about the premises

Poder con carácter ilimitado Unlimited power of attorney

Poder conseguir Manage to get amongst

Poder de decisión Discretion

Poder de sustituir Power of substitution

Poder de toma de decisiones Decision-making power

Poder especial a persona natural Special power of attorney to a natural person

Poder general de administración y disposición del inmueble de nuestra propiedad General power of attorney to manage and dispose of a real state of our property

Poder general protocolizado en *(fecha)* General power of attorney recorded/registered on *(date)*

Poder general sin limitación alguna y en la forma más amplia permitida por el derecho General power of attorney without any restriction whatsoever and with full power and authority as provided for by law

Poder general/especial General power of attorney, special power of attorney

Poder nacional Executive branch

Poder o autoridad de revocación Power of revocation

Poder (poderes amplios) Full power and authority

Poder (poderes no emanados del principal o poderdante original) Mediate powers

Poder protocolizado Power of attorney

Poder resolver (rescindir) este contrato May apply for legal termination for the foregoing agreement

Poder (temporal) Proxy

Poder térmico oceánico Ocean thermal power

Poderdante Constituent of the power of attorney, principal

Poderhabiente Attorney, proxy holder, agent, assignee, attorney-in-fact

Política Politics; policy

Política agrícola común Common Agricultural Policy (CAP)

Política exterior Foreign Policy

Política fiscal Taxation/tax policy

Política interna Domestic policy

Política (políticas del gobierno) Government policies

Política (políticas operacionales) Operating policies

Póliza Policy

Póliza de fletamento ***(entre el fletante y el fletador)*** Charter-party policy

Póliza de responsabilidad civil general General liability premium

Póliza de seguro marítimo Marine insurance policy

Póliza dotal diferida Deferred endowment policy

Póliza flotante ***(para cubrir mercancía en transporte)*** Floater policy

Póliza de seguro Insurance policy

Poner a la orden/disposición de Make available *(something)* to *(someone)*

Poner en depósito Bond *(v.)*

Poner en libertad a alguien To set someone free

Poner en peligro Endanger

Poner en uso/funcionamiento Operate

Poner su mayor empeño Exercise best efforts

Poner trabas Hamper by

Por Due to (preferably: owing to, because of)

Por aclamación By acclamation, unanimously

Por anticipado In advance

Por aplicación analógica del artículo 105 de la Ley de Registro Público Pursuant to article 105 of Public Registry Act

Por aproximaciones sucesivas By cut and try

Por causa de On the grounds of

Por ciento de *X*% of any...

Por cierto As a matter of fact

Por concepto de For/on the account of, as, on account of

Por concepto de honorarios In fees

Por concepto o a cuenta de For or on the account of

Por consiguiente Therefore

Por cualquier motivo For any reason

Por cuanto Whereas, in so far as

Por cuenta de On behalf/the account of

Por cuenta propia At *X's* own account/own expense

Por debajo de Beneath/below

Por delegación de *(en representación de)* On behalf of

Por derecho propio In their own right

Por disolución de contrato On the contract's rescission

Por el canon trimestral de... On the basis of a quarterly rental rate of...

Por el Juzgado By the Court

Por el Ministro On the Minister's behalf/for the Minister

Por el monto establecido To be in an amount established

Por el presente documento declaro Do hereby declare

Por encargo de Commissioned by

Por encima de todo Above all

Por encima del Over and above

Por ende Therefore

Por escrito In writing

Por este medio/acto Hereby

Por esto Hereby

Por éstos Thereby

Por intermedio/medio de By means of

Por la causal estipulada On the basis of the cause stipulated

Por la circunstancia de que In as much as, due to/on account of/in view of the fact that, considering that

Por la presente Hereby, hereunder

Por la presente certifico que el documento que antecede lleva efectivamente la firma de *X* I hereby certify the above was signed by *X*

Por la presente decreta Does hereby decree

Por la presente designa y nombra Hereby constitutes and appoints

Por la presente instruyo a/dispongo que mi apoderado (para que) vote como sigue I hereby direct my proxy to vote as follows

Por las mismas Therefor

Por lo anteriormente expuesto By virtue of the foregoing statement

Por lo cual Therefor, accordingly, consequently

Por lo demás Moreover

Por lo general Overall *(adv.)*

Por lo que Wherefore *(+ formal)*, by reason of which, due to which

Por lo que 2 Consequently, therefore, as a result, accordingly

Por lo que respecta In connection with, in/with regard to, in/with respect to, regarding, in relation to

Por lo que respecta 2 As to..., as far as... is concerned, concerning, as regards

Por lo tanto Therefore

Por los estatutos By statute

Por medio de By way/means of

Por medio de la presente certifico que Do hereby certify that

Por mi cuenta y riesgo On my own account

Por motivo suficiente For good cause

Por mutuo consenso By mutual consent

Por ningún concepto In any manner

Por parte de By

Por poder By proxy

Por razón de On account of

Por recomendación del cuerpo docente Upon recommendation of the faculty

Por resolución de By resolution of

Por resolución de contrato On the contract's rescission

Por ser falsos todos y cada uno de los hechos allí narrados On the grounds of being contrary to fact

Por solicitud escrita de At the written request of

Por su propia cuenta, o por cuenta de otros On its own behalf or on behalf of others

Por tanto Therefore

Por todo All told

Por triplicado In triplicate

Por un valor de Worth of

Por una efectiva contraprestación For a valuable consideration *(money)*

Por una parte; y por otra... The party of the first part; and the party of the second part...

Por uno u otro gobierno contratante By either contracting government

Por valor recibido For value received

Por valor recibido, nosotros los suscritos, directivos de For value received, we, the undersigned appointed officers of

Por vía administrativa Through administrative means

Por vía de By, By way of

Por vía de C+F o CIF On a C+F or a CIF basis

Por virtud de Under

Porción Allotment

Porque Because of, owing to

Portador Beneficiary

Portador de The holder/bearer of

Portar armas Carry fire-arms

Portavoz Spokesman

Porte Burden

Porte pagado (PP) Freight prepaid

Poseedor Holders

Poseer Own, hold

Posesión Asset

Posesión precaria Adverse possession

Posgrado Graduate study

Posición Stance, stand, position

Posición académica Academic status

Posición académica reconocida Good academic standing

Posición de caja Cash position

Posición jurada Questions in court

Posmarital Postnuptial

Postergación Deferral

Postergar Defer

Posterior Subsequent

Posteriormente Subsequently

Posteriormente en There in after

Postor más bajo Lowest bidder

Postura *(oferta en una subasta)* Bidding

Pozo seco Dry hole

Pozo surgente Gusher

Práctica comercial Business practice

Práctica contable Accounting practice

Práctica de una medida Enforceability

Práctica (prácticas de la contabilidad) Accounting conventions

Practicable Workable

Prácticamente Substantially

Practicar Carry out

Practicar un inventario Make an inventory

Practicar una medida Enforce

Prácticas colusorias Collusive practices

Prado Lawn

Pre-requisito Condition precedent

Precaver Prevent

Precedente Foregoing, former

Precio Charge *(n.)*

Precio al detall o al por menor Retail price

Precio corriente de un artículo en un mercado determinado Market price

Precio de compra Actual cost

Precio de emisión Issue price

Precio de entrega Delivered price

Precio de la propiedad raíz aceptado generalmente Market value

Precio de lista Book value

Precio de mercado Market selling price

Precio de redención Call price

Precio de venta al público Sale price

Precio estará libre de cargo o gravamen alguno hasta salir de la planta de Fair Lawn, Nueva Jersey Prices are ex-works Fair Lawn, New Jersey

Precio facturado Billing price

Precio real Actual price

Precio rebajado Cut rate

Precio tope Ceiling price

Precio unitario promedio Average unit price

Precios sombra Shadow prices

Precisar Pinpoint

Precisión Accuracy

Preciso Compelling

Preclusión Estoppel; preclusion

Precursor Forerunner

Predilección Bias

Predio mejorado Improed real state

Predominante Substantially

Prefecto Prefect, Sheriff

Preferencia Preference; bias

Preferir Be adept at

Pregrado Undergraduate

Pregunta *(n.)* Query *(n.)*

Pregunta que insinúa la respuesta Leading question

Preinversión Preinvestment

Prejuiciar Prejudice

Prejuicio *v.* Bias, prejudice

Prejuzgar Involve/imply/entail any prejudgement

Preliminar Draft *(adj.)*

Premarital Prenuptial

Premeditado Deliberating

Premio Award

Premonición Foreboding

Prenda Collateral *(n.)*

Prenombrado Aforementioned

Prensa comercial Business papers

Preparación de reformas a ser incluidas en el mismo Drafted changes to be made in the agreement

Preparado *(académicamente)* Educated

Preparado y dispuesto Ready and willing

Preponderante Preponderant, prevailing

Prescindirse de Be dispensed with

Prescripción adquisitiva Adverse possession

Presenciar *(matrimonio)* Solemnize such marriage

Presentación Presentment

Presentación visual Display

Presentante Informer

Presentar Deliver

Presentar declaración definitiva o estimada File their final income tax return or an estimate thereof

Presentar evidencia Produce evidence

Presentar *(introducir)* File, submit *(reports)*

Presentar libelo de demanda File suit

Presentar licitaciones Bid

Presentar para someter a decisión Presented for action

Presentar (presentados para la correspondiente decisión en dicha asamblea) Presented for action at such meeting

Presentar una demanda File suit/ action

Presentar una queja/ un pleito/ un litigio Bring a suit

Presentarse como Hold *(X)* out to be

Presentarse como representantes de *X* Hold themselves out to be agents of *X*

Presente certificación Hereto, hereunto

Presento a usted el documento constitutivo de la Compañía que represento I submit to you the Articles of Incorporation of the Company I represent

Presidencia Chairmanship

Presidente Rector

Presidente de la Junta de Educación President, Board of Education

Presidente de la Junta de Regentes Chairman of the Board of Trustees

Presidente de la Junta Escolar School Board President

Presidente de la Junta Estatal de Educación Primaria y Secundaria State Board of Elementary and Secondary Education, President

Presidente de una empresa Chief Executive Officer (CEO)

Presidente de una junta Rapporteur

Presidente del consejo Chairman of the Board

Presidente del consejo de Directores Chairman of the Board of Directors

Presidente del consejo escolar/junta escolar School board President

Presidente suplente Acting President

Presidir Act as a chairman

Presión Drive

Preso Prisoner, convict

Prestación *(de un servicio)* Performance

Prestación (prestaciones) Compensations

Prestación (prestaciones salariales) Fringe benefits

Prestación (prestaciones sociales) Labor benefits

Prestación (prestaciones sociales de antigüedad y cesantía) Labor benefits of seniority pay and severance pay

Prestación (prestaciones y condiciones) Compensation terms

Prestamista Moneylender, pawnbroker

Préstamo Loan, accommodation

Préstamo "duro" Hard loan

Préstamo a la gruesa Bottomry

Préstamo a ser suscrito con el... Loan to be obtained from *X*

Préstamo activo Active loan

Préstamo anulado Cancelled loan

Préstamo aprobado Approved loan

Préstamo bancario Bank loan

Préstamo colateral Collateral loan

Préstamo concesionario Soft loan

Préstamo contraído Loans contracted

Préstamo directo Direct loan

Préstamo en efectivo Cash loan

Préstamo en ejecución Loan in execution

Préstamo específico Specific loan

Préstamo externo Foreign loan

Préstamo global Global loan

Préstamo inactivo Inactive loan

Préstamo mixto Mixed loan

Préstamo neto aprobado Net approved loan

Préstamo no elegible Ineligible loan

Préstamo no garantizado colateralmente Character loan

Préstamo pagadero a solicitud o a la vista Call loan

Préstamo pendiente Outstanding loan

Préstamo sin garantía colateral Debenture loan

Préstamo totalmente amortizado Fully closed loan

Préstamos para el desarrollo Development loans

Prestar *(una actividad, servicio)* Perform an activity, provide a service, service *(v.)*

Prestar dinero Accommodate *(v.)*

Prestar servicio militar Serve in the Armed Forces

Prestar servicios a personas jurídicas o naturales Render services to companies or individuals

Prestatario Borrower

Prestigio Goodwill

Presunto Prospective; alleged

Presunto funcionario Alleged official

Presupuesto Budget

Presupuesto de activo fijo Capital budgeting

Presupuesto de base cero Zero real growth budget

Presupuesto de crecimiento cero Zero real growth budget

Presupuesto equilibrado anualmente Annually balanced budget

Presupuesto exacto *(sin crecimiento)* Zero real growth budget

Presupuesto mayor Master budget

Pretender Aim at

Pretender *(intentar hacer algo)* An attempt is made to...

Pretendida The attempted/alleged

Pretensión del recurrente Demand of the appellant

Prevaleciente Prevailing

Prevenir **Forestall**

Prevenir *(peligro, catástrofe)* Avert

Prever Envision, expect, foresee, anticipate

Prever *(algo)* Provide for *(something)*

Previa autorización de Upon authorization by/from

Previa autorización del Ciudadano Ministro Upon authorization by the Minister

Previa certificación en autos Prior certification of Judicial proceedings

Previa convocatoria en debida forma After due call

Previa convocatoria por prensa de amplia circulación With prior notice in a newspaper having a large circulation in the country

Previas las formalidades legales Upon compliance with all the legal formalities

Previo Upon

Previo el cumplimiento de los requisitos exigidos por la Ley Upon due compliance with every/all the requirements as provided by law

Previsto en Provided for herein, under

Prima Bonus; bounty

Prima de seguro Insurance premium

Prima debida Premium due

Prima pagada por retraso en entregar acciones Backwardation

Prima por matrimonio Marriage bonus

Prima y descuento sobre acciones Premium and discount on stock

Primer fiador First guarantor

Primera Autoridad Civil *(del X)* Chief Civil Authority *(of X)*

Primera instancia Common Pleas, First Instance

Primero *(el)* The former

Principal Principal, constituent, mandator

Principal adeudado Principal owing

Principal pagadora Principal disburser

Principal sucursal de Londres Main London Branch

Principalmente Substantially

Principio Principle; standard

Principio básico de separación Basic principle of separation

Principio de la irretroactividad de la Ley The principle that the Law is not retroactive

Principio de rendimiento de cuentas Principle of accountability

Principio: el derecho es conocido y practicado por el tribunal Jura novit curia

Prisa Haste

Privación Deprivation

Privación al inquilino del uso o disfrute de una finca Constructive eviction

Privar Deprive

Privilegio Mantle

Privilegio del Ejecutivo Executive privilege

Privilegio fiscal Tax preference items (TPI)

Pro rata Pro rata

Proa Prow, bow

Probar Give evidence; attempt

Problema Issues

Problemático Cumbersome

Procedencia de sanciones administrativas contra la firma exportadora si resulta responsable Legal basis for the administrative penalties against the exporting company in the event of being responsible

Procedente Having legal basis/justification

Proceder a Proceed to, ie. I now proceed to *(when there are no previous considerations)*

Proceder *(algo)* Be lawful, be in order/according to rule

Proceder al acto *(matrimonio)* Proceed with the ceremony

Proceder (procederá a) Will do so

Proceder (procediendo el primero con el carácter de...) The first named acting in the capacity of...

Proceder (procediendo en este acto) In this act proceeding

Proceder (procediendo en representación de) Acting on behalf of/in stead of/in lieu of

Procedimiento Process, method, system; procedure, proceeding

Procedimiento civil Civil procedure

Procedimiento de cancelación Cancellation procedure

Procedimiento de embargo de salarios Garnishee proceedings

Procedimiento de quiebra Bankruptcy proceeding

Procedimiento judicial Judicial proceeding

Procedimiento para determinar si una persona puede obrar sin intervención Competency proceedings

Procedimiento penal Criminal proceeding

Procesado Accused

Procesal *(adj.)* Procedural *(leg.)*

Procesamiento Indictment

Proceso Process, action, proceeding, trial, instance; arraignment; prosecution, file of papers in an action

Proceso cautelar Preventive action

Proceso de alineamiento Alignment job

Proceso de licitación Bidding process

Proceso de ramificación Branching process

Proceso ejecutivo Executory process

Proceso penal Criminal action

Procurador General Attorney General

Procuraduría General de la República Attorney General's Office

Procurar Attempt

Producción Yield *(n.)*

Producción adicional Additional output

Producción total Output

Producido Manufactured

Producir Yield; result in

Producto Item; (plur.) commodities, goods

Producto de su libre voluntad/albedrío Act and deed *(my)*

Producto interno bruto Gross domestic product

Producto real Actual output

Producto secundario By-product

Producto Nacional Bruto (PNB) Gross National Product (GNP)

Producto (productos afines/conexos) Related products

Producto (productos agrícolas) Agricultural commodities

Producto (productos básicos) Primary commodity, commodities

Producto (productos voluminosos) Bulky products

Producto (productos/ proventos de ventas) Proceeds of sales

Profesor adjunto/asistente Assistant Professor

Profesor guía Student's adviser, homeroom

Programa Curriculum; agenda

Programa de obras múltiples Multiple works program

Programa de préstamos de emergencia Emergency loan program

Programa detallado de acción Blue-print *(fig.)*

Programa general de cooperación técnica General technical cooperation program

Programa patrimonial Proprietary program

Programa político de gobierno Platform

Programación del personal Scheduling

Programación lineal Linear programming

Programar Include in a program; plan

Programar de acuerdo con el plan de estudios de educación secundaria del Estado High School work assigned from the State High School Course of study

Programar de conformidad con Assign from

Progresar Move ahead

Progresista ***(ideas; ant.= retrógrado)*** Advanced

Progreso Advance

Prohibición ***(por una ley/autoridad)*** Ban

Prohibir Forbid, prohibit, ban

Promedio del retorno de la inversión Average return on the investment

Promedio general internacional General international average

Promedio ponderado Weighted average

Prometer Pledge, undertake, covenant, agree

Prometido Intended

Promitente deudor Maker

Promoción Promotion, advancement

Promover Further, foster, promote; advance

Promover pruebas Call for proofs

Promulgar Enact

Promulgar (promulgado en Méjico) Enacted in Mexico

Promulgar una ley Pass a law

Pronóstico de desembolsos Disbursement forecast

Pronóstico de ventas Sales forecast

Pronóstico financiero Financial forecast

Pronto pago Early payment

Pronto pago del valor total Prompt payment in full

Pronunciar el fallo Pronounce sentence

Propaganda Advertisement

Propaganda preliminar Build-up

Propensión Bias

Propiedad Owner's equity, holdings; asset, property

Propiedad acumulada Accumulated estate

Propiedad común Community property

Propiedad conyugal Marital property, community assets

Propiedad individual Individual proprietorship

Propietario Owner

Propietario con derecho a voto Voting owner

Propietario de beneficio Beneficial owner

Propietario miembro del condominio Condominium owner

Propietario registrado Owners on record

Propio objetivo Corporate purpose

Propio peculio Own funds

Proponer Plan *(v.)*

Proponer a alguien como candidato Nomination

Proponer una demanda File suit/action

Proponerse Call for; aim to

Proporción Ratio

Proporcionado Commensurate

Proporcionar Furnish; accommodate

Proposición de enmienda Proposed amendment

Proposiciones Proposals

Propósito Aim, intent

Propósito o fin comercial Business purpose

Propulsión de la capa gasífera Gas-cap drive

Prorratear Apportion *(v.)*

Prorrateo Apportionment

Prorrateo de ganancias o pérdidas Adjustment

Prorrateo de la obligación Apportionment of the liability

Prorrateo del costo Cost apportionments

Prorrateo se hará en base a las acciones que cada accionista interesado tenga en la Compañía Prorating shall be made based on the company shares held by each of the parties interested

Prórroga Prorogation, extension term; roll over *(n.)*

Prórroga del crédito Credit extension

Prórroga y renovación Extension and renewal

Prorrogar Extend

Proscripción ***(por una ley/autoridad)*** Ban

Proseguir los juicios en todas sus instancias, inclusive el recurso de casación ante la Corte Suprema de Justicia Conduct cases on the trial and appellate levels, including the remedy of cassation before the Supreme Court of Justice

Prospección aérea Aerial survey maps

Prosperidad repentina Boom

Protección contra los cambios de precios Hedging

Protegido Guarded

Protestar letras de cambio u otros efectos Present for collection any such promissory notes, drafts and other commercial papers

Protesto ***(n.)*** Protest, avouchment

Protocolizado Registered, recorded, executed

Protocolizar Execute, register

Protocolo Protocol, Record

Protocolo 3° Record 3

Protocolo sobre uniformidad de poderes que han de ser usados en el exterior Protocol upon uniformity of powers of attorney which are to be utilized abroad

Protocolo único y principal Main Official Record

Provecho Benefit *(n.)*

Proveedor Supplier

Proveedor extranjero Foreign supplier

Proveer Furnish

Provenientes de... Out of...

Provenir de Proceeding/originating/ issuing/ resulting/ arising from, growing out of

Provisión para cuentas incobrables Allowance for uncollectibles

Provisión para depreciación Allowance for depreciation

Provisional Interim, acting *(+ position)*

Provisorio Interim *(adj.)*

Provocar Elicit

Proximidad Immediacy

Próximo Forthcoming

Proyecto de Draft, project

Proyecto de ampliación Expansion project

Proyecto de contrato Draft agreement

Proyecto de integración Integration project

Proyecto de ley Measure; bill

Prueba Proof, evidence; attempt

Prueba acusadora Incriminating evidence

Prueba circunstancial Circumstantial evidence

Prueba confesional Reply to interrogatories

Prueba corta escrita u oral Quiz

Prueba de ácido o de liquidez seca Acid test

Prueba de contabilidad Accounting evidence

Prueba de deudas Evidence of indebtedness

Prueba de ingreso/admisión Placement test

Prueba legal admisible Admissible

Publicación de la marca *X* Publication of *X* trademark

Publicación de lema comercial Publishing notice of the slogans

Publicar Leg. Publish (banns), announce, issue

Publicar (publíquese) Be it known

Publicar (publíquese y regístrese) Let it be announced and filed

Pueblo/ciudad natal Home town

Pueblos *(conjuntos de habitantes)* Peoples

Puentes de embarque *(Av.)* Boarding bridges

Puerto de embarque Port of loading

Puerto franco Free port

Puesta en marcha Start-up process

Puesto en sociedad Inclusion in a partnership

Puesto que Whereas

Puesto sobre vagón Free on rail

Pulsaciones Strokes

Puntal *(mar.)* Depth

Punto *(asunto)* Issues; item

Punto de equilibrio *(finanzas)* Break-even point *(financial)*

Punto de equilibrio de las utilidades Profit break-even point

Punto de intervención Intervention points

Punto de vista Contention

Punto muerto Deadlocked

Punto (puntos varios) Other business

Puntualidad Accuracy

Q

ESPAÑOL

Que a tales fines To such end

Que antecede Foregoing, above

Que aparece suministrada en Provided on

Que así lo han sido Have been so *(+ v.)*

Que causa consternación Appalling

Que colidan o converjan con el presente reglamento Which are inconsistent or contradictory with these regulations

Que comprende Encompassing

Que comprenden entre ellos, aunque sin limitarse a Including, but not limited to

Que conforma Comprising

Que conlleva Attendant *(adj.)*

Que constituimos todos los propietarios registrados de Constituting all of the record owners of *X*

Que contiene crudo Oil-bearing

Que corresponda a los mismos Pertaining thereto

Que debe subscribirla Who were to sign

Que dice... Reading...

Que establece los derechos y deberes de los cónyuges Which provides for the rights and obligations of spouses/married couples

Que estime conveniente As it shall deem advisable

Que fluyen Flowed

Que fuere sin excepción alguna Whatsoever

Que fueren debidamente presentados para la correspondiente decisión en dicha asamblea Which may be properly presented for action at such meeting

Que fueren exigibles de conformidad con las leyes de *X* Imposed under the laws of the government of *X*

Que genera intereses Cum interests

Que han de ser comprobados o reconocidos Required to be proved or acknowledged

Que haya ocurrido con anterioridad a la emisión de este pagaré Precedent to the creation and issue of this Promissory Note

Que hayan sido nombradas directa o indirectamente por la Junta Directiva Whether nominated directly or indirectly by the Board

Que inhabilita (la solicitud *X*) Offsetting *(+ n.)*

Que le otorga la ley Provided for by law

Que le son inherentes Attendant *(adj.)*

Que lo autoriza Entitling

Que lo incluye todo Overall *(adj.)*

Que no hiciere posible un acuerdo satisfactorio entre las partes Which might hinder any satisfactory settlement between the parties

Que precede Foregoing, above

Que pudieran correspondernos As may be due to us

Que pudieran recaer sobre dicha aeronave a: In and to such aircraft unto:

Que quede establecido en el registro oficial Let the record stand

Que reposan en los archivos de... On file/record in

Que representa un desafío Challenging

Que resultaren favorecidos Should become winning numbers

Que se dice Which is said to have been, which is claimed/alleged to have been

Que se establece en la misma Date hereof

Que se expide a solicitud de la parte interesada Issued at the request of the party in interest

Que se otorga a *X* previo el cumplimiento de los requisitos exigidos por ley Awarded, upon due compliance with all the requirements provided by law, to *X*

Que sobre ella recaiga Pertaining thereto

Que tendrá lugar To be held

Que tenga por conveniente As he may deem fit/he may think to be fit/advisable/suitable

Que tienen convenido As they have agreed upon

Que toma represalias Retaliatory

Que viene Forthcoming

Quebrado Bankrupt

Quebrantamiento de ley Breach of law

Quebrar Become bankrupt

Quedar (+ part. pasado) (ej. Queda entendido) Be *(+ past part.)* (ex. it is understood)

Quedar a cargo de Be given/assigned to

Quedar a favor de Shall become the property of

Quedar afectado Be appropriated

Quedar (queda...) Now, hereby

Quedar (queda a salvo la cláusula siguiente *(constituye una excepción)*). The provisions in the following article shall constitute exceptions hereto

Quedar (queda autorizada) Authorization is granted hereby

Quedar (queda ejercido) Has been exercised

Quedar (queda expresamente entendido y acordado) It is expressly understood and agreed

Quedar (queda sin ningún efecto) Is null and void and shall no longer take any effect

Quedar (quedarán amparados y se regirán por) Shall bc covered and governed

Quedar (quedo de usted...) I have signed the same

Quedarse insolvente Become insolvent

Queja Complaint; charge

Querer *vt.* Want, wish

Querer dejar constancia Wish to declare

Quiebra Bankruptcy

Quien era para entonces Who was at the time

Quien era para la fecha como él mismo se titula Who was at the time as he styles himself

Quien haga sus veces Whoever replaces him

Quien me consta es la persona cuyo nombre aparece firmado al pie del documento que antecede Personally known to me to be the same person whose name is subscribed to the foregoing instrument

Quien me es conocido y me consta es la persona señalada en el poder que antecede To me known, and known to me to be the individual described in the foregoing power of attorney

Quien me es personalmente conocido To me personally known

Quien otorgó dicho documento Who executed the above instrument

Quien para la fecha del otorgamiento del presente documento era como en él se expresa Who was at the time of executing this document as stated therein

Quien tomó el anterior reconocimiento o prueba By whom the foregoing acknowledgement or proof was taken

Quien... And such...

Quincena Fortnight

Quincenal Bi-monthly, bi-weekly

R ESPAÑOL

Ración de alimentos Basic ration

Racionalidad de procedimientos Procedural rationality

Radicalmente Dramatically

Radicarse en Take up residence

Radio ayuda del aeropuerto Radio assistance of the airport

Rama Offshoot *(n.)*

Rama legal que define lo relativo a la marina Admiralty

Ramo de negocios Line of business

Rango Rank

Rápidamente In one breadth

Rapto Abduction

Ratificación Affirmance

Ratificar Confirm

Ratificar (ratifica y confirma todo cuanto su referido representante y poderhabiente pudiere legalmente hacer o consentir/permitir que se haga en virtud de este poder) Ratifies and confirms all that my said attorney, agent and proxy may lawfully do or consent to be done by virtue hereof

Ratificar (ratificando y confirmando por la presente todo cuanto dicho apoderado, Sr. *X*, o un sustituto del mismo hiciere o mandare a hacer lícitamente, en virtud del presente poder) Ratifying and confirming all that Mr. *X*, said Attorney, or his substitute shall lawfully do or cause to be done by virtue hereof

Razón On the ground...; ratio

Razón de ser Raison d'être

Razón (razones de salud) Illness, failing health (temporary), poor health (permanent)

Razón social Trade name

Reajuste monetario Monetary adjustment

Real *(verdadero)* Actual

Realización Attainment, achievement; completion

Realizar Conduct; achieve, make; take

Realizar actividades Be engaged in activities

Realizar actos y trámites Carry out acts and things

Realizar gestiones en el tribunal Go to court on matters involving

Realizar los trámites necesarios en/de conformidad con las disposiciones penales Take the necessary procedures as required by the criminal ordinances

Realizar operaciones bancarias Bank *(v.)*

Realizar pruebas de escrituras para el traspaso de terrenos, tenencias y herencias Take the proof and acknowledgments of deeds for the conveyance of land, tenements or hereditaments

Realizar todo cuanto esté a su alcance Exercise best efforts

Realizar todos los actos Carry out all acts

Realizar todos y cualesquiera actos o trámites necesarios o incidentales Carry out every act or thing necessary or incidental

Reanudar Resume

Reaseguro Reinsurance

Reasumir Resume

Rebaja Abatement, abating, mark down; allowance; bargain sale; charge-off

Rebaja al ISR Income tax deduction

Rebaja en ventas Sales allowances

Rebajar Allow, abate

Rebeldía Default; nonappearance *(leg.)*; cockiness

Recabar fondos Raise moneys

Recargo Additional charge

Recargo de la prima Surcharge on the premium

Recaudación Collection

Recaudación fiscal Tax revenues

Recaudador Collector

Recaudador de impuestos Tax collector

Recaudar Collect *(v.)*

Recaudo Assessment; documents

Receptor Receiver

Receptoría Office of tax receiver, collector of customs

Recibir cantidades de dinero y otorgar los recibos y finiquitos que sean necesarios a tales fines Receive sums of money and give the receipts and acquittances which may be necessary for such purposes

Recibir en todos los casos las sumas, títulos certificados, créditos o valores que pudieran correspondernos Receive in any and all events any such amounts, certified titles, credits or securities as may be due to us

Recibir los reconocimientos de escrituras y demás documentos escritos Administer acknowledgments of deeds and other written instruments

Recibir reconocimientos de escrituras Take acknowledgements of deeds

Recibo Voucher; acquitment, acquittal, acquittance

Recibo de paquete postal Parcel post receipt

Recibo fiduciario Trust receipts

Recién llegados Newcomers

Reclamante Claimant

Reclamar Claim to

Reclamo de los acreedores Creditor´s claim

Reclamo de seguros Insurance claim

Reclamo fue negado tanto en los hechos, como en el derecho Claim was denied de facto and de jure

Reclamo impositivo de petróleo Oil tax claim

Reclamo publicitario Advertising appeals

Recoger Be completed for

Recoger (recoge todo el trabajo escolar realizado por *X*) Is complete for the Academic work that *X* completed at

Recolección de datos Collecting data

Recolectar Be raised

Reconocer Acknowledge

Reconocer en quiebra Adjudicate as bankrupt

Reconocer o desconocer los documentos privados que se le opongan a la compañía Acknowledge or disclaim private documents which are invoked against the company

Reconocer (reconoció debidamente ante mí) He duly acknowledges to me

Reconocer (reconoció que firmó, selló y otorgó dicho documento como acto libre y voluntario a todos los fines y propósitos expuestos en el mismo) Acknowledged that she signed, sealed and delivered the said Instrument as her free and voluntary act, for the uses and purposes therein set forth

Reconocimiento Writ to acknowledge; payoff

Reconocimiento de escrituras Acknowledgement of deeds

Reconocimiento de hijo natural *(mayor)* Writ to acknowledge illegitimate child *(of legal age)*

Reconocimiento de hijo natural *(menor)* Writ to acknowledge illegitimate child *(minor)*

Reconocimiento de marcas Brand recognition

Reconocimiento de un hecho Cognizance

Reconocimiento judicial de un documento público o privado Acknowledgement

Reconocimiento voluntario de hechos Admissions

Reconvenciones Reconventions or counter claims

Reconversión empresarial Corporate restructuring

Recordatorio de cobranza Collection reminder

Rectificación Rectification plea

Rectificar el nombre Rectify name

Rector encargado Acting President

Rector interino/encargado Acting President

Rector suplente President on leave of absence

Recurrente *(sust.)* Appellant, complainant

Recurrir a *algo* Resort to *something*

Recurso Appeal, recourse, legal remedy; (plur.) commodities, funds

Recurso contra resolución de *X* Appeal against *X* resolution

Recurso contra una resolución que niega registro de deuda Appeal against the resolution denying the debt application

Recurso de anulación Appeal of nullity

Recurso de casación Remedy of cassation

Recurso de reconsideración A petition for reconsideration

Recurso de reposición Appeal for reversal

Recurso de suplicación Appeal for reconsideration

Recurso en contra de resolución que niega registro de Appeal against the resolution denying the

Recurso jerárquico Hierarchic appeal

Recurso legal disponible de conformidad con la ley Remedies available under law

Recurso (recursos aduaneros) Customs appeals

Recurso (recursos comprometidos) Committed resources

Recurso (recursos de capital) Capital Resources

Recurso (recursos de capital no comprometidos) Uncommitted capital resources

Recurso (recursos del banco) Bank resources

Recurso (recursos exigibles) Callable resources

Recurso (recursos humanos) Manpower

Recurso (recursos ligados) Tied resources

Recurso (recursos no comprometidos) Uncommitted recourses

Recurso (recursos ordinarios o extraordinarios) Ordinary and special remedies

Recurso (recursos pendientes) Pending appeals

Red Network

Red de circuitos Hookups

Red de distribuidores Dealer network

Redacción de Draw up

Redactar Draw out/up; make a *(certificate)*

Redactar el orden del día Write up the agenda

Redención Is redeemed

Redención de enfiteusis Redemption of emphiteusis

Redimible Callable

Rédito Accrual, yield, proceeds

Rédito acumulado Accrued revenue

Rédito anual Annual return

Rédito normal Current yield

Redituar Yield, accrue

Reducción Abatement

Reducción de impuestos Tax cuts

Reducción de precio Abating

Reducir Curtail, abate

Redundare en Shall result in

Reembolsado Disbursed

Reembolsar Refund

Reembolso en efectivo Cash refund

Reemplaza expresamente Be expressly in lieu of

Reemplazante Alternate *(adj.)*

Reemplazar (o remplazar) Be in lieu of, supersede

Reemplazo (o remplazo) Replacement

Reenvío Remand *(to lower Court)*

Reestructuración Reconstruction

Referenciación Referencing

Referente a For

Referir *(leg.)* Describe

Refinanciamiento de la deuda Restructuring of the debt

Refinanciar mediante nuevo crédito Roll over *(v.)*

Reflejo exacto Mirror image

Reforma Alteration

Reforma agraria Land reform

Reforma relativa a Amendment to

Refrenamiento Deterrence

Refrenar Deterring

Refrendar Authenticate; sign, countersign

Refrendata Countersignature

Refutación Rebuttal

Regatear Bargain *(v.)*

Regateo Bargaining

Regentes Trustees

Régimen Policy

Régimen común de tratamiento a los capitales extranjeros Common regime for the treatment of foreign capital

Régimen de inversiones extranjeras Foreign investment policy

Régimen de tratamiento Policy for the treatment of

Regímen legal Applicable legal provision

Regirse por Will be governed by

Registrado en... On record

Registrador accidental Acting Registrar

Registrador de sociedades Registrar of companies

Registrador mercantil de la circunscripción... Commercial Registrar of the... circumscription

Registrador principal del... Principal Registrar of...

Registrador subalterno de registro Subordinate Registrar of

Registrador suplente Deputy Registrar

Registrar Register

Registrar las horas Post time

Registro Record

Registro civil Civil Register

Registro de aduana Customs entry

Registro de comercio Commercial Registry Office

Registro de defunción del registrador local Local Registrar's Record of Death

Registro de la inversión extranjera directa de *X* en *X* Direct foreign investment registration certificate for the *X* investment in *X*

Registro de la sociedad Charter

Registro de letras Bill register

Registro de matrimonios Register of marriages

Registro de propiedad industrial Industrial property registry office

Registro de su juramentación File oath of office

Registro demográfico Registry of Vital Statistics

Registro gráfico Graphic layout

Registro mercantil de la circunscripción judicial del Distrito Federal Mercantile Registry for the Judicial Circuit of the Federal District

Registro oficial de los procedimientos judiciales Docket

Registro subalterno de *X* *X* Subordinate Registry Office

Registro y embargo Search and seizure

Registros de contabilidad Accounting records

Reglamento Regulations

Reglamento interno de las asambleas Rules of procedure for meetings

Reglamentos oficiales de cambio de divisas vigentes en *X* Official exchange regulations

Reglas básicas de agrupación Basic grouping rules

Reglas de contabilidad Accounting measures

Reglas limitadoras de la admisión de ciertas pruebas Exclusionary rules and disqualifications

Rehabilitación de quiebra Bankruptcy discharge

Rehabilitar una póliza Reinstate a policy

Rehusar Withhold

Reintegro de pago de intereses Reimbursement of interest payment

Reintegro por adelanto Refund of the advance payment

Reiterando Reaffirming

Relación Ratio

Relación costo-beneficio Benefit-cost ratio

Relación cotización/beneficios por acción Price Earning Ratio (PER)

Relación de corresponsalía bancaria Correspondent relationship

Relación laboral de servicio permanente Master and servant

Relación matrimonial Marital relationship

Relacionado con As to

Relevar Acquit *(v.)*

Relevar de toda responsabilidad a Hold harmless *(X)* from *(something)*

Remate Competitive bidding; auction

Remesar fondos Cover *(v.)*

Remesas de inmigrantes Immigrant remittances

Remesas postales Mail remittances

Remisión Abatement

Remisión de delito Pardon

Remitente Addresser

Remitir Deliver, send

Remitir (remitida por) Sent by

Remitir (remitido a esa oficina a su digno cargo) Sent to your office

Remoción Removal

Remoción de un abogado del ejercicio de su profesión Disbarment

Remunerar Compensate *(v.)*

Rendición de cuentas Accountability

Rendimiento Output

Rendimiento anual Annual value

Rendimiento de la inversión Return on investment

Rendir cuenta de Account for

Rendir el *X*% Yield *X*%

Rendir interés Bear interest

Rendir pleitesía Do homage

Rendir tributo Pay tribute

Renglones Item

Renovación de préstamos Renewal of the loans

Renta Yield; income, annuity

Renta bruta Gross income

Renta o utilidad gravable Taxable income

Renta vitalicia Life annuities

Renta vitalicia conjunta Joint life annuity

Rentable Profitable

Rentista Annuitant, bondholder

Renuevo Offshoot *(n.)*

Renuncia Abandonment, abdication, surrender, waiver

Renuncia a derechos Abandonment of rights

Renuncia del mandato Surrender the contract of mandate

Renuncia o impedimento de hacer valer su derecho Waiver or estoppel to assert its right

Renunciante Abdicant

Renunciar Abandon, abdicate, surrender, waive

Renunciar (renuncio) I renounce

Repago del principal del préstamo Loan principal repayment

Reparcelamiento Reparcellation *(of land)*

Reparo Objection

Repartir Allot, apportion

Reparto Allotment, apportionment

Repertorio forense Legal digest

Réplica y dúplica Reply and rejoinder

Réplica presentada Reply submitted by

Reportes fiscales Fiscal reports

Reposición Reinstatement, replenishment, replacement

Repregunta Cross examination

Represa Dam

Representaciones gubernamentales Governmental instrumentalities

Representado Principal

Representante Attorney; agent

Representante *(empresa)* Sponsor

Representante a la votación Voting representatives

Representante autorizado Registered agent

Representante judicial Judicial agent

Representante legal True and lawful attorney

Representante legal del demandante Attorney for plaintiff

Representar Depict

Representar a alguien Act in the place of/for

Representar (representada en este acto por) Represented at this act by

Represión Constraint

Repudiar Balk at

Repuesto Spare parts

Repugnante Disgusting

Reputación Goodwill

Requerir Call for

Requisitos Requirements

Requisitos exigidos por ley Requirements provided by law

Requisitos para desembolsos Requisites for disbursement

Requisitos para votar Voting qualifications

Resarcimiento Relief

Resarcimiento de los daños y perjuicios causados por tal hecho Indemnification for the damages caused thereby

Resarcir Compensate, cover

Rescatable Callable

Rescindir Cancel, revoke, waive, abrogate, annul

Rescindir (rescinde/revoca por la presente todo poder/ cualesquier poderes otorgados por el suscrito a persona alguna con anterioridad a la presente) Hereby revokes any proxy or proxies heretofore given by the undersigned to any person or persons whomsoever

Rescisión Annulment, rescission, termination

Rescisión 2 Abolition, abrogation

Reseña/reserva de nombres Reservation of names

Reserva de divisas Foreign reserve

Reserva de dominio Retain ownership

Reserva especial con Special reserve by

Reserva general General reserve

Reserva mental Mental reservation

Reserva para cuentas dudosas Allowance for bad/doubtful debts

Reserva para el consumo de capital Capital consumption allowances

Reserva por agotamiento Depletion allowance

Reservados todos los derechos All rights reserved

Reservar Reserve

Resguardo Collateral *(n.)*

Residencia At my place of residence

Residente de Residing in

Residuos de costos Remainders

Resistidos Balky

Resistir Balk at

Resolución Annullment

Resolución adoptada en una sesión de dicha Junta Resolution passed at the meeting of said Board

Resolución del contrato Contract's rescission

Resolución dictada en un recurso gubernativo Decision rendered in an administrative appeal

Resolución judicial Judicial decision

Resolución motivada Reasoned resolution

Resolver Determine; resolve *(differences)*, solve *(problems)*, work out

Resolver de común acuerdo Settle amicably through negotiations between the parties

Respaldado por Are duly supported by

Respaldado por el gobierno Government-backed

Respaldar Back up

Respecto de In connection with, regarding, concerning, as regards, in regard of

Respecto de 2 As to, with respect/regard to

Respecto del cual Upon which

Respeto Comity

Respetuosamente me dirijo a usted By these presents respectfully address your Office/ resorts to you

Respetuosamente me dirijo a usted a objeto de solicitar By these presents respectfully requests to be issued ...

Responder Answer, reply

Responder afirmativamente Answer /reply affirmatively/in the affirmative

Responder por Account for

Responder (responde debidamente a la réplica presentada por el recurrente) Duly responds therewith to the reply submitted by the complainant

Responsabilidad Accountability

Responsabilidad por incumplimiento de contrato Liability for breach of contract

Responsable *(n.)* Foreman

Responsable *(adj.)* Accountable

Respuesta Answer *(n.)*

Respuesta sarcástica o hiriente Cutting remark

Restablecimiento *(personas)* Resettlement

Restar efectividad Impair

Restitución Restitution, reinstatement

Restituir Carry back; refund

Restos Debris

Resuelto *(adj.)* Determined, decided

Resultado Answer; aftermath of...

Resultado corriente de operaciones Regular operations

Resultados académicos Scholastic achievements

Resultar Come about; turn out to be

Resultar favorecido Shall become winning numbers

Resultar (resultare ser) Prooved to be

Resultas Findings

Resultas de la investigación efectuada Results of the research carried out

Resumen de cuenta Abstract of account

Resumen de título Abstract of Title

Retardar Delay *(v.)*

Retención de vehículo Detention

Retenciones Withholdings

Retener envíos subsiguientes Withhold further shipments

Retenido para la venta Held for sale

Retirar Pick up

Retirar de la aduana Clearing the goods with customs

Retirar la mercancía de la aduana Clear the goods

Retirarse del negocio Give up business

Retiro Withdrawal

Retiro a la vista Drawing at sight

Retiro de bonos Bond retirement

Retiro de caja Withdrawal of cash

Retiro de divisas Foreign currency withdrawal

Retiro de inversiones Disinvestment

Retiro de un curso o de la escuela Withdrawal

Reto Challenging

Retorno de la inversión Return on the investment

Retorno impositivo consolidado Consolidated tax return

Retrasado Overdue *(Com.)*

Retrasar Delay *(v.)*

Retrasarse Be delayed

Retraso en los pagos Arrears

Retribuciones Payoff *(n.)*

Retribuciones de archivo Filing fees

Retribuciones por repartos Delivery fees

Retribuir Compensate *(v.)*

Reunión en Meeting at

Reunir Be raised

Revaluación del préstamo Loan revaluation

Revelar Evince, betoken

Revelar cierta información Disclose certain information

Reventa Resale

Reveses financieros Business setbacks

Revisar Check *(v.)*

Revisión Re-study

Revisión de cuentas Auditing of accounts

Revisión de normas profesionales Professional Standards Revision (PSR)

Revisión del expediente nº... Check file no...

Revisión registral de Check the records of

Revocación Annulment; repeal, abolition, abrogation

Revocación (revocaciones que se harán sin perjuicio alguno de, y además de cualquier otro recurso legal disponible de conformidad con la ley) Which revocations shall be without prejudice to and in addition to any other remedies available under law

Revocar Repeal, revoke; abolish, abrogate

Revocatoria de poder Revocation of power of attorney

Rezar Pray; say, (coll.) read

Rezar (reza así) Reads as follows

Riesgo Adventure

Riesgo del país Country risk

Riña impremeditada entre dos o más personas Medley

Robo a mano armada Armed robbery

Rompimiento unilateral de una promesa de matrimonio Breach of promise of marriage

Rondas de negociaciones Rounds of negotiations

Rotación del activo Asset turnover

Rubricar Sign and seal

Rubros Items

Rubros con tratamiento fiscal preferencial Tax preference items (TPI)

Rubros contra documentos Documentary items

Rubros sin documentos Clean items

Rumbo de una línea Bearing of a line

Ruta marítima Ocean routes

Rutina Routine

S *ESPAÑOL*

S.A. Inc.

S.S. A saber

Saber *vt.* Know, be able to

Saber (saben y les consta) They know and can thus declare

Saber (sé y me consta que es de estado civil soltera) I know and can thus declare that she is unmarried

Saber (sépase por la presente) Know all men by these presents, be it known

Sacar *vt.* Take out

Sacar de problemas Bail out

Sacar (sacándolos consigo) Take *X* along with him

Sala de recursos aduaneros Customs Appeal Division

Sala del tribunal Courtroom

Sala examen impuesto sobre la renta Income Tax Review Division

Sala político-administrativa Court of political and administrative matters

Sala político-administrativa de la Corte Suprema de Justicia Political Administrative Chamber of the Supreme Court of Justice

Salario Wage

Salario básico Base pay

Saldar Clear

Saldar o hacer que queden liberadas cualesquier hipotecas sobre bienes raíces o hipotecas prendarias Discharge or cause to be discharged real state and chattel mortgages

Saldar una cuenta Close an account

Saldo Proceeds; balance

Saldo a favor Credit *(n.)*

Saldo acreedor Credit balance

Saldo de apertura Opening balance

Saldo de caja Cash balance

Saldo de cuentas por cobrar Accounts receivable balances

Saldo de efectivo falseado False cash balance

Saldo de fondo Balance of fund

Saldo de las cuentas Account balances

Saldo de participación pendiente Outstanding participation balance

Saldo del precio adeudado Balance due on the price

Saldo desfavorable Imbalance *(Com.)*

Saldo deudor Debit balance

Saldo diario Daily balance

Saldo en efectivo Cash balance

Saldo en poder de agentes Balances with agents

Saldo global Overall balance

Saldo insoluto del capital Unpaid capital balance

Saldo líquido Net balance

Saldo negativo Negative balance, deficit

Saldo no asignado Unappropriated balance

Saldo no desembolsado Undisbursed balance

Saldo positivo Positive balance, surplus

Saldo promedio en la cuenta corriente Average daily checking balance

Saldo recuperable Balance to be recovered

Saldo según balance de comprobación Balance per trial balance

Salida Outflow, amount issued; outlet

Salida de capital Capital outlay

Salida neta Net outflows

Salida o egreso de caja Cash disbursed

Saliente *(adj.)* Retiring

Salir adelante con Cope with

Salón de entrada Lounges

Salón de la Alcaldía Main Hall of the Sheriff's/Mayor's Office

Salvo Barring, except

Salvo previa autorización por escrito Not without prior written approval

Salvo previo consentimiento de la compañía por escrito Unless it shall first have obtained the consent of the company in writing

Salvo previo consentimiento por escrito Not without prior written consent

Salvo prueba en contrario Barring proof of the contrary

Salvo que Except that, excepting when, unless

Salvo que de otra manera lo especificare Except where otherwise specified

Salvo que y excepto como Unless and except as

Sanción Sanction, penalty

Sancionar con multa de 100 ptas. a 10.000 ptas. Penalize with a 100 ptas. to 10.000 ptas. fine/ with a fine ranging from 100 ptas. to 10.000 ptas.

Saneamiento de ley Freedom of any encumbrance

Sanidad y seguridad ambientales Environmental Health and Safety

Saqueo Looting

Satisfacer Acquit *(v.)*

Se advierte (= advertencia) Warning:

Se advierte que la presente legalización Warning: This authentication

Se anexa copia Enclosed is a copy

Se certifica por la presente que This certifies that

Se compromete a pagar Agrees to pay

Se compromete a pasar Undertakes to deliver

Se compromete a responder plenamente por las obligaciones derivadas de los contratos o de la ley Covenants to comply with all obligations arising from agreements or the law

Se considerará que *X* ha procedido Shall be deemed to have acted

Se consignará nuestra voluntad de que la custodia de los niños quede a cargo de la madre Shall include a statement concerning our will that the custody of our children be given/assigned to the mother

Se da a conocer por la presente Know all men by these presents

Se dará por vencido y pagadero de inmediato Shall be due and payable immediately, shall become immediately due and payable

Se decretó y practicó medida de embargo Attachment was decreed and subsequently enforced

Se deja constancia It is hereby formally declared

Se den por reproducidos aquí Are deemed to have been reproduced in this document

Se deroga *(implícito por la presente)* Annul, repeal

Se deroga la resolución nº 196 Resolution 196 is hereby repealed

Se derogan los decretos *X* *X* Decrees are hereby revoked

Se desprende de los autos As it is evidenced from the writs

Se efectuó cumpliendo con lo establecido en el Decreto 1361 Was so awarded in compliance with the provisions of Decree 1361

Se elige como domicilio especial, único y excluyente de cualquier otro a la ciudad de Caracas Parties expressly agree to choose as their special and sole domicile, excluding any other one, the city of Caracas

Se encuentra autorizado por las leyes del Estado de *X* Is empowered by the laws of the State of *X*

Se encuentran estampados sellos de caucho que dicen There appear rubber stamps reading

Se estampa *X* are hereby affixed

Se estampa el sello del instituto, así como también las firmas debidamente autorizadas Seal of the institute and duly authorized signatures are hereby affixed

Se estipule en Provided for under, established, specified, stipulated, set forth

Se evidencia la veracidad de lo expuesto por... como fundamento de su acción Has established by competent material and relevant proof all the allegations and charges contained in... complaint

Se exceptúa de la obligación de *(acción)* a *X* Exempt from the obligation to *(action)* are *X*

Se expide Is made

Se ha celebrado el siguiente contrato: A contract has been made as follows

Se hace saber que Be it known

Se hacen dos ejemplares de un mismo tenor y a un mismo efecto Two identical copies of this document were made for the same purpose

Se harán constar To be stated/made/given

Se inició la sesión bajo la presidencia del Sr. *X* The meeting was chaired by Mr. *X*

Se juramentó en fecha Filed oath of office on *(date)*

Se le declare en quiebra o quede insolvente Is adjudicated as bankrupt or becomes insolvent

Se legaliza la firma que antecede del Sr. *X* This is to authenticate the foregoing/above signature of Mr. *X*

Se leyó a las personas que deben firmarla It was read out to the persons who were to sign such record

Se me notificó I was served noticed of

Se otorgará pleno crédito sobre el valor de inventario Full credit will be given on inventory

Se pagará It will be paid, it is to be paid

Se pagará totalmente en una sola porción Shall be paid in full as one payment

Se podrá cancelar en cuatro partes Four equal payments can be made

Se propone Intends

Se redacta Is made

Se refiere a Deals with

Se regirán por Shall be governed

Se regirán y serán interpretados en/de conformidad con las leyes de *X* Governed by and construed in accordance with the laws of the government of *X*

Se reputa *(se considera)* To be considered/deem *(+ inf.)*

Se requiere la siguiente documentación para el trámite ante el Banco Central The following documents are required to carry out the proceedings before the Central Bank

Se reunieron, previa convocatoria en debida forma, los Sres.: After due call, the meeting was attended by:

Se rige por las leyes de *X* Is governed by the laws of *X*

Se sirva You proceed

Se sirva decretar Proceed to decree

Se somete a Subject oneself to

Se supo We have learned

Se traslada That you transfer

Se trata como Is dealt with as

Secretario Clerk

Secretario de condado County Clerk

Secretario de Estado Secretary of State

Secretario de Estado suplente Assistant Secretary of State

Secretario del despacho Clerk

Secretario del tribunal Clerk of Courts

Secretario del tribunal de distrito Clerk, Circuit Court

Secretario del tribunal de primera instancia Clerk of the Court of Common Pleas

Secretario General de la Organización de Estados Americanos (OEA) Secretary General of the Organization of American States (OAS)

Secretario suplente Deputy clerk

Secretos profesionales Trade secrets

Sector 37 Norte Tract 37 North

Sector económico Economic Sector

Sector laboral Labor sector

Sector sindical Union sector

Sectores de menores ingresos Low income brackets

Sectorial Sectorial

Secuelas Aftermath of

Secuestro ilegal de una persona Kidnapping, manstealing

Sede Principal office, headquarters; home office, main office

Sede principal Main campus

Segregación política Apartheid

Seguidamente Immediately, then, subsequently

Seguimiento de cobros Collection follow-up

Seguir el juicio Proceed with the lawsuit

Según As; upon

Según acta levantada According to the minutes drawn up

Según consta de As evidenced from, as appears from; as shown by

Según consta de los documentos originales que reposan en los archivos de esta oficina As shown by the original documents on file in this office

Según consta de su nombramiento que reposa en los archivos de mi oficina/ registrados en mi oficina As appears from his commission on record in my office

Según consta del acta As evidenced from the record

Según el caso As the case may be

Según el mismo According to which it

Según hoja anexa See attached sheet

Según libelo de divorcio emanado de According to divorce sentence issued by

Según lo establecido As provided by

Según los cánones de la inmediación y de la oralidad In open court

Según Oficio nº... According to official letter No. ...

Según se desprende de los documentos originales que reposan en los archivos de esta oficina As shown by the original documents on file in this office

Según se dice/informa Reportedly

Según su propio criterio In its sole discretion

Segundo fiador Second guarantor

Segundo Oficial de mando en un buque mercante Mate

Seguro contra accidentes Accident insurance

Seguro contra accidentes *(excepto de incendio, vida y marítimo)* Casualty insurance

Seguro contra daño de aviones Aircraft damage insurance

Seguro contra incapacidad Disability insurance

Seguro contra incendios Fire insurance

Seguro contra quiebra de banco Bank guaranty

Seguro contra responsabilidad de daños a terceros Liability insurance

Seguro contra riesgos Casualty coverage

Seguro contra robos Burglary insurance

Seguro de accidentes de automóviles Automobile collision insurance

Seguro de contribución Assessment insurance

Seguro de crédito Credit insurance

Seguro de choque de automóviles Automobile collision insurance

Seguro de existencias Insurance on stocks of merchandise

Seguro de fianza Bail insurance

Seguro de propiedad Property insurance

Seguro de responsabilidad civil Public liability insurance

Seguro de responsabilidad sobre automóviles Automobile liability insurance

Seguro de vida Life insurance

Seguro de vida colectivo Group life insurance

Seguro de vida en los negocios Business life insurance

Seguro sobre robo de automóviles Automobile theft insurance

Seguro social de obreros Workmen's compensation insurance

Seguro terrestre Inland insurance

Seguro total All-in insurance

Sello Impression of the seal

Sello corporativo Common seal

Sello de caucho/húmedo Rubber stamp

Sello en relieve/seco Raised/embossed seal

Sello oficial Official seal

Sellos oficiales *(timbres)* Certified stamps

Semestre de otoño Fall semester

Sentencia absolutoria Acquittal

Sentencia confirmatoria Affirmance, confirmatory judgment

Sentencia constitutiva Judgment that establishes a legal principle

Sentencia de divorcio Divorce sentence

Sentencia de la corte Court decision/ruling

Sentencia de segunda instancia Judgment on appeal

Sentencia de separación de cuerpos Sentence of separation from bed and board

Sentencia declarativa Declaratory judgment

Sentencia definitiva Decree absolute

Sentencia desestimatoria Judgment of dismissal

Sentencia estimatoria Affirmative judgment

Sentencia firme Nonappealable judgment

Sentencia interlocutoria Interlocutory judgment

Sentencia judicial que puede ser modificada entre tanto Decree nisi

Sentencia y defensa Judgment... verdict and defense

Sentenciar Adjudge *(v.)*

Sentido Intent

Sentido de equidad Sense of fairness

Señalada Described in

Señalar Assign

Separación Estrangement, embittered estrangement; partition, border

Separación de cuerpos Separation from bed and board; judicial separation or limited divorce

Separación de cuerpos sin bienes ni hijos Limited divorce without patrimony and no children

Sepultura, cremación u otra Burial, cremation, other

Ser *n.* Entities

Ser *v.* To be

Ser asimilable Be equated to

Ser competente Be the authority

Ser convocado a reunión Be called into session

Ser demandado Be sued

Ser descartado Be ruled out

Ser despachada con Be forwarded with

Ser distribuido entre Becirculated to

Ser económicamente responsable de Be financially responsible of

Ser (fuere) Would be, would cause

Ser (fueron testigos presenciales de este acto los Sres.) Eyewitnesses to this proceeding were:, attesting witnesses ...were:

Ser igual a Equal

Ser improcedente Have no grounds

Ser inexacto Be off

Ser interpretado Construed

Ser la persona encargada de Have the custody of

Ser para la fecha Be at the date thereof

Ser primordial Basic man

Ser responsable de Be the full responsibility of

Ser responsable por Be liable for

Ser sancionado Be penalized

Ser (sea agregada) Be filed

Ser (sea como demandada o como demandante) As a defendant or plaintiff

Ser (sea cual fuere la situación que se diere primero) Whichever is the earlier

Ser (sea de naturaleza similar o no) Whether of similar nature or otherwise

Ser (sea hasta de) Does not exceed

Ser (sean colocados por o en nombre de *X*) Placed by or on behalf of *X*

Ser (será de obligatorio cumplimiento para las partes) Shall be binding upon the party hereto

Ser (será válido) Shall be valid

Ser (siendo el mismo) The same being

Ser (siendo la oportunidad indicada) At the time given

Ser (siendo su nombramiento de fecha) Filed oath of office on *(date)*

Ser (siendo suficientes los documentos producidos para proceder al acto) The documents produced being adequate/appropriate to proceed with this ceremony

Ser (son de puño y letra del Director) Are in the true and proper handwriting of the Director

Ser superior a *(montos)* Be in excess of

Servicio Accomodation; (plur.) facilities; services

Servicio de la deuda Debt service

Servicios consulares gratuitos Free consular services

Servicios consultivos administrativos Management advisory services

Servicios contractuales Contractual services

Servicios de consultoría Consulting services

Servicios de electricidad Electric power and lighting

Servicios públicos Public utilities, utility services

Servidumbre Easement

Servidumbre de paso Right of way

Sesgo Bias

Sesgo del procedimiento Procedural bias

Sesgo inflacionario Inflationary bias

Sesgo por exceso Upward bias

Sesión a puerta cerrada Closed session

Sesión extraordinaria de emergencia Emergency special session

Si In the event of, should, if, when; whether or not

Si así se solicitare o exigiere If requested and required

Si bien Albeit

Si el capital ha sido total o parcialmente pagado en dinero efectivo If the capital has been totally or partially paid in cash

Si es una persona natural, indique el nombre completo If individual(s), give full name

Si incurriesen If any

Si la ley permite el uso de dicho nombre If that name may be lawfully used

Si las hubo If there were any

Si no hay Barring

Si operare como compañía anónima If it trades as a limited company

Si quedare un saldo después de la cancelación de la suma total de la deuda, dichas sumas en exceso le serán devueltas a la compradora If there are any funds remaining after the entire amount of the debt has been paid, such excess amounts shall be returned to the buyer

Si se diera el caso If any

Siempre que As long as, on condition that; provided that

Siempre que ello no constituya limitación de Not in limitation of

Siempre y cuando Provided that

Significado Intent

Signo monetario Currency

Siguientes a la fecha de cada pago Following the time of each payment

Siguientes disposiciones (las) As follows

Silencio guardado con respecto a un elemento substancial Mental reservation

Simular Pretend

Sin aviso ni protesto Without protest or notification

Sin derecho a voto Nonvoting preferred

Sin dilación Forthwith

Sin efecto ni valor Null and void

Sin el previo Without first obtaining

Sin el proceso debido Without due process of law

Sin embargo Nonetheless

Sin exceder aquellos que les hayan atribuido o haya ejercido la Junta Directiva de acuerdo con los presentes estatutos Not exceeding those vested in or exercisable by the Board under these By-Laws

Sin fines de lucro Non-profit making

Sin garantía No collateral

Sin gastos Cost free

Sin interrumpirse In one breadth

Sin limitación alguna Without any restriction whatsoever

Sin límite en cuanto a cantidad Without limit as to amount

Sin litoral Land-locked

Sin menoscabo de With regard for

Sin motivo suficiente Without cause

Sin necesidad de motivo suficiente Without cause

Sin perjuicio de Without prejudice to/detriment of

Sin perjuicio de la aplicación de las sanciones correspondientes With no detriment of the application of the appropriate/pertinent penalties

Sin perjuicio de lo dispuesto en el artículo anterior Without prejudice to the provisions of the preceeding article

Sin perjuicio de lo previsto en Without prejudice to the provisions of

Sin prejuicios ni preferencias Without prejudice and bias

Sin procurarse... By less than...

Sin que ello constituya limitación alguna de... Not in limitation of...

Sin que ello signifique/implique Which

Sin que por ello Which

Sin reducción alguna Without any deduction

Sin reserva Outright

Sin restricciones Unchecked

Sin salvedad Unqualified

Sin tardanza Forthwith

Sindical Labor *(adj.)*

Sindicato Organized labor; trade unions

Síndico Receiver, trustee, assignee

Síndico auxiliar Ancillary receiver

Singular Exceptional, unique, extraordinary

Siniestralidad Loss ration

Siniestro Casualty

Sino *(también)* porque But also because

Siquiera At least; even

Sirviente de baja categoría Menial

Sistema Network

Sistema binario Binary system

Sistema de conexión Hookups

Sistema de Información Gerencial (SIG) Management Information System (MIS)

Sistema de liquidación o de compensación de balances Clearing system

Sistema métrico decimal Metric system

Sistema para fijar el monto o el alcance de los daños y perjuicios Measure of damages

Situación de las partidas por cobrar Condition of the receivables

Situación del padre o de la madre Status of the parent

Situación difícil Plight

Situar *vt.* Situate, locate

Situar (situadas en el referido Estado de *X*) Situated and lying in said State of *X*

Sobre In connection with, regarding, concerning, as regards, in regard of, with respect/regard to

Sobre 2 Upon

Sobre asuntos laborales On labor matters

Sobre el valor de las devoluciones On return

Sobre esto/ este punto Hereon; thereon

Sobre la hacienda *X* On the Estate of

Sobre quien ejerzo la patria potestad Over whom I hold the patria potestas

Sobre todo Above all

Sobre valor de inventario On inventory

Sobre vencimiento Be past due

Sobrecarga After-cost

Sobrecargo igual al 5% de tales costos Mark-up equal to 5% of such cost

Sobrediseñado Overdesigned

Sobregiro Overdraft

Sobregiro bancario Bank overdraft

Sobreprecio Premium, additional charge

Sobresueldo Bonus

Sobrevencimiento de alguna deuda contraída con *X* Any indebtedness owing to *X* shall be past due

Sobreviviente Surviving

Socavar Undercut

Sociedad Association, company

Sociedad afiliada Affiliate

Sociedad anónima Corporation, stock corporation, joint-stock company, Registered Society

Sociedad comercial que se ocupa de sus propios negocios Holding company

Sociedad concesionaria Public concessionaire company

Sociedad conyugal Bonds of matrimony, community property; conjugal/marital community, joint ownership of property by husband and wife

Sociedad cuyos dirigentes son los propietarios de todas las acciones Closed corporation

Sociedad de responsabilidad limitada (SRL o Ltda.) Limited liability company

Sociedad de responsabilidad limitada bajo control del Estado Private company under State management

Sociedad en comandita Partnership in commendam, joint stock company

Sociedad estatal Incorporated company with State ownership

Sociedad fiduciaria Business trust

Sociedad mercantil Registered society; general partnership; commercial enterprise, corporation

Sociedad mixta Joint venture company

Sociedad (sociedades de personas) Associations of individuals

Sociedad titular de una concesión Public concessionaire company

Socioeconómico Socioeconomic

Solapado Overlapping

Solicitante Applicant; requestor

Solicitar *vt.* Request, ask

Solicitar la decisión según la equidad Request decisions based on equity

Solicitar medidas preventivas Apply for the preventive and executory measures

Solicitar (solicito me expida una...) I request that... be issued to me

Solicitud Call *(n.)*

Solicitud de Application for, request, petition

Solicitud de arrendamiento Lease

Solicitud de compra Application for purchase

Solicitud de cooperación técnica Technical cooperation request

Solicitud de copia certificada Application for certified copy

Solicitud de cotización Quotation request

Solicitud de garantía Guarantee request

Solicitud de inscripción en el registro del acta modificatoria de los estatutos Application for registration of the record of the meeting to modify By-Laws

Solicitud de inversión en *X* Application for investment in *X*, *X* investment application

Solicitud de matrimonio Application to marry

Solicitud de parecido de la marca *X* Request a search for trademarks similar to

Solicitud de ratificación Confirmation request

Solicitud de rectificación Rectification plea

Solicitud de registro Application to register

Solicitud de reintegro Application for reimbursement

Solicitud de título supletorio Application for suppletory title

Solicitud para la inscripción en el registro de una compañía anónima Application to register a stock company in registry

Solicitud para llevar armas Application for license to carry firearms

Solidez Solidity, strength; stability

Sólo a los fines de Solely for purposes of

Sólo es válida si Not valid unless

Sólo nos encargamos de conservar dichos registros y únicamente atendemos solicitudes autorizadas de los mismos We only maintain and honor authorized requests for records

Soltero Single, unmarried

Solución Answer *(n.)*

Solución amistosa Amicable settlement

Solucionar Work out

Solvencia Tax release

Someter a consideración Submit to *X* for consideration

Someter asuntos a árbitros o arbitradores Submit to arbitration, either that governed by equitable principles or that restricted to application of the law (by arbitrators); submit to arbitration both those bound by legal principles, and those not so bound

Someter facturas Submit invoices

Sonda de perforación Drill string

Soportar intensos análisis de sensibilidad Withstand intense sensitivity analysis

Sorteo Raffle, casting of lots, drawing, lottery

Sorteo de amortización realizado por el banco Drawing of bonds for sinking fund arranged by the bank

Sostener Claim to, assert, back; peg *(v.) (value, price)*

Sostenga y ejerza Sustain and defend

Sostenimiento Maintenance

Sótano Basement

Su contenido es cierto y nuestras las firmas que aparecen al pie del Instrumento (los otorgantes expusieron:) Executors declared the same to be true and the signatures affixed to be their exact signatures

Su voluntad de no renovarlo Its will not to renew the agreement

Suavizar Cushion

Sub-concesión Sub-licensing

Sub-empleo Underemployment

Sub-préstamo Sub-loan

Sub-proyecto Sub-project

Subalterna Subsidiary

Subasta Bidding; auction

Subasta legal Legal auction

Subcontratista Subcontractor

Subdivisión política de la misma, o perteneciente a la misma Political subdivision thereof or therein

Subida de precios Raid

Subir Drive up

Subordinado *(adj.)* Downstream

Subordinado *(n.)* Ancillary

Subproducto By-product

Subsecretario del Condado Deputy County Clerk

Subsidiario Ancillary

Subsidio Bounty

Subsidio o premio a las exportaciones Export bounty

Subsiguiente Following, subsequent

Subsiguiente al vencimiento del plazo Following maturity of/ expiry of the term for, following the due term to/for

Subvención Bounty

Sucesión Demise

Sucesión *(X)* *X* Estate

Suceso Occurrence, event

Sucesor After-comer

Sucursal Ancillary; branch

Sucursal extranjera Foreign branch

Sueldo base Base pay

Sueldo (sueldos acumulados a pagar) Accrued salaries payable

Sueldo (sueldos del personal de oficina) Clerical salaries

Sueldo (sueldos y salarios devengados) Accrued salaries and wages

Suficientemente cursado Sufficiently given

Suficientes Adequate, appropriate

Sufragar gastos Pay expenses

Sufrimiento Misery

Sufrir una herida Sustain an injury

Sugerencia Instance

Sujeto a Subject to

Sujeto a todas las excepciones, limitaciones y condiciones en el presente convenidas en el puerto de *X* Subject to all exceptions, limitations and conditions agreed upon herein at the port of *X*

Suma Amount, sum; funds

Suma anterior Amount brought forward

Suma debida por cualquier concepto Delinquency assessment

Suma global básica Basic aggregate

Suma recuperada Recoveries

Suma retenida Amount withheld

Suma total Aggregate

Sumando Addend

Sumariamente Summary

Sumario Cursory

Suministrar Furnish, provide with

Suministro de asistencia en términos favorables Concessional assistance

Superávit adquirido Acquired surplus

Superávit limpio Net surplus

Superficial Cursory

Superintendencia Superintendency; Superintendent' s Office

Superintendencia de seguros Superintendency of insurance

Superintendente Comptroller

Superintendente de escuelas Superintendent of schools

Superintendente estatal de educación pública State Superintendent of Public Education

Superior a In excess of

Superproducción en agricultura Overcapacity in agriculture

Superpuesto Overlapping, superimposed

Supervisor Foreman

Suplente *(adj.) (cargo)* Acting, assistant; on leave of absence; (plur.) alternate members

Súplica Appeal

Suplirá las ausencias de *X* Shall fill the absences of *X*

Suponer Presume

Suposición Calculation

Supresión Abolition

Suprimir Abolish, write off

Supuesto *(adj.)* Purported

Supuestos del contador Accountant's assumptions

Surgir Arise, spring up

Surgir (surgidas de...) Arising...

Surgir (surgiere con éste cualquier otra clase de discrepancia o desacuerdo que no hiciere posible un acuerdo satisfactorio entre las partes) Should they enter into any dispute which might hinder any satisfactory settlement between the parties

Surgimiento Outcome of matter

Surtido Assorted

Surtir Accommodate *(v.)*

Surto Anchored

Sus actos oficiales merecen plena fe y crédito Full faith and credit are ought to be given to his official acts

Suscitadas Arisen

Suscitar Generate

Suscribir *vt.* Sign; *(com.)* subscribe (bonds, shares)

Suscribir o adquirir prorrata cualesquiera acciones emitidas por encima de las acciones autorizadas en el documento constitutivo original Subscribe for or purchase pro rata any shares issued in addition to the shares authorized in the original Articles of Incorporation

Suscribir (suscribe la presente certificación y cada una de sus páginas) Sets his hand hereunto as well as unto each of the pages hereof

Suscribir (suscrita por) Between *X* and *Y*

Suscribir (suscrito) Signed; undersigned

Suscribir (suscrito y jurado ante mí a los *X* días del mes de *X*) Subscribed and sworn to before me this *X* day of *X*

Suscribir un contrato Enter into a contract, make a contract

Suscribir una emisión de valores Underwrite

Suscripción accionaria de las partes Stock subscriptions of parties

Suscripción del contrato de arrendamiento Registration of the lease

Suscripciones rescindidas Rescinded subscriptions

Suspender Abate *(v.)*

Suspensión Adjournment

Suspensión de los pagos Suspension of payments

Suspensión del proceso Stay of proceedings

Suspensión temporal Reprieve

Sustentar Underlie

Sustitución Replacement

Sustitución de poder Substitution of power of attorney

Sustituir Supersede, substitute

Sustituir *(a alguien)* Act in the place of/for

Sustituir (sustituye cualquier y todos los convenios anteriores, verbales o escritos, celebrados entre las partes) Supersedes any and all existing prior agreements, whether oral or written, between the parties

Sustituir, total o parcialmente, todas o cualesquiera de dichas facultades, autoridades y poderes a él otorgados Sub-delegate all or any of the powers, authorities and discretions vested in him

Sustituto a efectos del voto Voting representatives

T ESPAÑOL

Tabique Partition

Tablero Dial

Tabulador de cargos y salarios Wage scale

Tabulador del contrato colectivo Collective contract wage scale

Tacha de testigos Disqualification of witnesses

Tal como consta As it is of the record

Tales como, pero no exclusivamente, los siguientes Including but not limited to

Talonario de cheques Checkbook

Taller *(curso práctico)* Workshop

Taller de reparaciones Repair shop

También Further, furthermore

Tan cabalmente As fully

Tan cerca como el buque transportador pueda arribar con seguridad y siempre a flote As near as the vessel may arrive safely and afloat

Tanda de elaboración Processing batch

Tanto *(a)* As much as, as often as

Tanto en los hechos como en el derecho De facto and de jure

Tarea Effort

Tarifa de aterrizaje Landing fees

Tarifa de furgones Carload rates

Tarifa de gravamen Burden rate

Tarifa de protección Protective tariffs

Tarifa (Tarifas Externas Comunes (TXC)) Common External Tariffs (CXT)

Tarifa (tarifas punitivas) Penalty fees

Tarjeta de comisariato Commissary cards

Tasa aereoportuaria Airport tax air-fare

Tasa básica de cambio Basic exchange rate

Tasa contractual Contractual rate

Tasa convenida Agreed rate

Tasa crediticia Credit rating

Tasa cruzada Cross-rate

Tasa de actividad Activity rate

Tasa de actualización Discount rate

Tasa de actualización reajustada por riesgo Risk-adjusted discount rate

Tasa de compra Buying rate

Tasa de descuento Discount rate

Tasa de descuento de los bancos Bank rate

Tasa de equilibrio Cutoff rate

Tasa de fecundidad por edad Age-specific fertility rate

Tasa de impuesto Rates of taxation

Tasa de interés Rate of interest

Tasa de interés bancario Bank rate

Tasa de interés sobre préstamos a corto plazo Call rate

Tasa de mortalidad Death rate

Tasa de natalidad Birth rate

Tasa de nupcias por edad Age-specific marriage rate

Tasa de realización Rate of performance

Tasa de rendimiento de las inversiones directas Rate of return on direct investment

Tasa de tributación Assessment

Tasa fija de cambio Fixed exchange rate

Tasa flotante de cambio Floating exchange rate

Tasa impositiva Tax rate

Tasa interna de rendimiento Internal rate of return

Tasa Libor Libor

Tasa pagada por depósitos a plazo fijo Rate paid for/on time deposits

Tasa preferencial Special/preferential rate; prime rate

Tasa promedio activa Average rate charged for loans

Tasa real Real rate

Tasa (tasas a término) Forward rates

Tasa (tasas diferenciales) Rate differentials

Tasa (tasas efectivas de impuestos sobre la utilidad) Effective tax rate on profits

Tasa tributaria sobre ingreso progresivo Progressive income tax rate

Tasación Assessment

Tasación *(esp. la de una autoridad)* Appraisal

Tasador Appraiser; assessor

Tasar Assess at, appreciate

Teclado de control Control keys

Técnica de la administración de la deuda Debt management service

Técnicas de actualización de la corriente de fondos Discounted cash flow techniques

Techo Ceiling

Tela Fabric

Telegrama con acuse de recibo *(contestación pagada)* Telegram with a prepaid reply

Televisor Television set

Telex a Telex to

Tema *(de discusión)* Issues

Temario Agenda

Temor Fear, dread; apprehension, foreboding

Tendencias anuales Annual trends

Tendencias futuras Future trends

Tendentes Tending

Tenedor asegurado Insured holder

Tenedor de bonos Bond holder

Tenedor de las acciones ordinarias Holder of the common stock

Tenedor de una letra Bill holder

Tenedor legítimo Holder in due course

Tenedor/poseedor del pagaré Holder of a promissory note

Teneduría de libros Bookkeeping

Tenencia Tenements

Tener To have

Tener actualmente existencia legal Be presently in legal existence

Tener cuenta abierta Keep an account

Tener debidamente en cuenta Take into due account

Tener derecho a Be entitled to

Tener el derecho de Have the right to

Tener el propósito I intend

Tener en cuenta Reckon with

Tener facultades de decisión Have power to act

Tener influencia Have a hold on

Tener la custodia de *(formal)* Have the custody of

Tener la dirección y vigilancia de los bienes de la Compañía Shall direct and watch over the company assets

Tener liquidez (To be) cash rich

Tener lugar en Be held in

Tener recursos para gastos Affordability

Tener (tendrán preferencial de suscribir o adquirir prorrata cualesquiera acciones emitidas por encima de las acciones autorizadas en el documento constitutivo original) Shall be entitled to a pre-emptive right to subscribe for or purchase pro rata any shares issued in addition to the shares authorized in the original Articles of Incorporation

Tener (tendrán la responsabilidad de, y podrán actuar por iniciativa propia) They are responsible in their own right

Tener (tiene un sobrevencimiento de 90 días) Exceed 90 days past due

Tentativa Attempt

Tercera persona Third party

Tercerías Intervention or interlocutory proceedings *(right of third parties)*

Terceristas Intervener

Terminado Terminated

Terminal Terminal *(n.)*

Terminal aéreo Terminal building

Terminal de cargo Cargo terminal building

Terminal remoto Remote terminal

Terminante Absolute

Terminantemente Dramatically

Término Completion

Término de prescripción Statute of limitation

Término independiente o constante Absolute term

Término máximo de 30 días calendario A term not in excess of 30 calendar days

Término medio entre dos extremos Mean or mense

Término (términos de la tramitación de *X*/ transacción de *X*) Terms of the *X* settlement

Término (términos de referencia) Terms of reference

Término (términos y condiciones de este pagaré se regirán y serán interpretados en conformidad con las leyes de *X*) Terms and conditions of this Promissory Note will be governed by and construed in accordance with the laws of the government of *X*

Terreno Lot of land

Terreno para edificar Building site

Tesis de doctorado Dissertation

Tesis de licenciatura o postgrado Thesis

Tesoro nacional National Treasury

Testador Bequeather

Testificación Acknowledgment

Testificar Attest to; acknowledge

Testigo Attestor

Testigo abiertamente adverso a la parte que lo cita Hostile witness

Testigo certificador o instrumental Attesting witness

Testigo desfavorable Hostile witness

Testigo esencial Material witness

Testigo presencial de este acto Attesting/ eye witness to this ceremony/proceeding

Testimoniar Testimony, testify, attest to

Testimonio Avouchment; affidavit

Testimonio secundario Mediate testimony

Tiempo compartido Time sharing

Tiempo de acceso Access time

Tiempo de aceleración Acceleration time

Tiempo de conversación compartido Conversational time sharing

Tiempo de paz o guerra Peace time or war time

Tiempo determinado Fixed-term

Tiempo disponible Available time

Tiempo ocioso Downtime

Tiempo real Real time

Tienda al detall o al por menor Retail outlet

Tiendas en cadena Chain stores

Tiende a Adept at

Tierra *(cultivable)* Arable land; croplands

Tildar a algo de Stigmatize

Timbre fiscal Revenue stamp

Tipo alguno de artículo Any kind of article

Tipo bancario Bank rate

Tipo corporativo Corporate form

Tipo de cambio Exchange rate

Tipo de interés Interest rate

Tipo principal de interés de Nueva York Prime rate

Tipo *X* Of the *X* type

Titulado Headed by

Titular Holder; recipient

Titular 2 Bearer, owner

Titular único de todos los derechos de propiedad en dicha compañía The owner of all of the ownership rights in said corporation

Titularse Style oneself

Título *(n.)* Charter, *(com.)* bond; (plur.) rights

Título al portador Bond payable to bearer

Título de la cuenta de ingresos Revenue account caption

Título de renta vitalicia Perpetual bond

Título de vencimiento aplazado Continued bond

Título IV Title IV

Título nominativo Registered bond

Título respaldado Endorsed bond

Título supletorio Suppletory title

Título (títulos adquiridos) Titles so purchased

Título (títulos certificados) Certified titles

Título (títulos de acciones) Stock certificates

Título (títulos de cédulas hipotecarias) Mortgage bond titles

Título (títulos de la deuda) Government bonds

Título (títulos de propiedad) Ownership rights

Título (títulos ejecutivos) Plaintiff's right of execution

Título (títulos favorecidos) Winning titles

Título (títulos hipotecarios) Mortgage bonds

Título (títulos para compra de equipo) Equipment bonds

Título traslativo de dominio Conveyance

Título universitario Bachelor's degree

Toda cosa animal o vegetal que sirva para la alimentación humana Matter of subsistence for man

Toda la noche Overnight *(adv.)*

Toda persona *(af.)* Any

Todas Any

Todas las partidas del pasivo All liability

Todo acto, condición o hecho All acts, conditions and things

Todo cuanto All that

Todo cuanto dicho apoderado, o un sustituto del mismo, hiciere o mandare a hacer lícitamente, en virtud del presente poder Ratifying and confirming all that said attorney, or his substitute shall lawfully do or cause to be done by virtue hereof

Todo derecho emanado de la propiedad de este pagaré All rights arising from the ownership of this Promissory Note

Todo el fin de semana The whole/entire weekend

Todo en cuenta All told

Todo incluido All-inclusive

Todo lo que Any such thing as; whatsoever

Todo lo que considere conveniente o necesario All that which he may deem/think advisable/proper or necessary

Todo poder con estas características Any such power of attorney

Todos están implicados en el crimen All are implicated in the crime

Todos los pagos al contado All cash items

Toldo Awning

Tolerancia estrecha Closed tolerance

Toma Takeover *(n.)*

Toma de decisiones Decision making

Tomador Beneficiary

Tomar dinero en préstamo Request loans

Tomar el promedio Strike an average

Tomar juramentos y recibir los reconocimientos de escrituras Administer oaths, acknowledgements of deeds

Tomar la palabra Speak

Tomar posesión de un cargo File oath of office/take office

Tomar reconocimientos o pruebas de escrituras y de otros instrumentos escritos Take the acknowledgment or proofs of deeds and other instruments in writing

Tomar (¿Toma Ud. por esposa a *(nombre)*?) Will you accept *(name)* as your lawful wife?

Tomar (tomaremos las medidas necesarias para) We will take reasonable steps

Tomar una decisión en Take action at a meeting

Tomar una resolución o decisión Adopt a resolution

Tomo *(n.)* Volume

Tonelaje de carga Loading tonnage

Tonelaje de carga de exportación Export tonnage

Torre de perforación Derrick

Torre de trabajo abierto Open-work tower

Total *(adj.)* Overall *(adv.)*, absolute *(adj.)*

Totalidad Aggregate

Totalizar Foot

Totalmente desembolsado Fully disbursed

Trabajar como Work in the capacity of

Trabajo con plazo límite Deadline job

Trabajo de asesoramiento Consulting work

Trabajo de liquidación Process of liquidation

Trabajo en Work done on drafting

Trabajo escrito Paper

Trabajo intelectual Head work

Trabajo manual Hand work

Trabajos de canalización Control works

Traer como resultado Result in

Tráfico Traffic; trade, commerce, barter

Traicionar Betray

Tramitación de Approval/processing/registration of; status of

Tramitación de la deuda Processing of the debt

Tramitación de la deuda en el Banco Central de Venezuela Debt application before the Central Bank of Venezuela

Tramitación de precios Processing of prices

Tramitaciones Formalities

Tramitar Carry through

Trámite *(sing.)* Step *(negotiation, application for license)*

Trámites Steps/procedure required for...

Trámites 2 Negotiations, form-fillings, transactions, procedures, formalities

Trámites 3 Proceedings

Trámites de divorcio Divorce proceedings

Trámites locales e internacionales para la adquisición de equipos Handling of local and international formalities for the purchase of equipment

Transacción Agreement, settlement, accord, deal; transaction *(rarely)*

Transacción de gobierno a gobierno Government-to-government deal

Transacción de importación de productos básicos Commodity import transaction

Transacción en base a la reserva oficial Official reserve transaction basis

Transacción en el juicio Settlement

Transacción encaminada a zanjar las diferencias suscitadas entre nosotros Agreement aimed at overcoming/ designed to overcome the differences arisen between us

Transbordo/trasbordo Transshipment

Transcurrir Pass, go by, elapse

Transferencia Transfer, drafts; abalienation

Transferencia cablegráfica Cable transfer

Transferencia de tecnología Technology transfer

Transferencia de un derecho de una persona a otra Assignment

Transferencia de un título Conveyance

Transferible Divisible; transferable, alienable

Transferir Assign, cede

Transferir bienes Endorse over

Transferir (transfiera, venda, ceda o de alguna otra manera enajene cualesquier intereses que yo tuviese personalmente o como esposa de *X* en el bien inmueble de tipo comercial) Transfer, sell, assign, or otherwise dispose of any and all interest which I may have individually, or as the wife of *X*, in a commercial real estate

Transformadores Converters

Transigir y desistir Compromise or settle

Transitorio Free-floating

Transmisión por radio/TV Broadcasting

Transportador Shipper, carrier

Transportador que ofrece servir al público Common carrier

Transporte Shipping

Transporte marítimo Shipping

Transporte pagado por anticipado Transportation prepaid

Transportista *(pasajeros o carga)* Carrier

Trascendente Far-reaching

Traslación de dominio por arriendo Demise

Traslación de monedas Translation of currencies

Trasladar una suma a otra cuenta Bring forward

Traslado Transportation

Traslado a *X* para buscar Transportation to *X* to collect

Traslado fiel y exacto A true and exact copy

Traspasable Alienable

Traspasar Convey, assign, cede

Traspasar(se) Assigned

Traspaso Assignment; alienation

Traspaso al período anterior Carry-back

Traspaso de dominio Abalienation

Traspaso de bienes Transfer of assets

Traspaso de terreno Conveyance for land

Traspaso o cesión en fideicomiso Conveyance or assignment in trust

Trata con Deals with

Tratado impositivo Tax treaty

Tratamiento de plusvalía/ a la ganancia de capital Capital-gains treatment

Tratar Discuss, agree; bargain

Tratar con Deal with

Tratar un tema Discuss

Trato Deal, covenant, accord

Trato carnal Conversation *(leg.)*

Trato colectivo Collective bargaining

Tribunal Court of Law, board

Tribunal competente de Brasil Appropiate court in Brazil

Tribunal de apelación Appellate court

Tribunal de jurisdicción competente Court having due/appropriate jurisdiction

Tribunal de justicia Court of justice

Tribunal de menores Juvenile court

Tribunal de primera instancia Court of Common Pleas/First Instance

Tribunal de registro Court of record

Tribunal del condado de County court

Tribunal del distrito Circuit court

Tribunal laboral Labor court

Tributo Charge, taxes

Trienio Triennium

Trocar Barter *(v.)*

Trueque Barter/bartering

Tubería de propulsión Gathering line

Tutela Custody, guardianship; tutelage

Tutoría Homeroom

U *ESPAÑOL*

U otros Or other

Ubicación eventual de una persona Residence

Ubicación geográfica Geographical breakout

Ubicado en Located in, lying in

Ulterior Further

Ultimar Close *(v.)*

Ultimo saldo Ultimate balance

Un derivado de Offshoot

Un mínimo de Not less than

Una última instancia A court of last appeal

Una vez concedida la autorización Upon authorization by/from

Una vez entre semana Once on weekdays

Una vez extendida Upon entering

Una vez restados los gastos directamente relacionados con esta transacción Upon deductions of costs directly related with this transaction

Único aparte Sole subclause

Únicos medios de comprobación Sole means of evidence

Únicos tribunales competentes para conocer de las demandas The same being the sole authority to try the action

Unidad de control Control unit

Unidad de estadísticas vitales Vital Records Unit

Unidad de procesamiento central Central Processing Unit (CPU)

Unidad (unidades de estudio) Required units

Unidad (unidades habitacionales) Units

Unidos legalmente en matrimonio Lawfully joined in marriage

Unifamiliar Single-family

Unión aduanera Customs union

Unión Panamericana Pan-American Union

Unir Connect

Unirse a *X* en calidad de... Merge as...

Universidad College (US), University

Universidad integral Global university

Urbanismo definitivo Final development

Urgencia Haste

Urgente Compelling

Uso de la fuerza Coercion

Usufructuario Beneficial owner

Usurpación Abatement, abrogation, deforcement

Útil Expedient

Utilidad Utility, usefulness, benefit

Utilidad bruta Gross profit

Utilidad bruta en ventas Sales gross profit

Utilidad en operaciones Operating profit

Utilidad gravable Taxable income

Utilidad líquida Net profit

Utilidad neta Clear profit

Utilidad neta ajustada Adjusted net income

Utilidad o beneficio contable Accounting profits

Utilidad práctica Practicality

Utilidad (utilidades no distribuidas) Profits not allocated

Utilizar Make use of

V *ESPAÑOL*

Vacaciones escolares School vacations

Vacante Abeyance

Vagón de carga Freight cars

Vale *(n.)* Scrip, note

Vale *(+ v.) (repetir)* It bears *(repeating)*

Vale en que consta una deuda I.O.U. (I owe you)

Vale o título sin garantía Debenture

Valedero Binding

Valerse por sí mismo Self-reliance

Validez aparente de un título de propiedad imperfecto Color of title

Válido por un año Valid for one year, validity: one year, effective for one year

Valla publicitaria Billboard

Valor sing. Amount, pl. securities

Valor absoluto Absolute value

Valor actual Present value

Valor actual a interés compuesto Compound present worth

Valor actual de mercado Present market value

Valor acumulado Accumulated value

Valor agregado por procesamiento Value-added processing

Valor al cobro Value for collection

Valor catastral Assessed value

Valor compartido Value parted with

Valor contable Book value

Valor de recuperación Salvage value

Valor de rescate en efectivo Cash surrender value

Valor del activo fijo y neto Value of the net fixed assets

Valor efectivo Proceeds

Valor en libros del activo Carrying value of assets

Valor en libros del bono Carrying value of bond

Valor en los libros Book value

Valor global agregado Aggregate value added

Valor nominal Face value, face amount

Valor oro Gold value

Valor que asciende en la actualidad a *X* mensuales Which now amounts to/now amounting to *X* per month

Valor real de mercado Actual market value

Valor recibido Value received

Valor residual Residual salvage value

Valor total actual Aggregate present value

Valor unitario real Actual unit value

Valor (valores a la orden o al portador) Bearer securities

Valor (valores circulantes) Current assets

Valor (valores contables) Accounting values

Valor (valores convertibles) Convertible securities

Valor (valores de banco) Bank money

Valor (valores de capital) Capital assets

Valor (valores de inversión) Asset values

Valor (valores económicos reales) Actual economic values

Valor (valores en cartera) Assets, holdings

Valor (valores negociables) Commercial papers

Valor (valores reales) Real terms

Valor (valores sin derechos hipotecarios) Income bonds

Valoración Appraisal

Valorar Assess at

Valuación Valuation, appraisal

Valuación de daños Adjustment of claims

Valuación por el sistema de utilidad bruta Appraisal through the system of gross profit

Valuación por la aduana Customhouse assessment

Valuador Appraiser

Valuar Assess at

Vanguardia Forefront

Variable aleatoria Aleatory variable

Varilla de perforación Drill stem

Vejar Harass

Velar Watch over

Vencer Fall due, to be due, maturing (ADJ)

Vencido *(moroso)* Delinquent

Vencido y no pagado Overdue *(Com.)*

Vencido y pagadero Due and payable

Vencimiento Maturity *(money)*, due term, expiry *(time spans)*; (plur.) *dates of expiry, due dates*

Vencimiento del plazo Maturity of the term

Vendedor Salesman; alienor

Vendible Alienable

Vengativo Retaliatory

Venidero Forthcoming

Venta a crédito Charge sale

Venta a plazos Installment sale

Venta a precios rebajados Bargain sale

Venta al contado Cash sale

Venta bruta Gross sale

Venta de acciones Sale of shares of stock

Venta de cartera Portfolio sale

Venta del activo Disposal of assets

Venta en mercados terminales Sales in terminal markets

Venta en subasta Auction sale

Venta hecha por Sale was effected by

Ventaja Asset *(fig.)*, lead

Ventaja comparativa Comparative advantage

Ventajas recíprocas Tradeoff *(n.)*

Ventajoso Expedient

Verdadero Actual

Verdadero nombre True name

Vergüenza Disgrace

Verificar Check *(v.)*

Vestíbulo Lounges

Vía administrativa Administrative means

Vía de acceso a una casa Driveway

Viabilidad Feasibility

Viable Workable

Vialidad Road system

Vías pacíficas Peaceful means

Viáticos Travel expenses

Vicecónsul Vice Consul

Vicerrector administrativo Chancellor

Víctima Casualty

Vida conyugal Married life

Vida del activo Asset's life

Viga de soporte Load bearing partition

Vigencia Effectiveness

Vigente In force; in vogue; present; valid; in effect, effective

Vigente al Dated as of

Vigilado Guarded

Vínculos Bonds

Violación Rape

Violación de contrato Breach of contract

Violación de ley Breach of law

Violación de una patente o de una propiedad literaria registrada Infringement *(Adm. Law)*

Violar Infringe upon *(something)*, break a law

Violencia Coercion

Visado de residente Resident's visa

Visión Insight

Visto que Whereas

Vitrina Window display

Vivienda Housing

Vivienda familiar Living quarters

Vivienda privada unifamiliar Single-family private dwelling

Vocero Spokesman

Volante Slip

Volumen de negocios Volume of business

Volumen embarcado Volume shipped, shipments

Volumen exportado Volume exported

Volver a casarse Remarry

Votación The vote

Votación por escrito Written ballot

Voto *(n.)* Voting

Voto delegado Proxy vote

Voto por poder Proxy vote

Voto salvado Dissent

Y

ESPAÑOL

Y además And additional thereto; and further

Y creo además que la firma que aparece en el mismo es auténtica And I further believe the signature thereto is genuine

Y el ***(fecha)*** **inclusive** Through *(X date)*

Y en base a dicha And from such

Y en tal calidad Was as such *(an officer)*

Y en verdad creo Verily believe

Y expuso que la niña que presenta Declared that the child she is presenting

Y para ningún otro fin For no other purpose

Y para todo otro fin For all purposes

Y por lo tanto se ha hecho acreedor al presente diploma And is therefore entitled to this diploma

Y que... And further that

Y que la firma del funcionario designado por *X* corresponde a la persona autorizada para tal efecto And further that the signature thereon of the official commissioned by *X* is the true signature of the person authorized therefor

Y quien me consta es... Known to me to be...

Y sello la presente Affix the seal

Ya entonces At that time

Ya identificado Duly identified hereinbefore/hereinabove

Ya no No longer

Ya que Since, as

Ya sea Whether *(conj.)*

Yo admito I concede

Yo, *X*, por la presente certifico que el documento que antecede lleva efectivamente la firma de *X* I, *X*, hereby certify the above was signed by *X*

Z ESPAÑOL

Zanjar Overcome
Zona de confianza Confidence belt

Inglés - Español

English - Spanish

A INGLÉS

A 100 ptas. to 10.000 ptas. fine Multa de 100 ptas. a 10.000 ptas.

A 360 day year Año de 360 días

A child was born unto the parties as the issue of their marriage De la unión matrimonial procrearon un hijo

A contract has been made as follows Se ha celebrado el siguiente contrato:

A court of last appeal Una última instancia

A female child was presented before me at this Office by Mrs. ***X*** Me ha sido presentada ante este Despacho una niña por la Sra. Dña. *X*

A fine ranging from 100 ptas. to 10.000 ptas. Multa de 100 ptas. a 10.000 ptas.

A housewife De oficios del hogar, una ama de casa

A national of Spain De nacionalidad española

A petition for reconsideration Recurso de reconsideración

A teacher by profession De profesión profesora

A term not in excess of 30 calendar days Término máximo de 30 días calendario

A transcript was made upon request from Copia que se expide a solicitud de

A true and exact copy included in file no. ***X*** Es traslado fiel y exacto de su original que cursa en el expediente nº *X*

A word for ***(something)*** Llamado *(el)* de algo; dar apoyo

Abalienation Traspaso de dominio; transferencia; enajenación, enajenamiento

Abandon ***(v.)*** Abandonar, renunciar; ceder; entregar; desistir

Abandonee Beneficiario de un abandono

Abandoner Cedente, cesionista

Abandoning Renuncia, cesión; abandono

Abandonment Abandono; abandono voluntario del hogar

Abandonment 2 Dejación de bienes; desistimiento, renuncia; deserción de una apelación

Abandonment of action Desistimiento de la acción

Abandonment of demand Desistimiento de demanda

Abandonment of insured property Abandono de propiedad asegurada

Abandonment of rights Abandono de derechos; renuncia a derechos

Abandonment of suit Desistimiento de la instancia

Abate ***(v.)*** Rebajar, reducir, disminuir, aminorar; condonar, suspender; descontar; deducir, anular, abolir, abaratar

Abatement Rebaja, disminución, reducción; descuento, remisión, abolición; usurpación, anulación

Abating Rebaja, disminución, reducción de precio

Abdicant Abdicante, renunciante

Abdicate ***(v.)*** Abdicar, renunciar, abandonar, dimitir; desposeerse; desconocer

Abdication Abdicación, renuncia, dimisión

Abduction Rapto

Abeyance Espera; expectativa; vacante

Ability Capacidad, facultad

Ability to pay Capacidad de pago

Abintestate Abintestado, abintestato/ab intestato

Abintestate heir Heredero abintestato

Able Hábil, capaz; competente

Abolish Abolir, derogar, suprimir, eliminar, anular, revocar

Abolishment Abolición

Abolition Abolición, supresión, rescisión, anulación, revocación

Above Que antecede, que precede

Above all Sobre todo, por encima de todo, ante todo

Above par Con prima

Abovesaid Aludida

Abroad Fuera del territorio, en el exterior

Abrogate *(v.)* Abrogar, revocar, anular, rescindir

Abrogation Abrogación, anulación, revocación, derogación, rescisión, abolición

Absence Ausencia, inasistencia

Absentmindedness Descuido

Absolute Absoluto, completo, total; categórico, firme, irrevocable, terminante, indiscutible, incontestable

Absolute deviation Desviación absoluta

Absolute error Error absoluto

Absolute guaranty Garantía absoluta

Absolute moments Momentos absolutos

Absolute owner Dueño o propietario absoluto

Absolute property Plena propiedad

Absolute term Término independiente o constante

Absolute value Valor absoluto

Absolute warranty Garantía completa

Absorbing Envolventes

Absorption costing Cálculo del costo de absorción

Abstain Abstención

Abstract of account Extracto/resumen de cuenta, estado de cuenta

Abstract of title Resumen de título; documento de título o propiedad inmueble

Abundance Caudal *(fig.)*

Abundance of material goods Abundancia de bienes materiales

Abuse *(n.)* Abuso, *(v.)* Abusar

Academic position Cargo académico

Academic status Posición académica

Academic work Labor académica/trabajo académico

Academic year Año lectivo

Accelerated depreciation Depreciación acelerada

Acceleration time Tiempo de aceleración

Accept and constitute any such guarantee to support obligations assumed or to be assumed Aceptar y constituir garantías en respaldo de obligaciones asumidas o por asumir

Accept notifications Darse por notificado

Accept service of summons or notice Darse por citado y notificado

Accept summons Darse por citado

Acceptance Aceptación; acogida

Acceptance 2 Giro aceptado, documento aceptado; admisión

Acceptance boundary Frontera de aceptación

Acceptance credit Crédito de aceptación

Acceptance criterion Criterio de aceptación

Acceptance dealer Negociante de aceptaciones

Acceptance finance facility Crédito de aceptación

Acceptance inspection Inspección para aceptación

Acceptance line Línea de aceptación

Acceptance of a bill of exchange Aceptación de una letra de cambio

Acceptance of proof Admisión de la prueba

Acceptance of proxies Aceptación de poderes

Acceptance sampling Muestreo de aceptación

Acceptances payable Aceptaciones por pagar

Acceptances receivable Aceptaciones por cobrar

Accepted bill of exchange Letra de cambio aceptada

Accepted draft Giro aceptado, letra de cambio aceptada

Acceptor Aceptante, aceptador

Access *(n.)* Acceso; *(v.)* Tener acceso a

Access time Tiempo de acceso

Accession Accesión, acceso; asentimiento, consentimiento; acreencia

Accession 2 Ascensión, ascenso *(al trono, dignidad)*

Accessory after the fact Persona que ayuda al criminal a eludir su captura

Accessory before the fact Persona que induce o estimula al delincuente

Accident insurance Seguro contra accidentes

Accidental damage Daños por accidente

Accidental death Muerte accidental

Accidental loss Pérdida accidental

Acclamation Aclamación

Accommodate *(v.)* Prestar dinero, ajustar, arreglar, proporcionar, surtir, facilitar

Accommodation Servicio, favor, arreglo, ajuste, acuerdo; préstamo, crédito

Accommodation acceptance Aceptación de favor

Accommodation bill Letra de favor, giro de favor

Accommodation draft Letra de cambio de favor

Accommodation endorsement Endoso por aval; aval

Accommodation note Pagaré de favor

Accommodation paper Endosos de favor

Accommodatum Comodato

Accompanied Adjunto

Accompanied by Acompañado de

Accomplice Cómplice

Accomplish *(a task)* Cumplir con

Accord *(n.)* Acuerdo, convenio, concierto, pacto, trato, conciliación, transacción, arreglo; *(v.)* Acordar, conciliar

Accord and satisfaction Documento que declara terminado un pleito

Accordance Acuerdo, armonía, conformidad, concesión, convenio, otorgamiento

According to A juicio de

According to divorce sentence issued by Según libelo de divorcio emanado de

According to Official Letter No. ... Según Oficio Nº...

According to the minutes drawn up Según acta levantada

According to which it Según el mismo

Accordingly En conformidad *(+ v.)*; en consecuencia; por lo cual, por lo que

Account Cuenta; informe

Account (accounts receivable balances) Saldos de cuentas por cobrar

Account (accounts receivable financing) Financiación de cuentas a cobrar

Account (accounts receivable ledger) Libro de cuentas por cobrar

Account (accounts with or without overdraft privileges) Cuentas a descubierto o con provisión de fondos

Account analysis Análisis de cuenta

Account balances Saldo de las cuentas

Account closed Cuenta saldada

Account collectibility Cobrabilidad de las cuentas

Account current A/C Cuenta corriente c/c

Account deposit Cuenta de depósito

Account dividends Dividendos por cobrar

Account for Dar cuenta/razón de; responder por, explicar, rendir cuenta de; corresponder a

Account form Balance de cuenta

Account of charges Cuenta de gastos

Account past due Cuenta vencida

Account payable Cuentas por pagar

Account receivable Cuentas por cobrar

Account receivable discounted Cuenta por cobrar descontada

Account rendered Cuenta girada

Account research manager Gerente de investigación de cuentas

Account sales Liquidación de ventas; cuenta de ventas realizadas por un comerciante por cuenta de otro

Account settled Cuenta pagada o saldada, cuenta conforme

Account stated Fijación de una suma determinada como monto de una deuda, cuenta convenida

Account withdrawal Cuenta de retiro

Accountability Contabilidad; responsabilidad, rendición de cuentas

Accountability accounts Cuentas de responsabilidad

Accountable Contable; responsable

Accountable condition Condición contabilizable

Accountable person Persona responsable

Accountancy Contaduría

Accountant Contador, perito mercantil

Accountant general Jefe de contabilidad

Accountant's assumptions Supuestos del contador

Accountant's report Informe del contador

Accounting Contabilidad

Accounting classification Clasificación de cuentas

Accounting conventions Prácticas de la contabilidad

Accounting day Fecha de vencimiento

Accounting evidence Pruebas de contabilidad

Accounting for estates Contabilidad de herencias

Accounting for sales Contabilización de las ventas

Accounting measures Reglas de contabilidad

Accounting of insurance expenses Contabilización de los gastos de seguro

Accounting period Ejercicio contable, período contable

Accounting policies Normas de contabilidad

Accounting practice Práctica contable

Accounting profits Utilidad o beneficio contable

Accounting records Registros de contabilidad

Accounting standards Normas de contabilidad

Accounting transactions Operaciones contables

Accounting values Valores contables

Accounting year Ejercicio contable

Accredit *(v.)* Acreditar, asentar en el haber, conceder crédito

Accredited Inscrito

Accredited by the *X* Association Inscrito en *(Ed.)*

Accredited institution Institución inscrita en

Accretion Acrecencia, aumento, acumulación

Accrual Acumulación, aumento, incremento, rédito

Accrual (accruals) Ingresos y gastos acumulados, partidas acumuladas, acumulaciones

Accrual (accruals payable) Acumulaciones por pagar

Accrual accounting Contabilidad acumulativa, contabilidad diferida

Accrual basis Base de acumulación/acumulativa

Accrual date Fecha de acumulación

Accrue *(v.)* Acumular, devengar, redituar, acrecentar

Accrue interests for delayed/late payments Devengar intereses de mora

Accrued Acumulado

Accrued asset Activo devengado

Accrued depreciation Depreciación acumulada

Accrued dividend Dividendos acumulados

Accrued expenses Gastos acumulados

Accrued income Ingresos acumulados

Accrued interest Interés acumulado

Accrued liability Pasivo acumulado

Accrued payroll Nómina devengada

Accrued revenue Ingresos acumulados, réditos acumulados

Accrued salaries and wages Sueldos y salarios devengados

Accrued salaries payable Sueldos acumulados a pagar

Accrued-expenditure basis Base de desembolsos acumulados

Acculturation Iniciarse en una cultura nueva

Accumulated depreciation Depreciación acumulada

Accumulated deviation Desviación acumulada

Accumulated dividend Dividendo acumulado

Accumulated estate Propiedad acumulada

Accumulated income Ingresos acumulados

Accumulated value Valor acumulado

Accumulation factor Factor de acumulación

Accuracy Exactitud, fidelidad, puntualidad, esmero, cuidado, precisión

Accurate Fiel

Accusation Denuncia

Accusation of robbery Denuncia por hurto

Accuse Acusar; denunciar

Accused Acusado; procesado

Achieve Realizar, lograr, ejecutar, llevar a cabo

Achievement Logro, realización, ejecución

Achievement of Corporate Purposes Cumplimiento de los objetivos que se establecieron en la Compañía

Achievement of the corporate purpose Buen logro del objeto social

Acid Test Prueba de ácido o de liquidez seca.

Acknowledge *(vt.)* Reconocer, aceptar, admitir, certificar; testificar, confesar; acusar *(recibo)*

Acknowledge (acknowledged that she signed, sealed and delivered the said Instrument as her free and voluntary act, for the uses and purposes therein set forth) Reconoció que firmó, selló y otorgó dicho documento como acto libre y voluntario a todos los fines y propósitos expuestos en el mismo

Acknowledge or disclaim private documents which are invoked against the company Reconocer o desconocer los documentos privados que se le opongan a la compañía

Acknowledge receipt Acusar recibo

Acknowledgement Reconocimiento judicial de un documento público o privado

Acknowledgement 2 Acuse de recibo; admisión, testificación; confirmación, certificación

Acknowledgement of deeds Reconocimiento de escrituras

Acknowledgement of receipt Acuse de recibo

Acquainted with his handwriting Conozco su letra

Acquiescence Consentimiento, conformidad

Acquire Granjearse

Acquire property at judicial auctions Adquirir bienes en actos de remate

Acquired surplus Superávit adquirido

Acquisition adjustment Ajuste de adquisición

Acquit *(v.)* Absolver, descargar, satisfacer, relevar; pagar

Acquitment Pago, recibo, carta de pago, finiquito

Acquittal Absolución, sentencia absolutoria

Acquittal 2 Pago, recibo

Acquittance Carta de pago, recibo, finiquito

Acquitted Absuelto, descargado

Act *(n.)* Ley, disposición, decreto, acta; acto

Act *(n.)* 2 Documento, instrumento

Act *(v.)* Actuar, fungir

Act and deed (my) Es producto de mi libre voluntad/albedrío

Act as a Chairman Actuar como presidente, presidir

Act in her stead Para que actúe en su lugar/en sustitución de esta persona

Act in the place of/for Representar, sustituir *(a alguien)*

Act of Bankruptcy Declaración de suspensión de pagos; ley de quiebras

Act of honor Acto de intervención

Act of Rescission Acto de rescisión

Acting *X* Accidental *(cargo)*, encargado, suplente *(otros cargos)*; *X* en actividad; interino, provisional

Acting by proxy Actuación mediante apoderados

Acting for Obrando/actuando en representación de

Acting in my own name Obrando/actuando en mi propio nombre

Acting in representation of Obrando/actuando en representación de

Acting in stead of/ in lieu of Procediendo en representación de

Acting *(Notary)* En ejercicio de sus funciones *(notario)*

Acting on behalf of Procediendo en representación de

Acting President Rector interino/encargado

Acting President 2 Presidente suplente

Acting Registrar Registrador accidental

Action Acción judicial; acto; demanda

Action for accounting Acción sobre rendición de cuentas

Action for annulment Acta de rescisión

Action for damages Acción por daños y perjuicios

Action for divorce Demanda de divorcio, juicio por divorcio

Action in jactitation Acción de jactancia

Action in personam Acción personal

Action of debt Acción por cobro de dinero

Action of divorce Acción de divorcio

Action of unlawful detainer Juicio especial de desahucio

Actionable Asunto procesable

Active account Cuenta en movimiento

Active assets Activo corriente o circulante

Active bond Bono que devenga interés fijo

Active capital Capital activo

Active debt Deuda efectiva

Active loan Préstamo activo

Active technical cooperation Cooperación técnica activa

Activity account Cuenta de actividad

Activity in machine-hours Actividad en horas-máquina

Activity rate Tasa de actividad

Activity ratio Coeficiente de actividad

Acts and things Actos y asuntos

Acts of God Caso fortuito/fuerza mayor

Actual Definitivo; verdadero, real, efectivo

Actual charges Cargos/gastos reales, costos verdaderos

Actual cost Costo de compra; precio de compra, costo real

Actual days elapsed Días realmente transcurridos

Actual economic values Valores económicos reales

Actual labor cost Costo real de la mano de obra

Actual market value Valor real de mercado

Actual output Producto real

Actual payment Pago real

Actual population Población presente

Actual price Precio real

Actual receipts and disbursements Entradas y desembolsos reales

Actual unit value Valor unitario real

Actually En realidad

Actuarial basis Base actuarial

Actuary office Actuaria

Acute Agudo

AD (Anno Domini) Año del Señor

Ad hoc Alguien designado únicamente con un fin específico

Ad val. (ad valorem) Conforme a su valor

Ad-valorem duty Derechos de aduana ad valorem

Adapt Adecuar

Add Incorporar, agregar

Addend Sumando

Addibility Adicionabilidad

Additional charge Recargo, sobreprecio

Additional debit Cargo adicional

Additional endorsement Nuevo endoso

Additional output Producción adicional

Address *(n.)* Dirección

Address *(v.)* Consignar, dirigir

Addressed to Dirigida a

Addressee Destinatario

Addresser Remitente, expedidor

Addressing both of them Dirigiéndose a los dos

Addressing *X* Dirigirse a

Ademption Enajenación en vida, por el mismo testador, de los bienes testados

Adept at Tiende a, prefiere

Adequate Adecuado, suficiente

Adequate compensation Compensación adecuada

Adequate funds Fondos adecuados

Adequate sample Muestra representativa

Adherence/adhesion Adhesión

Adjective law Derecho adjetivo *(de procedimiento judicial)*

Adjoint space Espacio adjunto

Adjourned meeting Junta aplazada

Adjournment Aplazamiento, espera, suspensión

Adjudge *(v.)* Juzgar, decidir, sentenciar

Adjudgment Adjudicación

Adjudicate *(v.)* Adjudicar, declarar o determinar judicialmente, fallar

Adjudicate as bankrupt Adjudicar/reconocer/declarar en quiebra

Adjudication Adjudicación; determinación de un juez

Adjudication of Bankruptcy Declaración judicial de quiebra

Adjunct Adjunto

Adjunct account Cuenta adjunta

Adjunct space Espacio adjunto

Adjusted gross income Ingresos brutos ajustados

Adjusted net income Utilidad neta ajustada

Adjusting entries Asientos de ajuste

Adjustment Ajustes, finiquito, prorrateo de ganancias o pérdidas; arreglo

Adjustment of claims Valuación de daños

Adjustment of income payment Ajuste de pago de renta

Administer acknowledgments of deeds and other written instruments Recibir los reconocimientos de escrituras y demás documentos escritos

Administer oaths, acknowledgements of deeds Tomar juramentos y recibir los reconocimientos de escrituras

Administration Administración, gestión, dirección, manejo de; gobierno; período de gobierno

Administration, sale, purchase and distribution of real property, securities and shares Administración, compra y venta y distribución de bienes muebles, valores y participaciones

Administrative act Acción administrativa

Administrative Action/Act Acto administrativo

Administrative costs Costos de administración

Administrative law Derecho administrativo *(ante las oficinas del gobierno)*

Administrative means Vía administrativa

Administrative overhead Gastos generales administrativos

Administrator Ejecutivos, administrador, albacea

Administrator ad hoc Administrador *ad hoc*

Admiralty Rama legal que define lo relativo a la marina

Admissible Prueba legal admisible; evidencia legal aceptable

Admissible decision function Función de decisión admisible

Admissible entries Partidas admisibles

Admissible evidence Prueba legal; evidencia

Admission Ingreso

Admission 2 Confesiones; reconocimiento voluntario de hechos

Admission of guilt Confesión de culpabilidad

Admission writ Auto de admisión

Admit *(v.)* Conocer de una demanda *(enterarse)*, declarar con lugar

Admit services of process Darse por citado

Adopt Aprobar

Adopt a resolution Tomar una resolución o decisión

Adoption Aprobación; adopción

Adulterate Adulterar

Adulteration Adulteración, falsificación

Adulterine Adulterino

Adulterous Adulterino

Adultery Adulterio

Advance *(n.)* Avance, progreso

Advance *(v.)* Pagar por adelantado, anticipar dinero; promover; encarecer

Advance (advances against bill of lading) Anticipos sobre conocimientos de embarque

Advance (advances on merchandise) Anticipos sobre mercancías

Advance (advances to employees) Anticipos a los empleados

Advance outstanding Anticipo pendiente

Advance payment Pago adelantado/anticipado, anticipo

Advanced Progresista (*ideas; ant.* = *retrógrado*); adelantado, de vanguardia *(arte)*

Advancement Promoción

Adventure Especulación; riesgo, contingencia

Adverse business Negocios adversos

Adverse opinion Dictamen con salvedad sujeto a explicación

Adverse possession Posesión precaria; ocupación o disfrute de una propiedad ajena

Adverse possession 2 Prescripción adquisitiva

Advertisement Propaganda

Advertising Campaña publicitaria; anuncios

Advertising appeals Reclamos publicitarios

Advertising battle Batalla publicitaria

Advertising scheme Plan publicitario

Advice *(v.)* Aviso, notificación, comunicación, participación; opinión, advertencia, denuncia

Advice *(v.)* 2 Directriz, normativa; asesoría

Advisable Conveniente

Advise Informar; advertir, avisar; notificar

Advise 2 Participar, asesorar, aconsejar

Advised by Asesorado por

Adviser Asesor

Advisor & Assistant Director Asesor y director suplente

Advisory Consultivo, consejero

Advisory Board Junta consultiva, consejo consultivo, comisión asesora

Advisory Committee Comité asesor

Advisory services Asesoramiento

Advocate *(n.)* Abogado litigante, defensor, intercesor

Advocate *(v.)* Abogar por, defender, amparar, apoyar

Aerial survey maps Prospección aérea, levantamiento aerofotogramétrico

Affairs Asuntos, negocios

Affidavit Finiquito; declaración jurada; declaración *(leg.)*

Affidavit 2 Certificación, testimonio, atestiguación

Affidavit of male and female Declaración jurada de los novios

Affidavit of Notary Declaración jurada notarial

Affiliate Sociedad afiliada, afiliado

Affiliated company Compañía/empresa filial

Affirm Declarar

Affirm our irrevocable, unconditional and irretractable guaranty per aval of the terms, conditions and requirements of this instrument Declaramos nuestra garantía irrevocable e incondicional "por aval" de los términos, condiciones y requisitos de este documento

Affirmance Sentencia confirmatoria, afirmación, confirmación, ratificación

Affirmative judgment Sentencia estimatoria

Affirmatively Afirmativamente

Affix my official seal Estampo mi sello oficial

Affix the seal Y sello la presente

Affixed Estampada

Affordability Costeabilidad, tener recursos para gastos

Affreightment Fletamento

Afloat A flote

Aforementioned Aludidos, prenombrados, antes mencionados

Aforethought Con premeditación

After 18 months Adicionales a los 18 meses de dicha fecha

After due call, the meeting was attended by: Se reunieron previa convocatoria en debida forma, los Sres.:

After *X* days notice *X* días a partir/ a contar de la fecha de la notificación

After-acceptation Aceptación a *posteriori*/ tardía

After-account Cuenta nueva

After-comer Sucesor

After-cost Costo adicional, sobrecarga, gasto extraordinario

After-inquiry Investigación posterior

Afterdeck Cubierta

Aftermath of Secuelas, resultados, consecuencias

Against A cambio de; en contra de

Against all risks Contra todo riesgo

Against this promissory note, to the order of... A la presentación de este pagaré y a la orden de...

Age analysis of accounts Análisis de cuentas por antigüedad

Age and rate of growth Edad y tasa o razón de crecimiento

Age distribution Composición o distribución por edad

Age grading Clasificación por edades

Age of accounts Antigüedad de las cuentas

Age of accounts payable Antigüedad de las cuentas a pagar

Age the accounts receivable Clasifíquense por vencimientos las cuentas a cobrar

Age-specific fertility rate Tasa de fecundidad por edad

Age-specific marriage rate Tasa de nupcias por edad

Aged Ancianos

Agency Organismo; agencia; órgano

Agenda Orden del día; temario, índice, programa

Agent Representante, agente, comisionistas; abogado representante

Agent 2 Comisionado; apoderado, gestor, encargado

Aggravate *(v.)* Exacerbar

Aggregate Agregado; junto; colectivo; totalidad

Aggregate 2 Suma total, conjunto

Aggregate demand Demanda global/total, demanda en conjunto

Aggregate present value Valor total actual

Aggregate resource demand Demanda agregada de recursos

Aggregate supply Oferta global/total

Aggregate value added Valor global agregado

Aggression against... Atentado

Aging Clasificación por antigüedad, envejecimiento

Aging of accounts Clasificación según vencimiento de las cuentas

Aging of the population Envejecimiento demográfico

Agiotage Especulación en valores de bolsa

Agrarian Agrícola

Agree *(v.)* Estar de acuerdo, convenir, tratar, pactar

Agree as follows Convenir en las siguientes disposiciones

Agree to Comprometerse, obligarse a, convenir

Agree to pay Se comprometen a pagar/convienen en pagar

Agree upon Acordar, acceder, concertar, coincidir

Agreed rate Tasa convenida

Agreed upon herein Acordado en ésta

Agreement Ajustes; conformidad, convenio, transacción

Agreement 2 Arreglo, acuerdo, pacto, concierto, avenencia, estipulación

Agreement aimed at overcoming/ designed to overcome the differences arisen between us Transacción encaminada a zanjar las diferencias suscitadas entre nosotros

Agreement coefficient Coeficiente de coincidencia

Agreement entered to with *X* Contrato celebrado con *X*

Agreement Establishing the Bank Acta Constitutiva del Banco

Agreement for technology transfers Contrato de transferencia de tecnología

Agricultural commodities Productos agrícolas

Ahead Hacia adelante

Aide Auxiliar

Aim Propósito, finalidad; intento

Aim at Aspirar, pretender, proponerse, encaminarse (estar encaminada) a

Aim at (aimed at overcoming / designed to overcome the differences arisen between us) Encaminada a zanjar las diferencias suscitadas entre nosotros

Aircraft Bill of Sale Documento de venta de una aeronave

Aircraft damage insurance Seguro contra daño de aviones

Airport Tax Air-fare Tasa aereoportuaria

Albeit Aunque, bien que, no obstante, si bien

Aleatory variable Variable aleatoria

Algorithm Algoritmo

Algorithmic Language ALGOL, lenguaje algorítmico

Alibi Coartada

Alien Ajeno, extraño, extranjero

Alien to Ajeno a, contrario, hostil a, diferente

Alienable Transferible, traspasable, enajenable, vendible, alienable

Alienage Extranjería

Alienation Traspaso, alienación, enajenación, enajenamiento

Alienation of affections Acto encaminado a disminuir el afecto entre personas

Alienee Beneficiario, comprador

Alienor Enajenador, enajenante, vendedor

Alignment job Proceso de alineamiento

Alimony Pensión de alimentos

Alimony pendente lite Pensión que un juez asigna a la esposa durante un divorcio

Aliquot parts Partes alícuotas

All Cualesquier; todo cuanto

All acts, conditions and things Todo acto, condición o hecho

All and every Cualquier

All and every act and thing whatsoever, requisite and necessary to be done in and about the premises Cualquier acto o trámite que fuere requerido o necesario en o respecto de dicha propiedad

All are implicated in the crime Todos están implicados en el crimen

All cash items Todos los pagos al contado

All liability Todas las partidas del pasivo

All our effort Esfuerzo total

All rights arising from the ownership of this Promissory Note Todo derecho emanado de la propiedad de este pagaré

All rights reserved Reservados todos los derechos

All that Todo cuanto

All that which he may deem/think advisable/proper or necessary Todo lo que considere conveniente o necesario

All told Por todo, todo en cuenta

All-around General

All-in insurance Seguro total

All-inclusive Todo incluido

Allay Aliviarse, calmarse, apaciguarse, moderarse

Allegation Alegato; acusaciones

Allege *(v.)* Alegar

Alleged official Presunto funcionario

Allocate Asignar, colocar, aplicar, adjudicar, destinar

Allocated cost Costo asignado

Allocating costs Costos de asignación

Allocation Distribución, colocación, cuota, asignaciones

Allocation of costs Asignación de costos

Allocation of resources Distribución de los recursos

Allocatur Distribución de gastos

Allot *(v.)* Repartir, distribuir, asignar

Allotment Reparto, asignación, porción, parte

Allow *(v.)* Rebajar, deducir, descontar; ceder

Allow *(+ inf. / n.)* for Permitir, consentir, dejar, conceder

Allowable defects Defectos admisibles/permisibles

Allowable maximum Máximo admisible

Allowance Bonificación, concesión, abono; descuento, rebaja, deducción

Allowance for bad/doubtful debts Reservas para cuentas dudosas

Allowance for depreciation Provisión para depreciación

Allowance for uncollectibles Provisión para cuentas incobrables

Allowing deferred tax payments Concesión de pagos tributarios diferidos

Alloy field Campo de aleación

Along with Con todos

Along with him A su lado

Aloof Esquivo

Alphabet stock Acciones alfabéticas

Alphanumeric Alfanumérico

Also A su vez

Alter Modificar, alterar

Alteration Alteración, reforma, corrección, cambio

Altercation Altercado, disputa, controversia

Alternate *(adj.)* Suplente, reemplazante

Alternate Members Miembros alternos *(suplentes)*

Alternating with Alternando con

Alternative Opcionales

Alternative drawee Librado alternativo

Alternative payee Beneficiario alternativo

Amalgamation Fusión

Amazon Basin Cuenca Amazónica/del Amazonas

Amend *(a resolution)* Modificar

Amendatory contract Contrato modificatorio

Amendments Modificaciones

Amendments to Reformas relativas a

Amendments to the By-Laws Modificación de Estatutos

Amicable settlement Solución amistosa

Amicus Curiae Asesor *(juez)*; asesor jurídico

Among Entre *(+ 2)*

Among other benefits Entre otros beneficios

Amortization *(debt)* Amortización *(deuda)*

Amount Suma, valor, montante, monto, importo

Amount at risk Importe a riesgo

Amount available Cantidad disponible

Amount brought forward Suma anterior

Amount due Importe a pagar

Amount in excess of Monto superior a

Amount lost Cantidad perdida

Amount of assessment Líquido imponible

Amount of invoice Importe de factura

Amount of paid-in capital Monto del capital pagado

Amount past due Cantidad sobrevencida

Amount payable Importe a pagar

Amount to *v.* Ascender a

Amount withheld Suma retenida, importe retenido

Amounts issued Salidas

An attempt is made to Intentar hacer algo

An event of default Caso de incumplimiento

Analogous in purpose or effect De fines o efectos análogos

Analysis by commodities Análisis por productos

Analysis Mission Misión de análisis

Analyst Analista

Ancestor Antepasado; ancestro; predecesor

Anchored at the port of *X* Actualmente surto en el puerto de *X*

Ancillary Sucursal, subsidiario; subordinado

Ancillary letter of credit Carta de crédito complementaria

Ancillary receiver Síndico auxiliar

And accordingly... En conformidad *(+ v.)*

And additional thereto Y además

And from such Y en base a dicha

And further believe the signature thereto is genuine Y creo además que la firma que aparece en el mismo es auténtica

And further that Y además, y que...

And further that the signature thereon of the official commissioned by *X* is the true signature of the person authorized therefor Y que la firma del funcionario designado por *X* corresponde a la persona autorizada para tal efecto

And is therefore entitled to this Diploma Y por lo tanto se ha hecho acreedor al presente Diploma

And such... Quien...

Andean Andina

Animosity Animosidad

Annex listing *X* Anexo indicativo de *X*

Annex to Acompañar

Annexed therewith Adjunto/anexo a la misma

Annotated Code of Maryland Código del Estado de Maryland, versión acotada

Annotation Anotación, nota, apunte, acotación

Announce Comunicar

Annoy Molestar, exacerbar

Annual allowance Anualidad

Annual fee Cuota anual

Annual meeting of the members of said corporation Asamblea anual de miembros de dicha corporación

Annual return Rédito anual

Annual trends Tendencias anuales

Annual value Rendimiento anual

Annually balanced budget Presupuesto equilibrado anualmente

Annuitant Rentista

Annuities certain Anualidades ciertas

Annuity Pensión, anualidad, renta, pensión anual

Annuity bond Bono perpetuo

Annuity due Anualidad anticipada, anualidad de pago inicial

Annuity method Método de anualidades

Annul Anular, cancelar, derogar, declarar inválida *(una sentencia, etc.)*

Annul 2 Rescindir, invalidar, nulificar, abolir

Annul the bonds of matrimony Disolver el matrimonio, liquidar la sociedad conyugal

Annul the joint ownership of property by husband and wife Disolver el matrimonio, liquidar la sociedad conyugal

Annulment Resolución, rescisión, anulación, revocación, cancelación, derogación

Answer *(n.)* Contestación, respuesta, resultado, solución, defensa

Answer affirmatively/in the affirmative Responder afirmativamente

Answer demurrers, defenses and counterclaims Contestar excepciones, defensas y reconvenciones

Answer for Garantizar

Answer Mr. *X*'s inquiry on... Atender consulta de *X*

Answer questions *(in court)* Absolver posiciones

Answer to the complaint Contestación a la demanda

Answer to the exceptions, demurrers and objections Contestar excepciones

Answer to the suits in reconvention or to counter pleas Contestar reconvenciones

Antagonistic Antagónica

Ante-date check Cheque con fecha anterior

Ante-nuptial contract Capitulaciones matrimoniales

Antecedated check Cheque con fecha anterior

Antecede *(vt.)* Anteceder

Antecedent Antecedente

Antecedent right Derecho antecedente

Antedated check Cheque antefechado

Anti-trust legislation Ley anti-monopolio

Antichresis release Liberación de anticresis

Anticipate Prever

Antitrust legislation/law Ley antimonopolio

Any *af.*: toda persona, tod(a)s; cualesquier; *neg.*: persona alguna / ninguna persona

Any and all Cualesquier

Any and all interest which I may have individually, or as the wife of *X*, in a commercial real estate Cualesquier intereses que yo tuviese personalmente o como esposa de *X* en el bien inmueble de tipo comercial

Any communication shall be valid if delivered or mailed by registered or certified mail Cualquier comunicación será válida si es dirigida mediante original con acuse de recibo

Any indebtedness owing to *X* shall be past due Sobrevencimiento de alguna deuda contraída con *X*

Any kind of article Tipo alguno de artículo

Any nature Cualquier índole

Any or all purchase orders Cualesquiera o todas las órdenes de compra

Any other Demás

Any proxy or proxies heretofore given by the undersigned to any person or persons whomsoever Cualesquier poderes otorgados por el suscrito a persona alguna con anterioridad a la presente

Any such... as Aquéllas/aquéllos

Any such conflicts as may arise from/ originate from/ spring from/ as a result of Conflictos que pudiesen originarse en

Any such power of attorney Todo poder con estas características

Any such thing as Todo lo que

Any type of business operation Cualesquiera clase de operación

Anyhow En todo caso

Anything Cosa/objeto alguno

Anyway En todo caso

Apart from Aparte de

Apartheid Segregación política

Appalling Pasmoso; que causa consternación

Apparent Evidente

Apparition Aparición

Appeal *(n.)* Apelación *(Der.)*; petición, súplica; recurso, instancia

Appeal against the Resolution denying the foreign debt application Recurso en contra de Resolución que niega registro de deuda externa

Appeal against *X* resolution Recurso contra Resolución de *X*

Appeal and final order of the Minister thereon Apelación y resolución final del Ministro

Appeal filed by Apelación interpuesta por

Appeal for reconsideration Recurso de suplicación

Appeal for reversal Recurso de reposición

Appeal for *(something)* Apelar

Appeal hearing Audiencia de apelación

Appeal of nullity Recurso de anulación

Appear Comparecer

Appear (appeared before me this day in person) Compareció ante mí, en persona el día de hoy

Appear before The Court to declare Ocurro ante Ud. y expongo

Appear before you to state: Ante usted respetuosamente ocurro y expongo:

Appear in court Comparecer ante los tribunales

Appear in Court in the name of the company either as a defendant or plaintiff Comparecer ante los tribunales en representación de la compañía, sea como demandada o como demandante

Appearance Comparecencia; aspecto; aparición

Appellant Apelante; recurrente

Appellate court Tribunal de apelación

Appertaining Correspondientes

Appertaining honors, rights and responsibilities Correspondientes honores, derechos y responsabilidades

Appliance Artefacto, electrodoméstico, aparato

Applicable laws Leyes pertinentes

Applicable legal provisions Régimen legal

Applicable margin Margen aplicable

Applicable standards for the state-owned companies procurement of goods and services Normas aplicables sobre la compra de bienes y servicios por las empresas del Estado

Applicant Peticionario, solicitante

Application for Elaboración de solicitud de; solicitud de, escrito de

Application for certified copy Solicitud de copia certificada

Application for investment in *X* Solicitud de inversión en *X*

Application for license to carry firearms Solicitud para portar armas

Application for purchase Solicitud de compra

Application for registration of the record of Meeting to modify By-Laws Solicitud de inscripción en el registro del acta modificatoria de los estatutos

Application for reimbursement Solicitud de reintegro

Application for Suppletory title Solicitud de título supletorio

Application form Formato de solicitud

Application to marry Solicitud de matrimonio

Application to register Solicitud de registro

Application to register a stock company in Registry Solicitud para la inscripción en el registro de una compañía anónima

Apply for Solicitar

Apply for registration of *X* Aplicaciones para registrar *X*

Apply for the preventive and executory measures Solicitar medidas preventivas

Apply the necessary overtime Habilitar *(leg.)*

Appoint *(position)* Designar, nombrar, constituir a *(X)* en

Appoint an arbiter/arbitrator Comprometer en árbitro

Appoint any company, firm or person, or any fluctuating body of persons Nombrar cualesquier compañías, empresas o personas, o cualesquier grupos de personas

Appointed and commissioned Designado y facultado

Appointed officers Ejecutivos, directivos de/debidamente designados

Appointee Nombrado, designado

Appointment of trustee Nombramiento de un fideicomisario o síndico

Appointments Nombramientos

Apportion *(v.)* Prorratear, repartir, adjudicar, asignar

Apportioned A prorrata

Apportioned costs Costos prorrateados, costos distribuidos

Apportionment Prorrateo, distribución, reparto

Apportionment of net income Distribución de la utilidad neta

Apportionment of the liability Prorrateo de la obligación

Appraisal Evaluación, valoración, tasación *(esp. la de una autoridad)*

Appraisal 2 Apreciación, estimación, avalúo *(de una propiedad)*, aforo, valuación

Appraisal increment Incremento por revaluación

Appraisal of assets and banking settlements Arqueo y conciliaciones bancarias

Appraisal through the system of gross profit Valuación por el sistema de utilidad bruta

Appraised value of securities Importe de tasación de valores

Appraiser Valuador, tasador

Appreciate Evaluar, tasar, estimar

Apprehension Temor

Apprise Informar, comunicar, avisar

Approach *(n.)* Actitud, enfoque, acercamiento; método, plan, estudio

Approach *(X with a suggestion)* Abordar

Appropriate *(adj.)* Adecuado/apropiado; competente; conveniente; correspondiente; suficientes

Appropiate Apropiarse, adjudicarse; consignar, destinar

Appropriate courts in Brazil Tribunales competentes de Brasil

Appropriated *(X were appropriated)* Quedó afectado *X*

Appropriation account Cuenta de apropiaciones

Appropriation (appropriations) Apartados

Approval of Tramitación de; (plur.) Aprobaciones *(oficiales)*

Approved loan Préstamo aprobado

Approved technical cooperation Cooperación técnica aprobada

Arable land Tierra *(cultivable)*

Arbiter, whether bound or not bound by legal principles Árbitros arbitradores o de derecho

Arbitrage Arbitraje

Arbitration Arbitraje

Arbitration agreement Compromiso arbitral del juicio

Arbitration clause Cláusula de arbitraje, cláusula compromisoria del juicio

Arbitration proceedings Juicio arbitral

Ardor Celo

Argue Discutir

Argue in defense of... Alegar razones en defensa de...

Argumentation/argument Argumentación

Arise from Originarse, provenir/emanar/derivarse de

Arisen Suscitadas

Arising... Surgidas de...

Armed robbery Robo a mano armada

Arms race Carrera armamentista

Arm's length cost Costo imparcial

Arouse with words Exhortar

Arraignment Citación judicial; acusación

Arrange for a meeting Concertar una reunión

Arranged Concertado

Arrangement Arreglo *(entre acreedores)*; disposiciones

Array *(v.)* Ordenar, clasificar

Arrearage Demora o atraso en pagar

Arrears Atrasos, retraso en los pagos

Arrears of depreciation Atrasos de la depreciación

Arrest *(n.)* Arresto; detención

Arrest *(v.)* Detener

Arrival Fecha de llegada

Arrival in USA Fecha de llegada a los EEUU

Arrive simultaneously Coincidir

Arrogation Usurpación

Arson Destrucción intencionada de propiedad ajena por medio del fuego, incendio intencional

Artfully Con arte, diestramente

Article 1 Cláusula Primera

Articles of agreement Contrato, convenio

Articles of Association Escritura social de una compañía o sociedad, estatutos de una sociedad, escritura de constitución social

Articles of Incorporation Acta constitutiva *(estatutaria)*, documento constitutivo de la empresa

Articles of Incorporation and By-Laws of my Principal El acta constitutiva que a la vez le sirve de estatutos sociales a mi representada

Articles of Incorporation of the Company Documento constitutivo de la Compañía

Articles of partnership Escritura de constitución de sociedad, contrato de sociedad colectiva

Articles of war Código militar

Artificial language Lenguaje artificial

Artificial person Persona jurídica o moral

As En mi calidad/carácter de; según; por concepto de

As 2 A medida que; a título de; de acuerdo con; ya que

As a consequence of such revocation A resultas de dicha revocación

As a defendant or plaintiff Sea como demandada o como demandante

As a matter of fact Por cierto

As a result Por lo que

As a result of A raiz de

As a testimonial Como constancia de

As a testimonial of graduation from the *X* High School Como constancia de su graduación en *X*

As appears from Según consta de

As appears from his commission on record in my office Según consta de su nombramiento que reposa en los archivos de mi oficina/ registrados en mi oficina

As described Como se expone

As evidence of En reconocimiento de, como prueba de

As evidence of scholastic attainments and good character En reconocimiento de sus logros académicos y buena conducta

As evidenced from the record Según consta del acta

As evidenced from the writs Se desprende de los autos

As explained Como se expone

As far as En la medida posible

As far as... is concerned Por lo que respecta

As first Guarantor Constituido en fiador principal

As follows Así; las siguientes disposiciones...

As from A partir de

As fully De manera tan amplia, tan cabalmente

As he may deem fit/he may think to be fit/advisable/suitable Que tenga por conveniente

As her free and voluntary act Como acto libre y voluntario

As holder in due course En su carácter de tenedor legítimo

As I might or could do if personally present at the doing thereof Como yo misma pudiere hacerlo de estar presente personalmente en la realización del mismo

As it is erroneously set forth Como erradamente figura

As it is evidenced from the writs Según se desprende de los autos

As it is of the Record Tal como consta

As it shall deem advisable Que estime conveniente/cuando lo juzgue oportuno

As long as Siempre que

As may be due to us Que pudieran correspondernos

As may be required by En conformidad con

As much as Tanto (a)

As much as possible En todo lo posible

As near as the vessel may arrive safely and afloat Tan cerca como el buque transportador pueda arribar con seguridad y siempre a flote

As of A contar de, a partir de, desde

As of August 1 A 1 de agosto

As of the date of such investment Desde el mismo día de la inversión

As of the time when A contar del día

As of this day Contados a partir de la fecha

As often as Tanto (a)

As partial payment En parte de pago

As provided by De acuerdo a las instrucciones/según lo establecido

As provided for by Law Cuanto en/en cuanto a derecho se requiere

As provided for in Como se estipula/establece en, de conformidad con lo establecido en

As provided in En la forma prevista

As regards En relación con, respecto de, sobre, en cuanto a, por lo que respecta

As required by Law Cuanto en derecho se requiere

As res judicata Dio el carácter de cosa juzgada

As set forth in the following clause Como se consigna en la cláusula que sigue

As shown by Según se desprende de / según consta de

As shown by the original documents on file in this office Según consta/se desprende de los documentos originales que reposan en los archivos de esta oficina

As soon as possible A la mayor brevedad

As stated therein Como en él se expresa

As such Como tal/como/en mi condición de tal

As the case may be Según el caso; llegado el caso

As the grantor might or could do if personally present Como lo hiciere el otorgante de estar presente personalmente

As the members will recall Como cabe recordar

As the official appointed by Como/en mi calidad/carácter de funcionario designado por

As they fall due Conforme se venzan

As they have agreed upon Que tienen convenido

As to Respecto de/relacionado con/por lo que respecta / en cuanto a

As to the fair... A la justa..., a la medida de

As well as Como también

As well as any other provisions of a similar rank Así como las demás disposiciones de rango similar

Ascertain Cerciorarse

Ascertainment error Error de determinación

Ascribe to Atribuir

Ask Interrogar

Ask for Pedir *(+ compl. dir.)*

Ask for advice Hacer una consulta

Aspect Aspecto; dimensión

Assault Asalto

Assault and battery Asalto y agresión

Assembler Ensamblador

Assembly Ensamblaje

Assembly language Lenguaje ensamblador

Assert Aseverar, afirmar; hacer valer, sostener

Assertions Afirmaciones

Asserts that he is well acquainted with... Declara conocer...

Assess Gravar/acotar *(impuesto)*; imponer contribución, contabilizar, cargar, tasar; avaluar, calificar, fijar, determinar *(daños, montos)*

Assess against Contabilizar en cuenta de

Assess at Valorar, estimar en, valuar, tasar, evaluar

Assessable Gravable, imponible

Assessed value Valor catastral

Assessment Tasación, avalúo fiscal, gravamen, impuesto, tasa de tributación; imposición, contribución, cargo, recaudo

Assessment Bill Formulario de liquidación/planilla de liquidación *(hisp.)*

Assessment insurance Seguro de contribución

Assessor Tasador

Asset Posesión, propiedad; bienes *(Der.)*

Asset 2 Créditos activos, capital, valores en cartera, activo, partidas del activo *(Com.)*, haber

Asset *(fig.)* Ventaja, persona muy útil

Asset account Cuenta de activo

Asset and liability accounts Cuentas del activo y del pasivo

Asset turnover Rotación del activo

Asset values Valores de inversión

Asset's life Vida del activo

Assign Ceder/traspasar, transferir; adjudicar, asignar, encomendar, destinar

Assign 2 Fijar, señalar

Assign *(somebody for a particular function or position)* Designar

Assignable Negociable

Assigned account Cuenta en garantía

Assigned from Programado en conformidad con

Assignee Cesionario, poderhabiente, apoderado, síndico

Assigner Cesionista, cedente, asignante

Assignment Transferencia de un derecho de una persona a otra

Assignment 2 Asignación; escritura de cesión de bienes, traspaso, cesión, cometido

Assignment of contracts Cesiones de contrato

Assignment of credit Cesión de acreencias

Assimilable Asimilable

Assist in Contribuir, ayudar

Assist in the filing thereof Asistir a su evacuación

Assistance Ayuda

Assistance pending the fair hearing Asistencia mientras que se llega a una decisión final

Assistant *(adj.)* Asistente, sub *(cargo)*, suplente, auxiliar, pasante

Assistant Director Director suplente

Assistant International Student Consejero de estudiantes extranjeros

Assistant Professor Profesor adjunto/asistente

Assistant Secretary of State Secretario de Estado Suplente

Assistantship Pasantía

Assisted by Asesorado por, con la colaboración de

Assisted in this act by Asistido en este acto por

Associate Adjunto

Associate Justice Conjuez

Association Consorcio; sociedad

Associations of individuals Sociedades de personas

Assorted Surtido, mixto; apareado, clasificado

Assume *(responsibilities, command)* Asumir, contraer

Assumpsit Pacto o promesa oral; juicio por incumplimiento de contrato

Assumptions of the report Ideas preconcebidas del informe

Assurances Garantías

Assure *(confirm)* Asegurar

At A; ante *X*; en *(lugar)*

At all times En todo momento

At any rate En todo caso

At arm's length A prudente distancia

At bargain price A precio de ganga, de ocasión

At 160 ptas./ US $ A 160 ptas./US $

At 160 ptas. to the US $ A 160 ptas./US $

At Company Headquarters En la oficina principal

At cost Al costo

At *(date: day, month)* Al *(fecha)*

At discretion A discreción

At international level A nivel internacional

At its best En el mejor de los casos; el mejor... es

At its option A discreción; a su juicio

At least Siquiera

At low cost A bajo precio

At maturity En su fecha de vencimiento

At my full satisfaction A mi entera satisfacción

At my place of residence Residencia

At net *X* day terms Bajo términos/condiciones de *X* días plazo

At no time En ningún momento

At one time En una sola porción

At onerous title A título oneroso

At present Actualmente

At random Al azar

At sight A la vista, a presentación

At someone's request A solicitud de

At that time Ya entonces

At the beginning of A principios de

At the cost of A costa de

At the discretion of A juicio de

At the expense of A expensas de

At the proper time A su tiempo

At the rate of A razón del

At the rear of Detrás de

At the request from A petición de, a solicitud de

At the same time as Al momento de

At the satisfaction of A satisfacción de

At the time Para la fecha; para entonces

At the time given Siendo la oportunidad indicada

At the time in which it is due En la fecha en que sea debida

At the time of Para el momento/la fecha de; al; al momento de

At the written request of Por solicitud escrita de

At X's home address A domicilio

At X's own account/expense Por cuenta propia

At your earliest convenience A la mayor brevedad

Attach *(v.)* Decomisar, embargar; adjuntar

Attach to Acompañar

Attached account Cuenta intervenida

Attached thereto Adjunto a la misma

Attachment Embargo, acta de embargo, decomiso

Attachment in aid of execution Embargo en ayuda de la ejecución

Attachment of property Embargo de una propiedad al iniciarse un juicio; incautación, embargo de bienes

Attachment prior to judgment Embargo previo al juicio

Attachment was decreed and subsequently enforced Se decretó y practicó medida de embargo

Attainment Logro, consecución, realización

Attempt *(n.)* Intento, prueba, tentativa; ataque, asalto

Attempt *(v.)* vi. Intentar, procurar, probar, ensayar

Attempt on *(someone's)* life Atentado contra la vida de

Attempt to resolve the dispute Intentar resolver el desacuerdo

Attend meeting of Asistencia a la reunión

Attend to business Dedicarse a los negocios

Attendant *(adj.)* Consiguiente, que conlleva, que le son inherentes

Attendant at birth Persona que asistió al parto

Attention Atención

Attest Atestiguar, deponer, afirmar, acreditar, dar fe, testificar, declarar; certificar, afirmar; juramentar

Attest his capacity as the owner/holder/bearer of the mortgage bonds Acreditar su condición de titular de las cédulas hipotecarias

Attest to Dar testimonio de, testimoniar

Attested copy Copia certificada

Attesting Fehaciente

Attesting witness Testigo certificador o instrumental

Attesting witnesses to this ceremony/proceeding were: Fueron testigos presenciales de este acto los Sres.

Attestor Testigo, certificador

Attorney Apoderado, agente, abogado representante, poder habiente

Attorney at law/in law Abogado *(US)*; consultor jurídico

Attorney for plaintiff Representante legal del demandante

Attorney General Procurador general

Attorney General's Office Procuraduría General de la República

Attorney in Fact Apoderado *(GB) (US)*

Attorney-in-fact for Apoderado de

Attorneys Social Welfare Institute Instituto de Previsión Social del Abogado

Attribute Atribuir

Auction Liquidación, remate, subasta

Auction sale Venta en subasta

Audacious Audaz

Audit Auditoría *(n.)*; auditar *(v.)*

Audit Control Control de auditoría

Audit of cash Auditoría de caja

Audit/enterprise group Grupo de auditoría y negocios pequeños

Audited report Informe certificado

Auditing of accounts Revisión de cuentas

Auditor Interventor

Authenticate Legalizar, refrendar; certificar, autorizar

Authoritative expert advise Asesoramiento autorizado; asesoramiento de expertos

Authority Órgano

Authorization date Fecha de autorización

Authorization for the foreign currency withdrawal Autorización para retiro de divisas

Authorization is granted hereby Quedan autorizadas

Authorization to import *X* Autorización para importación de *X*

Authorization to sign Promissory Notes Autorización de firmas de pagarés

Authorize any such attorney to sub-delegate all or any of the powers, authorities and discretions vested in him Autorizar a dicho apoderado para sustituir, total o parcialmente, todas o cualesquiera de dichas facultades, autoridades y poderes a él otorgados

Authorize in writing Autorizar por escrito

Authorized capital Capital autorizado

Authorized contribution Contribución autorizada

Authorized cost Costo autorizado

Authorized debt under Decree *X* Autorización de la deuda bajo Decreto *X*

Authorized disbursement Desembolso autorizado

Automatic check Comprobación automática

Automatic Data Processing (ADP) Elaboración Automática de Datos (EAD)

Automation Automatización

Automobile collision insurance Seguro de accidente de automóviles

Automobile insurance Seguro de automóviles

Automobile liability insurance Seguro de responsabilidad sobre automóviles

Automobile theft insurance Seguro sobre robo de automóviles

Automotive/automobile Automotriz

Auxiliary Auxiliar

Availability Disponibilidad

Available Disponible, aprovechable

Available for lending Disponibilidades para préstamos

Available time Tiempo disponible

Aver Asegurar, afirmar, garantizar, comprometerse a

Average age at marriage Edad promedio de los contrayentes de matrimonio

Average collection period Período medio de cobranzas

Average daily checking balance Saldo promedio en la cuenta corriente

Average date of an account Fecha media de una cuenta

Average labor cost Costo medio de la mano de obra

Average rate Índice medio

Average rate charged for loans Tasa promedio activa

Average return on the investment Promedio del retorno de la inversión

Average unit price Precio unitario promedio

Avert Prevenir *(peligro, catástrofe)*, evitar; desviar, apartar *(mirada, pensamientos)*

Avoid Eludir

Avouchment Testimonio, protesto

Avowal Declaración, admisión, confesión

Avower Declarante

Await court action Esperar la acción del Tribunal

Award *(n.)* Premio, diploma; la buena pro en una licitación; fallo, adjudicación, laudo

Award *(v.)* Conferir, conceder, adjudicar, otorgar *(títulos)*

Award *X* to/unto... Conferir/otorgar a *X*

Awarded, upon due compliance with all the requirements provided by law, to *X* Que se otorga a *X* previo el cumplimiento de los requisitos exigidos por ley

Awarding Otorgamiento

Awareness Consciencia, conocimiento

Awning Toldo

B

INGLÉS

Baby bond Bono depreciado

Back *(v.)* Endosar; apoyar, respaldar, auspiciar, favorecer, defender, sostener

Back bond Contrafianza

Back taxes Impuestos atrasados

Back up Respaldar

Back-stabbing Realizar una acción a traición cuando la otra parte no puede defenderse

Back-to-back letter of credit Carta de crédito respaldada

Back-to-school period Período de regreso a clases

Background Antecedente

Background of analysis Antecedentes del análisis

Backlog Acumulación

Backorders Órdenes atrasadas

Backward economy Economía subdesarrollada

Backwardation Prima pagada por retraso en entregar acciones

Bachelor's degree Licenciatura, título universitario

Bad coin Moneda falsa

Bad debt Cuenta incobrable

Bad faith Mala fe

Baggage room Depósito de equipaje

Bail *(n.)* Fianza, caución, garantía, fianza

Bail *(v.)* Caucionar, dar fianza

Bail bond Escritura de fianza

Bail insurance Seguro de fianza

Bail out Sacar de problemas

Bailee Depositario *(persona a quien se confía la custodia de alguna propiedad)*

Bailiff Alguacil

Bailment Entrega en depósito

Bailor Depositante; fiador, garante

Balance (quantities) Diferencia, saldo

Balance due on the price Saldo del precio adeudado

Balance of fund Saldo del fondo

Balance of Payments Balanza de pagos

Balance of Trade Balanza de comercio/comercial

Balance per trial balance Saldo según balance de comprobación

Balance sheet Estado de la situación; estado financiero, balance general; balance

Balance sheet showing the Capital stock assigned Balance que refleje el capital social asignado

Balance the budget Nivelar el presupuesto

Balance to be recovered Saldo recuperable

Balance-of-payments adjustment Ajuste de la balanza de pagos

Balanced growth Desarrollo equilibrado

Balanced sample Muestra equilibrada

Balances with agents Saldos en poder de agentes

Balancing item Contrapartida

Balk at Negarse, resistir, oponerse a, repudiar

Balky Opuestos, resistidos

Ban Prohibición, proscripción *(por una ley/autoridad)*

Banished Desarraigados

Bank *(v.)* Depositar en un banco, realizar operaciones bancarias

Bank acceptance Giro aceptado por un banco, aceptación bancaria

Bank account Cuenta bancaria, cuenta en un banco

Bank clerk Empleado de banca

Bank charges Cargos/gastos bancarios

Bank deposit voucher Comprobante de depósito bancario

Bank drafts Giros bancarios

Bank for International Settlements (BIS) Banco de Pagos Internacionales (BAI), Banco de Operaciones Internacionales

Bank guaranty Seguro contra quiebra de banco

Bank income Ingresos del banco

Bank loan Préstamo bancario

Bank money Valores de banco

Bank money order Giro bancario

Bank of circulation Banco de emisión

Bank of issue **Banco** de emisión

Bank overdraft Sobregiro bancario

Bank panel Grupo del banco

Bank rate Tasa de descuento de los bancos, tasa de interés bancario; tipo bancario

Bank reconciliation statement Estado de conciliación del banco

Bank resources Recursos del banco

Bank share Acción bancaria

Bank's account Estado de cuenta del banco

Bankbook Libreta de depósitos en un banco

Banker's acceptance Aceptación bancaria

Banking Banca *(com.)*

Banking business Operación bancaria

Banking community Comunidad bancaria

Banking institution Instituto bancario

Banking operations Operaciones bancarias

Banking settlements Conciliaciones bancarias

Bankrupt *(adj.)* Quebrado, en quiebra

Bankrupt *(v.)* Arruinar, quebrar, declararse insolvente o en quiebra

Bankrupt drawee Librado en bancarrota

Bankrupt drawer Librador en quiebra

Bankruptcy Quiebra, insolvencia, bancarrota

Bankruptcy discharge Rehabilitación de quiebra

Bankruptcy Law Ley de quiebras

Bankruptcy proceedings Procedimientos de quiebra; juicio de quiebra

Banns (or bans) Carteles

Baptismal certificate Fe de Bautismo

Bar Asociación de Abogados

Bar association Asociación de Abogados; Colegio de Abogados

Bar tolls Peaje marítimo

Barely De apenas; apenas

Bargain *(n.)* Negociación; contrato

Bargain *(v.)* Negociar, pactar, concertar, tratar; regatear

Bargain and sale Compraventa

Bargain sale Barata, rebaja, venta a precios rebajados, liquidación

Bargaining Regateo

Barge Barcaza, gabarra, chalana

Barn Granero

Barratry Demanda fraudulenta

Barratry (maritime law) Acto ejecutado por el capitán de un barco en perjuicio del dueño

Barren money Dinero improductivo, dinero prestado sin interés, deuda que no causa intereses

Barren period Período improductivo

Barriers to trade Barreras al comercio

Barring Excluyendo, salvo, si no hay..., a menos que

Barring proof of the contrary Salvo prueba en contrario

Barter *(v.)* Cambiar, trocar, permutar

Barter/bartering *(n.)* Trueque, permuta, cambio, canje, tráfico

Base (opinions) Fundar, fundamentar

Base pay Sueldo base, salario básico

Base stock Existencia básica

Baseless Insubsistente

Basement Sótano

Basic Básico, fundamental

Basic aggregate Suma global básica

Basic balance Balanza básica

Basic commodity Artículos de primera necesidad

Basic exchange rate Tasa básica de cambio

Basic grouping rules Reglas básicas de agrupación

Basic man Ser primordial

Basic policies Normas fundamentales

Basic principle of separation Principio básico de separación

Basic ration Ración de alimentos

Basic standard of adequate care Criterio básico de cuidado adecuado

Batch Lote

Batch control Control por tandas

Batch entry Entrada por tandas

Batch processing Elaboración por tandas

Be Constituir

Be + (past par.) (i.e. it is understood) Queda entendido

Be a certain distance Distar

Be about to Estar a punto de

Be accept at Preferir

Be according to rule Proceder *(algo)*

Be advisable Convenir

Be allowed Permitirse

Be already over (age) Doblar el codo de los (años de edad)

Be appropriate Encajar

Be appropriated Quedar afectado

Be armed with Contar con, estar dotado de

Be as such *(an officer)* Y en tal calidad

Be assigned to Quedar a cargo de

Be at the date thereof Era para la fecha

Be authoritative Imponerse

Be authorized Estar facultado

Be available Estar disponible

Be (away, far) from Distar de

Be awed Estar aterrado

Be binding upon the party hereto De obligatorio cumplimiento para las partes

Be bound Estar sujeto/destinado a

Be called into session Ser convocado a reunión

Be centered Concentrar

Be circulated to Ser distribuido entre

Be compelled to Obligado a

Be conducive to Causar *(dar lugar a)*

Be consonant with Ajustarse a, estar dentro de patrones requeridos, estar conforme a/acorde con

Be convenient Convenir

Be decreed Dictado

Be deduced from Desprender de

Be deemed to have acted Se considerará que *X* ha procedido

Be deemed to have been reproduced in this document Darse por reproducidos aquí

Be delayed Retrasarse

Be different Distar

Be difficult Costar

Be dispensed with Prescindirse de

Be due Vencer; pesar

Be due to Deberse a, obedecer a

Be duly supported by Respaldado por

Be effective Estar vigente

Be empowered Se encuentra autorizado

Be engaged in Dedicarse a, participar en

Be engaged in activities Realizar actividades

Be enrolled in military service Entrar al servicio militar

Be entitled to Tener derecho a, estar facultado para

Be entitled to a pre-emptive right to subscribe for or purchase pro rata any shares issued in addition to the shares authorized in the original Articles of Incorporation Tendrán derecho preferencial de suscribir o adquirir prorrata cualesquiera acciones emitidas por encima de las acciones autorizadas en el documento constitutivo original

Be entitled to this diploma Hacerse acreedor a este diploma

Be entrusted to Encomendada a

Be equated to Ser asimilable

Be expressly in lieu of Reemplaza expresamente

Be filed Incorporarse; sea agregada

Be financially responsible of Ser económicamente responsable de

Be first heard Estrenar

Be for the exclusive/sole account of Correr por la absoluta cuenta de

Be forfeited Caducar

Be forwarded with Ser despachada con

Be found in Figurar en

Be given Se harán constar

Be given the name / be named Llevar por nombre

Be given to Quedar a cargo de

Be granted Concedida

Be held in Tener lugar en

Be hereby affixed Estamparse (se estampa)

Be in a position of Estar en condiciones de

Be in accordance with Ajustarse a, estar dentro de patrones requeridos, estar conforme a/acorde con

Be in agreement with Ajustarse a, estar dentro de patrones requeridos, estar conforme a/acorde con

Be in bankruptcy, insolvent or in suspension of payments Estar en quiebra, insolvente o en suspensión de pagos

Be in default Estar en mora

Be in good health Gozar de buena salud

Be in keeping with Ajustarse a, estar dentro de patrones requeridos, estar conforme a/acorde con

Be in lieu of Reemplazar o remplazar

Be in order Proceder *(algo)*

Be in the Bar Abogados colegiados

Be in the custody of Encontrarse bajo la custodia de *(formal)*, permanecer en la custodia de

Be in the midst of a crisis Cursando tiempos de crisis

Be in the pipeline Estar en tramitación

Be in the true and proper handwriting of the Director Son de puño y letra del Director

Be inferred from Desprender de

Be it known Sépase por la presente, publíquese; se hace saber

Be lawful Proceder *(algo)*

Be lawfully convened *(Shareholder's Meeting)* Convocada legalmente *(Asamblea)*

Be liable for Ser responsable por

Be liable to Estar sujeto a

Be made Se harán constar

Be marking time Estar estancada

Be of the record Constar en el citado documento

Be off *(adj.)* Ser inexacto

Be off *(v.)* Irse, marcharse

Be out for *X* Disponerse a

Be outlawed Caducar

Be outstanding or prominent Destacarse

Be past due Sobrevencimiento

Be penalized Ser sancionado

Be personally acquainted with *X* Conocer de vista, trato y comunicación

Be premiered Estrenar

Be presently in legal existence Tener actualmente existencia legal

Be profitable Convenir

Be raised Recoger, reunir, colectar

Be recorded Constar

Be responsible for Estar a cargo/encargado de, encargarse de

Be responsible in their own right Podrán actuar por iniciativa propia

Be ruled out Ser descartado/descartarse

Be secured on a sound basis Garantice su mejor

Be set forth Figurar

Be so awarded in compliance with the provisions of Decree 1361 Se efectuó cumpliendo con lo establecido en el Decreto 1361

Be stated Se harán constar

Be subject to Depender; estar sujeto a

Be submitted to the Municipal Council Para su presentación al Concejo

Be sued Ser demandado

Be suited to Ajustarse a; estar dentro de patrones requeridos; estar acorde con

Be tantamount to (for facts, not quantities) Equivaler a

Be the authority Ser competente

Be the full responsibility of Ser responsable de

Be tied Empatar

Be tied up Estar atado

Be trained Formarse

Be transferred to Pasar al

Be unaware of something Ignorar

Be under way Estar bien encaminado/situado

Be used up Consumirse, agotarse

Be well acquainted with Conocer

Be worthwhile Convenir

Bear *(n.)* Especulador a la baja

Bear *(v.)* Jugar a la baja

Bear account Cuenta de especulación a la baja

Bear interest Rendir interés

Bear interest (at the rate of) Ganar/devengar intereses

Bearer Titular

Bearer bond Bono u obligación al portador

Bearer instrument Documento al portador

Bearer mortgage note Pagaré hipotecario al portador

Bearer paper Documentos o efectos al portador

Bearer securities Valores a la orden o al portador

Bearer shares Acciones al portador

Bearing in mind Dado que; dentro de

Bearing of a line Rumbo de una línea

Bearing the name of Denominado *X (nombre propio)*

Because of Debido a, a raíz de, porque, por

Become a subject Avasallar

Become accustomed to Correr el riesgo de

Become aware of Advertir

Become bankrupt Quebrar

Become effective Entrar en vigor

Become famous Ganar prestigio

Become immediately duc and payable Se dará por vendido y pagadero en immediato

Become insolvent Hacerse/quedarse insolvente

Become more serious Agudizar

Become non-suited Demostrar falta de pruebas

Become of age Llegar a la mayoría de edad

Become related Emparentar

Become the property of Quedar a favor de

Become the subject of receivership proceedings Encontrarse bajo el control/administración de un síndico

Become winning numbers Resultar favorecido

Before Ante

Before me personally appeared Ante mí compareció personalmente/se personó

Before or on... A más tardar...

Before the requested delivery date De anterioridad/anticipación a la fecha de entrega solicitada

Before whom Ante quien

Before whom the annexed acknowledgment, oath, affidavit was taken Ante quien se hizo el reconocimiento, juramento o declaración jurada

Before you Ante el Despacho a su digno cargo

Before you I respectfully resort to state Ante Ud. respetuosamente ocurro y expongo

Beginning inventory Inventario inicial

Being adequate Siendo suficientes

Being duly sworn Habiendo prestado juramento

Being in official attendance Constituidos los ciudadanos *(estar presentes con carácter oficial)*

Being the said attorney authorized to set the price thereof as well as other compensation terms as he may deem fit/ he may think to be fit/advisable/suitable Con la facultad de fijar el precio y demás prestaciones y condiciones que tenga por conveniente

Belated Atrasado, tardío, demorado

Belief Creencia

Below Debajo de; inferior a

Belting out Hablar en forma directa y en voz alta

Bench Jueces *(término para referirse a ellos en forma colectiva)*

Bench warrant Auto de detención, orden de arresto

Bench-mark data Datos de referencia

Beneath Debajo de, por debajo de; inferior a

Beneficial owner Usufructuario, propietario de beneficio, dueño útil

Beneficiary Derechohabiente, tomador, portador, beneficiario

Beneficiary by endorsement of a promissory note Beneficiario por endoso de un pagaré

Beneficiary of a promissory note endorsed by Beneficiario por endoso de un pagaré

Benefit *(n.)* Provecho, utilidad, beneficio, ganancia

Benefit in kind Beneficio en especie

Benefit of inventory Beneficio de inventario

Benefit payments Beneficios, indemnización, pagos beneficiales

Benefit/cost ratio Relación costo/beneficio

Benelux Nations Bélgica, Holanda y Luxemburgo

Bequeath *(v.)* Dejar, legar, donar en testamento

Bequeather Testador

Bequest Legado, donación en testamento

Besides Además de; aparte de; también

Best evidence La mejor prueba

Best-return Mayor rendimiento

Betoken Evidenciar, demostrar, revelar

Betray Traicionar, delatar, denunciar

Between Entre (/2)

Between 2 Suscrita por

Bewilder Confundir, azorar

Bewitchment Embrujo

Beyond Más allá, más lejos, fuera de

Beyond a reasonable doubt Fuera de duda razonable

Bi-monthly Quincenal, bimensual *(dos veces al mes)*

Bias Propensión, predilección, inclinación, preferencia; Prejuicio, sesgo, parcialidad

Bickering Argumentar, pelear.

Bid Hacer ofertas/posturas, presentar licitaciones

Bid as our authorized representative Hacer licitaciones como representantes autorizados nuestros

Bidding Licitación, subasta, postura

Bidding notice Aviso de subasta

Bidding process Proceso de licitación

Big-headed Arrogante, engreído.

Bigamy Bigamia

Bill *(n.)* Letra de cambio, pagaré, giro, libranza; cuenta, factura; proyecto de ley

Bill *(v.)* Facturar, cargar en cuenta

Bill book Libro de cuentas a cobrar o pagar

Bill goods sold to *X* Facturar las mercancías vendidas a *X*

Bill holder Tenedor de una letra

Bill of credit Carta de crédito

Bill of debt Pagaré por una deuda

Bill of entry Declaración aduanal, lista de géneros de entrada en la aduana

Bill of Exchange Instrumento negociable, letra de cambio, libranza

Bill of freight Carta de porte

Bill of health Certificado de sanidad

Bill of indictment Acta de acusación

Bill of lading Conocimiento de embarque; guía aérea, carta de porte

Bill of materials Lista de materiales

Bill of particulars Exposición de hechos, constancia escrita de los detalles de una reclamación

Bill of registry fees Formulario de liquidación; planilla de liquidación *(hisp.)*

Bill of Rights Declaración de derechos, garantías individuales; diez primeros artículos de la Constitución estadounidense

Bill of sale Escritura de venta/compraventa

Bill payable Letra por pagar, efecto a pagar

Bill receivable Letra por cobrar, efecto a cobrar

Bill register Registro de letras

Bill-broker Agente de cambios

Billboard Valla publicitaria

Billing Facturación

Billing prices Precios facturados

Binary Binario

Binary code Código binario

Binary digit (BIT) Dígito binario

Binary element Elemento binario

Binary notation Notación binaria

Binary system Sistema binario

Binary-coded decimal notation (BCD) Notación decimal codificada en binario

Bind *(v.)* Comprometerse, obligarse

Bind oneself to Comprometerse/obligarse a

Binding Obligatorio, obligante, valedero

Binding agreement Compromiso, acuerdo obligatorio

Birth Certificate Acta/partida de nacimiento

Birth control Control de la natalidad

Birth rate Tasa de natalidad

Birth record Certificado de nacimiento

Biweekly Quincenal

Black book Lista negra

Blackmail Chantaje, extorsión de dinero por medio de amenazas

Blank *(adj.)* En blanco, modelo

Blank acceptance Aceptación en blanco

Blank check Cheque en blanco

Blank endorsement Endoso al portador

Blank form Formulario en blanco

Blank signature Firma en blanco

Blanket Manta

Blanket clause Cláusula general

Blanket coverage Cobertura global

Blanket mortgage Hipoteca colectiva, hipoteca general

Block *(n.)* Manzana (de casas), cuadra *(n.)*

Block *(v.)* Contrarrestar

Blocked account Cuenta bloqueada

Blocked currency Moneda bloqueada

Blow up Entrar en ira, gritar

Blow upon *(v.)* Desacreditar

Blue-print *(fig.)* Programa detallado de acción; anteproyecto

Board Junta, Consejo, Directiva, Tribunal

Board of Consejo, Junta

Board of audit Consejo de revisión

Board of Director's Minute Book Libro de Actas de la junta directiva

Board of Directors Junta administradora; junta directiva, directorio consejo de directores, consejo de administración

Board of Education Dirección de educación

Board of Education for the High School Dirección de este Instituto de educación secundaria

Board of Executive Directors Directorio ejecutivo

Board of Governors Asamblea de gobernadores

Board of Governors of the Federal Reserve System Junta de gobernantes del sistema de reserva federal

Board of Trade Junta de comercio *(US)*; Ministerio de Comercio *(GB)*

Board of Trustees Junta de síndicos

Board of Underwriters Consejo de aseguradores

Boarding Bridges Puentes de embarque *(Av.)*

Boarding school Internado

Boardroom skills Destrezas que permiten manejarse a altos niveles de gerencia

Body Cuerpo; corporación; organismo

Body of laws Jurisprudencia

Bold Audaz

Boldly Denodadamente

Bona Fide De buena fe; honradamente

Bond *(n.)* Bono; título, título de la deuda, fianza, obligación (*Com.*); vínculos; (plur.) valores

Bond *(v.)* Poner en depósito; dar fianza; hipotecar, obligar mediante fianza

Bond discount Descuento sobre bonos

Bond executed Fianza constituida

Bond holder Tenedor de bonos

Bond investment Inversión en bonos

Bond issues Emisión de valores/bonos

Bond of assignee Fianza del cesionario

Bond payable to bearer Título al portador

Bond retired Bono redimido

Bond retirement Retiro de bonos

Bond sinking fund Fondo para amortización de obligaciones o bonos

Bond-tenant Enfiteuta

Bonded Garantizado por escrito; afianzado; hipotecado

Bonded (the) El afianzado

Bonded debt Deuda consolidada/garantizada

Bonded goods Mercancía en depósito

Bonded warehouse Almacén de depósito

Bondholder Rentista, tenedor de bonos

Bonding company Compañía de fianzas

Bonding institution Institución de fianzas

Bonds of matrimony Matrimonio, sociedad conyugal

Bonds of matrimony between *X* and *Y* are hereby dissolved Disuelto en consecuencia el vínculo matrimonial existente entre ellos

Bonds payable Obligaciones por pagar

Bondsman Garante, fiador

Bonus Prima, bonificación, sobresueldo, dividendo extra

Bonus additions Aumentos en bonificaciones

Bonus for rest during meals Bono de descanso por comida

Bonus shares Acciones en premio

Book of Authentications Libro de autenticaciones

Book of rates Arancel de aduanas

Book of Record Cuaderno de comprobantes

Book One of the Civil Code Libro Primero del Código Civil

Book value Valor en los libros, precio de lista, valor contable

Booking office Despacho de pasajes

Bookkeeper Auxiliar de contabilidad

Bookkeeping Teneduría de libros

Books of account Libros de cuentas

Boom Auge, prosperidad repentina

Boost Fomentar, incrementar, promover, aumentar

Border Margen, límite, separación

Born in Natural de

Borrow Emprestar

Borrower Prestatario, comodatario

Borrowing Endeudamiento

Borrowing capacity Capacidad prestataria

Borrowing company Compañía emisora

Borrowing nation Nación prestataria (frente a prestamista)

Borrowing vehicle Instrumento prestatario

Both of legal age and residents of this Municipality Ambos mayores de edad y de este domicilio

Bottleneck Embudo

Bottomry Préstamo a la gruesa

Boundary condition Condición en la frontera

Boundary lines Linderos

Boundary of production Límite de la producción

Bounded Acotado

Bounty Prima, subsidio, subvención

Bow Proa

Boycott (v.) Boicotear, desacreditar, excluir

Branch Sucursal

Branch accounting Contabilidad de la sucursal

Branch net loss Pérdida neta de la sucursal

Branch office Agencia

Branch out Expandirse

Branching process Proceso de ramificación

Brand Marca de fábrica

Brand name Marca, nombre comercial

Brand recognition Reconocimiento de marcas

Brazenly Descaradamente, desvergonzadamente

Breach of (contract) Violación/incumplimiento de contrato

Breach of (law) Infracción, quebrantamiento/violación de ley

Breach of faith Abuso de confianza

Breach of promise of marriage Rompimiento de una promesa de matrimonio, incumplimiento de la palabra de casamiento

Breach of trust Abuso de confianza

Breadth Extensión, espacio, envergadura

Break (a contract) Incumplir

Break a law Violar una ley

Break away Escapar de

Break down Desglosar, discriminar

Break into Allanar

Break out Descomponer

Break up Fraccionarse en

Break-even point Punto de equilibrio, punto de equilibrio de las utilidades

Break-even point cash Punto de equilibrio - dinero

Break-even point financial Punto de equilibrio - finanzas

Breakdown Derrumbamiento, caída, fracaso

Bridge-over *(n.)* Crédito provisional

Bridge-over *(v.)* Ayudar a salir de un apuro

Brief Minuta preparada por un abogado del caso de su cliente; escrito, notificación, alegato

Brief requesting for an Habeas Corpus writ Escrito de solicitud de mandamiento de *Hábeas Corpus*

Bring a divorce suit Intentar/incoar/ introducir una demanda de divorcio

Bring about *(coll.)* Causar *(dar lugar a)*

Bring action to court Intentar una acción judicial

Bring an (action/proceeding/prosecution/ suit) against somebody Demandar, entablar/incoar/intentar/ iniciar/ introducir una queja/ pleito/ litigio/proceso

Bring forward Trasladar una suma a otra cuenta

Bring pression/pressure to bear Ejercer presión

Bring suit/action Incoar algún proceso, demandar

Broached Introducir

Broadcasting Transmisión por radio/TV

Brochure Folleto

Brokerage Casa de corretaje de bolsa que efectúa compra y venta de títulos

Brokers Corredores de Bolsa

Brought by Intentado por

Brush aside Ignorar *(neg.)*, adelantarse a *(pos.)*

Budget Presupuesto

Budget allowance Asignación presupuestal

Budget period Período presupuestario

Budgetary accounts Cuentas presupuestarias

Bug Error

Build-up Acumulación progresiva *(de fuerzas, tropas)*; propaganda preliminar

Building *(n.)* Edificio, edificación

Building permit Permiso para edificar

Building site Terreno para edificar

Bulk sampling Muestreo en bloque

Bulky products Productos voluminosos

Bulldozers Aplanadoras

Bullion Oro o plata sin acuñar

Burden Costo indirecto, gravamen, carga, porte

Burden of proof Obligación legal de presentar la evidencia de los hechos/de comprobar los hechos

Burden rate Tarifa de gravamen

Bureau of Customs Oficina de aduanas

Burglary Forzamiento material y entrada a un edificio/casa para cometer un delito

Burglary insurance Seguro contra robos

Burial Sepultura

Burst with (rain) Descargarse

Business Despacho; empresa

Business activity Actividad mercantil

Business Administration Ciencias administrativas, administración de negocios

Business agent Negociador

Business concern Empresa mercantil

Business customs Costumbres, normas comerciales

Business days Días laborables

Business debt Deuda privada

Business deposit Depósito comercial

Business enterprise Empresa comercial, firma comercial

Business establishment Casa de comercio

Business hours Horario comercial

Business inventory Existencia de las empresas

Business license Patente de Industria y Comercio

Business life insurance Seguro de vida en los negocios

Business operation Operación

Business paper Documento comercial, efectos mercantiles

Business papers Prensa comercial

Business practice Práctica comercial

Business purposes Propósitos o fines comerciales

Business school Escuela de comercio

Business setbacks Reveses financieros

Business trust Sociedad fiduciaria, fideicomiso comercial

Businessman Comerciante

But also because Sino (también) porque

But not limited to Pero no se limita a; aunque sin limitarse a

Buy for cash Comprar al contado

Buy for the rise Jugar al alza

Buy into Comprar

Buy on account Comprar a crédito

Buy on credit Comprar a crédito

Buying agency Agencia de compras

Buying agent Agente de compras

Buying and selling Compraventa

Buying rate Tasa de compra

By Por parte de; en relación con; por vía de

By accepting Al aceptar

By acclamation Por aclamación

By assignment of the property rights of the buyer on a real property, as well as the movables in such apartment according to the inventory attached hereto Mediante cesión del derecho de propiedad que le corresponde sobre un inmueble y del mobiliario que según inventario se anexa

By cut and try Por aproximaciones sucesivas

By dint of A costa de

By either contracting government Por uno u otro gobierno contratante

By exceeding the Grace Period Pérdida del beneficio del plazo

By less than Sin procurarse

By means of Por medio/intermedio de; mediante

By means of a certified record of said *X*, although this be only a private document Constando dicha *X* de manera fehaciente, aun cuando sea por documento privado

By means of which A través del cual

By mutual consent Por mutuo consenso

By petition Mediante petición

By proxy Por poder

By reason of En virtud de

By reason of which Por lo que

By resolution of Por resolución de

By statute Por los estatutos, estatutariamente

By the Court Por el juzgado

By the time of En la fecha de

By these presents respectfully Respetuosamente me dirijo a usted

By virtue hereof En virtud de este poder

By virtue of En virtud de lo cual

By virtue of the fact that Debido a que, en razón de

By virtue of the foregoing statement Por lo anteriormente expuesto

By virtue of this power of attorney/ mandate En virtud del presente mandato

By way of A manera de, a título de; por medio/vía de, mediante

By way of compensation A título de recompensa o compensación

By way of partial payment En parte de pago

By whom the foregoing acknowledgement or proof was taken Quien tomó el anterior reconocimiento o prueba

By-Laws Estatutos sociales, reglamento, reglamentos internos

By-product Subproducto, producto secundario

Bypass Pasar por alto, eludir

Byte Byte, unidad de información

C *INGLÉS*

CAF (cost, assurance and freight) Costo, seguro y flete

Cable address Dirección cablegráfica

Cable transfer Transferencia cablegráfica

Caducity Caducidad, expiración

Calculate Computar

Calculated Computado

Calculated over one year of 365 days Calculado en base a un año de 365 días

Calculation Suposición

Calendar Lista de pleitos, juicios, señalamientos

Calendar day Día civil, día calendario

Calendar year Año civil

Call *(n.)* Demanda; llamado, llamada, solicitud; convocatoria, citación, aviso

Call *(v.)* Llamar, citar, avisar, convocar

Call a meeting Convocar a reunión

Call for Convocar; clamar, requerir, necesitar, pedir, exigir; aspirar; proponerse

Call for proofs Promover pruebas

Call into session Convocar a reunión

Call loan Préstamo pagadero a solicitud o a la vista

Call money Dinero a la orden

Call price Precio de redención

Call rate Tasa de interés sobre préstamos a corto plazo

Call to tender Llamar a licitación

Callable Amortizable, redimible, rescatable

Callable capital Capital exigible

Callable provision Cláusula de retiro

Callable resources Recursos exigibles

Callable shares Acciones amortizables

Called Convocado

Called meeting Citación de socios, no prevista

Calling stockholders' meeting Convocatoria a junta de accionistas

Campus Ciudad Universitaria

Cancel Cancelar, rescindir, anular, invalidar

Cancellation procedure Procedimiento de cancelación

Cancelled loan Préstamo anulado

Candidacy Candidatura

Candidature Candidatura

Canvassing for a job Gestiones para obtener empleo

Capability Idoneidad, aptitud, competencia

Capability (legal power; ability to analyze) Capacidad

Capable of Capaces de

Capacity Competencia; capacidad

Capacity as Condición

Capacity of Attorney Carácter de apoderado

Capacity to sue Capacidad para ser parte, Capacidad procesal

Capital Monto por capital

Capital account Cuenta de capital/patrimonial/de capitales

Capital accumulation Acumulación de capital

Capital assets Bienes de capital, valores de capital, activo de capital, activos fijos

Capital assistance Asistencia en forma de capital

Capital budgeting Presupuesto de activo fijo

Capital consumption allowances Reservas para el consumo de capital

Capital contribution Contribución/aporte al capital

Capital crime Pena capital; crimen sancionable con pena de muerte

Capital dividend Dividendo de capital

Capital equipment Bienes de capital empleados en la producción

Capital expenditure Gastos de capital, inversión de capital, desembolso capitalizado

Capital gains Ganancias de capital

Capital gains tax Impuesto a las ganancias de capital

Capital gains treatment Tratamiento de plusvalía/a la ganancia de capital

Capital goods Bienes de capital

Capital in shares of stock Capital en acciones

Capital increase Aumentos de capital

Capital interest Participación en el capital

Capital issued Capital emitido

Capital levy Impuesto sobre el capital o sobre la propiedad

Capital liability Pasivo de capital

Capital market Mercado de capitales, mercado financiero

Capital outlay Gasto/salida/desembolso de capital

Capital punishment Pena de muerte

Capital resources Recursos de capital

Capital stock Capital social, acciones de capital, capital en acciones; capital del banco

Capital stock tax Impuesto sobre el capital social

Capital to be subscribed Capital a suscribir

Capital-gains treatment Tratamiento de plusvalía/a la ganancia de capital

Capitalization of credit Capitalización de créditos

Captivating Cautivante

Capture Granjearse

Capture-release sampling Muestreo con captura y liberación

Card punch Perforador de tarjetas

Card reader Lector de tarjetas perforadas

Care Atención, cuidado

Care and support Cuidado y manutención

Careful Diligente

Carelessness Descuido

Cargo Carga

Cargo Terminal Building Terminal de cargo

Carload rates Tarifas de furgones

Carrier Transportista *(pasajeros o carga)*; cargador

Carry Acarrear

Carry back *(v.)* Devolver, restituir

Carry fire-arms Portar armas

Carry forward *(v.)* Pasar, llevar

Carry on Continuar

Carry on business *(v.)* Negociar, comerciar

Carry out Llevar a cabo; cumplir; ejecutar, practicar, llegar a

Carry out acts and things Realizar actos y trámites

Carry out all acts Realizar todos los actos

Carry out any transactions with any banking institution, in relation with such property of ours Ejecutar operaciones en cualquier instituto bancario en referencia al inmueble de nuestra propiedad

Carry out every act or thing necessary or incidental Realizar todos y cualesquiera actos o trámites necesarios o incidentales

Carry out transactions Celebrar operaciones

Carry the ball Liderar el esfuerzo

Carry through Tramitar

Carry through the foregoing proceedings Efectuar dichas actuaciones

Carry-back Traspaso al período anterior

Carrying out (of duties) Desempeño

Carrying value of assets Valor en libros del activo

Carrying value of bond Valor en libros del bono

Cartage cost Costo de acarreo

Case *(n.)* Caso; pleito; acción; defensa; juicio; causa

Case I brought to court Juicio que intenté

Case Law Jurisprudencia

Cases on the trial and appellate levels Juicios en todas sus instancias

Cash *(n.)* Efectivo; capital líquido

Cash *(v.)* Hacer efectivo

Cash account Cuenta de efectivo, cuenta de caja

Cash advance on your credit card Anticipo en efectivo a cuenta de la tarjeta de crédito

Cash and carry Pago al contado y transporte a cargo del comprador, operación al contado

Cash balance Saldo en efectivo, existencia en caja, balance de caja, saldo de caja

Cash before delivery (CBD) Pago antes de la entrega, pago en efectivo con el pedido

Cash book Libro de caja

Cash count Arqueo de caja

Cash disbursed Salidas o egresos de caja

Cash discount Descuento por pronto pago, descuento en efectivo

Cash down Al contado

Cash earnings Ingresos en efectivo

Cash flow Estado de flujo de caja; corriente de fondos, flujo de fondos, flujo de efectivo

Cash grant Otorgamiento/concesión de efectivo

Cash in advance Pago en efectivo por adelantado, efectivo adelantado

Cash in bank Efectivo en el banco

Cash inflow Entrada en efectivo

Cash items Pagos al contado, efectivo de caja

Cash loan Préstamo en efectivo

Cash on delivery (COD) Entrega contra reembolso, cobrar a la entrega

Cash on hand Existencia en caja, efectivo en caja

Cash on hand and in banks Activo disponible

Cash order Pedido al contado

Cash over and short account Cuenta de sobrantes y faltantes en caja

Cash payment Pago al contado

Cash position Posición de caja, encaje *(leg.)*

Cash refund Reembolso en efectivo

Cash refund annuity Anualidad con reembolso en efectivo

Cash refund life annuity Anualidad vitalicia con reembolso en efectivo

Cash rich Tener liquidez

Cash sales Ventas al contado

Cash shortage Iliquidez

Cash surrender value Valor de rescate en efectivo

Cash terms Condiciones de pago al contado

Cash the checks Cobrar cheques

Cashier's check Cheque de gerencia

Cast all votes Depositar todos los votos

Casting of lots Sorteo

Casual Ocasional, fortuito

Casualty Accidente, contingencia, siniestro, caso fortuito, desastre; víctima

Casualty coverage Seguro contra riesgos

Casualty insurance Seguro contra accidentes *(excepto de incendio, vida y marítimo)*

Catalyst Catalizador

Cattle raising Ganadería

Causa petendi Causa por la cual se pide

Cause *(n.)* Causal; litigio

Cause *(v.)* *(misfortune)* Acarrear

Cause of action Hechos que autorizan para seguir juicio a alguien

Cause to be *(+ past part.)* Mandar a hacer algo, hacer que se haga algo

Cause to be issued Hacer extender

Cause to do *(something)* Mandar a hacer *(algo)*

Caused by Derivado de

Cease-fire Alto el fuego, cese de hostilidades

Ceases to engage in business for a period of three consecutive months Dejare de realizar negocios durante un período de tres meses consecutivos

Cede *(v.)* Ceder, traspasar, transferir

Ceiling Techo

Ceiling price Precio tope

Censorship Censura

Census enumeration Empadronamiento

Census enumerator Empadronador

Census of agriculture Censo agropecuario

Central American Common Market (CACM) Mercado Común de Centroamérica (MCCA)

Central Bank Banco Central

Central Budget Office Oficina Central de Presupuesto

Central Processing Unit (CPU) Unidad de procesamiento central

Centralized economic planning Planificación económica centralizada

Ceramic fiber plants Planta de fibras cerámicas

Ceremony Acto

Certain Inequívoco

Certainly Ciertamente

Certificate Acta; certificado, constancia, certificación

Certificate of acknowledgement Certificado de reconocimiento, acta notarial de reconocimiento

Certificate of appointment of voting representative Certificado de nombramiento de un sustituto para votar

Certificate of baptism Certificado de bautismo

Certificate of criminal record Certificado de antecedentes penales

Certificate of damage Certificado de averías

Certificate of death Partida de defunción

Certificate of deposit Certificados de depósito

Certificate of Incorporation Acta constitutiva (estatutaria), escritura de constitución de una sociedad anónima

Certificate of origin Certificado de origen

Certificate of protest Certificado de protesto

Certification of judicial proceedings Certificación en autos

Certified appraisal Avalúo certificado

Certified bill of lading Conocimiento de embarque certificado

Certified copy Copia certificada

Certified check Cheque de gerencia, cheque certificado, cheque aprobado, pago garantizado

Certified Public Accountant (CPA) Contador público colegiado

Certified stamp Sello oficial

Certified titles Títulos certificados

Certified true invoice Factura debidamente legalizada

Certifier Declaración de la persona que certifica, certificante

Certifies that the following is a true ... Certifica la autenticidad

Certify Certificar, hacer constar

Certiorari Conocer en consulta *(revisión de decisiones)*

Cessionaire Cesionario

Chain discount Descuento en cadena

Chain stores Establecimientos/tiendas en cadena

Chairman of the board Presidente del consejo

Chairman of the Board of Directors Presidente del consejo de directores

Chairman of the Board of Trustees Presidente de la junta de regentes

Chairmanship Presidencia

Challenged Desafiado

Challenging Que representa un desafío/reto

Chamber of Commerce Cámara de Comercio

Chambers Oficinas privadas de un magistrado o juez

Chance fluctuation Fluctuación aleatoria

Chancellor Vicerrector administrativo

Chancery Cancillería

Chancy Arriesgado; fortuito

Change in stocks Cambio en las existencias

Change of *(company)* name Cambio de nombre

Change the flag under which the vessel has been sailing Cambiar la bandera a la embarcación

Channel Canalizar, encauzar, conducir por

Character Carácter; fisionomía; índole

Character loan Préstamo no garantizado colateralmente

Character training Formación del carácter

Characteristic Denominador

Charge *(n.)* Precio, costo, coste o costa, gasto, comisión; adeudo, obligación, cargo; gravamen, impuesto, imposición, tributo; queja

Charge *(v.)* Cargar; gravar; adeudar

Charge *(v.)* 2 Acusar formalmente; afectar, exigir

Charge account Cuenta abierta; cuenta de compras a plazos

Charge account credit Crédito en cuenta corriente

Charge sales Ventas a crédito

Charge the jury Instruir al jurado

Charge-off Castigo; rebaja, disminución

Chargeable Cargable; imputable

Charter *(n.)* Registro de la sociedad; carta, cédula, título

Charter *(n.)* 2 Contrato de fletamento

Charter *(v.)* Fletar, alquilar un barco, avión, etc.

Charter-party policy Póliza de fletamento *(entre el fletante y el fletador)*

Chartered accountant Contador contratado

Chattel mortgage Hipoteca prendaria, crédito sobre bienes muebles

Chattels Bienes muebles personales, enseres

Check *(n.)* Cheque

Check *(v.)* Comprobar, cotejar, verificar, revisar, confrontar, contrarrestar

Check clearings Compensaciones de cheques, compensaciones bancarias

Check file no. ... Revisión del expediente nº ...

Check in full settlement Cheque como pago completo

Check or draft not honored for its full amount Cheque o transferencia que no sea efectivo en su totalidad

Check payable to Cheque a nombre de

Check the records of Revisión registral de

Check to bearer Cheque al portador

Check-interview Entrevista de comprobación

Check-signing officials Funcionarios que firman cheques

Checkbook Talonario de cheques, chequera

Checking Comprobación

Checking account Cuenta de cheques *(corriente)*

Checking account cum interest Cuenta corriente con intereses

Chicago Board of Trade Junta de comercio de Chicago

Chief Accounting Officer Máxima Autoridad Contable

Chief Civil Authority *(of X)* Primera Autoridad Civil *(del X)*

Chief Civil Authority of the Municipality of Jefe Civil de Municipio

Chief Clerk Oficial Mayor

Chief Executive Jefe Ejecutivo

Chief Executive Officer (CEO) Director Ejecutivo, Presidente

Chief Financial Officer (CFO) Director de Finanzas

Chief of State Jefe de Estado

Chief referee Jefe de árbitros

Chieftainship Jefatura

Child born out of wedlock Hijo ilegítimo

Child of one's first marriage Hijo del primer matrimonio

Child support Mantenimiento para el niño

Child work Explotación laboral de los niños

Childless matrimony Matrimonio sin hijos

Children were born unto the parties as the issue of their marriage De la unión matrimonial procrearon (un) hijo

Choice Opción, alternativa

Choose *(+ inf.)* Optar por *(+ inf.)*

Choses in action Derecho de acción

Choses in possession Objetos en posesión

Chunk sampling Muestreo por grandes cantidades

Church member Feligrés

CIF cost, insurance, freight CIF costo, seguro y flete

Circuit Court Tribunal del distrito

Circulated to Distribuido entre

Circumstantial evidence Prueba circunstancial

Circumvent *(vt)* Circunvenir *(leyes, propósitos)*

Citation Emplazamiento

Cite Alegar

Cite as proof Aducir

Citizen of *X* country *(A French...)* Nacionalidad *(ej: francés)*

Citizen papers Carta de nacionalidad

Citizenship Ciudadanía

City block Manzana *(de casas)*

City Council Ayuntamiento

City Hall Ayuntamiento

City plan Plan orgánico municipal

City, town or location of death Lugar donde ocurrió el deceso

Civil Aviation Aviación civil

Civil Code Código civil

Civil Code in effect Código Civil vigente

Civil engineer Ingeniero de caminos *(Esp.)*, Ingeniero civil *(hisp.)*

Civil Law Derecho civil

Civil procedure Procedimiento civil, enjuiciamiento civil

Civil Register Libro de Registro Civil

Civil Register of Births kept at/by this Office for the year 1960 Libros de Registro Civil de Nacimientos llevados por este despacho durante el año 1960

Civil rights Derechos civiles

Civil servant Funcionario, funcionario público

Civil service Administración pública

Civil status Estado civil

Civil suit Juicio civil

Civil suit for less than a limiting amount Juicio civil de menor cuantía

Civil suit for more than a limiting amount Juicio civil de mayor cuantía

Civil year Año civil

Claim *(n.)* Demanda, reclamo, exigencia, derecho, título *(a algo)*; pago por concepto de siniestro

Claim damages Demanda por daños y perjuicios

Claim filed by *X* Demanda del Sr. *X*

Claim to Reclamar, exigir; afirmar, sostener, alegar

Claim was denied de facto and de jure Reclamo (el) fue negado tanto en los hechos, como en el derecho

Claimant Reclamante

Claiming that Alegando que

Clamor *(vi)* Clamar

Clarification of the defense Aclaración de la defensa

Clashing Discordar, estar en conflicto

Class *(n.)* Indole

Class *(v.)* Calificar

Class actions Acciones de clase o grupo

Classical numerical analysis Análisis numérico clásico

Classify Calificar; encasillar

Clause Inciso

Clause One Cláusula Primera

Clean acceptance Aceptación incondicional

Clean bill of lading Conocimiento de embarque sin restricciones

Clean draft Giro sin documentos

Clean items Rubros sin documentos

Cleanse Depurar

Clear *(v.)* Liquidar cuentas, cancelar, pagar, saldar; despachar en la aduana

Clear out *(v.)* Despachar en la aduana; despachar un barco para la partida

Clear profit Utilidad neta, beneficio neto

Clear the goods Retirar la mercancía de la aduana

Clear up *(vt)* Aclarar, esclarecer, dilucidar, elucidar

Clearance Despacho de aduana

Clearance of checks Compensación de cheques

Clearance papers Certificación del pago de derechos de aduana

Clearance sale Liquidación de mercancías

Clearing bank Banco de compensaciones

Clearing house Cámara de compensación

Clearing systems Sistemas de liquidación o de compensación de balances

Clearing the goods with customs Retirar de la aduana

Clearinghouse Cámara de compensación

Clearly Netamente

Clerical Oficinista

Clerical salaries Sueldos del personal de oficina

Clerk Secretario del Despacho

Clerk of the Court of Common Pleas Secretario del tribunal de primera instancia

Clerk, Circuit Court Secretario del tribunal de distrito

Client Cliente

Close *(n.)* Cierre, fin, clausura

Close *(v.)* Finiquitar *(una cuenta)*, ultimar, concluir, clausurar, levantar *(la sesión)*

Close an account Saldar una cuenta

Close of business Cierre de operaciones

Close-out Liquidación

Closed accounts Cuentas saldadas

Closed corporation Sociedad cuyos dirigentes son los propietarios de todas las acciones, compañía propictaria

Closed mortgage Hipoteca cancelada

Closed session Sesión a puerta cerrada

Closed tolerance Tolerancia estrecha

Closing daily prices Cotizaciones diarias de cierre

Closing date Fecha de cierre

Closing price Cotización al cierre

Clues Indicios *(leg.)*

Co-operative undertaking under State control Cooperativa bajo control estatal

Co-owner Copropietario

Co-respondent Cómplice o coautor en un caso de divorcio

Co-signer Cofirmante

Coalition Liga

Coast Litoral

Coast trade Cabotaje

Coastal Costeño

Coat of arms Escudo nacional

Cockiness Rebeldía, impertinencia

Cocreditor Coacreedor

Code of Civil Procedure Código de procedimiento civil

Code of commerce Código de comercio

Coder Codificador

Coefficient of agreement Coeficiente de coincidencia

Coercion Violencia; uso de la fuerza

Cognition Percepción, noción

Cognizance Reconocimiento de un hecho

Cohabit Convivir

Cohesion Cohesión

Coin Moneda acuñada

Coincide Coincidir

Coincidence Casualidad

Coined money Moneda acuñada

Coinsurance Coaseguro

Color of title Validez aparente de un título de propiedad imperfecto

Color of title 2 Escrito con apariencia de validez pero discutible

Colored by power politics Distorsionado por intereses políticos.

Collaborate with Coadyuvar

Collaboration Colaboración

Collateral *(n.)* Colateral; hecho incidental o accesorio

Collateral *(n.)* 2 Garantía, prenda, pignoración, resguardo, garantía colateral

Collateral loan Préstamo colateral

Collateral note Pagaré prendario, pagaré con resguardo, pagaré con garantía prendaria

Collateral security Garantía colateral, garantía subsidiaria

Collateral signature (in a note) Aval

Collateral trust bond Bono de garantía colateral

Colleague Adjunto

Collect *(v.)* Cargar en cuenta de, recaudar *(cobrar = poco elegante)*; compilar *(obras literarias)*

Collect on delivery Entrega contra reembolso

Collect/cash on delivery (COD) Cobro contra entrega, contra reembolso

Collected amount Cantidad cobrada

Collected works Obras completas

Collectibility Cobrabilidad

Collectible receivables Efectos por cobrar

Collecting data Recolección de datos

Collection Recaudación, cobranza, cobro

Collection draft Letra al cobro

Collection fee Comisión de cobranza

Collection follow-up Seguimiento de cobros

Collection letter Carta de cobranza

Collection on moneys due and payable Cobro de montos vencidos y pagaderos

Collection reminder Recordatorio de cobranza

Collection teller Cajero

Collection-on-delivery accounts Cuentas cobrables al entregar la mercancía

Collective bargaining Contratación colectiva; trato colectivo

Collective contract wage scale Tabulador del contrato colectivo

Collective farm Granja colectiva

Collective goods Bienes colectivos

Collector Recaudador, cobrador

Collector of customs Receptoría, administrador de aduanas

Collector of taxes Recaudador de impuestos

College Universidad, instituto universitario

Collide Colidar

Collude *(v.)* Pactar en daño de tercero; confabularse

Collusion Colusión; acción conjunta para cometer fraude

Collusive practice Prácticas colusorias

Combinatorial analysis Análisis combinatorio

Come before Comparecer ante los tribunales

Come into being Llegar a ser

Come into force Entrar en vigor

Come to Llegar a

Come to grips with Abordar/enfrentar un problema y resolverlo

Come to the realization that Llegar a la convicción profunda

Comfort index Índice de bienestar

Comity Exequatur o pase; cortesía, respeto

Command Mandato; jefatura

Commandite Sociedad en comandita

Commands issued by a central authority Órdenes emitidas por una autoridad central

Commencement Acto de graduación, Ceremonia de entrega de títulos

Commend Encomendar

Commensurate Proporcionado

Comments Observaciones, comentarios

Commerce Tráfico

Commercial account Cuenta comercial

Commercial air fleet Flota aérea comercial

Commercial bank Banco comercial

Commercial bank deposit Depósito de la banca comercial

Commercial banking Banca comercial

Commercial Code currently in force Código de comercio vigente

Commercial credit grantor Otorgante de crédito comercial

Commercial enterprise Sociedad mercantil

Commercial entity Entidad mercantil

Commercial invoice Factura comercial

Commercial law Derecho Mercantil

Commercial paper Documento mercantile, valor negociable

Commercial papers payable Efectos por pagar comerciales

Commercial real estate Bien inmueble comercial/de tipo comercial

Commercial Registrar of the... Circumscription Registrador mercantil de la circunscripción...

Commercial Registry Office Registro de comercio/mercantil

Commissary card Tarjeta de comisariato

Commission *(n.)* Nombramiento; comisión; cometido

Commission *(v.)* Comisionar, delegar; encargar, apoderar, autorizar, facultar

Commission billing Facturación de comisiones

Commission (by commission) Por encargo de; hacer algo por encargo/por pedido de

Commission on sales Comisión sobre ventas

Commissioner Comisario; comisionado, apoderado

Commit Encomendar

Commitment Orden judicial de poner bajo custodia a una persona

Commitment 2 Orden judicial de internación de una persona mentalmente enferma

Commitment 3 Compromiso

Committed costs Costos comprometidos

Committed resources Recursos comprometidos

Committee Miembros de un cuerpo colegiado *(cuerpos legislativos americanos)*

Committee Agency fees Honorarios del Comité

Committee of the Whole Comisión general

Commodatum Comodato

Commodities Bienes, recursos, productos *(término amplio)*, productos básicos, artículos de comercio o de consumo, mercancía

Commodities exchange Bolsa de productos

Commodity Futures trading Comercio de recursos a término

Commodity import transactions Transacciones de importación de productos básicos

Common Agricultural Policy (CAP) Política Agrícola Común

Common bail Fianza común o simple

Common Business Oriented Language COBOL *(lenguaje de programación)*

Common carrier Transportador que ofrece servir al público

Common counts Gastos generales

Common currency Moneda común

Common elements Áreas comunes

Common External Tariffs (CXT) Tarifas Externas Comunes (TXC)

Common law Derecho consuetudinario, Derecho común

Common Market Mercado común

Common Pleas Primera instancia

Common regime for the treatment of foreign capital Régimen común de tratamiento a los capitales extranjeros

Common right Derecho consuetudinario

Common seal Sello corporativo

Common stock Acciones ordinarias

Common stock warrants outstanding Garantías de suscripción de acciones comunes en circulación

Common-Law-Marriage Concubinato

Communal Comunal

Communication Escrito

Community Colectividad

Community assets Propiedad/bien conyugal

Community property Sociedad/comunidad conyugal, bienes conyugales, comunidad de gananciales, propiedad común

Company Empresa, sociedad

Company authority Autoridad social

Company store Economato laboral

Company's day-to-day business Operaciones normales de la compañía

Company's trade name Denominación social

Comparative advantage Ventaja comparativa

Comparative cost Costos comparativos

Compare *(v.)* Comparar, cotejar, comprobar, confrontar

Comparison Careo

Compel Apremiar

Compelling Apremiante, obligatorio, preciso, urgente

Compensate *(v.)* Resarcir, remunerar, retribuir

Compensate for Indemnizar, compensar

Compensation Indemnización, compensación; prestaciones

Compensation terms Prestaciones y condiciones

Competence Capacidad, capacitación, aptitud; competencia

Competency Capacidad o idoneidad de los testigos

Competency proceedings Procedimiento para determinar si una persona puede obrar sola

Competency to sue Legitimación procesal

Competitive bidding Remate

Compile Compilar

Compiler Compilador

Complainant Demandante, recurrente *(n.)*

Complaining witness Acusador *(se considera como testigo del Estado)*

Complaint Libelo, queja

Complaint for divorce Demanda de divorcio, juicio por divorcio

Complementary financing Financiamiento complementario

Complemented Complementado

Complete examination Informe completo de auditoría

Completed Ha culminado

Completed the required units of High School work Culminó satisfactoriamente las unidades de estudio de educación media

Completeness Integridad

Completion Conclusión, realización, término, cumplimiento, ejecución

Complex Complejo *(n.)*

Compliance with the foregoing sentence Cumplimiento con la cláusula que antecede

Comply with Cumplir/obrar de acuerdo con, acatar, observar *(orden/reglamento)*; dar cumplimiento a

Compositions Arreglo entre acreedor y deudor

Compound Complejo *(n.)*

Compound discount Descuento compuesto

Compound interest Interés compuesto

Compound present worth Valor actual a interés compuesto

Compounding Componer *(números)*

Compounding a crime Arreglo entre la parte ofendida y el criminal

Compounding of interest Cómputo del interés compuesto

Comprehensive Amplio, completo, de gran extensión

Comprised Comprendida

Comprising Que conforma

Compromise *(n.)* Pacto, arreglo, avenencia, acuerdo, convenio; compromiso; convenio de arreglo entre litigantes

Compromise and settle Transigir y desistir

Comptroller Interventor, contralor, superintendente

Comptroller General Contralor General, Interventor general

Comptroller General's Office Contraloría General de la República

Comptroller/controller Controlador

Compulsory Forzosa

Computation of proceeds Cálculo del valor efectivo

Computational cost Costo de computación

Computational paradigms Paradigmas de computación

Computations Cómputos, cálculos

Compute Computar

Computed Computado

Computer science Ciencia de la computación

Computer system Sistema de computadora

Concealed assets Activo oculto

Concealment Ocultación dolosa de hechos que deben ser revelados a la autoridad

Concede Admitir

Concentrate Concentrar

Concentration Concentración

Concern *(n.)* Consternación

Concerned *(adj.)* Interesado

Concerning this matter (+ thereon/thereabout) Al respecto, por lo que respecta, acerca/respecto de, sobre, en relación con

Concerted Concertado

Concessional assistance Suministro de asistencia en términos favorables

Conciliation Conciliación

Conciliation Board Junta de conciliación

Concise Conciso

Conclusive Definitiva

Conclusive research Investigación concluyente

Concurrent Concurrente; coincidente

Condemnation Confiscación *(de bienes o propiedad)*

Condition Estado de salud; estado

Condition contrary to the law Condición imposible en derecho

Condition of the receivables Situación de las partidas por cobrar

Condition precedent Condición previa, prerrequisito

Conditions of operating Condiciones de servicio

Conditions prior to the first disbursement Condiciones previas al primer desembolso

Condominium owner Propietario miembro del condominio

Condonation Perdón de una falta, condonación, indulto

Condone Perdonar

Conduct Conducir, dirigir, llevar; administrar *(negocio)*; realizar, operar

Conduct cases on the trial and appellate levels, including the remedy of Cassation before the Supreme Court of Justice Proseguir los juicios en todas sus instancias, inclusive el recurso de casación ante la Corte Suprema de Justicia

Conductor of the orchestra Director de una orquesta

Confer Atribuir, conferir

Confer power of attorney on Otorgar poder a

Confer *X* unto/to... (I) Confiero a...

Conference Congreso, conferencia; entrevista; consulta

Confidence belt Franja/zona de confianza

Confidential Communications Declaraciones o información privada que no puede darse al público

Confine Limitar

Confirm Constatar; ratificar

Confirmation of accounts Confirmación de cuentas

Confirmation request Solicitud de ratificación

Confirmatory judgment Sentencia confirmatoria

Confirming bank Banco confirmador/confirmante

Confiscated goods Bienes confiscados

Confiscation Confiscación, incautación, decomiso

Conflicting views Divergencia en las opiniones

Confluence Confluencia

Conformity Conformidad

Confront Encarar, enfrentar

Confrontation Careo entre acusador y acusado

Congruity Congruencia

Conjugal Conyugal

Conjugal community Comunidad/sociedad conyugal

Connect Unir

Connected *(adj.)* Afín

Connivance Ayuda en un acto delictuoso

Conscientiously Conscientemente

Consciously Conscientemente

Consecutive days Días seguidos

Consensus Consenso

Consent Consentimiento, aprobación, autorización, permiso, conformidad

Consent to entry of judgment in accordance with the complaint; compromise and settle; dismiss proceedings with or without prejudice Convenir, transigir, desistir tanto de la acción como del procedimiento

Consequence Consecuencia

Consequently En consecuencia; por lo cual, por lo que

Consider Calificar

Considerably broad outlook Gran amplitud de miras

Consideration *(money)* Contraprestación

Consideration of which Cuya discusión

Considering Dado que; dentro de; en vista de, frente a

Considering that Por la circunstancia de que

Consign in the Registry Office in your charge Consignar ante el despacho a su digno cargo

Consignee Consignatario, destinatario

Consignee is entitled El consignatario tiene derecho a

Consignees shall be exempted from the obligations arising from this bill of lading Eximirá a los consignatarios de las obligaciones que surjan del presente conocimiento

Consignment Consignación, envíos

Consignment accounts Cuentas de consignación

Consignment of accounts Cuentas de consignación

Consignor Consignador, comitente

Consist in Consistir en

Consist of Constar de, componerse de, estar integrado/constituido/conformado por

Consistent with Compatible con, conforme a

Consolidate (property under one control) Consolidar

Consolidated Tax return Devolución impositiva consolidada, retorno impositivo consolidado

Consolidation of actions Acumulación de acciones judiciales por orden del Juez de conocimiento

Consortium Consorcio

Consortium banks Consorcio de bancos

Consorts Cónyuges

Constable Alguacil

Constant dollars Dólares de valor constante

Consternation Consternación

Constituency Distrito electoral; grupo de votantes

Constituent of the Power of Attorney Poderdante

Constitute Constituir

Constitute any such real or personal guarantee Constituir cualquier tipo de garantía real o personal

Constitute this Promissory Note the valid obligation of the borrower Convertir el presente pagaré en obligación válida del prestatario

Constituting Que constituimos; formen

Constituting all of the record owners of *X* Que constituimos todos los propietarios registrados de

Constitutional guarantee for protection of civil rights Amparo

Constitutional rights of defense and proof Derechos constitucionales de defensa y prueba

Constraint Coacción, apremio; represión; obstáculo

Construction Construcción, edificación

Construction/civil engineer Ingeniero de caminos *(Esp.)*, ingeniero civil *(hisp.)*

Constructive Constructivo

Constructive eviction Privación al inquilino del uso o disfrute de una finca

Construe Interpretar

Construed Ser interpretado

Consular fees payable in Canada Derechos Consulares pagaderos en Canadá

Consular invoice Factura consular

Consulate General Consulado General

Consult *(a doctor)* Hacer una consulta

Consultancy contract Contrato de consultoría

Consultant Consultor

Consultant work Asesoramiento

Consultation (doctor, lawyer) Consulta

Consultative Consultivo

Consulting firm Firma consultora

Consulting services Servicios de consultoría

Consulting work Trabajo de asesoramiento

Consumer acceptance Aceptación por los consumidores

Consumer durables Bienes durables de consumo

Consumer surplus Excedente del consumidor

Consumers' cooperative Cooperativa de consumo

Consumption account Cuenta de consumo

Consumption characteristics Características del consumo

Contained Contenido

Containers Contenedores

Containing the deed of assignment Contentivo de la cesión

Contempt Desacato

Contempt of Court Desobediencia intencionada a reglamentos y decisiones de juez

Contend Contienda

Contention Contienda, disputa; argumento, punto de vista

Contest *(v.)* Disputar

Contingent annuities Anualidades eventuales

Contingent costs Costos incidentales

Contingent liability Pasivo contingente/eventual, obligaciones imprevistas

Contingent repayment technical cooperation Cooperación técnica de recuperación contingente

Continual Incesante

Continuance Aplazamiento, continuación

Continue Continuar

Continued absence Ausencia continuada

Continued bond Título de vencimiento aplazado

Continuous-process manufacturing Manufactura de proceso continuo

Contract awarded Contrato adjudicado

Contract bond Fianzas de contrato

Contract marriage as they have agreed upon Celebrar el matrimonio que tienen convenido

Contract matrimony Contraer matrimonio

Contract matrimony by proxy Contraer matrimonio por poder

Contract rights Derechos contractuales

Contracted Contratado

Contracting parties (esp. marriage) Contrayentes

Contractor Contratante, contratista, concesionario

Contracts made Contratos suscritos

Contractual modifications Modificaciones contractuales

Contractual rate Tasa contractual

Contractual services Servicios contractuales

Contract's rescission Resolución del contrato

Contrary Antagónica

Contrary to law Improcedente

Contribution quota Cuota de contribución

Contribution to overhead Contribución a la carga fija

Contributions Aportes, colaboración

Contributors Contribuyentes

Contributory negligence Conducta negligente de parte del demandante

Control character Carácter de control

Control device Mecanismo de control

Control interest Interés mayoritario

Control keys Teclado de control

Control unit Unidad de control

Control works Trabajos de canalización

Controlled company Compañía subsidiaria, compañía filial

Controlled economy Economía controlada/dirigida

Controlling account Cuenta de control

Convened for such purpose Convocada a tal efecto

Convenience Comodidad

Convenience goods Artículos de consumo corriente

Convenient Oportuno; cómodo

Conversation *(leg.)* Trato carnal

Conversational time sharing Tiempo de conversación compartido

Converse part of the proof Parte recíproca de la demostración

Conversion Falta civil, apropiación ilícita de bienes; conversión, canje

Conversion to a stock corporation Conversión a sociedad anónima

Converters Transformadores

Convertible securities Valores convertibles

Convey Traspasar, ceder; acarrear

Conveyance Escritura de traspaso, título traslativo de dominio, transferencia de un título, cesión

Conveyance or assignment in trust Traspaso o cesión en fideicomiso

Conveyances of/for land Traspasos de terreno

Convict Preso

Conviction Condena

Cooperate with Coadyuvar

Cooperating guidelines Organización de cooperación

Cooperation Colaboración

Coparcener Coheredero

Copartner Consocio, copartícipe

Cope Afrontar, lidiar

Cope with Arreglárselas /manejárselas con, salir adelante con

Copy *(n.)* Ejemplar *(n.)*

Copy of the survey Copia del plano de deslinde

Copyrighted Derechos registrados

Copyrights Derechos de autor

Core Núcleo, centro

Core storage Almacenador de información binaria, almacenamiento en núcleo

Corner Acaparamiento, especulación; monopolio

Corporate Institucional *(opuesto de privado)*

Corporate action Decisión colectiva/ de la empresa

Corporate and Tax aspects Aspectos corporativos y fiscales

Corporate Contract Contrato social

Corporate form Tipo corporativo

Corporate franchises Franquicias como empresa

Corporate net worth Capital contable de las sociedades anónimas

Corporate purposes Para sus propios objetivos, para fines empresariales

Corporate reorganization law Ley sobre reorganización de compañías

Corporate restructuring Reconversión empresarial

Corporate tax-laws Leyes sobre impuestos corporativos

Corporation Sociedad anónima; compañía, empresa mercantil, firma

Correct liability Obligación correcta

Correspondence school Escuela por correspondencia

Correspondent bank Banco corresponsal

Correspondent relationship Relación de corresponsalía bancaria

Corresponding to the aforementioned Company Correspondiente a dicha compañía

Corresponding to the paid-in capital of the Company for the amount of Correspondiente al capital pagado de la Sociedad por la cantidad de

Cost Costas *(leg.)*, expensas, costos

Cost Accountant Contador de costos

Cost accounting Contabilidad de costos

Cost and attorney fees Costos y honorarios

Cost and freight (C&F) Costo y flete

Cost apportionments Prorrateos del costo, distribución del costo

Cost effectiveness analysis Análisis de costo-efectividad

Cost free Sin gastos, gratis

Cost of collection Costos de cobranza

Cost outlay Desembolso de costo

Cost overrun Excedente de costo

Cost per order Costo por pedido

Cost sheet Hoja de costo

Cost termination Expiración de costo

Cost, insurance and freight (CIF) Costo, flete y seguro

Cost-accumulation ledgers Libros mayores de acumulación de costos

Cost-of-living index Índice del coste de la vida

Cosurety in solido and principal disburser for Fiadora solidaria y principal pagadora de

Council Concejo; junta de

Council for Mutual Economic Assistance (COMECON) Consejo de Asistencia Económica Mutua (COMECON)

Counsel Asesoramiento; asesorar

Count *(n.)* Cargo; acusación

Count *(v.)* Computar

Count of general cash Arqueo de la caja general

Count on Contar con

Counter Contador

Counter claim Reconvención; contrademanda del demandado contra su demandante

Counteract Contrarrestar

Counterfeit Falsificar

Counterfeit bills Billetes falsos

Counterpoint Contrapunto

Countersign Refrendar

Countersignature Refrendata, firma de respaldo

Country exposure Exposición nacional

Country of origin País de origen

Country risk Riesgo del país

Country side Campo

Countrymen Compatriotas

County Condado

County Clerk Secretario de condado

County court Tribunal del condado de

Coupled with Junto con

Courage Esfuerzos

Course of study Carrera, plan de estudios

Course of Study prescribed by the *X* State Board of Elementary and Secondary Education Plan de estudio de educación secundaria del Estado establecido por la junta de educación primaria y secundaria del Estado de *X*

Court appointed attorney for the defense Cargo de defensor ad-litem

Court bonds Fianzas de tribunales

Court clerk Escribano del Tribunal

Court costs Costas procesales

Court days Días hábiles

Court decision/ruling Sentencia de la corte

Court having due/appropriate Jurisdiction Tribunal de jurisdicción competente

Court of Common Pleas Tribunal de primera instancia

Court of First Instance Tribunal de primera instancia

Court of Justice Corte, Tribunal de Justicia

Court of Law Tribunal; juzgado

Court of Political and Administrative matters Sala político-administrativa

Court of record Tribunal de registro

Court order Despacho

Court record Actas de juicio

Court ruling Sentencia de la corte

Courthouse Corte, edificio de los tribunales

Courtroom Sala del tribunal

Covenant *(n.)* Pacto, contrato escrito, convenio, acuerdo, escritura de contrato, trato

Covenant to Comprometerse/obligarse a; prometer

Covenants to comply with all obligations arising from agreements or the law Se compromete a responder plenamente por las obligaciones derivadas de los contratos o de la ley

Cover *(v.)* Abarcar, alcanzar para, amparar, cubrir

Cover *(v.)* 2 Remesar fondos, resarcir, compensar, indemnizar

Coverage Extensión de un seguro; fondos de reserva

Covered *(adj.)* Asegurado; cubierto

Covered by Corresponda

Covering letters Cartas remitiendo lo anterior

Covering *X* Correspondiente a, con respecto de

Created by De manos de

Creation Engendro

Credential letters Credenciales

Credentials Credenciales

Credibility of a witness Credibilidad que merece un testigo

Credit *(n.)* Crédito, haber, abono, saldo a favor

Credit *(v.)* Asentar al haber; abonar, bonificar, acreditar

Credit assignment in favor of a bank Cesión de crédito a favor de un banco

Credit at 12% Crédito al 12%

Credit balance Saldos acreedores

Credit extension Prórroga del crédito

Credit fee Comisión de crédito

Credit files Archivos de crédito

Credit insurance Seguro de crédito

Credit limit Límite de crédito

Credit operations Operaciones crediticias

Credit rating Tasa crediticia

Credit standing Nivel crediticio

Credit terms Plazo/condiciones crediticias

Credit-sales transactions Operaciones normales de venta a crédito

Creditor Acreedor

Creditor account Cuenta acreedora

Creditor nation Nación acreedora

Creditors' claims Reclamos de los acreedores

Credits or securities Créditos o valores

Cremation Cremación

Crime Crimen; delito; atentado

Criminal Delincuente

Criminal actions Procesos penales

Criminal conversation Adulterio

Criminal law Derecho penal

Criminal ordinances Disposiciones penales

Criminal proceedings Procedimientos penales

Criminal record Antecedentes penales

Critical Crucial

Critical reviews Ensayos/análisis críticos

Crop Cosecha

Croplands Tierras cultivables

Cross examination Repregunta

Cross Licensing Concesión recíproca de Licencia.

Cross-rate Tasa cruzada

Crossbreeding Mestizaje

Crucial Crucial

Crude Petróleo

Cruel and unusual punishment Castigo cruel y no aplicado corrientemente

Cry out Clamar

Cubing Elevación al cubo

Cult Culto

Cultivation Cultivo

Cum dividend Con dividendo

Cum interests Con intereses, que genera intereses

Cumbersome Problemático

Cumulative preferred stock Acción preferente de dividendo acumulativo

Curator *(museum)* Curador, conservador

Curator Ad-Hoc or Special Guardian Curador *ad-hoc* o especial

Curb Frenar, contener

Curb-side Bordillo de la acera

Currency Moneda legal, circulante; signo monetario

Currency differential/disparities in interest rate Disparidades/diferencias de la moneda en las tasas de interés

Current Actual

Current account Cuenta corriente

Current assets Activo comercial/circulantes, valores circulantes

Current expenditure Gastos ordinarios

Current figures Cifras corrientes

Current liabilities Exigibilidades, pasivo circulante/flotante

Current outlays Erogaciones corrientes

Current yield Rédito normal

Currently Actualmente

Currently enrolled full time Estudiante a tiempo completo

Currents (general) Corriente

Curriculum Programa

Cursory Superficial, sumario

Curtail Acortar, abreviar, reducir

Curtailed inspection Inspección restringida

Curtesy Gananciales *(der. del esposo sobre los bienes de su esposa fallecida)*

Cushion *(v.)* Suavizar; amortiguar

Cushion assets Activos de respaldo

Custodian vault Bóveda de custodio

Custody Custodia; tutela; patria potestad

Custom Despacho

Custom built Hecho a la orden

Customer Cliente

Customer's accounts Cuentas de clientes

Customhouse assessment Valuación por la aduana

Customs Appeal Division Sala de recursos aduaneros

Customs Appraisal Division División de valoración aduanera

Customs duties Derechos aduanales

Customs entry Registro de aduana

Customs tariff Arancel de aduana

Customs tax Arancel

Customs union Unión aduanera

Customs-exempt Franco de derechos de aduana

Cut rate Precio rebajado

Cut through Abrirse paso

Cutoff date Fecha límite

Cutoff rate Tasa de equilibrio

Cutting remarks Respuestas sarcásticas o hirientes.

Cybernetics Cibernética

Cynical Escéptico, desengañado

D

INGLÉS

Daily balance Saldo diario

Dam Dique, represa

Damage *(n.)* Deterioro; daños y perjuicios

Damage *(v.)* Perjudicar

Damage to property Delito contra la propiedad

Damages and impairments Daños y perjuicios

Dared Desafiado

Daring Audaz

Daringly Denodadamente

Dashing Embate

Data bank Banco de datos

Data collection errors Errores de recolección de datos

Data element Elemento de datos

Data flowchart Diagrama de flujo de los datos

Date (dated as hereinbelow/hereinabove) De esta misma fecha

Date (dated as of) Vigente al

Date (dated July 17th, 1981) De fecha/fechado el 17 de julio de 1981

Date (dated the 17th of July, 1981) De fecha/fechado el 17 de julio de 1981

Date from Datar de

Date hereof Que se establece en la misma

Date of approval Fecha de aprobación

Date of delivery Fecha de remesa

Date of entry Fecha de asiento

Date of expiry Vencimiento

Date of issue Fecha de emisión/expedición

Date of paper Fecha del documento

Date received by local Registrar Fecha de recepción del documento por el registrador

Date returned Fecha de devolución

Date signed Fecha de la firma

Date started Fecha de iniciación

Date *(v.)* Fechar

Day wages Jornal

Day-labor Jornada

Day-to-day Cotidiano

Days *(-X)* after date A *X* días a partir de la fecha

Days past due Días de atraso

Dazzle Deslumbrar

De facto De facto

De facto and de jure Tanto en los hechos como en el derecho

De facto population Población presente

Dead stock Capital improductivo

Deadline Plazo límite/último

Deadline job Trabajo con plazo límite

Deadlock Estancamiento, punto muerto

Deadlocked Estancado, parado

Deal *(n.)* Trato, transacción, negociación, operación mercantil; operación de fusión o de compra, amistosa u hostil

Deal in and with Negociar en y comerciar con

Deal with Gestionar, manejar, hacer frente a; tratarse de, referirse a

Dealer network Red de distribuidores

Dealers Intermediarios; distribuidores

Dealmaker Personas que hacen operaciones o fusiones de empresas.

Dean of Students Decano de Estudiantes

Dear money Dinero en préstamo a alto interés

Death Defunción, fallecimiento

Death benefit fund Indemnización por defunción

Death duty Derechos de sucesión

Death rate Tasa de mortalidad

Debasement Adulteración, falsificación, envilecimiento, degradación

Debatable Discutible, disputable

Debate *(v.)* Disputar

Debenture Vale o título sin garantía

Debenture bond Bono u obligación amortizable, obligación hipotecaria

Debenture loan Préstamo sin garantía colateral

Debenture stock Cartera de obligaciones; acciones no redimibles

Debentures Certificados para reintegro; obligación

Debit *(n.)* Adeudo, débito

Debit *(v.)* Asentar al debe

Debit balance Saldo deudor

Debit note Nota de débito

Debris Escombros, desperdicios, desechos, restos

Debt application before the Central Bank of Venezuela Tramitación de la deuda en el Banco Central de Venezuela

Debt by creditors Deuda por acreedores

Debt certificate Certificación de las deudas

Debt due Deuda vencida

Debt guarantee agreement Contrato garantía de la deuda

Debt management service Técnica de la administración de la deuda

Debt service Servicio de la deuda

Debtor Nation Nación deudora

Debtor nation Estado deudor

Debug Depurar, corregir

Decease Defunción, muerte, fallecimiento

Deceased party Parte difunta

Decedent De cujus *(la persona fallecida)*, difunto, finado

Decentralization Descentralización

Decentralized Descentralizado

Deception Engaño

Deceptively Engañosamente *(adj.)*

Decide Acordar

Decide in favor of *(+ gerund)* Optar por *(+ inf.)*

Decided Resuelto

Decimate Diezmar

Decision Decisión *(cualquiera)*; laudo

Decision no. 24 Decisión nº 24

Decision making Adopción/toma de decisiones

Decision rendered in an administrative appeal Resolución dictada en un recurso gubernativo

Decision-making power Poder de toma de decisiones

Decisive Crucial

Deck Cubierta

Declarant Declarante

Declaration Manifestación de voluntad, declaración *(por escrito)*

Declaration of Assets Declaración de patrimonio

Declaration of my will to become a... citizen Manifestación de voluntad de ser...

Declaration of The Villas at Bonaventure Declaración de la asociación de vecinos/de condominio *(hisp.)* de las Villas de Bonaventure

Declaratory judgment Sentencia declarativa

Declared Expuso

Declared that the child she is presenting Y expuso que la niña que presenta

Declares that he is well acquainted with... Declara conocer...

Declares the dissolution of their marriage contract Disuelto en consecuencia el vínculo matrimonial existente entre ellos

Decline Descenso, disminución, baja (de precios)

Declining-balance method Método de depreciación de saldos decrecientes

Decode Decodificar

Decrease Decremento

Decree Mandato, edicto, acuerdo, declaración

Decree *(n.)* Decreto; decisión judicial basada en principios de equidad

Decree *(v.)* Decretar

Decree absolute Sentencia definitiva

Decree Nisi Sentencia judicial que puede ser modificada entre tanto

Decree of insolvency Declaración de insolvencia

Decrees are hereby revoked Se derogan los decretos X

Deduct operating expenses Menos gastos de operación

Deduction Deducción

Deed Convenio por escrito debidamente registrado y reconocido; hecho; escrituras, acta, documento

Deed of partnership Contrato de sociedad

Deed of release Acta de cesión

Deed of settlement Acta de constitución

Deed of trust Cesión a un fideicomisario, escritura de fideicomiso

Deem Juzgar, opinar, considerar, creer, pensar

Deem *(+ inf.)* Se reputa *(se considera)*

Deem expedient Considerar oportunas

Deface Desfigurar, afear; desacreditar; hacer borroso o ilegible

Defalcation Desfalco, defraudación

Defamation Difamación; injuria a la reputación ajena

Defamatory Difamatoria

Defaming Infamante

Default Rebeldía

Default in *(+ n.)* Falta de, incumplimiento, mora

Default in payment Falta de pago

Default not cured Incumplimiento no remediado

Defaulted contracts Contratos incumplidos

Defeat Derrota

Defective Defectuoso

Defendant Persona demandada o acusada criminalmente

Defendor Defensor

Defense Defensa

Defense counsel Abogado defensor

Defer *(v.)* Diferir, aplazar, postergar

Deferment of collection Aplazamiento o retraso del cobro

Deferral Aplazamiento, postergación, diferimiento

Deferred charges Cargos diferidos

Deferred endowment policy Póliza dotal diferida

Deferred expenses charged off Cargos diferidos amortizados

Deferred payment plan Pago a plazos

Deferred tax Impuesto diferido

Deficiency Falla

Deficient Deficiente

Deficit Déficit, saldo negativo

Deficit spending Gastos deficitarios

Defied Desafiado

Definitive Definitiva

Deflation Deflación

Deforcement Usurpación, detentación

Defraud *(v.)* Engañar, defraudar, estafar

Delay *(n.)* Atraso

Delay *(v.)* Retardar, diferir, atrasar, retrasar, demorar

Delayed payments Intereses de mora

Deliberating Deliberantes; premeditado, intencional

Deliberative Deliberantes

Delicate Depurado

Delict Delito

Delinquency assessments Cargos por atrasos en los pagos; sumas debidas por cualquier concepto

Delinquent *(adj.)* Debido y no pagado, atrasado, incumplido, moroso, vencido

Delinquent debtor Deudor moroso

Delinquent payments Pagos vencidos

Deliver Entregar, remitir; *(leg.)* presentar, otorgar

Deliver as partial payment/ by way of partial payment Dar en parte de pago

Deliver documents Llevar recaudos

Delivered prices Precios de entrega

Delivered the said instrument as her free and voluntary act, for the uses and purposes therein set forth Otorgó dicho documento como acto libre y voluntario a todos los fines y propósitos expuestos en el mismo

Delivery Entrega, despacho

Delivery fees Retribuciones por repartos

Demand *(n.)* Exigencia

Demand *(v.)* Exigir; impartir

Demand deposits Depósitos disponibles/a la vista

Demand for payment Demanda para reembolso

Demand notes Pagarés a la presentación

Demand obligation Obligación a la vista

Demandability Exigibilidad

Demandable Exigible

Demandable during the payment period Exigible durante el período de pago

Demands of the appellant Pretensiones del recurrente

Demeaning Despectivo, peyorativo

Demise Muerte, defunción; desaparición, debilitamiento

Demise 2 Sucesión; traslación de dominio por arriendo, cesión

Demobilization Licenciamiento *(mil.)*, desmovilización

Demolish Derribar

Demolition permits Permiso de demolición

Demurrage Estadía *(Com.)*, permanencia; detención

Demurrer Excepción

Denial Negación

Denied de facto and de jure Negado, tanto en los hechos como en el derecho

Denominate Denominar

Denominator Denominador

Denunciation Denuncia

Deny paternity Negar la paternidad

Department of Health Ministerio de Sanidad/Salubridad *(hisp.)*

Department of Public Works Departamento/Ministerio de Obras Públicas

Departmental and functional operations Operaciones departamentales y funcionales

Departments and agencies Dependencias

Depend on Contar con, depender de

Dependencies Dependencias

Depict Representar

Depletion Agotamiento *(Com.)*

Depletion allowance Concesión/ reserva por agotamiento

Depletive assets Activos agotables

Deploying Desplegar *(tropas, fuerzas)*

Depoliticizing Despolitización

Deponent Declarante, deponente, dicente

Depose Declarar, atestiguar

Deposit contract for the custody and management of mortgage bond titles Contrato de depósito para custodia y administración de títulos de cédulas hipotecarias

Depositary Depositario, almacén de guarda de depósitos

Deposited Entregado

Deposited in custody Depositadas en custodia

Deposition Deposición; declaración escrita y juramentada, confesión judicial

Depositor Depositante

Depreciate (equipment) Amortizar, depreciar

Depreciation Depreciación

Depreciation charge Cargo por depreciación

Deprivation Privación

Deprive Privar, despojar, deponer *(de un oficio, dignidad, esp. a un clérigo)*

Depth *(mar.)* Puntal *(mar.)*

Depurate Depurar

Deputy clerk Secretario suplente

Deputy County Clerk Subsecretario del Condado

Deputy Registrar Registrador suplente

Deriving from Derivado de

Derrick Torre de perforación

Describe Referir *(leg.)*; especificar

Described herein Expuestos

Described in Indicada/señalada; consignada

Describing the instructions for payment Indicando las instrucciones de pago

Description Características, datos

Description of boundaries Apeo o deslinde

Desertification Desertificación

Desertion Abandono voluntario del hogar

Deserving... Acreedor

Design Formular

Designate (something for a special purpose) Designar, denominar

Designed to Encaminada a

Desolate Desolado

Destroy/demolish Arrasar, desolar, diezmar

Destroying Destructor

Destructive Destructor

Detente Disminución de tensiones *(esp. entre naciones por medio de tratados)*

Detention Retención de vehículo

Deterioration Deterioro

Determine Decidir, resolver

Determined Resuelto

Deterrence Refrenamiento, disuasión

Deterring Refrenar, disuadir, desviar, impedir

Devaluation Devaluación

Devaluation exchange difference Diferencia de cambio por devaluación

Development Fomento

Development loans Préstamos para el desarrollo

Device Mecanismo, instrumento, aparato

Devise Cesión de propiedad raíz por testamento

Devotion Celo

Dial Dial, cuadrante, esfera, tablero

Diamond drill bit Mecha de perforación en forma de diamante

Dictum Declaración en sentencia judicial que no alcanza a ser fallo inapelable

Died intestate Fallecido ab-intestato

Differ No estar de acuerdo

Difference Diferencia

Differing Diferidos

Diffidence Desconfianza

Diffuse Difundir

Digest Absorber

Digested bonds Obligaciones bien colocadas

Diligent Diligente

Dimension Dimensión

Direct *(adj.)* Escueta

Direct *(v.)* Disponer, instruir

Direct access Acceso directo

Direct confession Confesión expresa

Direct costing Costo directo

Direct current Corriente directa

Direct disbursement Desembolso directo

Direct entry Entrada directa

Direct expenses Gastos directos

Direct Foreign Investment Registration Certificate for the *X* investment in *X* Registro de la inversión extranjera directa de *X* en *X*

Direct loan Préstamo directo

Direct tax Impuesto directo

Direct written notice to each shareholder at least 5 days in advance Notificación directa a cada accionista por escrito con 5 días de anticipación por lo menos

Direction Despacho, dirección

Directional drilling Perforación direccional

Director Director

Director of Public Prosecution Director General del Ministerio Fiscal/Servicio de acusación pública *(Esp.)*

Director of Teaching Assistance Director de Apoyo Docente

Diriment impediment to matrimony Impedimento dirimente *(anulatorio)*

Disability benefits Beneficios por incapacidad

Disability insurance Seguro contra incapacidad

Disabled Impedido; lisiado

Disarmament Desarme

Disarming Desarme

Disbarment Remoción de un abogado del ejercicio de su profesión

Disburse Reembolsar, desembolsar

Disbursed fixed funds Fondos fijos reembolsados

Disbursed resources Recursos desembolsados

Disbursement Desembolso

Disbursement forecast Pronóstico de desembolsos

Disbursement period Período de desembolso

Discarded Desechado

Disclaimer of opinion Abstención de opinión, denegación de dictamen

Disclose certain information Revelar cierta información

Disclosure Divulgación

Discomfited Desentonar, estar fuera de lugar

Discount Descuento

Discount for early payment on purchases and sales Descuento por pronto pago sobre compras y sobre ventas

Discount rate Tasa de actualización; tasa de descuento

Discounted cash flow techniques Técnicas de actualización de la corriente de fondos

Discounting Actualizar

Discretion Discreción; poder de decisión

Discuss Hablar, plantear, tratar un tema

Discharge *(v.)* Despedir

Discharge a duty Actuar

Discharge an obligation Cumplir una obligación

Discharge or cause to be discharged real state and chattel mortgages Saldar o hacer que queden liberadas cualesquier hipotecas sobre bienes raíces o hipotecas prendarias

Discharges Pagos *(de deuda)*

Disdainful Esquivo

Disgrace Vergüenza

Disgusting Repugnante

Dishonored acceptance Aceptación no pagada o no aceptada

Disinvestment Retiro de inversiones; fuga de capital

Disk drive Dispositivo accionador del disco

Dismiss Dar por terminado

Dismiss action Desistir de la acción

Dismiss proceedings of any nature filed by the Company Desistir en toda clase de procedimientos instaurados por la compañía

Dismiss proceedings with or without prejudice Desistir tanto de la acción como del procedimiento

Dismiss the request Declarar sin lugar la solicitud

Disorder Disturbios, conflictos

Disorderly Desordenado

Dispatch Envío, despacho, mensaje, comunicación

Dispatching Envíos

Displace Desplazar

Displacement Desplazamiento

Display Indicación, presentación visual, muestra, exhibición

Displaying Exhibición

Disposal Disposición

Disposal of assets Venta del activo

Disposal of fixed assets Cancelación de activo fijo

Dispose of Enajenar

Dispose of any and all interest which I may have individually, or as the wife of *X*, in a commercial real estate Enajene cualesquier intereses que yo tuviese personalmente o como esposa de *X* en el bien inmueble de tipo comercial

Dispose of hereof at onerous title Enajenarlo a título oneroso

Disposition Destino del cuerpo; índole

Dispute Disputa, controversia, contienda

Disqualification of witnesses Tacha de testigos

Disregard *(n.)* Desatención, descuido, negligencia

Disregard *(v.)* Desatender, descuidar, pasar por alto, hacer caso omiso de

Disruption Interrupción; desequilibrio, alteraciones

Dissent Voto salvado; disensión en materias opinables

Dissertation Tesis de Doctorado

Dissolution of the bonds of matrimony between us/ of our marriage Liquidación de nuestra sociedad conyugal

Dissolution of the bonds of matrimony is hereby declared Liquídese la comunidad conyugal

Dissolve Liquidar *(disolver)*

Dissolve the bonds of matrimony Disolver el matrimonio, liquidar la sociedad conyugal

Dissolve the joint ownership of property by husband and wife Disolver el matrimonio, liquidar la sociedad conyugal

Distant Esquivo

Distinctly... De neto sabor..., netamente

Distortion Distorsión

Distress Consternación

Distribution agreement Contrato de distribución

District *(-X)* Distrito de, circuito

District Attorney Fiscal del Distrito

Distrust *(n.)* Desconfianza

Disturb Perturbar

Ditching machines Máquinas excavadoras

Diverting Desviar, apartar

Divest Despojar, desposeer

Divide into Fraccionarse en, dividir en

Dividend Dividendo

Dividends in kind Dividendos en especie

Divisible Divisible, transferible

Divisible confession Confesión dividida

Division of Educational Assistance Formación del profesorado *(Esp.)*, Oficina Magisterial de Apoyo Docente *(hisp.)*

Division of Small Claims División de Pequeñas Reclamaciones

Divorce proceedings Trámites de divorcio

Divorce Sentence Sentencia/libelo de divorcio

Divorce sentence issued by Libelo de divorcio emanado de

Divorce suit/case/petition Juicio por divorcio, demanda de divorcio

Divulge Difundir

Do (engage in activity) Hacer

Do business Hacer negocios

Do hereby certify that Por medio de la presente certifico que

Do hereby declare Por el presente documento declaro, manifiesto

Do homage Rendir homenaje/pleitesía

Do not and will not violate No infringe ni infringirá

Dock Muelle

Docket Libro copiador de sentencias; registro oficial de procedimientos judiciales

Docket number Número del acta

Doctorate Doctorado

Doctor's Degree Doctorado

Document authenticated on the... Documento autenticado el día...

Document containing Instrumento contentivo

Documentary draft Giro con apoyo documentario

Documentary evidence Evidencia documentaria

Documentary items Rubros contra documentos

Documentary proof Constancia

Documentation for the *X* loan Documentación del préstamo con *X*

Documents Recaudos

Documents not officially recorded Documentos privados

Documents of appointment Nombramiento

Documents to be executed Documentación a ser suscrita

Does hereby certify that Certifica que

Does hereby decree Decreta

Does not confer title No confiere título de propiedad o derecho

Does not exceed Sea hasta de

Does not involve/entail/imply any prejudgment concerning any other fact, of substance or form No prejuzga acerca de ningún otro extremo de fondo ni de forma

Does require Exige

Dollar holdings Dólares en cartera

Dome Domo

Domestic capital formation Formación interna de capital

Domestic distribution Distribución interna

Domestic International Sales Corporation (DISC) Corporación Nacional de Ventas Internacionales (CNVI)

Domestic policy Política interna

Domestic savings Ahorro interno

Domicile Domicilio permanente de una persona

Domiciled in Domiciliada en

Domiciled in this city De este domicilio

Donating Donante *(adj.)*

Donor Donante *(n.)*

Double *(v.)* Duplicar

Double entry Partida doble

Double entry bookkeeping Contabilidad por partida doble

Double shift Jornada o turno doble

Double taxation Imposición doble

Double-dealing Duplicidad

Doubling Duplicidad

Doubtful accounts Cuentas dudosas

Dower Legítima *(el derecho de una viuda a los bienes inmuebles del esposo)*

Dower rights Bienes dotales

Down Fuera de orden

Down payment Cuota inicial

Downgrade Degradar, disminuir *(de categoría o importancia)*, desacreditar

Downstream Subordinados, personas en niveles inferiores.

Downtime Tiempo ocioso.

Downturn Baja, depresión *(Com.)*

Downward Declinante

Draft *(adj.)* Preliminar

Draft *(n.)* Giro bancario o letra de cambio, transferencia; elaboración, proyecto de

Draft *(v.)* Hacer un proyecto/borrador de

Draft agreement Proyecto de contrato

Drafted brief Elaboración de escrito

Drafted changes to be made in the agreement Preparación de reformas a ser incluidas en el mismo

Drafts executed by him Giros por él liberados

Draftsman Dibujante, bosquejador

Drainage Drenaje

Drain *(v.)* Agotar; empobrecer

Dramatically Radicalmente, agudamente, terminantemente

Draw Girar, librar

Draw a check Girar un cheque

Draw interest *(at the rate of)* Devengar/ganar intereses

Draw out/up *(v.)* Redactar

Drawback Desventaja, inconveniente

Drawee Girado, librado *(por lo general es el banco)*

Drawer Girador

Drawer of a check Expedidor de un cheque

Drawer of the check Girador, librador

Drawing Giro; sorteo

Drawing account Cuenta corriente

Drawing of bonds for sinking fund arranged by the bank Sorteo de amortización realizado por el banco

Drawings at sight Retiros a la vista

Drawn Girados, cargados

Drawn up on plain paper Extendido en papel común

Dread Temor

Drill Barrenar, perforar

Drill stem Varilla de perforación

Drill string Sonda de perforación

Drilling mud Lodo de perforación

Drive Presión

Drive up Impulsar, subir

Drive-shaft Eje impulsor, eje motor, eje de mando, árbol de arrastre

Driveway Vía de acceso a una casa

Drop Caída

Drunken driving Conducir en estado de embriaguez

Dry hole Pozo seco

Dubious Cuestionable

Due Correspondiente, debido; exigible

Due and payable Vencido y pagadero

Due compliance with Cumplimiento

Due date Fecha de vencimiento

Due dates Vencimientos

Due on demand Pagadero a solicitud

Due process of law De acuerdo con la Ley...

Due term (time spans) Vencimiento

Due to (...)(prefer: owing to, because of) Porque, por, debido a; derivado de. Usos: 1. Predicado o complemento del verbo to be. Ej.: he was late due to the rain. 2. Frase adjetival. Ej.: Mistakes due to carelessness are expensive.

Due to having Debido a que

Due to the fact that Debido a que, por la circunstancia de que

Due to which Por lo que

Due to, or as a consequence of Causa subyacente *(de defunción)*

Duly acknowledges Reconoció debidamente

Duly appointed, qualified and Acting Notary Public Notario público debidamente designado y facultado y en ejercicio de sus funciones

Duly authorized Debidamente autorizado, persona autorizada

Duly authorized by the laws of X to take the same Debidamente facultado por las leyes del Estado de X para recibir el mismo

Duly authorized for this purpose by the Company's Articles of Incorporation Debidamente autorizado para este acto en el Acta Constitutiva de dicha compañía

Duly commissioned and sworn Debidamente designado y juramentado

Duly commissioned or qualified Debidamente designado y facultado

Duly honored Completamente aceptados

Duly identified hereinbefore Ya identificado

Duly registered Debidamente inscrito

Duly responds therewith to the reply submitted by the complainant Responde debidamente a la réplica presentada por el recurrente

Dumping Abaratamiento artificial

Duplication Duplicidad

Duplicity Duplicidad

Durable asset Activo depreciable

Durable physical assets Activos físicos duraderos

Duration Permanencia

Duress Fuerza, compulsión física, amenaza de violencia o de pérdida de libertad

During continuance of the matrimony Durante el matrimonio

During such period Durante ese lapso

During the current year Durante el presente año

During the insured person's life time Hasta el fallecimiento del asegurado

During the life of this contract Durante el término del presente contrato

During the remainder of the term Hasta que expire el mandato

Dutiable Gravable

Duties Obligaciones; cometido, deber

Duties of parties to a suit Cargas procesales

Duty free Libre de impuestos

Dwarf Empequeñecer

Dwellers Morador, habitante

Dwelling house Casa de habitación

Dynamics Dinámica (n.)

E

INGLÉS

Each for himself Cada quien por separado

Each interests' payment date Cada fecha de pagos de intereses

Each of Cada uno

Eagerness Afán

Early in *(date)* A principios de

Early on Desde un principio

Early payment Pronto pago

Earn Devengar; granjearse

Earned surplus account Cuenta de superávit ganado

Earnest money Arras *(depósito de dinero)*

Earning assets Activos productivos

Earning capacity Capacidad de ganancia

Earning power Capacidad de obtener utilidades

Earnings Ganancias

Ease Facilidad

Easement Servidumbre; derecho de traspasar una propiedad ajena

Easygoing Despreocupado, indolente

Economic account Cuenta de resultados

Economic behavior Conducta económica

Economic liability Obligación económica

Economic sector Sector económico

Economies of scale Economías de escala

Edible Comestible

Educated Preparado *(académicamente)*

Educational Docente

Educational transcript Expediente académico

Effect *(v.)* Efectuar, ejecutar

Effect further deliveries Hacer entregas sucesivas

Effect payments Efectuar pagos

Effected by Hecha por

Effective Vigente

Effective date Fecha de entrada en vigencia

Effective for one year Válido por un año

Effective tax rate on profits Tasas efectivas de impuesto sobre la utilidad

Effectiveness Efectividad, eficacia; vigencia

Effectual discharge Cumplimiento; finiquito de hecho/efectivo

Efficiency Eficiencia, eficacia

Efforts Gestiones; esfuerzos; actividad, interés, afán, intento, obra, tarea

Ejectment Interdicto *(para restituir a su dueño una propiedad)*

Elaborate Dar forma a

Elapse Transcurrir

Elasticity of commodity demand Elasticidad de la demanda de mercancías

Elderly Personas de edad

Electric power and lighting Servicios de electricidad

Electric Power Plant Grupo generador, planta eléctrica

Electrical wiring Alumbrado eléctrico

Electronic Data Processing (EDP) Elaboración Electrónica de Datos

Elevate Asumir

Elicit Incitar, provocar

Eligible Acreedor, admisible; merecedor, con derecho a

Eligible for disbursement Elegible para desembolso

Elsewhere En otras partes, en otro lugar

Elucidate Elucidar

Elude Eludir

Elusive Esquivo, evasivo

Embargo (of countries) Embargo

Embellishment Decoración o detalles innecesarios.

Embezzlement Apropiación de propiedad ajena; malversación de bienes, desfalco, malversación

Embittered estrangement Alejamiento, desavenencia, separación

Embossed seal Sello en relieve/seco

Emergency loan program Programa de préstamos de emergencia

Emergency special session Sesión extraordinaria de emergencia

Emigrate (country to country) Emigrar

Emigration Éxodo

Eminent domain Derecho de expropiación forzosa

Emotional stuff Enfoque emocional

Emphasis upon the balance Importancia concedida al balance

Emphatically Enfáticamente

Emphiteuticary Enfiteuta

Empower Apoderar

Enable Facilitar

Enable *X* to Permitir

Enact Promulgar, aprobar y sancionar *(una ley)*

Enacted in Mexico Promulgadas en Méjico

Enclose Enrejar

Enclose with Acompañar

Enclosed (in letter) Adjunto

Enclosed is a copy Se anexa/adjunta copia

Encode Codificar

Encompassing Que comprende

Encourage Alentar

Encouragement Fomento

Encroachment Derecho de superficie *(uso de propiedad inmueble ajena)*

Encumber and sale Gravar y enajenar

Encumbered Afectado

Encumbrance Cargas, gravámenes, derecho que afecta una propiedad raíz

End *(v.)* Dar término a

Endanger Poner en peligro, exponer

Endanger oneself Exponerse a

Endeavor Esfuerzos

Ended up Acabar por

Endless Interminable

Endorse Endosar *(cheque)*; confirmar *(declaración)*

Endorse a check Endosar un cheque

Endorse credit instruments Endosar títulos de créditos

Endorse over Transferir bienes

Endorsed bond Título respaldado

Endorsee Endosatario, beneficiario

Endorsement/guarantee Aval

Endorser Endosante

Endure Durar

Energy *(adj.)* Energéticas

Energy *(n.)* Empuje

Enforce Ejecutar, practicar una medida

Enforceability Practicar dicha medida

Enforcement Hacer cumplir la ley

Engage Comprometerse

Engage in all type of investments in real and personal property Dedicarse a todo tipo de inversiones mobiliarias e inmobiliarias

Engage in transactions of any nature relating directly or indirectly to the aforementioned purpose Llevar a cabo toda clase de operaciones relacionadas directa o indirectamente con el objeto antes mencionado

Engage, on its own behalf or on behalf of others, in financial, commercial and industrial transactions Efectuar por su propia cuenta, o por cuenta de otros, operaciones financieras, comerciales e industriales

Engagement letter Carta de contratación.

Enjoys the benefits Goza de los beneficios

Enmarked for *(something)* Destinado para

Enrichment Enriquecimiento

Enrollment Inscripción, matrícula *(personas)*

Ensure *(something non-existent)* Asegurar

Entail Causar *(dar lugar a)*; acarrear; implicar

Entail any prejudgement Emitir juicio anticipado

Entail the relevant/appropriate interests for delayed payments Causará los correspondientes intereses moratorios

Enter Extender; iniciar

Enter an appearance Comparecer a juicio

Enter dissolution or liquidation proceedings Iniciar procedimientos de disolución o liquidación

Enter in accounts or books Contabilizar

Enter into a contract Celebrar contrato/convenio, suscribir un contrato

Enter into a marriage contract Contraer matrimonio

Enter into an agreement Celebrar un convenio

Enter into any act Celebrar cualesquiera actos

Enter into any arrangement Establecer un acuerdo

Enter into partnership Constituir/establecer/formar una sociedad

Enter military service Entrar al servicio militar

Entered Anotado

Enterprise Empresa

Entertain the complaint Estimar la demanda

Entertainment Gastos de representación

Entire agreement Acuerdo/convenio integral

Entire understanding between the parties as to the terms and conditions of their relationship Acuerdo total entre las partes en cuanto a los términos y condiciones de sus relaciones

Entirety Comunidad real indivisible

Entities Entidad, ente, ser

Entitle Dar derecho a, habilitar, autoriza, calificar, acreditar

Entitling Que lo autoriza

Entrepreneur Empresario

Entrust Encomendar

Entry *(ledger, balance sheet)* Asiento, partida

Entry in the Stock Register Inscripción en el Libro de Accionistas

Environmental Health and Safety Sanidad y seguridad ambientales

Environmentalists Conservacionistas, ecólogos

Envision Imaginar, prever

Envoys Enviado, mensajero; agente o representante diplomático

Envy Envidiar

Equal *(v.)* Ser igual a, estar acorde con; empatar

Equal to or less than Igual o inferior a

Equaling *X* Correspondiente a

Equated date Fecha media o de vencimiento común

Equipment bonds Títulos para compra de equipo

Equipment trust bonds Bonos sobre equipo en fideicomiso

Equipment *(collective noun)* Equipo

Equipping Habilitación de

Equitable Equitativo, justo

Equitable distribution Distribución equitativa

Equity Equidad; patrimonio

Equity basis of accounting Base del interés participante en la contabilidad

Equity of Redemption Derecho de un deudor hipotecario a obtener de nuevo su título de propiedad

Equivalent in US Dollars Equivalente en dólares estadounidenses

Eradicated Desarraigados

Eradication Exterminio

Erect Edificar; asentar

Erosion Erosión

Escalation Escalada

Escrow Custodia y administración, arreglo entre contratantes donde se confía una escritura a terceros

Escrow accounts Cuentas en garantía

Escrow Agent Depositario de plica

Escrow period Período del depósito

Especially (extraordinary, outstanding) Especialmente

Essential Fundamental, imprescindible

Essential of costs of accounting Fundamentos de la contabilidad de costos

Establish Constituir; asentar, instalar, fijar; conceder

Establish a mortgage on Establecer hipoteca sobre

Establish oneself in a place Arraigarse

Established in Establecido en *(ley, art., reg.)*

Established pursuant to the laws of Constituida de acuerdo con las leyes de

Establishment Establecimiento

Estate Hacienda *(propiedad)*

Estate (*X* Estate) Sucesión *X*

Estate corpus Cuerpo de la herencia

Estimated expenses Estimación de gastos

Estrangement Alejamiento, desavenencia, separación

Esttopel Preclusión, doctrina legal: el dueño no puede alegar ignorancia en casos de ventas presenciadas por él

Ethnic Étnico

Eurodollars Eurodólares

European Economic Community (EEC) Comunidad Económica Europea (CEE)

European Free Trade Association (EFTA) Asociación Europea de Libre Comercio (AELC)

Europeanized Europeizantes

Evade Eludir

Evaluation Mission Misión de evaluación

Even Siquiera

Even when Aun cuando

Event Acontecimiento, suceso

Event of default Caso de incumplimiento

Eventually Con el tiempo, en/a su debido momento/tiempo, a fin de cuentas, en caso de, llegado el caso

Every fortnight Cada quince días

Eviction Desalojo, evicción *(despojo de la posesión de una finca)*

Evidence *(n.)* Pruebas, indicios *(leg.)*

Evidence *(v.)* Acreditar

Evidenced from the record Consta del acta

Evidences of indebtedness Pruebas de deudas

Evince Demostrar, revelar, convencer

Ex dock/ex quay En muelle *(del puerto de destino)*

Ex-ante Ex-ante

Ex-post Ex-post

Ex-works Ex-fábrica o punto de origen

Ex-works Fair Lawn, New Jersey Libre de cargo o gravamen alguno hasta salir de la planta de Fair Lawn, NJ

Exacerbate Exacerbar

Exact Exigir; fiel

Exactly Netamente

Examination Intervención de los jurados

Examiner Comisario

Exceed Exceder

Exceed *X* days past due Tiene un sobrevencimiento de *X* días

Excel Destacarse

Except for Excluyendo, salvo, si no hay..., a menos que

Except that Salvo que

Except where otherwise specified Salvo que de otra manera lo especificare

Excepting Excluyendo, salvo, si no hay..., a menos que

Excepting when Salvo que

Exception Excepción

Exception provided for in Excepción prevista en

Exceptional Singular

Excerpt Fragmento

Excessive bail Fianza excesiva

Excluded Desechado

Excluding Con exclusión de

Exclusionary rules and disqualifications Reglas limitadoras de la admisión de ciertas pruebas

Exclusive and non-transferable Derecho exclusivo y no transferible

Exclusive distributor Distribuidor exclusivo

Exclusive Distributor Agreement Convenio de distribución exclusiva

Exclusive of any other currency Con exclusión de cualquier otra moneda de curso legal

Exchange *(n.)* Intercambio

Exchange *(v.)* Permutar

Exchange control agency Organismo de control de cambio

Exchange controls Controles de cambio

Exchange markets Mercados cambiarios

Exchange matters Materia cambiaria

Exchange rate Tipo de cambio

Exchange regulations Normativa cambiaria

Execute Cumplir; ejecutar; otorgar *(documentos)*, protocolizar

Execute an instrument Otorgar un instrumento

Execute mortgages Otorgar hipotecas

Execute the bond Ejecutar la fianza

Execute the notarial deed for dissolution of our conjugal community Otorgar la escritura pública de disolución de nuestra sociedad conyugal

Execute transactions Celebrar operaciones

Executing agency Organismo de ejecución

Executing this document Otorgamiento del presente documento

Execution Cumplimiento; otorgamiento *(documentos)*

Execution 2 Ejecución de una sentencia penal *(Der. Penal)*

Execution 3 Cobro de deuda declarada judicialmente

Execution 4 Administración de una propiedad por el albacea testamentario

Execution of judgment by other Governments Ejecución procesal de sentencias de otros Estados

Execution of judgment of the Judge of Peace Ejecución procesal de sentencia de los jueces de paz

Executive Ejecutivos

Executive Branch Ejecutivo Nacional; Poder Nacional

Executive Privilege Privilegio del Ejecutivo

Executor Ejecutor, otorgante, albacea

Executors declared the same to be true and the signatures affixed to be their exact signatures Su contenido es cierto y nuestras las firmas que aparecen al pie del Instrumento (los otorgantes expusieron:)

Executory Condición suspensiva *(acto que está pendiente en un contrato)*

Executory contract Contrato sujeto a la realización de alguna condición estipulada

Executory process Juicio/proceso ejecutivo

Exemplify Ilustrar

Exempt ***(adj.)*** Exenta

Exempt ***(v.)*** Exceptuar

Exempt from the obligation to (action) are ***X*** Se exceptúa de la obligación de *(acción)* a *X*

Exemption Excepción, exoneración

Exequatur Homologación

Exercise (one's rights) Ejercer

Exercise best efforts Realizar todo cuanto esté a su alcance, poner su mayor empeño

Exhaustible assets Activos agotables

Exhibition Exposición

Exhibits Anexos

Exhort Exhortar

Existing or coming to exist Creado o por crearse

Exodus Éxodo

Exonerate Liberte

Expansion project Proyecto de ampliación

Expect Prever

Expedient Conveniente, apropiado, oportuno, útil, ventajoso

Expenditure Gasto

Expense account Cuenta de gastos

Expense account voucher Comprobante de control de desembolso

Expenses Expensas; gasto *(nivel individual)*

Expenses incurred Gastos pagados o contraídos

Experience Experimentar

Experiment (carry out an experiment) Experimentar

Expert accountant Perito contador

Expert opinion Dictamen pericial

Expiration *(time spans)* Vencimiento

Expiration date Fecha de expiración

Expire Caducar

Expiry *(time spans)* Vencimiento

Explain Elucidar; expresar

Exploitation of children at work Explotación laboral de los niños

Export bounty Subsidio o premio a las exportaciones

Export credit financing Financiamiento de crédito de exportación

Export tonnage Tonelaje de carga de exportación

Exports Credits Guaranty Department (ECGD) Departamento de Garantía para créditos de exportación

Express Expresar, manifestar

Expressly Expresamente

Expunge Borrar; cancelar

Exquisite Depurado

Extend Ampliar, prorrogar; otorgar, aplicar

Extend credit at net ninety *(X)* day terms Otorgar crédito bajo condiciones de *X* días plazo

Extension of warranties more inclusive Otorgamiento de garantías más amplias

Extension term Plazo de prórroga

Extensions and renewals Prórrogas y renovaciones

Extent Extensión

Extenuating circumstance Circunstancia atenuante

Extermination Exterminio

External Exteriores

External account Cuenta con el exterior

External borrowings Endeudamiento

External effects Efectos externos

Extinction Exterminio

Extractive Extractivo

Extrajudicial confession Confesión extrajudicial

Extraneous Ajeno

Extraordinary Singular

Extrapolate Extrapolar

Eye witness Testigo presencial

Eye witnesses to this proceeding were: Fueron testigos presenciales de este acto los Sres.

F

INGLÉS

Fabric Tela

Face *(n.)* Anverso

Face *(v.)* Encarar, enfrentar, afrontar, hacer frente a

Face amount Valor nominal

Face value Valor nominal

Facilitate Facilitar

Facilities Instalaciones, servicios, obras civiles

Facility Letter Carta de facilidad

Fact Extremo *(hecho/asunto)*, hecho

Fact of substance or form Extremo de fondo y de forma

Factor Factorial

Factories works Negocios de fábricas

Factory Planta

Factory cost Costo de fábrica

Faculty Personal docente, cuerpo de profesores

Fad Moda, furor, novedad

Fail to comply with this resolution Incumplir las disposiciones contenidas en la presente resolución

Failing health *(temporal)* Razones de salud

Failure *(n.)* Falta (de), descuido; fracaso; deficiencia

Failure to *(+ v.)* Falta de, negación del verbo, incumplimiento de

Failure to exercise Dejar de ejercer

Failure to indicate a choice De no indicarse una opción

Failure to make due payment Falta de pago

Failure to pay Falta de pago

Fair Equitativo

Fairness Dictamen favorable; equidad

Faithful Fiel

False arrest Arresto ilegal

False cash balances Saldos de efectivo falseados

False statement of age by the insured Declaración falsa de la edad del asegurador

Fall *(n.)* Caída

Fall due Vencer

Fall semester Semestre de otoño

Fall to the share of Corresponder *(proceso de repartición)*

Fall to the share of *X* spouse in the process of liquidation Corresponder en el trabajo de liquidación

Falling Caída, descenso, desplazamiento, disminución

Family allowances Bonificaciones familiares

Family income Ingresos corrientes de la familia

Far-reaching De mucho/gran alcance, trascendente

Farm Finca; hacienda

Farmer Agricultor

Farming Agro

Farmland Agro

Farreaching De gran alcance

Fastenings and closure Ataduras y precintos

Faultless Impecablemente

Favor Favorecer

Fear Temor

Feasibility Viabilidad, carácter factible

Feasibility study Estudio de factibilidad

Features Figura

Federal District and State of *X* Judicial District Circunscripción Judicial del Distrito Federal y Estado de *X*

Federal income tax Impuesto nacional sobre la renta

Federal Reserve Bank of Atlanta Banco de la Reserva Federal de Atlanta

Feedback loop Circuito de retroalimentación

Fees Costas *(leg.)*, derechos, honorarios y gastos de abogados, honorarios profesionales; matrícula *(Ed.)*

Fees and expenses Gastos, derechos

Felony Delito grave

Fellowship Beca para estudiantes graduados

Female child Niña

Fervor Celo

Fiat Autorización, mandato, orden, edicto, decreto

Fictitious cohort Generación ficticia

Fictitious plates Placas de matrícula falsas

Fidelity bond Bono de fianza

Field Campo

Field work Campo de trabajo

FIFO (first in, first out)/LIFO (last in, first out) PEPS (primeras entradas, primeras salidas)/UEPS (últimas entradas, primeras salidas)

Fifth Civil Court of Common Pleas/First Instance of the Federal District and State of *X* Judicial District Juzgado Quinto de Primera Instancia en lo Civil de la Circunscripción Judicial del Distrito Federal y Estado *X*

Fight Contienda

Figures Cifras

File *(n.) (-X's)* Expediente remitido por; archivo

File *(v.)* Agregar; consignar; presentar, introducir; archivar

File a bond Constitución de fianza

File a complaint for divorce Incoar/ intentar/introducir demanda de divorcio

File application for the registration of Introducir solicitud de registro

File oath of office Jurar un cargo *(Esp.)*; Registro de juramentación, juramentarse, tomar posesión de su cargo

File proofs Abrir a pruebas el proceso

File suit/action Presentar libelo de demanda, interponer/incoar/presentar/ proponer una demanda

File the briefs on Llevar dichos escritos

File their final income tax return or an estimate thereof Presentar declaración definitiva o estimada

Filed as a public deed Inscrito como escritura pública

Filed in Es justicia

Filed oath of office on *(date)* Se juramentó en fecha; siendo su nombramiento de fecha; tomó posesión de su cargo

Filiation Filiación

Filing fees Retribuciones de archivo/gastos de representación

Fill the absences of *X* Suplir las ausencias de *X*

Filling station Estación de servicio

Final Definitiva

Final Agreement/Memorandum of Agreement for pending taxes Acta final de avenimiento para asuntos fiscales pendientes

Final control unit Elemento final de regulación

Final data Datos definitivos

Final Development Urbanismo definitivo

Final settlement Arreglo definitivo

Finalize Finalizar, finiquitar, concluir

Finance *(adj.)* Financiera, *(n.)* finanzas

Finance 2 *(v.)* Financiar

Finance authority Administración de Hacienda

Financial Financiera, finanzas

Financial Accounting Contabilidad de fondos

Financial allotment (budget) Partida *(Com.)*

Financial eligibility Elegibilidad financiera

Financial forecast Pronóstico financiero

Financial loss Pérdida financiera

Financial losses charge off Castigo de las pérdidas financieras

Financial Statements Estados financieros

Financing Financiación, financiamiento

Financing business Financiación comercial

Findings Resultas

Fine *(n.)* Multa

Fine *(v.)* Multar

Fire coverage Coberturas de incendio

Fire insurance Seguro contra incendios

Fire loss Pérdida por incendio

First Administrative Court Corte primera de lo contencioso administrativo

First guarantor Primer fiador, fiador principal

First Instance Primera Instancia

First of all Ante todo

First-mortgage bond Bono de primera hipoteca

Fiscal 1999-2000 Ejercicio 1999-2000

Fiscal incentive Incentivo Fiscal

Fiscal period Período fiscal

Fiscal reports Reportes fiscales

Fiscal year Ejercicio o Año fiscal/civil

Fishing law Legislación pesquera

Fission Fisión

Fit Encajar; adecuar

Fit 2 Conveniente

Fitting Adecuación

Fitting out Habilitación de

Fixed assets Activos fijos

Fixed exchange rate Tasa fija de cambio

Fixed investment Inversión fija

Fixed-term Tiempo determinado

Fixed-term personnel Personal contratado a tiempo determinado

Fixture Inmuebles por destinación

Fleet Flota

Flexible tariff Arancel flexible

Floater policy Póliza flotante *(para cubrir mercancía en transporte)*

Floating exchange rate Tasa flotante de cambio

Floating liabilities Pasivo corriente

Floodwaters Caudal de una crecida, inundación

Flour milling Molinos de harina

Flourishing Florecimiento

Flow *(n.)* Caudal; corriente

Flow *(v.)* *(part. pas.)* Que fluyen, confluyen, formado

Flow forth Manar de

Flowchart Diagrama de flujo

Fluctuating exchange sales Fluctuación en la venta de divisas

FOB destination Franco a bordo/libre a bordo hasta el lugar de destino

FOB Free on Board FOB franco a Bordo/LAB libre a bordo

Fog Niebla

Folder Carpeta

Follow up Continuar con una acción, dar mas detalles

Follow-up report Informe que complementa

Following... A raíz de, subsiguiente; después de

Following maturity of/ expiry of the term for Subsiguientes al vencimiento del plazo

Following the due term to/for Subsiguientes al vencimiento del plazo

Following the time of each payment Siguientes a la fecha de cada pago

Food and Agriculture Organization of the United Nations (FAO) Organización para la Alimentación y la Agricultura de la ONU (OAA)

Foot Totalizar

Footwear Calzado

For En relación con, referente a; correspondiente; a favor; con destino a

For a sound protection of the rights and interests of such minor child Para la mejor defensa/protección y resguardo de los derechos e intereses del menor

For a valuable consideration (money) Por una efectiva contraprestación

For all intends and purposes Para todos los efectos y consecuencias

For all purposes Y para todo otro fin

For and in the name, place and stead of the undersigned A nombre y en representación del suscrito

For any and all purposes A todos los efectos

For any and all purposes and all matters which may be properly presented for action at such meeting Para todos los efectos y sobre todos los asuntos que fueren debidamente presentados para la correspondiente decisión en dicha asamblea

For any reason Por cualquier motivo

For application to register *X* Aplicaciones para registrar *X*

For cash Al contado

For credit Con derecho a ser acreditados en cuenta

For credit to Para ser acreditadas en / en cuenta

FOR Free on Rail LAB o FOB vagón

For good cause Por motivo suficiente

For information media Para uso informativo

For no other purpose Y para ningún otro fin

For or on the account of Por concepto de, a cuenta de

For purposes of a petition of exemption A los fines de exención

For purposes of endorsing any obligations agreed upon En respaldo de las obligaciones asumidas a través del presente documento

For purposes of the posting, registration and publication thereof A los fines de su fijación, registro y publicación

For purposes of the settlement A objeto de transacción

For such purposes and with such powers, authorities and discretions A todos los fines y con la facultad, autoridad y poder de decisión

For the account of Con cargo de; a cargo

For the account of the emphiteuticary or bond-tenant Con cargo del enfiteuta

For the appropriate proceedings Para que se tramite *(el proceso)*

For the convenience of Para comodidad de

For the Minister Por el Ministro

For the purpose of contracting marriage as they have agreed upon Con el fin de celebrar el matrimonio que tienen convenido

For the purpose of Decision no. 24 A los efectos de la decisión nº 24

For the purpose of the application A los fines de la aplicación

For the purpose of the exception provided for in... A los efectos de la excepción prevista en...

For the purpose of/for purposes of A los fines/efectos de, con el fin de, a objeto de; con destino a

For the sake of A favor de, en beneficio de

For the same purpose A un mismo efecto

For the sound protection of the rights and interests of Para la mejor defensa y resguardo de los derechos e intereses de

For the uses and purposes Para/a todos los efectos

For the uses and purposes therein mentioned A todos los efectos correspondientes

For the uses and purposes therein set forth A todos los fines y propósitos expuestos en el mismo

For their registration and publication upon compliance with all the legal formalities Para que previas las formalidades legales ordene su registro y publicación

For this case/event Para este caso

For this purpose Para este efecto

For this reason Es por ello por lo que/por ello

For trade purposes Dedicado a fines comerciales

For value received Por valor recibido

Force account Ejecución de obras por administración

Foreboding Premonición; temor

Forecast Pronóstico/estimado financiero

Foreclosure Juicio hipotecario, ejecución *(de hipoteca)*

Foreclosure proceedings Acción hipotecaria

Forefront Vanguardia

Foregoing Precedente, anterior, que antecede, que precede

Foreign aid Ayuda extranjera/exterior

Foreign aid institution Institución para ayuda extranjera

Foreign branch Sucursal extranjera

Foreign country Otro país

Foreign Credit Insurance Association (FCIA) Asociación de Seguros para Créditos en el Exterior (ASCE)

Foreign currency purchase and sale contract Contrato de compraventa de divisas

Foreign currency withdrawal Retiro de divisas

Foreign debt Deuda externa

Foreign direct investment Inversión extranjera directa

Foreign draft Giro sobre el exterior

Foreign exchange Divisa

Foreign exchange cost Costo en divisas

Foreign exchange market Mercado de divisas/cambiario

Foreign investment policy Régimen de inversiones extranjeras

Foreign Investment Registration Registro de Inversión Extranjera

Foreign loans Préstamos externos

Foreign Minister Ministro de Asuntos Exteriores *(Esp.)*, Ministro de Relaciones Exteriores *(hisp.)*

Foreign owned holding company Consorcio extranjero

Foreign Policy Política exterior

Foreign Policy Adviser Asesor de Política exterior

Foreign portfolio investment Cartera de inversión extranjera

Foreign reserve Divisas, reservas de divisas

Foreign source income Fuente de ingreso foránea

Foreign suppliers Proveedores extranjeros

Foreign tax credit Impuesto de crédito foráneo

Foreign trade Comercio exterior

Foreign-based operations Operaciones con base foránea

Foreman Supervisor, capataz, responsable

Forerunner Precursor

Foresee Prever

Forestalled Impedir, prevenir, excluir

Forestalled 2 Anticiparse/adelantarse a

Forestalled 3 Acaparar, acopiar, monopolizar

Forestalled 4 Acechar, interceptar

Forestry development Desarrollo forestal

Forever En forma ilimitada

Forfeited contract Contrato incumplido

Forged check Cheque falsificado

Forgetfulness Descuido

Form Formulario, planilla *(hisp.)*

Form part of commercial and industrial companies Formar parte de empresas comerciales e industriales

Form-fillings Trámites

Formalities Tramitaciones, trámites

Format Formato

Former Precedente, antecedente, anterior; ex-*(cargo)*

Former adjudication Cosa juzgada

Former concessionaires Ex-concesionarias

Formerly Otrora *(adv.)*

Forming a guild Agremiado

Forms Formularios

Forthcoming Próximo, venidero, que viene

Forthwith Inmediatamente, sin dilación/tardanza, enseguida, con efecto inmediato, en el acto

Forthwith due Inmediatamente exigibles

Fortnight Quincena

Forward *(v.)* Devolver, enviar

Forward adjustment Ajuste adelantado

Forward buying Compra a futuro

Forward delivery Entrega en fecha futura

Forward drafts Dar curso a giros

Forward market Mercado de futuros

Forward rates Tasas a término

Forward transaction Operación a término

Forwarding agent Agente expedidor/ de despacho/ de transporte

Forwarding and clearing Expedición y despacho de aduana.

Foster Promover

Foster care Cuidado de crianza

Fostering Fomento

FOT Free on Truck Libre en el camión.

Found *(v.)* **(institution, city)** Fundar

Founders' capital stock Acciones de fundador

Four equal payments can be made Se podrá cancelar en 4 partes

Frame of reference Marco de referencia

Franco delivered Entrega libre

Franchise Franquicia

Franchising Obtener franquicia para

Fraud Defraudación, fraude

Free Liberte

Free along side ship FAS Libre en el Muelle

Free and clear of all taxes and liens Libre y exento de impuesto o gravamen alguno

Free and clear of deductions for or on the account of any taxes, imposts, levies or duties of any nature, present or future, imposed under the laws of the Government of *X* Libre y exento de deducciones por concepto o a cuenta de cualesquier impuestos, derechos, gravámenes u obligaciones de cualquier índole, presentes o futuras, que fueren exigibles de conformidad con las leyes de *X*

Free consular services Servicios consulares gratuitos

Free delivered Entrega libre

Free dollars Dólares libres

Free from Exento

Free market Libre mercado

Free of any obligation to withhold Libre de toda obligación de retención

Free on board (FOB) Libre/franco a bordo

Free on rail Puesto sobre vagón

Free port Puerto franco

Free trade Libre comercio

Free trade association Asociación de libre comercio

Free-floating Transitorio

Free-lance writer Cronista

Freedom from bias Inexistencia de sesgo

Freedom from restrictions Libre de restricciones

Freedom of any encumbrance Saneamiento de ley

Freedom of expression Libertad de expresión

Freedom of speech Libertad de expresión *(de palabra)*

Freely and voluntarily A su libre albedrío/voluntad

Freely convertible currency Monedas libremente convertibles

Freely transferable, assignable and divisible Libremente cedible/transferible, negociable y fraccionable

Freight Carga, flete

Freight allowed Entrega sin cargo por flete

Freight bills Facturas de fletes

Freight cars Vagón de cargas

Freight prepaid Porte/flete pagado (PP)

Freshman Estudiante de primer año de universidad

Fringe benefits Prestaciones salariales; beneficios marginales

From A contar de

From all over the world En el mundo entero

From receipt of Del recibo, de la recepción

From such comparison I verily believe En base a dicha comparación, puedo afirmar que

From the De la

From the criminal, foreign investment policy and tax view points Bajo los aspectos penal, régimen de inversiones extranjeras y fiscal

From the date hereof A partir de la fecha de la misma

From the time of A partir de

From time to time Oportunamente, en cada/su oportunidad, de tiempo en tiempo

From voting En cuanto a su derecho a voto

From year to year De año en año

Front page Anverso

Fuelling Abastecer(se)/aprovisionar(se) de combustible

Fulfill... Cumplir con

Fulfill the promise Cumplir con lo prometido

Fulfill the terms Cumplir los requisitos

Fulfillment Desempeño, cumplimiento

Full amount Monto total

Full costing Costo total

Full credit Crédito pleno

Full credit will be given on inventory Se otorgará pleno crédito sobre el valor de inventario

Full faith and credit are ought to be given to his official acts Sus actos oficiales merecen plena fe y crédito

Full payment Pago total

Full power and authority Poder amplio y suficiente

Fully authorized Ampliamente facultado

Fully closed loan Préstamo totalmente amortizado

Fully diluted basis Base atenuada

Fully disbursed Totalmente desembolsado

Fully identified Identificados plenamente en autos

Function *(n.)* Funciones

Function *(v.)* Fungir

Fund for special operations (FSO) Fondo para operaciones especiales (FOE)

Fundamental Fundamental

Funded debt Deuda consolidada

Funds Capital, caudales, dinero, fondos, medios, recursos, suma

Funds under administration Fondos administrados

Furnace Horno

Furnish Proveer, suministrar, proporcionar, facilitar

Furnish evidence/proof Acreditar

Furniture and fixtures Mobiliario y equipo

Further Nuevamente, ulterior; asimismo, además, también

Further *(v.)* Promover

Further deliveries Entregas sucesivas

Further shipments Envíos/embarques sucesivos/suficientes

Furtherance Fomento, aplicación, implementación

Furthermore Asimismo, además, también

Fuse Fundirse en

Fusion Fusión

Future breach Incumplimiento posterior

Future contracts Contratos de futuros

Future estate Derecho de propiedad sujeto a futuras eventualidades

Future trends Tendencias futuras

Future years Años futuros

Futures Contrato de compraventa a futuro

Futures market Mercados de futuros

Futures trading Comercio a término

G *INGLÉS*

Gain Granjearse

Garbage can Cubo para basura

Garner Almacenar *(granos)*, acumular, acopiar

Garnishee Depositario judicial

Garnishee proceedings Procedimiento de embargo de salarios

Gas-cap drive Propulsión de la capa gasífera

Gather Compilar

Gather information on the summons Averiguar acerca de la citación

Gathering line Tubería de propulsión

General administrative expenses Gastos administrativos generales

General agent Mandatario general

General Agreement on Tariffs and Trade (GATT) Acuerdo General sobre Tarifas y Comercio (AGTC)

General assent (or consent) Consenso

General assignment Cesión de bienes

General Corporation Law of Delaware Ley General/Orgánica de Compañías de Delaware

General Directorate of Work Projects and Services of the Office of the Governor of Dirección Nacional de Obras y Servicios de la Gobernación de

General expenditure Gasto general

General expenses Gastos generales

General international average Promedio general internacional

General Ledger Libro mayor

General Liability Premium Póliza de responsabilidad civil general

General Partnership Sociedad mercantil

General Power of Attorney recorded/registered on *(date)* Poder general protocolizado en *(fecha)*

General power of attorney to manage and dispose of a real state of our property Poder general de administración y disposición del inmueble de nuestra propiedad

General power of attorney without any restriction whatsoever and with full power and authority as provided for by law Poder general sin limitación alguna y en la forma más amplia permitida por el derecho

General provisions Disposiciones generales

General reserve Reserva general

General Tax Division Dirección general de rentas

General technical cooperation program Programa general de cooperación técnica

Generate Generar, motivar, suscitar, causar, ocasionar

Generic Genérico

Genuine official signature of the said Notary Public Firma notarial auténtica del Notario Público antes mencionado

Genuine signature Firma auténtica

Geographical breakout Ubicación geográfica

Get Granjearse

Get around to Llegar a hacer o atender algo

Get ready Aprestarse

GIGO (garbage in, garbage out) Basura entra, basura sale

Give Asignar; facilitar; impartir

Give accomodation to Alojar

Give and request loans Dar y tomar dinero en préstamo

Give declarations (official) Declarar

Give evidence Probar

Give grounds to Dar pie a

Give immediate notice in writing Dar aviso de inmediato por escrito

Give in antichresis Dar en anticresis

Give its verdict Agotar una instancia

Give notice Informar

Give notice in writing Dar aviso por escrito

Give rise to Dar cabida a; originar

Give rise to the following compensation Causará pago de la siguiente contraprestación

Give the receipts and acquittances which may be necessary for such purposes Otorgar los recibos y finiquitos que sean necesarios a tales fines

Give up business Retirarse del negocio

Given Dado que; dentro de; cursado; en vista de, frente a

Given at Dado en

Given by the undersigned to any person or persons whomsoever Otorgados por el suscrito a persona alguna

Given under my hand and notarial seal Dado bajo mi firma y sello notarial

Given under my signature Dado bajo mi firma

Giving Donante *(adj., n.)*; otorgamiento

Giving and granting unto said attorney full power and authority Otorgando a dicho apoderado poder amplio y suficiente

Global loan Préstamo global

Global university Universidad Integral

GNP (Gross National Product) Producto Nacional Bruto (PNB)

Go about Proceder, hacer

Go back to Datar de

Go beyond Exceder

Go by Transcurrir

Go out of business Cerrar el negocio

Go to court on matters involving Realizar gestiones en el tribunal

Gold account Cuenta en oro

Gold standard Patrón oro

Gold value Valor oro

Goldsmith Orfebre

Good academic standing Posición académica reconocida

Good and valid title to *X* Derechos reales sobre *X*

Good character Buena conducta

Good pay Buena paga

Goods Bienes, productos

Goods of all kinds Bienes de todo tipo

Goods-in-transit debt Deuda transitoria

Goodwill Buen nombre, nombre comercial, plusvalía, reputación, prestigio

Governed by and construed in accordance with the laws of the government of *X* Se regirán y serán interpretados en conformidad con las leyes de *X*

Governing Council Consejo administrativo/de administración

Governing law Legislación aplicable

Government activities Actividades gubernamentales

Government Agency Organismo gubernamental

Government bank Banco estatal/del Estado

Government bonds Títulos de la deuda

Government Department Dependencia gubernamental

Government firms Empresas oficiales o estatales

Government policies Políticas del Gobierno

Government spending increases Aumento del gasto público

Government taxes Impuestos gubernamentales

Government-backed Respaldado por el gobierno

Government-to-Government deals Transacciones de Gobierno a Gobierno.

Governmental Oficial

Governmental Agency Órgano/organismo oficial

Governmental and Institutional Accounting Contaduría gubernamental e institucional

Governmental Instrumentalities Representaciones Gubernamentales

Governor's Office of the Federal District Gobernación del Distrito Federal

Grab Echar mano a

Grace period Período de gracia, beneficio del plazo

Grade Calificación; grado (escolar)

Graduate Graduarse, egresar *(hisp.)*

Graduate study Posgrado

Grain loft Granero

Granary Granero

Grand Jury Jurado de acusación; Gran Jurado

Grant Adjudicar; atribuir; otorgar *(títulos)*

Grant a divorce Dictar sentencia de divorcio

Grant and revoke general and special powers of attorney to attorneys or persons of trust Otorgar y revocar poderes generales y especiales a abogados o personas de su confianza

Grant *X* upon (I) Confiero a

Granting Otorgamiento

Granting of bonds Otorgamiento de fianzas

Graphic layout Registro gráfico

Gravitational pull Fuerza gravitacional

Grievance Agravio

Grinding Molienda

Gross En bruto

Gross Domestic Product (GDP) Producto interno bruto (PIB)

Gross income Renta/ingresos brutos

Gross profit Utilidad bruta

Gross receipts Ingreso bruto

Gross sales Ventas brutas

Gross savings and investment account Cuenta de inversiones y ahorros brutos

Ground *(v.)* (opinions) Fundamentar

Ground handling Cargos por servicios de asistencia en tierra

Grounds *(n.)* Causa

Grounds for divorce Causales

Grounds of non-compliance Causales de incumplimiento

Group life insurance Seguro de vida colectivo

Group of ten Decena

Grow indissolubly Combinarse en forma indisoluble

Grow out of Provenir/derivar de

Growth rate Tasa de crecimiento

Growth rate at *X*% Crecimiento de *X*%

Guarantee *(n.)* (money) Garantía, fianza, aval

Guarantee *(v.)* Garantizar, afianzar

Guarantee Agreement Contrato de garantía

Guarantee of Letter of Credit Garantía de carta de crédito

Guarantee request Solicitud de garantía

Guarantee to support obligations Garantías en respaldo de obligaciones

Guaranteed participation Participación garantizada

Guarantor Fiador, garante

Guaranty Fianza, garantía

Guarded Vigilado, protegido

Guardian Vigilante, defensor, tutor

Guardian ad litem Curador *ad-hoc*

Guardianship Tutela

Guardianship and custody Guardia y custodia

Guesswork Conjetura

Guidelines Directrices, instructivo de orientación, lineamientos

Guilty party in a divorce case Cónyuge culpable

Guilty plea Declaración de culpabilidad

Gusher Pozo surgente

H *INGLÉS*

Habeas Corpus Orden judicial para presentar al detenido ante el Juzgado o Tribunal

Habeas Corpus Writ Mandamiento de *Hábeas Corpus*

Habitability permit Permiso de habitabilidad

Halfway through A mediados de

Hamper by Estorbar, entorpecer, impedir, poner trabas

Hand work Trabajo manual

Handbook Manual, libro de referencias

Handicapped Impedido

Handle Manejar

Handling Manejo de, administración

Handling of local and international formalities for the purchase of equipment Trámites locales e internacionales para la adquisición de equipos

Handwritten *(adj.)* Manuscrito

Hang Colgar

Harass Acosar, vejar, hostigar

Hard loan Préstamo "duro"

Hardly Apenas

Hardware Equipo mecánico

Harshness Escabrosidad

Harvest Cosecha

Harvested Cultivadas

Has been exercised Queda ejercido

Has established by competent material and relevant proof the allegations and charges contained in... complaint De lo alegado por... se evidencia la veracidad de lo expuesto por... como fundamento de su acción

Has no criminal record No registra antecedentes penales

Has not been possible No poder efectuarse

Has passed the *(number)* mark Doblar el codo de los *(años de edad)*

Has requested the same Lo solicite

Haste Prisa, celeridad, urgencia

Hasten Apresurar

Have Experimentar

Have a hold on Tener influencia

Have agreed as follows Han convenido en las siguientes disposiciones

Have been engaged in Haber participado en

Have been so *(+ v.)* Que así lo han sido

Have come into being Haber llegado a ser

Have completed the course of study Haber culminado el plan de estudio

Have conferred upon *X* Han otorgado/conferido/concedido a *X*

Have I forsaken my responsibilities Abandonar mis deberes

Have I signed He suscrito

Have legal basis Ser procedente

Have made the following agreement aimed at overcoming/designed to overcome the differences arisen between us Hemos celebrado la siguiente transacción encaminada a zanjar las diferencias suscitadas entre nosotros

Have no *(+ n.)* No registrar *(no tener) (+ n.)*

Have no grounds Ser improcedente

Have power to act Tener facultades de decisión

Have recourse Apelar

Have the burden of proof Corresponde aportar la correspondiente prueba

Have the custody of Tener la custodia de *(formal)*, ser la persona encargada de

Have the right to Tener el derecho de, estar facultado para

Having been informed by me of the contents of said instrument Habiendo sido informado por el suscrito acerca del contenido de dicho documento

Having by Law a seal Dotado de un sello legal

Having extinguished/having been extinguished Al extinguirse *(una vez extinguida)*

Having full authority Otorgando a dicho mandatario plenos poderes

Having full legal capacity Capaz

Having its head office Con su asiento principal, con sede en

Having jurisdiction Competente

Having jurisdiction at his legal residence Con jurisdicción en su domicilio fiscal

Having legal basis/justification Procedente

Having no grounds Improcedente

Having the same face value De igual valor nominal

He answered/replied affirmatively/in the affirmative in a clear and unequivocal manner El interrogado respondió afirmativamente en forma clara e inequívoca

He confirmed his testimony Ratificó su declaración

He duly acknowledges to me Reconoció debidamente ante mí

He executed the same freely and voluntarily for the uses and purposes therein mentioned Había otorgado el mismo a su libre albedrío, a todos los efectos correspondientes

He holds my power of attorney Es mi apoderado

He is thus purchasing Así lo compra

He may think/deem *X (obj.)* for Considere

He shall be deemed to be a resident of the territory Dicha persona será considerada residente del territorio

He stands proxy for me Es mi apoderado

Head *(n.) (adj.)* Jefe, directivos

Head *(v.)* Encabezar

Head Office Oficina/asiento principal

Head work Trabajo intelectual

Head, Study Control and Evaluation Jefe de la División de Control y Evaluación de Estudios

Headed by Encabezado, titulado

Headed for Encaminadas a, dirigirse

Heading Encabezamiento

Headquarters Casa matriz, sede; jefatura; oficina principal

Hear Conocer de una apelación *(tribunal toma conocimiento de una causa)*

Hear the appeals Atender apelaciones

Hear the appeals filed by Atender a apelaciones interpuestas por

Hearing officer Árbitro

Hearing the appeals filed by Atendiendo a apelaciones interpuestas por

Hearing the case A cargo del juicio

Hearsay evidence Declaración de referencia

Heartening Alentador

Heated Acaloradas, enardecidas

Heavy crude Crudo pesado

Hedge Cubrirse, compensar, igualar

Hedging Cobertura, protección contra los cambios de precios

Heirs Herederos

Held by En poder de

Held for sale Retenido para la venta

Held on... De fecha...

Help *(n.)* Colaboración; utilidad

Help *(v.)* Coadyuvar

Helper Auxiliar

Hereabove Que anteceden

Hereafter En adelante

Hereby Por la presente, por este medio/acto, por esto(as); queda...

Hereby appoints *X* Por la presente designa a...

Hereby certify the above was signed by *X* Por la presente certifico que el documento que antecede lleva efectivamente la firma de *X*

Hereby constitutes and appoints Por la presente designa y nombra

Hereby revokes any proxy or proxies heretofore given by the undersigned to any person or persons whomsoever Rescinde/revoca por la presente todo poder/cualesquier poderes otorgados por el suscrito a persona alguna con anterioridad a la presente

Hereditaments Herencias

Herein En esto, aquí dentro, incluso, aquí contenido, en este documento

Herein (without noun) Del presente

Hereinabove Más arriba, anteriormente en la presente

Hereinafter En lo adelante, en lo sucesivo, después

Hereinafter 2 A continuación, en este contrato, más abajo/adelante

Hereinafter referred to as 'The Buyer', as party of the second part, En lo sucesivo denominado "El Comprador",

Hereinafter referred to as 'The Representative', as party of the first part, and... En lo sucesivo denominado "El Representante", por una parte, y por la otra,

Hereinbefore En la parte anterior, más arriba, anteriormente, en lo precedente

Hereinbelow Más abajo *(en este documento)*

Hereinunder Aquí regulados

Hereof De esto, acerca de esto, de éste *(of this)*

Hereof (without noun) Del presente

Hereon Sobre esto/este punto, acerca de esto

Hereto A esto, a este fin, a la presente *(escritura)*

Heretofore Anteriormente, antes, hasta la fecha, con anterioridad a la presente

Hereunder Más abajo, líneas abajo; en virtud de éste, bajo esto

Hereunder 2 Por la presente, conforme a la presente, derivado/emanado de

Hereunto En el presente documento

Herewith Con esto, junto con esto, con la presente, adjunto, incluso

Heritable leasehold rental rate Canon enfitéutico

Heritage Patrimonio

Heuristic Heurístico

Hierarchic appeal Recurso jerárquico

High Elevado

High risk Alto riesgo

High school Escuela secundaria, plantel de educación media

High School graduate Bachiller

High School Principal Director de la escuela

High School work assigned from the State High School Course of Study Programadas de acuerdo con el plan de estudios de educación secundaria del Estado

Higher education Enseñanza superior

Highest bidder Mejor licitador

Highlight Destacar

Hike Aumento, alza

Hinge upon Depender

Hire Contratar

Hold Poseer

Hold *(X)* out to be Declararse como, fungir de, presentarse como

Hold harmless *(X)* from Eximir/relevar de toda responsabilidad a

Hold on *(n.)* Influencia

Hold on/upon trust for *(somebody)* Mantener en fideicomiso a nombre de

Hold the Representative harmless against any loss or damage Exonerar al representante de cualesquier pérdidas o daños

Hold themselves out to be agents of *X* Fungir de/presentarse como representantes de *X*

Holder Titular, tenedor, portador, poseedor

Holder in due course Tenedor legítimo

Holder of a promissory note Tenedor/poseedor del pagaré

Holders of the common stock Tenedores de las acciones ordinarias

Holding Center Centro provisional de recepción para los refugiados

Holding company Consorcio, compañía matriz, compañía tenedora; sociedad comercial que se ocupa de sus propios negocios

Holdings Valores en cartera, propiedades

Holdover Arrendatario que retiene posesión de finca ya expirado el contrato

Holograph Documento escrito a mano *(gen. se aplica a testamentos)*

Home country País de origen

Home market Mercado nacional/local/doméstico

Home office Casa matriz, sede

Home owning Adquisición de viviendas

Home Secretary *(GB)* Ministro de Relaciones Interiores

Home town Pueblo/ciudad natal

Homeroom Profesor, guía, guiatura; tutor (orientador)

Honor Atender

Honor authorized requests for records Atender solicitudes autorizadas de los registros

Honored for their full amount *(checks)* Efectivos en su totalidad *(cheques)*

Hookups Red de circuitos, sistemas de conexión

Hope to *(do something)* Aspirar a

Horn of plenty Cornucopia

Host country País anfitrión

Hostile witness Testigo desfavorable, Testigo abiertamente adverso a la parte que lo cita

House for living quarters Casa para vivienda familiar

Household Hogar

Household effects Artículos domésticos

Household pets Animales domésticos

Housing Vivienda

Hull Casco

Humanities Humanidades

Hurry Apresurar

Hybrid computer Computadora híbrida

Hydroelectric Hidroeléctrico

Hygiene Higiene

I

INGLÉS

I am acquainted with his handwriting Conozco su letra

I am personally acquainted with the requestor Conozco de vista, trato y comunicación al solicitante

I appoint *X* as... Constituir a *X* en...

I attach hereto Anexo

I can't help but think No puedo dejar de pensar

I certify that the personal information provided on this certificate is correct to the best of my knowledge and belief Certifico que la información personal/privada que aparece en este certificado es exacta a mi leal saber y entender

I concede Yo admito

I formally state Hago constar

I free myself of any encumbrance Me obligo al saneamiento de ley

I grant *X* upon Confiero *X* a

I grant/confer/award a general power of attorney to manage and dispose of a real state of our property upon *X* Confiero poder general de administración y disposición del inmueble de nuestra propiedad al Sr. D. *X*

I have capital at my disposal Dispongo de capital

I have compared the imprint of the seal affixed to the attached instrument He comparado la impresión del sello al pie del documento

I have signed the same Quedo de usted...

I hereby certify the above was signed by *X* Yo, *X*, por la presente certifico que el documento que antecede lleva efectivamente la firma de *X*

I hereby direct my proxy to vote as follows Por la presente instruyo a/dispongo que mi apoderado (para que) vote como sigue

I intend Tengo el propósito

I know and can thus declare that she is unmarried Sé y me consta que es de estado civil soltera

I make actual delivery of the said item Hago tradición legal del bien vendido

I make myself liable as solidary guarantor and main payer of all the obligations assumed by *X* Me constituyo en fiador solidario y principal pagador de todas las obligaciones que asuma *X*

I make *X*... Constituir a *X* en...

I make, constitute and appoint Mr. *X* as my true and lawful attorney Designo al Sr. *X* para que actúe como mi apoderado/mandatario leal y verdadero para

I make, constitute and appoint *X* as my true and lawful attorney with full power and authority as required by law Confiero poder especial, pero amplio y suficiente en cuanto a derecho se requiere

I managed to get amongst Pude conseguir

I merely asked his name Me contenté con preguntarle el nombre

I now pronounce you lawfully joined in civil marriage/you man and wife Los declaro unidos en matrimonio civil

I renounce Renuncio

I request that... be issued to me Solicito me expida una...

I respectfully address your Office Con el debido acatamiento me dirijo a Ud.

I respectfully appear before the Court to declare Con el debido acatamiento ocurro ante Ud. y expongo

I respectfully resort to your Office Con el debido acatamiento me dirijo a/ ocurro ante Ud.

I still believe No puedo dejar de pensar

I still have Conservo

I submit to you the Articles of Incorporation of the Company I represent Presento a Usted el documento constitutivo de la Compañía que represento

I was served noticed of Se me notificó

I will present in due time Oportunamente presentaré

I, *X*, hereby certify the above was signed by *X* Yo, *X*, por la presente certifico que el documento que antecede lleva efectivamente la firma de *X*

I/O devices Dispositivos de entrada y salida

Identical copies of this document were made for the same purpose Ejemplares de un mismo tenor y a un solo efecto

Identified as appears beneath our signatures Identificados como aparece al pie de nuestras firmas

Identified hereinabove Ya identificada

Identity card Documento Nacional de Identidad, identificación, Cédula de Identidad

Idle capacity Capacidad no utilizada

ie. (that is to say) Es decir

If any Si incurriesen, si se diera el caso

If individual(s), give full name Si es una persona natural, indique el nombre completo

If it shall be required En caso de exigirse/requerirse

If it trades as a limited company Si operare como compañía anónima

If requested and required Si así se solicitare o exigiere

If that name may be lawfully used Si la ley permite el uso de dicho nombre

If the capital has been totally or partially paid in cash Si el capital ha sido total o parcialmente pagado en dinero efectivo

If there are any funds remaining after the entire amount of the debt has been paid, such excess amounts shall be returned to the buyer Si quedare un saldo después de la cancelación de la suma total de la deuda, dichas sumas en exceso le serán devueltas a la Compradora

If there were any Si las hubo

Ignorance of law Ignorancia de la ley

Illegal consideration Nemo auditur *(causa ilícita = contrato cuyo motivo es una causa ilícita)*

Illegal procedure Atentado

Illegality of the procedure Improcedencia de la vía

Illegitimate child Hijo ilegítimo

Illegitimate child (minor) Hijo natural (menor)

Illegitimate child ***(of legal age)*** Hijo natural *(mayor)*

Illness Razones de salud

Imbalance Desproporción, desequilibrio, falta de equilibrio; saldo desfavorable *(Com.)*

Immaterial evidence Evidencia que no es suficiente

Immediacy Inmediación, proximidad, contigüidad; inmediatez

Immediate cause Causa inmediata

Immediately Incontinenti, seguidamente

Immediately by notice De inmediato, mediante notificación

Immediately hereafter Acto continuo

Immersed in Empapado de

Immigrant remittances Remesas de inmigrantes

Immovable Inamovible

Immunity Inmunidad *(= protección de un testigo sobre los hechos que declara)*

Impair Menoscabar, restar efectividad

Impairment Deterioro, perjuicio

Impeachment Acusación contra un empleado público

Impeachment 2 Desacreditación, descalificación de un testigo de dudosa credibilidad

Impeccable Impecablemente

Imperative Imprescindible

Imperfect Deficiente

Imperil Exponer

Imperil oneself Exponerse a

Implementation Aplicación

Implicate Implicar; involucrar

Implications Consecuencias

Implications, in so far as the certificate of origin is concerned Implicaciones para certificado de origen

Implied confession Confesión ficta

Implore Clamar

Imply Implicar

Import approval Conformidad de importación

(X) **Import authorization** Autorización para importación de *X*

Import duties Derechos de importación

Import of goods Importación de mercancías

Importance Calibre

Importing Importación

Impose Molestar

Imposed under the laws of the government of ***X*** Exigible de conformidad con las leyes de *X*

Imposts Derechos

Impounded Bajo la custodia del tribunal de justicia

Impresario Empresario

Impression of the seal Sello

Imprint Impresión, marca, huella

Imprinted paper Papel sellado

Improper Indebido

Improved real estate Predio mejorado, bienes inmuebles con mejoras/bienhechurías *(hisp.) (C.)*

Improvement Perfeccionamiento; mejora, bienhechuría *(hisp.) (C.)*, ornato

Improvements in leased properties Mejoras en propiedades arrendadas

Imputable Imputable

In a clear and unequivocal manner En forma clara e inequívoca

In a manner which De manera tal

In accordance with De acuerdo/conformidad con, de conformidad con lo establecido en *(documento)*

In accordance with the provisions of De conformidad con lo establecido

In account with En cuenta con

In addition to any other remedies available under law Además de cualquier otro recurso legal disponible de conformidad con la ley

In advance of Antes de/del; de anticipación a, por anticipado

In agreement with De conformidad con, de común acuerdo con

In all fairness Con justicia

In and about the premises En o respecto de dicha propiedad

In and for said En y por dicho

In and to such aircraft unto: Que pudieran recaer sobre dicha aeronave a:

In any and all events En todos los casos

In any case En todo caso

In any event De todas maneras

In any instance En caso alguno

In any manner De forma/manera alguna, por ningún concepto

In any manner whatsoever En forma alguna

In apparent good order and condition En aparente buen estado y condición

In as much as Como quiera que, por la circunstancia de que

In as much as possible En la medida posible

In bulk En bruto

In cash En efectivo

In civil matters En lo civil

In compliance with En cumplimiento con, cumpliendo/de acuerdo/conformidad con, conforme/accediendo a

In conformance with Estar conforme con

In connection with En relación con, respecto de, sobre, por lo que respecta

In costing jobs Al calcular los costos de las órdenes de producción

In due and strict compliance with the applicable laws of *X* En estricto cumplimiento de las leyes pertinentes de *X*

In due compliance with En cumplimiento con

In due course A su tiempo debido, oportunamente

In due time En fecha oportuna, a su tiempo debido, oportunamente

In effect Vigente

In escrow En custodia

In every event, circumstance and occasion where proceeding/acting by proxy are not prohibited by law/are provided by law En todos los casos, circunstancias y ocasiones en que las leyes no prohíban la actuación mediante apoderados

In excess of Superior a

In exercising this/such mandate En ejercicio de este mandato

In fact En efecto

In fees Por concepto de honorarios

In force Vigente

In front of Ante

In full En una sola porción

In full force and effect En plena fuerza y vigencia

In furtherance Para la debida aplicación/implementación/uso; en el interés de

In good standing En buena posición académica

In hock Empeñado, pignorado; encarcelado

In its sole discretion Según su propio criterio

In lawful tender of the US En moneda de curso legal de los EEUU

In length De largo, de longitud

In my capacity as En mi carácter/calidad de

In no respect En ninguna de sus partes

In one breadth Rápidamente, sin interrumpirse

In open court Según los cánones de la inmediación y de la oralidad

In or out-of-court Judicial o extrajudicialmente

In or out-of-court collection Cobro judicial o extrajudicialmente

In order that the same A los fines de que

In order to comply with A fin de cumplir con

In order to establish A fin de gestionar

In order to secure the payment of Como garantía de pago

In other times Otrora (adv.)

In pari delicto Ambas partes cometen hechos ilícitos o faltas

In partial payment A cuenta

In passing De paso, a propósito

In personam Contra la persona. Acción personal con prescindencia de las cosas

In place of En sustitución de

In prospect En perspectiva, a la vista, esperado

In pursuance of De conformidad con

In questions of En materia de

In regard of En relación con, respecto de, sobre, por lo que respecta

In relation to En referencia a, por lo que respecta

In relation with such property of ours En referencia al inmueble de nuestra propiedad

In rem Acción directamente contra las cosas sin consideración a la persona

In rendering the opinions expressed below Al presentar las opiniones que aquí se expresan

In respect to Por lo que respecta

In response to summons En relación a citación

In short En conclusión

In so far as to En cuanto a, por cuanto, en lo que respecta

In so far as *X* is concerned Para *X*

In spite of Pese a

In such sense En tal sentido

In terms of En función de

In testimony whereof Es justicia

In that (Registry) Office under your charge En esa oficina a su digno cargo

In that Notary Public's Office under your charge Llevados por esa notaría a su digno cargo

In that or in any other instance En ese o en cualquier otro caso

In the absence of En el caso de ausencia de, a falta de

In the affirmative Afirmativamente

In the Company's best interest Para la mejor conveniencia de la Compañía

In the context of Dentro del contexto

In the corresponding proceedings En el juicio correspondiente

In the daily *X* En el diario *X*

In the end En última instancia; al fin y al cabo

In the event of disputes En caso de controversia

In the event of/that En caso de, en caso de que, si

In the event that any indebtedness owing to *X* shall be past due En caso de sobrevencimiento de alguna deuda contraída con *X*

In the face of En vista de, frente a

In the following manner Así

In the forefront A la vanguardia

In the framework of Dentro del marco de

In the future En lo adelante

In the judgement of A juicio de

In the last resort En última instancia

In the light of En vista de, frente a

In the margin En el margen

In the matter of En materia de

In the middle of A mediados de

In the most unrestricted manner En la forma más absoluta

In the name of the Republic, by authority of the Law En nombre de la República y por autoridad de la Ley

In the pipeline En tramitación

In the presence of Ante

In the public domain De dominio público

In the same order and condition En el mismo estado y condición

In the same proportion as En la misma proporción en que

In the true and proper handwriting of the Director De puño y letra del Director

In their own right Por derecho propio

In this act proceeding Procediendo en este acto

In this capacity En cumplimiento de ello, a tal efecto

In this document Aquí

In this regard Al respecto

In transit De tránsito

In triplicate Por triplicado

In view of En vista de, en mérito, frente a, dado que; dentro de; ante

In view of the fact that Por la circunstancia de que

In virtue of En virtud de

In vogue Vigente

In which event the parties agree that En cuyo caso se conviene:

In witness thereof/whereof En fe/testimonio de lo cual

In witness whereof the seal of the institute and duly authorized signatures are hereby affixed En testimonio de lo cual se estampa el sello del instituto, así como también las firmas debidamente autorizadas

In witness whereof, I have hereunto set my hand and official seal En fe de lo cual, firmo la presente y estampo mi sello oficial

In writing Por escrito

In-chief En jefe

In-kind income Ingresos no en efectivo

Inaccurate Inexacto

Inactive loan Préstamo inactivo

Inaugurate Inaugurar

Inc. S.A. o C.A.

Incessant Incesante

Incidence on Incidencia en

Incident Acontecimiento

Incidental (expenses) Gastos varios, gastos imprevistos

Incidental rights or questions Conexidades

Incidentally A propósito

Inclination Aptitud

Include Comprender, contener, incluir *(en algo, un obj. no puede incluir algo)*, dar cabida a

Included in file no. ... Cursa en el expediente nº...

Included in the file opened on said Company Agregado al expediente que se forme de dicha Compañía

Includes a record which reads as follows: Aparece un acta que dice así:

Including... Incluso, que comprenden entre ellos, entre/de los cuales forman parte

Including but not limited to Tales como, pero no exclusivamente, los siguientes

Including but not limited to 2 Que comprenden entre ellos, aunque sin limitarse a

Including force majeure Inclusive los referentes al caso de fuerza mayor

Inclusion in a partnership Puesto en sociedad

Income Ingreso, renta

Income accounts Cuentas de ingresos

Income allocation Distribución del ingreso

Income bonds Valores sin derechos hipotecarios

Income collection Cobro de ingresos

Income distribution Distribución de ingresos

Income earned Ingresos devengados

Income from participations Ingresos provenientes de participaciones

Income prior Ingreso previo

Income splitting Ingreso compartido/dividido

Income statement Estado de ingresos

Income tax Impuestos sobre la renta

Income Tax Act Ley de impuesto sobre la renta

Income tax allocation Distribución del impuesto sobre la renta

Income tax deduction for investment Deducción/rebaja al ISR por inversión

Income tax expense account Cuenta de gastos de impuestos sobre la renta

Income Tax Return Declaración de impuestos sobre la renta, declaración de rentas

Income Tax Review Division Sala examen impuesto sobre la renta

Income, earnings or salary received Ingresos, rentas o sueldos percibidos

Incomplete payment Pago incompleto

Inconsistent or contradictory Que coliden o converjan

Incontestability Indisputabilidad

Incorporate Constituir, incorporar

Incorporate or cause to be incorporated in Lima, Peru, a corporation to carry out the purpose of the joint-venture Constituirán o harán constituir en Lima, Perú, una compañía anónima para lograr los objetivos de la sociedad

Incorporated Company with State Ownership Sociedad/empresa estatal.

Incorporator Constituyente de una empresa

Increase Incremento

Increase by Aumentar en

Increase in size Agrandar

Increase in volume Incremento en el volumen

Increasingly Cada vez más

Incriminating evidence Prueba acusadora

Incur (a debt) Contraer

Indebtedness Adeudo, deuda

Indecent exposure Exposición deshonesta

Indeed De hecho

Indemnification for the damages caused thereby Resarcimiento de los daños y perjuicios causados por tal hecho

Indemnify Compensar

Indenture Documento

Independent audit Auditoría externa

Independent auditors Auditores independientes

Independent contractor El que ejecuta una obra por cuenta de otro sin ser su empleado

Indicate Expresar; denominar

Indication Indicio

Indictment Procesamiento; informe del fiscal; acusación criminal presentada ante los jueces por el Gran Jurado

Indirect expenses Gastos indirectos

Indirect tax Impuesto indirecto

Indispensable Imprescindible

Individual proprietorship Propiedad individual

Industrial and commercial license/patent Patente de industria y comercio

Industrial and Commercial Patent debt Deuda por patente de industria y comercio

Industrial Development Organization (UNIDO) Organización para el Desarrollo Industrial de las Naciones Unidas (ONUDI)

Industrial License Licencia industrial

Industrial Promotion Division of the Ministry of Economic Development División de Promoción Industrial del Ministerio de Fomento

Industrial property registry office Registro de propiedad industrial

Industrialist Industrial

Industrialized countries Países industriales

Industrious Diligente

Ineligible loan Préstamo no elegible

Inequalities Desigualdades

Inevitable Forzosa

Inexact Inexacto

Inflationary bias Sesgo inflacionario

Inflationary period Período inflacionario

Inflow Entrada, ingreso

Influence Influjo

Inform you Participarle

Information (penal) Acusación presentada ante los Jueces por un oficial judicial

Information theory (IT) Informática

Informed Informado, al corriente de, al tanto de

Informer Presentante

Infrastructure Infraestructura

Infringe upon (something) Violar

Infringement (*Adm.* Law) Violación de una patente o de una propiedad literaria registrada

Inheritance Patrimonio

Initial capital Capital inicial

Initial contribution Contribución inicial

Initial enrollment Inscripción inicial

Initial payment Anticipo

Initiate all kind of legal actions Intentar toda clase de acciones legales

Injunction Amparo, interdicto *(= orden judicial que prohibe al demandado determinados actos)*; embargo

Injure *(v.)* Agraviar

Injury Perjuicio

Inland Interior *(de un país)*

Inland insurance Seguro terrestre

Inland transportation expenses Gastos de transporte terrestre

Inner Intrínseco, inherente

Innovation Innovación

Innovative Innovador

Inordinate Excesivo, inmoderado, irregular

Inpatient Paciente interno

Input Insumo

Input-Output (I/O) Entrada/Salida

Input-output analysis Análisis del insumo y de la producción

Inputs to be used Insumos a utilizar

Inquire Averiguar

Inquire on objections Averiguar oposiciones

Inquire on the status of Averiguar estado de la tramitación

***(X)* Inquiry on...** Consulta de X

Insanity Estado mental que incapacita para manejar bienes (Der. Civil)

Insanity 2 Incapacidad mental del culpable para discernir moralmente (Der. Penal)

Inside city Indique si dicha dirección se encuentra dentro de los límites del área metropolitana

Inside city limits Dentro del perímetro urbano

Insider trading Delito de información privilegiada.

Insight Perspicacia, discernimiento, lucidez; visión

Insist Instar

Insolvent Insolvente

Inspection and supervision Inspección y vigilancia

Inspector Interventor

Installed Instalada

Installment buying Compra a plazos

Installment sales Ventas a plazos

Installments Cuotas

Instance Instigación, petición, sugerencia, ejemplo, ocasión

Instance (law) Instancia; pleito, proceso, caso

Instruct Ordenar

Instructions Disposiciones, instrucciones; órdenes

Instrument Instrumento, documento

Instrument in writing to be recorded in said State Documento escrito a ser registrado en dicho Estado

Insurance claims Reclamos de seguros

Insurance company Compañía de Seguro

Insurance on stocks of merchandise Seguro de existencias

Insurance policies Pólizas de seguros

Insurance premium Prima de seguro

Insure Garantizar, asegurar

Insure that the net amount received by the lender shall equal the net amount of this promissory note Garantizar que el monto recibido por el prestamista sea igual a la cantidad neta indicada en este pagaré

Insured anew Asegurado de nuevo

Insured holder Tenedor asegurado

Insured under... *(amount)* Asegurado por... *(cantidad)*

Insuring company Compañía aseguradora

Insurmountable Insuperable, invencible, infranqueable, indiscutible, incuestionable

Intake worker Entrevistador

Intangible assets Activos intangibles

Intangibles Intangibles

Integrated Data Processing (IDP) Elaboración Integrada de Datos (EID)

Integration project Proyecto de integración

Intend Intentar; aspirar, proponerse

Intended *(adj.)* Intencional; prometido, futuro

Intended for Destinado para

Intent *(n.)* Intento, intención, designio, propósito, significado, sentido

Intention Intento

Intentional Deliberada

Intently Deliberadamente

Inter-American Development Bank Banco Inter-Americano de Desarrollo

Inter-company account Cuenta entre compañías

Inter-governmental committee Comité intra-gubernamental

Inter-regional capital Capital interregional

Interbank market Mercado intercambiario

Intercommunal Entre las comunidades

Interdiction Interdicción

Interest arbitrage Arbitraje de intereses

Interest on debentures Intereses de obligaciones sin garantía

Interest rate Tipo de interés

Interested party Parte interesada

Interests accrued through November 30, 1983 Intereses acumulados hasta el 30 de noviembre de 1983

Interests earned by the titles Intereses que devenguen los títulos

Interests for delayed payment Intereses moratorios

Interests on the capital sum/on capital Intereses sobre montos por capital

Interfere with Interferir con, perturbar, perjudicar, obstaculizar, entorpecer, colidar

Interim *(adj.)* Interino, provisorio, provisional, accidental

Interim *(n.)* Ínterin, intervalo, intermedio, entretanto, de espera

Interlocutory judgment Sentencia interlocutoria

Internal audit Auditoría interna

Internal combustion engine Motor de combustión interna

Internal controls Controles internos

Internal rate of return Tasa interna de rendimiento

International Bank for Reconstruction and Development Banco Internacional para la Reconstrucción y el Desarrollo

International bodies and cartels Organismos y carteles internacionales

International Division Structure Estructura de División Internacional

International Monetary Fund (IMF) Fondo Monetario Internacional (FMI)

International monetary order Orden monetario internacional

International Organization for Standards ISO Organización Internacional de Normalización

International Public Bidding Licitación Pública Internacional

International trade Comercio internacional

Interns Pasantes

Internship Internado; pasantía

Interpret Interpretar

Intervener Terceristas

Intervention or Interlocutory Proceedings (right of third Parties) Tercerías

Intervention points Puntos de intervención

Interwar Entre la Primera y la Segunda Guerra Mundial

Intestate Abintestato

Intractable Ingobernable, incultivable *(terrenos)*

Intrepidly Denodadamente

Introduce appeals and/or recourses Intentar apelaciones o recursos

Inventory Inventario

Inventory account Cuenta de inventario

Inventory valuation adjustment Ajuste en la valuación de las existencias

Investigation of ties with foreign suppliers Estudio de vinculación con proveedores extranjeros

Investment Insumo

***(X)* Investment application** Solicitud de Inversión en *X*

Investment incentive Incentivo a la inversión

Investment income Ingreso por inversiones

Invisible trade Comercio intangible

Invisible transactions Intangibles

Invitation of periodic bids Llamamiento a la presentación de ofertas periódicas

Invoice Factura

Invoke all kinds of ordinary and extraordinary legal remedies Ejercer toda clase de recursos ordinarios y extraordinarios

Invoke and/or resort to recourses Invocar recursos

Involuntary manslaughter Homicidio cometido sin que intervenga la voluntad de matar

Involve Comprender, abarcar, incluir

Involve 2 Entrañar, implicar, involucrar

Involve any prejudgement Emitir juicio anticipado

Involvement Conflicto

Involving the investigation of ties with foreign suppliers Inicio de estudio de vinculación con proveedores extranjeros

IOU (I owe you) Vale, documento en que consta una deuda

Iron ore Hierro en bruto

Irregular Esporádico

Irrelevant Improcedente, irrelevante

Irrelevant evidence Evidencia que no tiene que ver con el caso debatido

Irrespective of Independientemente de

Irrevocable commitment Compromiso irrevocable

Irrevocable, unconditional and irretractable guaranty per aval of the terms, conditions and requirements of this instrument Garantía irrevocable e incondicional "por aval" de los términos, condiciones y requisitos de este documento

Irrevocably and unconditionally, without protest or notification, promise to pay against this Promissory Note, to the order of... Convenimos en pagar, en forma irrevocable e incondicional, sin aviso ni protesto a la presentación de este pagaré y a la orden de...

Irritate Exacerbar

Is Corresponde a

Is a holder Es titular

Is adjudicated as bankrupt or becomes insolvent Se le declare en quiebra o quede insolvente

Is complete for the Academic work that *X* completed at Recoge todo el trabajo escolar realizado por *X*

Is constructed with two floors Está construida por una planta baja y una alta

Is dealt with as Se trata como

Is effective for one year Estará vigente por el período de un año

Is empowered Facultado

Is empowered by the laws of the State of *X* Se encuentra autorizado por las leyes del Estado de *X*

Is executed according to the laws of the State of *X* Ha sido otorgado en conformidad con las leyes del Estado de *X*

Is governed by the laws of *X* Se rige por las leyes de *X*

Is in excess of Ser superior a *(montos)*

Is inserted Corre inserta, cursa

Is inserted in record file no. ... Corre inserta en el expediente nº...

Is known to us No tenemos conocimiento de

Is made Se redacta, se expide

Is my act and deed Es producto de mi libre voluntad

Is null and void and shall no longer take any effect Queda sin ningún efecto

Is our exclusive/sole representative for *X* products Es representante exclusivo para *(lugar)* de los productos *X*

Is redeemed Redención

Is the true signature of the person authorized therefor La firma corresponde a la persona autorizada para tal efecto

Is to be Deba ser

Is unable to pay its debt as they fall due No pudiere pagar sus deudas conforme se venzan

Isolated (occurrence) Esporádico

Isolation/insulation Aislamiento

Issuance Emisión

Issue *(n.)* Tema *(de discusión)*, punto, cuestión; problema

Issue *(v.)* Librar, emitir, expedir, otorgar *(recibos)*; manar de, provenir de, derivarse de

Issue any appropriate receipts/vouchers or quittances Otorgar los correspondientes recibos o finiquitos

Issue from Desprender de

Issue price Precio de emisión

Issue, accept, present for collection any such promissory notes, drafts and other commercial papers Emitir, aceptar, endosar, protestar letras de cambio u otros efectos

Issued at the request of the interested party/ party in interest/ party concerned at... Que se expide a solicitud de la parte interesada

Issued by the 5th Civil Court of Common Pleas/ First Instance Emanado del Juzgado Quinto de Primera Instancia en lo Civil

Issuing Otorgamiento *(documentos)*

Issuing bank Banco emisor

It bears (repeating) Vale (repetir), cabe (señalar), no está de más

It is *(+ past part.)* (ex. It is understood) Queda *(+ part. pasado)* (ej. Queda entendido)

It is certainly true En definitiva

It is expressly understood and agreed Queda expresamente entendido y acordado

It is hereby formally declared Se deja constancia

It is my act and deed Es producto de mi libre voluntad

It is ordered, adjudged and decreed that the bonds of matrimony between *X* and *Y* are hereby dissolved Declara con lugar la solicitud de divorcio formulada por los ciudadanos *X* y *Z* y disuelto en consecuencia el vínculo matrimonial existente entre ellos

It is to be paid Se pagará

It is understood Queda entendido

It was read out to the persons who were to sign such record Se leyó a las personas que deben firmarla

It will be paid in full Se pagará en una sola porción

Item *(ledger, balance sheet, budget)* Partida *(Com.)*

Item 2 Artículos, objetos; renglones, rubros, productos; puntos

Item one Partida primera *(del activo)*

Itemizes all transactions Enumerar las transacciones

Items of this claim Pedimento

Its name being Denominado *X (nombre propio)*

Its will not to renew the agreement Su voluntad de no renovarlo

J

INGLÉS

Jam Lío

Jeopardize Exponer

Job Faena

Job cost accounting Contabilidad de costos por órdenes

Job evaluation Evaluación de desempeño

Job lot Saldo de artículos

Job order cost accounting Contabilidad de costos de una orden de trabajo

Job order cost sheet Hoja de costo para orden de trabajo

Join Fundirse en

Joinder with action for annulment Acumulación con acción de nulidad

Joiners Afiliados

Joint account Cuenta en participación

Joint adventure Empresa mixta, consorcio

Joint and several note Pagaré solidario

Joint Committee Comisión mixta

Joint life annuity Renta vitalicia conjunta

Joint litigation Litisconsorcio

Joint Mission Misión mixta

Joint note Pagaré mancomunado

Joint owner Copropietario, comunero

Joint ownership Copropietarios

Joint ownership of property by husband and wife Matrimonio, sociedad conyugal

Joint stock company Sociedad anónima/en comandita

Joint Venture Empresa mixta, consorcio; empresa colectiva/mancomunada

Joint Venture Agreement Convenio de formación de sociedad

Joint Venture Company Empresa conjunta

Jointly Con todos

Jointly or severally Conjunta o separadamente

Journal Libro de diario

Judge of the Court of First Instance in Civil Matters of the Judicial Circumscription of... Juez de 1ª Instancia en lo civil de la Circunscripción Judicial de...

Judge of the Parish Juez de Parroquia

Judge's Chambers Despacho

Judgment Decisión judicial; consulta

Judgment of dismissal Sentencia desestimatoria

Judgment on appeal Sentencia de segunda instancia

Judgment that establishes a legal principle Sentencia constitutiva

Judgment, verdict and defense Sentencia y defensa

Judicial agent Representante judicial

Judicial costs and expenses Gastos judiciales

Judicial decision Resoluciones judiciales

Judicial District/Circuit Circunscripción judicial

Judicial notice Sistema por el cual un Tribunal acepta ciertos hechos; notificación judicial

Judicial orders/resolutions Actuaciones judiciales

Judicial Proceeding Procedimiento judicial, autos

Judicial separation Separación de cuerpos

Judicially or extrajudicially Judicial o extrajudicialmente

Judicially or extrajudicially collection Cobro judicial o extrajudicialmente

Judiciary bonds Fianzas judiciales

Junior Estudiante de tercer año

Junior accountant Ayudante de contabilidad

Junior bond Bono secundario

Junior college Ciclo básico del colegio universitario

Junior High School Ciclo básico de la escuela secundaria

Junk Bond Obligación de alto riesgo y alto rendimiento.

Jura novit curia Principio: el derecho es conocido y practicado por el tribunal

Jurat Certificación notarial de un documento en el que consta una garantía

Jurisdiction Jurisdicción y competencia judicial o administrativa

Jurisdictional authority Órgano jurisdiccional

Jurisprudence Jurisprudencia

Juristic concept Figura jurídica

Jurists Juristas

Juror Miembro del jurado

Jury Jurado (gen. integrado por doce ciudadanos)

Just Equitativo

Justifiable Justificado

Justification of revolving fund Justificación del Fondo Rotatorio

Juvenile court Tribunal de menores

K

INGLÉS

Keen Agudo, vehemente, entusiasta, sagaz

Keep Conservar

Keep a book Llevar un libro

Keep an account Tener cuenta abierta

Keep pace with Avanzar al mismo paso que

Keep track Llevar el control

Kept at/by this Office for the year 1960 Llevados por ante este despacho durante el año 1960

Kept by the Court of Llevado por el juzgado

Key date Fecha clave

Keypunch machine Máquina perforadora de teclado

Keypunch operator Operador de perforadora de teclado, perforista

Kidnapping Secuestro ilegal, por la fuerza o por engaño, de una persona

Kind Especie, género, índole, tipo *(col.: mejor antes del sust.)*

Kind of business Clase de negocio

Knack Destreza, habilidad, don

Know all men Comuníquese

Know all men by these presents Conste por el presente documento, sépase/se da a conocer por la presente, comuníquese

Know-how Conocimiento, habilidad, pericia

Known to me to be Y quien me consta es...

Known to me to be the individual whose name is subscribed to the above instrument/described in the above instrument Y quien me consta es la persona identificada en el documento que antecede/cuyo nombre aparece suscrito al pie del mismo

Krona Corona sueca

L

INGLÉS

Label Etiquetas

Labeled assets Activos inventariados

Labor Mano de obra; movimiento obrero; (adj.) sindical; sindicato

Labor benefits of seniority pay and severance pay Prestaciones sociales de antigüedad y cesantía

Labor courts Tribunales laborales

Labor Inspector in Guadalajara Inspectoría de Guadalajara

Labor laws Leyes laborales

Labor sector Sector laboral

Labor Statute Ley del trabajo

Labor Union Sindicato, gremio

Laboral Sindical

Laboratory Clase práctica

Lack everything Carecer de todo

Laid-off Despedido

Land reform Reforma agraria

Land-locked countries Países sin litoral

Landing fees Tarifas de aterrizaje

Landlord Propietario de un bien inmueble que lo da en arrendamiento a otro

Landscaped Mejorar un paisaje

Lapse Caducar

Lapsing of the legal action Caducidad de la acción/instancia

Larceny Delito contra la propiedad ajena, apropiación de propiedad ajena en forma ilegal

Large Grande

Large quantity Caudal *(fig.)*

Large scale Gran escala

Largely En su mayor parte

Last Durar

Last above written Antes señalada

Last marriage ended by (specify: death, divorce or annulment) Causa de disolución del matrimonio anterior

Late charge Cargo por pago retrasado/ por mora

Late payments Intereses de mora

Later than the deadline provided therefor Fuera del plazo previsto

Latin-American Common Market (LACM) Mercado Común Latinoamericano (MCLA)

Latin-American Free Trade Association (LAFTA) Asociación Latinoamericana de Libre Comercio (ALALC), de Integración (ALADI)

Launch Acometer, emprender; iniciar *(una empresa)*

Law Legislación, ley

Law Firm Bufete

Law for the relief of debtors Ley destinada a la compensación de los deudores

Law of procedure Derecho procesal

Law of the Central Bank of Venezuela Bank Ley del Banco Central de Venezuela

Law Office Bufete

Law on interests Leyes sobre intereses

Lawful Lícito/legítimo

Lawful money Moneda legal

Lawful tender Moneda de curso legal en...

Lawfully do or consent to be done Legalmente/lícitamente hacer o consentir

Lawfully joined in civil marriage Unidos en matrimonio civil

Lawfully joined in marriage Unidos legalmente en matrimonio

Lawfully organized Legalmente constituida

Lawless Desordenado

Lawn Césped, prado

Lawsuit Litigio

Lawyer's fees Honorarios de abogados

Lawyer's Office Bufete

Lay hands on Echar mano a

Lay on Imponer

Layoff Cesantía

Lead Delantera; avance; ventaja

Leading questions Preguntas habilidosas hechas a un testigo, preguntas que insinúan la respuesta

Lease *(n.)* Contrato de alquiler/arrendamiento; solicitud de arrendamiento; arriendo, alquiler

Lease *(v.)* Arrendar

Lease agreement Contrato de arrendamiento

Lease commitments Compromisos de arrendamiento

Lease for 'Villasol' Contrato de arrendamiento de la finca "Villasol"

Leased Arrendado, alquilado

Leasehold contract Contrato de arrendamiento

Leaseholder Arrendatario, inquilino

Least developed countries Países menos adelantados

Least-cost Costo mínimo

Lecture Clase teórica

Ledger Libro mayor

Ledger accounts Cuentas del mayor

Legacy Legado

Legal Action for divorce Demanda de divorcio

Legal advisor Asesor jurídico

Legal auction Subasta legal

Legal basis for the administrative penalties against the exporting company in the event of being responsible Procedencia de sanciones administrativas contra la firma exportadora si resulta responsable

Legal counsel Asesor/consejero legal; consultor jurídico

Legal counselor Consultor jurídico

Legal department Departamento legal

Legal digest Repertorio forense

Legal entity Persona jurídica

Legal interpretation Interpretación jurídica

Legal opinion Opinión jurídica

Legal remedies Recursos

Legal residence Domicilio fiscal

Legal status Naturaleza jurídica

Legal tender Moneda de curso legal

Legalizing the separation from bed and board between us Legalización de nuestra separación de cuerpos

Legally capable Hábiles

Lend Anticipar

Lender Prestamista; comodante

Lending authority Autoridad prestamista

Lending capacity Capacidad crediticia

Length *(mar.)* Eslora

Length of time Período de tiempo

Less Menor (edad)

Lessee Arrendatario/inquilino de un bien inmueble

Lessor Arrendador

Let it be announced and filed Publíquese y regístrese

Let it be announced and published Comuníquese y publíquese

Let it be known Comuníquese

Let the record stand Que quede establecido en el registro oficial

Letter Comunicación

Letter of advice Carta de aviso

Letter of credit Carta de crédito

Letter of credit cancellation Anulación de carta de crédito

Letter of recommendation Carta de recomendación.

Level off Nivelar, igualar

Leverage Apalancamiento; palanca financiera

Leverage Buy-Out (LBD) Adquisición de la totalidad de una empresa por medio de dinero prestado.

Levy *(n.)* Gravámenes

Levy *(v.)* Gravar, exigir, imponer, embargar

Liability Pasivo; obligación *(Com.)*, cargas

Liability account Cuenta de pasivo

Liability for breach of contract Responsabilidad por incumplimiento de contrato

Liability insurance Seguro contra responsabilidad de daños a terceros

Liaison Office Oficina de enlace

Libel Injuria/difamación escrita en documento en perjuicio del honor de las personas

Libelous Difamatoria

Liberal Arts Humanidades

Libor Tasa Libor

License Permiso

License Agreement for Trade Name Use Convenio de licencia de uso de denominación comercial

License for Trade Name Use Licencia de uso de denominación comercial

License to marry Licencia matrimonial

Licensee Concesionario

Licensing (inventions) Patentar

Licensor Concedente

Lien Acción legal para la satisfacción de una deuda; gravamen

Life annuities Fondos vitalicios, renta vitalicia

Life estate Derecho de uso (usufructo) de una propiedad raíz que termina con la muerte del usuario

Life insurance Seguro de vida

Light industry Industria ligera

Likewise De igual manera

Likewise I am attaching hereto Así mismo acompaño

Limit Circunscribir, limitar

Limitation of actions Prescripción de acciones legales

Limited common elements Áreas y servicios comunes

Limited Company Compañía anónima

Limited divorce Separación de cuerpos

Limited divorce without patrimony and no children Separación de cuerpos sin bienes ni hijos

Limited Liability Responsabilidad limitada al capital invertido en una sociedad comercial (SRL)

Limited liability company Sociedad de responsabilidad limitada (SRL o Ltda.)

Line of business Ramo de negocios

Line of Credit Línea de crédito

Linear programming Programación lineal

Lines competitive to Líneas que constituyan competencia a ...

Lingering Persistente

Liquid asset fund instruments Instrumentos de fondos de activos líquidos

Liquidate Liquidar *(disolver)*

Liquidate the bonds of matrimony Disolver el matrimonio, liquidar la sociedad conyugal

Liquidate the joint ownership of property by husband and wife Disolver el matrimonio, liquidar la sociedad conyugal

Liquidated damages Suma de dinero que se conviene en caso de incumplimiento de un contrato

Liquidation Liquidación

Liquidation of the Partnership Liquidación del consorcio

Liquidators Litigantes

Liquidity Exigibilidad

Liquidity basis Base sobre liquidez

Liquidity reserves Reservas de liquidez

Lis pendens (same case pending in another court) Litispendencia, litigio pendiente

Listen to Escuchar *(+ compl. dir.)*

Literary property Propiedad intelectual

Litigate Actuar

Litigation Litigio

Littered Esparcir papeles u objetos menudos; dejar en desorden

Livery of seizing Acto de entrega material de un bien hipotecado *(expresión antigua)*

Living allowance Costa

Living and maintenance expenses Gastos de vida y mantenimiento

Living conditions Condiciones de vida

Living quarters Vivienda familiar

Lo & behold ¡He aquí!, ¡Mirad!

Load Carga

Load bearing partition Viga de soporte

Loading Carga

Loading tonnage Tonelaje de carga

Loan Préstamo, operación crediticia

Loan account Cuenta del préstamo

Loan Administration Mission Misión de administración de préstamos

Loan agreement Convenio/acuerdo de préstamo

Loan authorization Autorización de préstamo

Loan collection Cobro de préstamo

Loan contract Contrato de préstamo

Loan guarantees Avales de préstamos

Loan in execution Préstamo en ejecución

Loan income Ingresos del préstamo

Loan inquiry Indagación de (un) préstamo

Loan outstanding Préstamo pendiente

Loan payment Pago de préstamo

Loan principal repayment Repago del principal del préstamo

Loan revaluation Revaluación del Préstamo

Loan to be obtained from X Préstamo a ser suscrito con el...

Loans and borrowings Préstamos y empréstitos

Loans contracted Préstamos contraídos

Local clearinghouse Cámara de compensación local

Local currency Moneda nacional

Local expenses Gastos locales

Local Government Cabildo

Local money markets Mercados monetarios locales

Local Registrar's Signature Firma del registrador local

Local Registrar's Record of Death Libro de defunciones /registro de defunción del registrador local

Located in Ubicado en

Lockout Cierre/paro forzoso

Lodge *(v.)* alojar

London Metal Exchange (LME) Intercambio Londinense de Metal (ILM)

Long-term liabilities Pasivo a largo plazo

Longevity bonuses Asignaciones por antigüedad

Look at Mirar *(+ compl. dir.)*

Looking for Buscar *(+ compl. dir.)*

Looting Saqueo

Loss Extravío; perjuicio

Loss adjustments Ajustes de pérdidas

Loss on account of uncollectable accounts Pérdida en cuentas incobrables

Loss ration Siniestralidad

Lot Lote

Lot no. .... Parcela nº...

Lot of land Terreno

Lottery Sorteo

Loud speakers Equipos sonoros, altavoces

Lounges Salón de entrada, antesala, vestíbulo

Lovingly Entrañablemente

Low income brackets Sectores de menores ingresos

Low interest- bearing loans Préstamos a bajo interés

Lowest bidder Postor más bajo

Loyal Fiel

Loyalties Honorarios y gastos de abogados

Lump *(v.)* Amontonar, juntar

Lump-sum payment Pagos globales

Lumped together Reunidos

Lure Inducir, atraer

Lushness Frondosidad, exuberancia

Lying Ubicados

M

INGLÉS

Macro Public Finance Analysis Análisis macro-económico de las finanzas públicas

Machine Aparato

Made (through) Contratado

Magistrate Magistrado. Oficial público de alta categoría; *(EEUU)* Jueces inferiores de rama penal

Mail remittances Remesas postales

Mailing Address Dirección Postal

Main campus Sede principal

Main Hall of the Sheriff's/Mayor's Office Salón de la Alcaldía

Main London Branch Principal sucursal de Londres

Main Office Casa matriz, sede

Main Official Record Protocolo único y principal

Maintain Desarrollar; mantener, conservar

Maintaining student educational records Conservar los registros académicos estudiantiles

Maintenance Sostenimiento

Maintenance of value Mantenimiento del valor

Major De importancia; mención *(Ed.)*, especialización

Majority Mayoridad civil

Make Declarar

Make 2 Realizar, efectuar

Make 3 (agreement, engagement) Contraer, celebrar un convenio/acuerdo

Make 4 (create) Hacer

Make *(X)* (position) Constituir a *X* en

Make a (certificate) Redactar *(acta)*, formular

Make a contract Celebrar contrato, suscribir un contrato

Make a note Constituir un pagaré

Make amends for Compensar

Make an impression Causar impresión

Make an inventory Practicar un inventario

Make available *(something)* to *(somebody)* Poner a la orden/disposición de

Make bids and acquire property at judicial auctions Hacer posturas y adquirir bienes en actos de remate

Make easy Facilitar

Make known Difundir

Make partial payment Abonar

Make payments in one/due time Pago puntual

Make personal settlements of such taxes Autoliquidar el impuesto

Make possible for Permitir

Make statements (to the press) Declarar

Make subjective or objective novations on any contractual obligation Convenir novaciones subjetivas u objetivas de obligaciones contractuales de cualquier tipo

Make up for Compensar

Make use of Utilizar

Make your check payable to Haga su cheque a nombre de

Maker Promitente deudor. El que se obliga a pagar una obligación

Maker of a promissory note Emisor de un pagaré

Making use of the powers granted to him by... En uso de las atribuciones que le confiere el...

Male personal data Datos del novio

Malfeasance Acto doloso en sí mismo

Malice Intención dolosa

Malicious mischief Injuria dolosa o culposa a las personas o a la propiedad ajena

Malicious prosecution Juicio temerario (sin fundamentos probables)

Man and wife Cónyuges; unidos en matrimonio civil

Manage Administrar

Manage *(+ inf.)* Lograr *(+ inf.)*

Manage an account Movilizar una cuenta

Manage to get amongst Poder conseguir

Management Administración; gestión

Management advisory services Servicios consultivos administrativos

Management audit Auditoría gerencial

Management Firm La Administradora

Management Information System (MIS) Sistema de Información Gerencial (SIG)

Manager Gerente

Managing Board Junta Directiva

Mandamus Mandamiento (orden judicial contra la autoridad que no cumple sus deberes)

Mandate Mandato

Manifestation Declaración *(Der.)*

Manpower Fuerza laboral *(de un país)*; recursos humanos; mano de obra

Manslaughter Homicidio no premeditado, voluntario o involuntario

Manstealing Secuestro ilegal de una persona

Mantle Privilegio

Manufacture Manufactura/empresa fabril

Manufactured Fabricado, producido

Manufacturer Industrial

Manufacturers agent Agente de fabricantes

Manufacturing accounting Contabilidad de producción

Manufacturing concerns Campo de la manufactura/empresa fabril

Manufacturing overhead costs Costos indirectos de fabricación

Mar *(v.)* Desfigurar a una persona

Margin of Preference Margen de preferencia

Marginal Periférica

Marginal note Nota marginal

Marine insurance policy Póliza de seguro marítimo

Marital Conyugal

Marital coercion Autoridad marital. Coerción del marido sobre su esposa

Marital community Sociedad conyugal

Marital portion Legítima *(EEUU: porción a que tiene derecho legal la esposa en la sucesión del esposo)*

Marital property Propiedad conyugal

Marital relationship Relación matrimonial

Mark down Rebaja

Mark-up equal to *X* % of such cost Sobrecargo igual al *X* % de tales costos

Marked Distinguida

Market *(n.)* Lugar público y fijo para vender y comprar mercaderías; mercados, destinos *(países)*

Market *(v.)* Comercializar

Market basket Cesta familiar

Market indicator Indicador de mercado

Market price Precio corriente de un artículo en un mercado determinado

Market selling price Precio de mercado

Market value Precio de la propiedad raíz aceptado generalmente

Marketable bonds Obligaciones cotizables

Marketing Comercialización

Marketing Board Junta de Comercialización

Marriage Bonus Prima por matrimonio

Marriage by proxy Matrimonio por poderes

Marriage Certificate Acta de Matrimonio

Marriage license Licencia matrimonial

Marriage settlement Capitulaciones matrimoniales (convenio escrito sobre materia de los bienes)

Marriage with minor children under Parental Authority Matrimonio con hijos menores bajo su patria potestad

Married Cónyuges

Married couple Cónyuges

Married life Vida conyugal

Marshal Alguacil; oficial del tribunal de justicia

Mass departure Exodo

Mass strike Huelga general o cesación del trabajo

Master Capitán

Master *(GB)* Juez

Master and servant Relación laboral entre la persona que toma a otra en su servicio permanente

Master budget Presupuesto mayor

Masterpiece Obra maestra

Master's Degree Máster, magister, maestría *(hisp.)*

Match Empatar

Mate Segundo Oficial de mando en un buque mercante

Material Materia sustancial o primordial de la causa

Material alteration Alteración en un documento escrito que modifica el contenido jurídico del mismo

Material allegation Alegato que prescinde de formalidades para presentar la evidencia material

Material man Persona que suministra materiales para construcción o reparaciones

Material property Bienes que se reciben de la madre o de los ascendientes maternos

Material witness Testigo esencial

Matrimonial Actions Acciones judiciales en juicio de divorcio

Matter Hechos substancialmente básicos de una causa

Matter in controversy Materia de un litigio

Matter in deed Contratos solemnes

Matter in issue Hechos no substanciales que puede alegar el demandante

Matter in pais Hechos materiales probados oralmente, asunto resuelto en forma extrajudicial

Matter of course Cualquier cosa expresada en el procedimiento, aunque no se enuncie en la demanda

Matter of fact Materia objetiva. Hechos de percepción directa

Matter of form Hechos relacionados con la forma

Matter of law Aplicación de los principios legales

Matter of record Decisión judicial que debe quedar registrada en los libros

Matter of subsistence for man Toda cosa animal o vegetal que sirva para la alimentación humana

Matter of substance Lo que atañe a la substancia de un proceso

Matters and things Asuntos y situaciones

Matters incidental thereto Otras materias similares

Matters of public utility Materia de utilidad pública

Matters which may be properly presented for action at such meeting Asuntos que fueren debidamente presentados para la correspondiente decisión en dicha asamblea

Matured bonds Obligaciones vencidas

Maturing Vencer *(vencimiento)*

Maturity Fecha de vencimiento; vencimiento *(dinero)*

Maturity of the term Vencimiento del plazo

Maxim Máximas jurídicas o principios

May apply for legal termination for the foregoing agreement Podrá resolver (rescindir) este contrato

May be as harsh/severe as Puede llegar al extremo de; hasta *(al extremo de)*

May be entitled to Estén facultados/tengan derecho a

May lawfully do or consent to be done by virtue hereof Pudiere legalmente hacer o consentir/ hiciere o consintiere legalmente en virtud de este poder

May not be disposed of without the release required by law No podrá ser enajenada sin que se le haya otorgado el finiquito de ley

Mayhem Mutilación criminal de cualquier parte del cuerpo

Mayor Alcalde

MD Médico

Mean *(n.) (mense)* Término medio entre dos extremos

Mean *(v.)* Implicar

Meander Deslinde

Means of evidence Medios de comprobación

Means of livelihood Medios de vida

Meant for Destinado para, dedicado a

Measure Medida; proyecto de ley

Measure of damages Sistema que se emplea para fijar el monto o el alcance de los daños y perjuicios

Mechanic's Lien Embargo preventivo a favor de los trabajadores que han realizado obras materiales

Mediate powers Poderes que no emanan directamente del principal o poderdante original

Mediate Testimony Testimonio secundario

Mediator Mediador

Medical evidence Evidencia suministrada por los médicos

Medical Examiner Médico Forense

Medley Riña impremeditada entre dos o más personas

Meet *(something)* Cumplir con *(algo)*

Meeting Junta, asamblea

Meeting at Reunión en

Meeting point Confluencia

Meeting to modify By-Laws Acta modificatoria de los estatutos

Member contribution Contribución de los miembros

Members elected at the annual Shareholder's Meeting Miembros elegidos en junta ordinaria de accionistas

Members of the Bench Señores Jueces

Membership Miembros, afiliados, integrantes

Membership *(people)* Composición

Membership rights owned by the undersigned Derechos de miembro que corresponden al suscrito

Memorandum account Cuenta de orden

Memorandum Articles *(Mar.)* Mercaderías amparadas según la ley de aseguros marítimos

Memorandum Clause ***(Mar.)*** Mercaderías de fácil alteración no amparadas por la ley de aseguros marítimos

Memorandum in Error Documento que alega un error de hecho

Memorandum of Association Contrato social

Memorandum of Understanding Memorandum de entendimiento

Memorandum on... Memorándum sobre...

Menace ***(n.)*** Amenaza

Menace ***(v.)*** Amenazar

Menial Lacayo; sirviente de baja categoría

Mensor Agrimensor *(el que mide una tierra)*

Mental anguish Dolor físico de la angustia, ansiedad o depresión moral

Mental capacity Capacidad mental *(medida de inteligencia y buen juicio que habilita a una persona)*

Mental cruelty Crueldad mental *(todo elemento que perturba el equilibrio intelectual o moral)*

Mental defect Término aplicado a Jurados no capacitados para desempeñar su cargo

Mental reservation Reserva mental; silencio guardado con respecto a un elemento substancial

Mercantile Mercantil, relativo al comercio

Mercantile Agencies Establecimientos que se encargan de conseguir información sobre sociedades

Mercantile Corporation Sociedad mercantil

Mercantile Court Juzgado mercantil

Mercantile Law Derecho mercantil o comercial.

Mercantile Registry for the Judicial Circuit of the Federal District Registro mercantil de la circunscripción judicial del Distrito Federal

Merchandise imports Importación de bienes

Merchandising Comercialización, mercadeo

Merchandising accounting Contabilidad de distribución

Merely ***(+ v.)*** Contentarse con *(+ v.)*

Merge Fundirse en

Merge as Unirse a *X* en calidad de...

Mergers and Acquisitions (M&A) Sector de actividad de los Bancos de Wall Street sobre fusiones y compras de empresas

Message Despacho

Met with Entrevista con

Metric system Sistema métrico decimal

Metropolitan (7th) Police Station Comisaría/Destacamento (nº 7) de la Policía Metropolitana

Middle East Oriente Medio

Middleman Intermediario

Migrate (from an area to another) Emigrar

Milestone Marca o medida de distancia hacia la meta

Military expenditures Gastos militares

Mill Planta, factoría

Minister for State Security Director General de la Seguridad del Estado *(Esp.)*

Minister of Culture Ministro de Cultura

Minister of State for Culture Ministro de Estado para la Cultura *(hisp.)*

Minister of the Interior ***(US)*** Ministro del Interior

Minister-Counselor Ministro Consejero

Ministry Ministerio

Ministry of Agriculture and Livestock Ministerio de Agricultura y Cría

Ministry of Agriculture, Fisheries and Food Ministerio de Agricultura, Pesca y Alimentación *(Esp.)*

Ministry of Communications Ministerio de Transporte y Comunicaciones

Ministry of Development Ministerio de Fomento

Ministry of Economic Development Ministerio de Fomento

Ministry of Energy and Mines Ministerio de Energía y Minas

Ministry of Finance Ministerio de Hacienda, Hacienda

Ministry of Foreign Affairs Ministerio de Asuntos Exteriores *(Esp.)*, Ministerio de Relaciones Exteriores *(hisp.)*

Ministry of Health Ministerio de Sanidad y Consumo *(Esp.)*

Ministry of Health and Social Welfare Ministerio de Sanidad y Asistencia Social

Ministry of Industry and Energy Ministerio de Industria y Energía *(Esp.)*

Ministry of Labor and Social Welfare Ministerio de Trabajo y Asistencia Social

Ministry of Planning Ministerio de Planificación; Cordiplan *(Vzla.)*

Ministry of Transport, Communication and Works Ministerio de Fomento *(Esp.)* (engloba Transportes, Comunicaciones y Obras Públicas)

Minor Especialización secundaria

Minute Book Libro de actas

Minutes Acta; agenda

Minutes drawn up Acta levantada

Minutes of the Committee Meeting Acta del Comité

Minutes of the Meeting of the Board of Directors Acta de la Junta Directiva

Minutes-final version Actas *(minutas tal como serán archivadas)*

Minutes-first draft Minutas *(borrador de las notas del secretario)*

Misappropriation Malversación, apropiación indebida

Misdemeanor Pequeño delito

Misery Sufrimiento

Misfeasance Equivocada ejecución de un acto legalmente permitido

Misfortune Desgracia

Mission Misión

Mist Niebla

Mistake in the import approvals Error en las conformidades de importación

Mistrial Juicio nulo

Mistrust Desconfianza

Misuse Maltratar, darle mal uso o empleo

Mitigate Aliviar, aminorar

Mix (things) Composición

Mixed company Compañía mixta

Mixed loan Préstamo mixto

Mobilization of Resources Movilización de recursos

Modalities Modalidades

Modifications Modificaciones

Modify (a resolution) Modificar

Molest Abusar sexualmente

Monetary adjustment Reajuste monetario

Monetary compensation Indemnización pecuniaria

Money desk Mesa de dinero

Money Manager Administrador de cartera

Money market Mercado monetario

Money orders Giros o libranza postal

Money supply Liquidez monetaria, circulante

Moneylender Prestamista

Moneys Dineros (los)

Monitor Analizar la actividad

Monthly assessments Contribuciones/ cuotas mensuales

Monthly Statement Estado de cuenta mensual

Moratorium Moratoria

Moreover Además, por lo demás

Mortgage Hipoteca

Mortgage and release from mortgage Hipotecar y librar de hipotecas

Mortgage bank Banco hipotecario

Mortgage bond Título hipotecario

Mortgage bond titles Títulos de cédulas hipotecarias

Mortgage Bonds or Certificates Cédulas/títulos hipotecarios

Mortgage debentures Cédulas hipotecarias

Mortgage deed Escritura hipotecaria

Mortgage document Documento hipotecario de un bien inmueble

Mortgagee Acreedor hipotecario

Mortgagor Deudor hipotecario

Most La mayoría de

Most creditworthy customers Clientes de mejor posición crediticia

Most Favored Nation Status (MFN) Consideración de nación más favorecida (NMF)

Motion Petición

Movables Mobiliario

Move Desplazar

Move ahead Avanzar, progresar

Movement Denominador

Moving Dolorosa

Multilateral Official Oficial Multilateral

Multiple works program Programa de obras múltiples

Multivariate analysis Análisis con múltiples variables

Municipal Borough *(US) (GB)* Ayuntamiento municipal

Municipal Council Concejo municipal, ayuntamiento

Municipal Revenue Division Departamento/División de Rentas Municipales

Municipal Tax Patente de la empresa *(pagos al municipio)*, impuestos municipales

Municipal tax liquidation sheets due Liquidaciones que por impuestos municipales pesen

Municipal Tax Office Dirección de liquidaciones de la gobernación

Municipality Municipio

Murder weapon Arma del asesinato

Mutual consent Mutuo consentimiento, acuerdo mutuo

My act and deed Es producto de mi libre voluntad

My commission expires on *(date)* Mi mandato vence el *(fecha)*

My Principal Mi representada

N

INGLÉS

Name *(v.)* Designar, denominar

Name and title of attendant at birth if other than certifier Nombre y cargo de la persona que asistió el parto si es distinta al certificante

Namely *(viz.)* A saber:

National Ciudadano

National *(ex. A French...)* Nacionalidad *(ej.: francés)*, de nacionalidad francesa

National Art Gallery Galería de Arte Nacional

National Comptroller's Office Contraloría General de la Nación

National Director of Identification and Alien Control Director Nacional de Identificación y Extranjería

National entity having jurisdiction Del organismo nacional competente

National Government Ejecutivo Nacional

National income accounting Contabilidad del ingreso nacional

National income accounts Cuentas del ingreso o renta nacional

National Office/Direction of Identification and Aliens Dirección Nacional de Identificación y Extranjería

National property Patrimonio nacional

National Public bidding Licitación pública nacional

National Securities Commission Comisión Nacional de Valores

National Treasury Fisco Nacional, Tesoro Público

Nationality *(ex. Of French...)* Nacionalidad *(ej.: francesa)*

Nationalization Nacionalización

Native country País natal

Native/original inhabitant Aborigen

Natural ability Don

Natural business year Año económico más apropiado al giro; año natural, año calendario

Natural child Hijo ilegítimo

Nature Naturaleza; carácter; dimensión; índole

Necessary Conveniente

Negative Negativa

Negative balance Saldo negativo

Negligence Descuido

Negotiable instrument Instrumento negociable

Negotiate Hacer gestiones

Negotiated funded debt Deuda consolidada traspasada

Negotiation Mission Misión de negociación

Negotiations Gestiones, trámites

Nemo auditur Causa ilícita *(= contrato cuyo motivo es una causa ilícita)*

Nest *(v.)* Envolver, empaquetar; encajar

Net amount available Cantidad neta disponible

Net approved loan Préstamo neto aprobado

Net balance Saldo líquido

Net capital inflows Ingresos netos de capital

Net income Entrada neta; ingreso neto

Net lease arrangement Convenio de arrendamiento neto

Net of A partir de

Net outflows Salida neta

Net profit Ganancia neta, utilidad líquida

Net surplus Superávit neto

Net weight Peso neto

Net worth Capital contable, patrimonio, activo líquido

Network Red, sistema

Nevertheless No obstante

Newcomers Recién llegados

Newspaper Diario

Next of kin Parientes próximos

Night bonus Bono nocturno

No collateral Sin garantía

No fault divorce Divorcio sin culpa

No fee will be charged for this service No cobrará por este servicio cantidad alguna

No later than A más tardar...

No legal objection to the marriage is known to us No tenemos conocimiento de impedimento legal alguno para que se realice este matrimonio

No less than Con un mínimo de

No longer Ya no

No penalty or indemnity of any kind will be payable No deberá pagarse sanción o indemnización de ninguna índole

No surcharge shall be exacted/demanded on the premium No se exigirá ningún recargo de la prima

Nobility Nobleza

Nominate Nombrar, designar

Nomination Proponer a alguien como candidato

Non valid Inoperante

Non-collection No cobranza

Non-compete No competencia

Non-factor No factoriales

Non-feasance Omisión de ejecutar un acto al que está obligado

Non-member country País no miembro

Non-profit making Sin fines de lucro

Non-reimbursable technical cooperation Cooperación técnica no reembolsable

Non-suited Falto de pruebas

Non-waiver Irrenunciabilidad

Nonappealable judgment Sentencia firme

Nonappearance Rebeldía

Noncontestability Indisputabilidad

Nonetheless No obstante, sin embargo, con todo

Nonmarket activity Actividad fuera del mercado

Nonoperating Inoperante

Nonpayment Falta de pago

Nonrecourse basis En base a no recurso

Nonregional Member / Member country Miembro extrarregional /país miembro extrarregional

Nonresident alien Extranjero no residente

Nontariff barriers to and other distorsions of trade Barreras/obstáculos no arancelaria(o)s y otras distorsiones del comercio

Nontaxable No gravable

Nontaxable features Características/figuras no gravables; desgravámenes

Nonviable No viable

Nonvoting preferred Sin derecho a voto

Nor *(+ full verb) (complete sentence)* Ni

Norm Norma

Normal operating conditions Condiciones normales de trabajo

North-South Dialogue Diálogo Norte-Sur

Nostalgia Nostalgia

Not an official record No es un documento oficial

Not be feasible/possible No ser posible

Not be his true age No fuera exacta *(edad)*

Not exceeding... No mayor de...

Not exceeding those vested in or exercisable by the Board under these By-Laws Sin exceder aquellos que les hayan atribuido o haya ejercido la Junta Directiva de acuerdo con los presentes estatutos

Not honored for their full amount *(checks)* No efectivos en su totalidad *(cheques)*

Not in limitation of Siempre que ello no constituya/sin que ello constituya limitación alguna de..., no a manera de limitación

Not less than Un mínimo de

Not paid when due/on their due dates/maturity No pagados a su vencimiento

Not valid unless Sólo es válida si

Not within the term Fuera

Not without prior written approval Salvo previa autorización por escrito

Notable Notable

Notably Particularmente, especialmente

Notarial deed Documento notarial, escritura/instrumento público

Notary Public duly commissioned and sworn and residing in said County Notario público debidamente designado y juramentado y residente de dicho condado

Notary Public in and for said County, duly authorized by the laws of *X* to take the same Notario público en y por dicho condado, debidamente facultado por las leyes del Estado de *X* para recibir el mismo

Notary Public of Notario público

Notary Public's Office Notaría

Note without collateral Pagaré quirografario

Notes Pagarés, vales

Noteworthy Notable

Nothing Cosa alguna

Notice *(n.)* Comunicación, notificación; escrito

Notice *(v.)* Fijarse en (persona); advertir

Notice that court is ready to announce judgment Citación para sentencia

Notification Notificación

Notification of credit assignment in favor of a bank Participación de cesión de crédito a favor de un banco

Notification to commercial registry on sale of shares of stock Participación al registro de venta de acciones

Notify Notificar

Notwithstanding Independientemente de, no obstante, a pesar de

Notwithstanding the Provisions No obstante lo previsto

Novations on any contractual obligation Novaciones de obligaciones contractuales de cualquier tipo

Now Queda...

Now or hereafter Actualmente/al presente o en adelante

Now, therefore, the parties hereto agree as follows: Ahora, por lo tanto, las partes acuerdan lo siguiente:

NP certificate Certificación de una firma notarial

Nuisance Molestia

Null and void Írrito y nulo, nulo y sin valor, sin efecto ni valor

Nullity of proceedings Nulidad del procedimiento

Number Conjunto

Number of this marriage Indique si este es su primer matrimonio

Nurse Enfermera

Nurse's aide Enfermera auxiliar

Nursing Enfermería

O

INGLÉS

Oath Juramento

Oath of calumny Juramento de mancuadra

Oath of inventors and assignment Juramento de inventores con cesión de derechos

Oath of Office Juramento de cargo

Object Finalidad

Objections Impedimentos; oposiciones; reparos

Objections raised against *X* Objeciones levantadas a *X*

Obligation Obligación *(Com.)*; deber, deuda

Obligation agreed upon Obligación asumida

Obligation arising from agreements or the law Obligación derivada de los contratos o de la ley

Obligation issued Obligación emitida

Obligation outstanding Deuda pendiente

Obligation regarding alimony Obligación alimentaria

Obligatory Forzosa

Oblige Apremiar

Obligee Obligante *(tenedor de una obligación)*

Observe Advertir

Obtain Obtener

Occasion *(n.)* Oportunidades

Occasion *(v.)* Acarrear

Occasionally De tiempo en tiempo

Occupant Inquilino

Occupation or eviction Ocupación o desalojo

Occurrence Acontecimiento, suceso

Ocean freight up to the Port of La Guaira Flete marítimo hasta el puerto de La Guaira

Ocean routes Ruta marítima

Ocean thermal power Poder térmico oceánico

Of all or any part En forma total o parcial

Of education Docente

Of every kind and description De toda clase y características

Of failure of No fuese

Of legal capacity Capaz

Of like amount De iguales montos

Of the... De la empresa...

Of the Articles of Incorporation-By Laws of the aforementioned Corporation Del documento constitutivo-estatutos sociales de la citada empresa

Of the foregoing statement De lo expuesto

Of the said Civil Registry entry De dicho registro civil

Of the *X* type Tipo *X*

Of whatever nature De la naturaleza que fuere

Of whether De si

Of which you were fully aware Pleno conocimiento

Of yore Otrora *(adv.)*

Off Desconectado, apagado

Off-line devices Dispositivo fuera de línea

Offend *(v.)* Agraviar

Offense Atentado; delito

Offer Oferta

Office Despacho; cargo

Office of Identification and Aliens Identificación y Extranjería

Office of Tax Receiver Receptoría

Office of the Assistant Labor Inspector Inspectoría Adjunta del Trabajo *(hisp.)*

Office of the Director Dirección de

Office of the Director General, Sector of Consular Affairs Dirección General Sectorial de Relaciones Consulares

Office of the Director of Teaching Assistance Dirección de Apoyo Docente

Office of the Notary Public Notaría Pública de

Office of Vital Records Oficina de Estadísticas Vitales

Office for Armonization in the Internal Market Oficina de Armonización del Mercado Interior (OAMI) *(Esp.)*

Office worker Oficinista

Office-form Formulario, planilla *(hisp.)*

Officer Funcionario *(Adm.)*, oficiales *(bancarios)*, ejecutivo/directivo *(privado)*

Official Funcionario

Official Autonomous Institutes Institutos Autónomos

Official communication Despacho

Official exchange regulations of the Government of Canada Reglamento oficial de cambio de divisas vigentes en/disposiciones legales cambiarias vigentes en Canadá

Official Gazette Boletín Oficial del Estado (BOE) *(Esp.)*; Gaceta Oficial *(Leg.)*

Official letter Oficio de (organismo)

Official minutes of a meeting Acta

Official permits Aprobaciones oficiales

Official reserve transaction basis Transacción en base a la reserva oficial

Official seal Sello oficial

Official Transcript of Credits Expediente oficial de notas

Offline Desacoplado

Offset *(v.)* Equiparar, balancear, compensar

Offsetting factor Factor de desajuste

Offsetting offshore assets Activos en el exterior que inhabiliten *(la solicitud X)*

Offshoot (n.) Renuevo, rama

Offshore Costanero

Oil belt Faja petrolífera

Oil fields Campos petroleros

Oil sands Arenas bituminosas

Oil tax claims Reclamos impositivos de petróleo

Oil-bearing Que contiene crudo

On En funcionamiento, conectado, encendido

On 2 Mediante

On a C+F or a CIF basis En forma/por vía de C+F o CIF

On a FOB basis Mediante despacho LAB (libre a bordo)

On a monthly basis Mensualmente

On a regular basis De manera continua

On acceptance of this document (bill of lading) Al aceptar este conocimiento

On account A cuenta, a crédito

On account of A cuenta de, por razón/concepto de

On account of the fact that Por la circunstancia de que

On advise by Asesorado por

On bail Bajo fianza

On behalf of A favor de, en nombre de; por cuenta de; por delegación de *(en representación de)*

On condition that Con la condición, siempre que

On demand A la vista

On demand of A requerimiento de

On each date En cada fecha

On each interests' payment date En cada fecha de pagos de intereses

On file in this office Que reposan en los archivos de esta oficina

On going Incesante

On hand En mano, a la disposición

On inventory Sobre valor de inventario

On its own behalf or on behalf of others Por su propia cuenta, o por cuenta de otros

On July 17th, 1981 De fecha 17 de julio de 1981

On labor matters Sobre asuntos laborales

On leave of absence Suplente

On matters involving Finiquitar cuestiones referentes a

On matters involving 2 En relación con, en materia de

On matters involving the search for the registration of Investigación registral de

On my own account Por mi cuenta y riesgo

On or before the above expiration date En o con anterioridad a la fecha de vencimiento

On our behalf A favor de nuestros intereses

On purchases by the government of the Republic of Argentina En relación con compras realizadas por el gobierno de la República de Argentina

On purpose Deliberada

On record in Que reposa en los archivos de, registrado en...

On request A solicitud

On return Sobre el valor de las devoluciones

On signature En el momento de la firma

On site In situ

On stage En escena

On termination of Al dar X por terminado

On the 30th day of August of the year of 1970 (formal) En el día... del mes... del año...

On the account of A cuenta de, a cargo de, por cuenta de

On the average En promedio

On the basis of a quarterly rental rate of... Por el canon trimestral de...

On the basis of the cause stipulated Por la causal estipulada

On the contract's rescission Por resolución/disolución de contrato

On the corner of Esquina de

On the date En la fecha

On the date of Para la fecha de

On the disposal of assets En la venta del activo

On the Estate of Sobre la Hacienda

On the ground... Criterio, razón

On the grounds of Por causa de

On the grounds of being contrary to fact Por ser falsos todos y cada uno de los hechos allí narrados

On the margin of the above record there is a Note Al margen de la presente acta se encuentra una nota

On the Minister's behalf Por el Ministro

On the occasion of each additional endorsement En la oportunidad de cada nuevo endoso

On the vessel *X* A bordo del buque *X*

On their due dates A su vencimiento

On their maturity A su vencimiento

On-line devices Dispositivo de entrada, comunicación directa/en línea

On-The-Job training (OJT) Entrenamiento sobre la marcha (ESM)

Once... Haya sido

Once again Nuevamente

Once on weekdays Una vez entre semana

Once the foregoing proceeding is put through Evacuada que haya sido tal declaración

Once this record was read out to the person presenting the child as well as to the witnesses Leída la presente acta al presentante y testigos

One Primero

One half of the moneys resulting from/ issuing from the sale La mitad de los dineros provenientes de la venta

One of which being accomplished, the others to be void Cumplido uno, todos los demás serán nulos y sin valor

One time payment Pago único

Ongoing Actual, en curso

Online Acoplado

Onwards En adelante

Open Inaugurar; abrir

Open account Cuenta abierta

Open-work tower Torre de trabajo abierto

Opening balance Saldo de apertura

Opening Bank Banco abridor

Opening entries Asientos de apertura

Opening statement Declaración inaugural

Operate Poner en uso/funcionamiento

Operating charges Gastos de explotación

Operating expenses Gastos de operación

Operating policies Políticas operacionales

Operating profit Utilidad en operaciones

Operation Funcionamiento

Operational Auditing Auditoría operacional

Operations research Investigación de las operaciones

Operator console Consola del operador

Opinion Consulta

Opinion paragraph Párrafo de opinión, dictamen

Opportunely A su tiempo

Opportunity cost Costo de oportunidad

Oppose Contrarrestar

Opposed/opposing Antagónico, desafiante

Oppositions Oposiciones

Optimal design Diseño óptimo

Optimal scale Escala óptima

Optimal timing Cronología óptima

Option to buy a number of shares Opción de compra de acciones

Options to purchase Opción de compra

Or Ni

Or *(+ gerund)* Ni

Or even worse Lo que es peor

Or in any way releases Ni libera en forma alguna

Or other U otros

Or otherwise De cualquier otra manera, o de alguna otra manera

Or such other party as may be nominated by *X* O a cualquier otra persona *(natural o jurídica)* que pueda ser designada por *X*

Order Pedido

Order blank Hoja de pedidos

Order book Libro de pedidos

Ordering Ordenar

Ordinance Ordenanza

Ordinary and special remedies Recursos ordinarios o extraordinarios

Ordinary capital Capital ordinario

Ordinary commission Comisión ordinaria

Ordinary course of the Distributor's business Curso normal de la gestión comercial de la distribuidora

Ordinary income Ingreso ordinario

Ordinary Stockholders' Meeting Asamblea Ordinaria de Accionistas

Ore Mena; formas brutas

Organic Act of Administrative Procedures/Proceedings Ley orgánica de procedimientos administrativos

Organic Law on Workplace Prevention, Conditions and Environment Ley orgánica de prevención, condiciones y medio ambiente de trabajo

Organization chart Organigrama

Organization for Economic Cooperation and Development (OECD) Organización de cooperación y desarrollo económico (OCDE)

Organization for European Economic Cooperation (OEEC) Organización Europea de Cooperación Económica (OECE)

Organization of Petroleum Exporting Countries (OPEC) Organización de Países Exportadores de Petróleo (OPEP)

Organize a company Constituir/establecer una compañía

Organized labor Movimiento obrero organizado, sindicato; *(adj.)* agremiado

Orientation mission Misión de orientación

Origin of goods and services Origen de los bienes y servicios

Original copies for the same purpose Copias de un mismo tenor y a un solo efecto

Originating from Derivados de, originados por, provenientes de

Other business Puntos varios

Other remedies Otros recursos

Other than Distinta a, distintas de

Otherwise En otra forma, de otra manera

Otherwise requires Exigir una interpretación diferente

Out of... Provenientes de...

Outcome of matter Surgimiento

Outflow Salida, egreso

Outlet Salida

Outline Esbozar

Outlook Miras

Output Producción total, rendimiento

Outright En forma completa, sin reserva, al momento

Outset El principio

Outside Parte exterior, exteriores

Outstanding Destacado, notable; pendiente

Outstanding bills Cuentas pendientes, obligaciones

Outstanding bond Bono en circulación

Outstanding capital Capital pendiente de pago

Outstanding capital stock Acciones en circulación

Outstanding check Cheque pendiente

Outstanding guarantee Garantía vigente

Outstanding loan Préstamo pendiente

Outstanding obligations Obligaciones pendientes/contraídas

Outstanding participation balance Saldo de participación pendiente

Outstanding stock Acciones en circulación

Over and above Por encima del

Over whom I hold the patria potestas Sobre quien ejerzo la patria potestad

Overall *(adj.)* Cabal, completo, que lo incluye todo

Overall *(adv.)* Total, en conjunto, por lo general

Overall balance Saldo global

Overcapacity in agriculture Superproducción en agricultura

Overcome Zanjar

Overcharge Cargo excesivo

Overdesigned Sobrediseñado

Overdraft Sobregiro

Overdrawn check Cheque sobregirado, cheque sin fondos

Overdue *(Com.)* Vencido y no pagado; retrasado

Overdue 2 Demasiado, excesivo

Overhead Gastos generales fijos

Overlapping Solapado, superpuesto; duplicidad de funciones

Overlook No prestar atención a...

Overnight *(adv.)* Durante la noche, toda la noche; de la noche a la mañana

Overriding Excesivos

Overrule Declarar sin lugar; denegar

Overrunning the Grace Period Pérdida del beneficio del plazo

Overshadow *(v.)* Obscurecer

Overstepping of authority Extralimitación de funciones

Overwhelm Agobiar

Overwhelming Agobiardor, agobiante; arrollador; aplastante *(triunfo, mayoría)*

Owe Adeudar

Owing to Porque, por, debido a

Own *(v.)* Poseer

Own funds Propio peculio

Owner Propietario, dueño; titular

Owner's equity Patrimonio, propiedad, dominio, activo neto, capital social

Owner's equity accounts Cuentas del patrimonio de los dueños

Owners on record Propietarios registrados

Ownership rights Títulos de propiedad

Owns good and valid title to *X* Es el propietario real de *X*

P INGLÉS

Pace Paso

Packing Embalaje

Packing list Lista de empaque

Pact Convenio

Page Folio

Paid in advance Pagado por anticipado

Paid in full Pagado en su totalidad

Paid-in capital Capital pagadero en efectivo, capital pagado

Paid-in capital of the Company Capital pagado de la sociedad

Paid-up benefits Beneficios saldados

Painful Dolorosa

Pan-American Union Unión Panamericana

Panic Consternación

Paper Trabajo escrito

Par value Paridad

Par value stock Acciones con valor nominal

Paragraph Parágrafo *(número)*, literal *(letra) (Leg.) (hisp.)*

Parallel financing Financiamiento paralelo

Paralyzation Estancamiento

Parcel post receipt Recibo de paquete postal

Pardon Perdón; indulto; remisión de delito

Parent company Casa matriz

Parent or guardian Padre o representante

Parental Authority Patria potestad

Pari-Passu *(most favored nation clause) (Der. Int.)* Pari Passu *(cláusula de nación más favorecida) (Der. Int.)*

Parish Parroquia

Parish Priest Cura párroco

Parishioner Feligrés

Parole Libertad condicional

Part-owner Comunero

Partial payment of the capital stock Pago parcial del capital social

Participation in Auctions Participación en remates

Particular Exigente

Particularly (covers both) Especialmente

Particulars *(n.)* Datos

Partition División, separación; tabique

Partition of a succession Partición de los bienes hereditarios

Partner Cónyuge

Partnership Consorcio, sociedad mercantil

Partnership assets Activo social

Partnership debts Pasivo social

Partnership in Commendam Sociedad en comandita

Party Persona *(natural o jurídica)*

Party in default Parte incumplidora

Party in interest/concerned Parte interesada

Party (parties expressly agree to choose as their special and sole domicile, excluding any other one, the city of New York) Se elige como domicilio especial, único y excluyente de cualquier otro a la ciudad de Nueva York

Party serving such notice against the party in default Parte autora de la notificación contra la parte incumplidora

Pass Transcurrir

Pass a law Promulgar una ley

Passage Fragmento

Passant Pasante

Past-due accounts Cuentas vencidas

Patent debt Deuda por patente

Patria potestas Patria potestad

Patrimony Patrimonio

Pawnbroker Prestamista

Pay against this Promissory Note, to the order of... Pagar a la presentación de este pagaré y a la orden de...

Pay expenses Sufragar gastos

Pay fees for original document Pagar derechos del documento original

Pay for outstanding obligations Pagar obligaciones contraídas

Pay on application Pagar a solicitud

Pay out Desembolsar

Pay off *(vt)* Amortizar

Pay premiums when due Abonar las primas en el momento de su vencimiento

Pay the fees for the original document Pagar derechos del documento original

Pay to the order of Pagar a la orden de

Pay tribute Rendir tributo/homenaje

Payable Pagadero

Payback period Período/plazo de amortización

Payee Beneficiario; cobrador

Payee's lending office Oficina prestamista del beneficiario

Paying and receiving Pagador y recibidor

Payment Cuotas

Payment bond Fianza de pago

Payment dates Fechas de pago

Payment imbalances Desequilibrio en materia de pagos

Payment not within the term established Pago fuera del término de vencimiento

Payment of balance Pago del saldo

Payment orders Órdenes de pago

Payment period Período de pago

Payment receipt for Comprobante de pago

Payoff *(n.)* Reconocimiento; compensación, retribuciones

Payroll Nóminas

Payroll account Cuenta de la nómina de haberes

Peace time or war time Tiempo de paz o guerra

Peaceful means Vías pacíficas

Peg *(v.)* Estabilizar, fijar o sostener (valor, precio)

Penalize with a 100 ptas. to 10.000 ptas. fine/ with a fine ranging from 100 ptas. to 10.000 ptas. Sancionar con multa de 100 ptas. a 10.000 ptas.

Penalty Sanción

Penalty fees Tarifas punitivas, pago de multas

Penalty interests Intereses moratorios

Penalty of surplus value Castigo de la plusvalía

Pending appeals Recursos pendientes

Pending court action Acción pendiente

Pending Taxes Asuntos fiscales pendientes

Pensions for the aged Pensiones a los ancianos

People Gente, pueblo

Peoples Pueblos

Percentage of any... Porcentaje/por ciento de...

Percentage share of... Participación en el valor de...

Perform Dar cumplimiento a; cumplir; ejecutar; llegar a

Perform an activity Prestar *(una actividad, servicio)*

Perform any and all type of transactions in connection with the real estate aforementioned, namely (to)... Celebrar todo género y especie de operaciones sobre el inmueble antes descrito:

Perform his obligations regarding alimony Cumplir con las obligaciones alimentarias

Perform judicial acts Actuar

Perform transactions Celebrar operaciones

Performance Desempeño, cumplimiento; ejecución; prestación *(servicio)*

Performance *(Econ.)* Comportamiento

Perjury Falso testimonio

Permanent alimony Pensión definitiva

Permit *(+ gerund)* Permitir

Perpetrator of a crime Autor de un crimen

Perpetual bond Título de renta vitalicia

Perpetual debenture Obligación perpetua

Person appearing in court Compareciente

Person in charge Encargado

Personal action Acción personal

Personal assets Bienes muebles personales

Personal information Información personal/privada

Personal property Bienes muebles

Personal property damage Daño a la propiedad personal

Personal settlement Autoliquidación

Personal tort Agravio a la persona

Personal Understanding Base (PUB) Base de Entendimiento Particular (BEP)

Personally came Compareció personalmente

Personally known to me to be the same person whose name is subscribed to the foregoing instrument Quien me consta es la persona cuyo nombre aparece firmado al pie del documento que antecede

Personnel supply agreement Convenio de suministro de personal

Persons dealing with any such attorney Personas representadas por cualesquiera de dichos apoderados

Persons extraneous to the foregoing agreement Personas ajenas a este contrato

Persons signing below Personas que suscriben

Pertaining thereto Que sobre ella recaiga; que corresponda a los mismos, con él relacionados

Pertaining to farming and cattle raising Agropecuario

Pertaining to the majority Mayoritario

Pertinent Correspondiente; competente

Pertinent releases or settlements Finiquitos pertinentes

Petit larceny Hurto de menor cuantía

Petition *(n.)* Solicitud

Petition for *(something)* Apelar

Petition for adoption Petición para adopción

Petition for divorce Demanda de divorcio

Petition for reconsideration Recurso de reconsideración

Petitioner Demandante

Petitory actions Informaciones de dominio

Petitum Lo que se pide

Petty cash voucher Comprobante de caja chica o de gastos menores

Photostat Copia fotostática

Physical examination of exhibits Inspección judicial

Physical or tangible goods Bienes físicos o tangibles

Pick up Buscar; retirar

Pier Muelle

Pigeonhole *(v.)* Encasillar

Pin down Fijar, medir

Pin one's hopes on Cifrar sus esperanzas en

Pinpoint Precisar, expresar

Pitiful Dolorosa

Pivotal ages Edades cruciales

Pivotal role Papel fundamental

Place and date of issue Lugar y fecha de expedición

Place and stead En el lugar y representación de

Place cash collateral with Representative or with Representative's nominee Mantener un depósito en garantía a favor del representante o de la persona designada por este último

Place in trust/escrow Dejar en fideicomiso

Placed by or on behalf of *X* Sean colocados por o en nombre de *X*

Placement of bonds Colocación de bonos

Placement Test Prueba de ingreso/admisión

Plain Escueta

Plaintiff Demandante

Plaintiff would have the burden of proof Correspondería al demandante aportar la correspondiente prueba

Plaintiff's right of execution Títulos ejecutivos

Plan *(v.)* Proponer, designar

Plan of operations Plan de operaciones

Plantation Hacienda

Platform Programa político de gobierno

Play on/with words Juego de palabras

Plea Defensa, alegato, petición

Plead guilty Declararse culpable

Pleadings Alegatos

Pledge *(n.)* Documento hipotecario de un bien mueble

Pledge *(v.)* Pignorar; prometer

Pledge the credit of Comprometer el crédito de

Pledged account Cuenta pignorada

Plenary (civil) suit Juicio civil plenario

Plenty Caudal *(fig.)*

Plight Situación difícil, apuro

Plus one per cent Más el uno por ciento

Pocketing Embolsarse, guardarse

Point Inciso

Point of origin Ex-fábrica o punto de origen

Point out Expresar; aclarar

Pointless Inútil

Policy Póliza; régimen

Policy for the treatment of Régimen de tratamiento

Political Administrative Chamber of the Supreme Court of Justice Sala político administrativa de la Corte Suprema de Justicia

Political subdivision thereof or therein Subdivisión política de la misma, o perteneciente a la misma

Poor health *(permanent)* Razones de salud

Port of loading Puerto de embarque

Portfolio sale Venta de cartera

Portion of *(something)* Parte

Position Posición; desempeño de un cargo

Positive balance Saldo positivo

Possessory actions Informaciones posesorias

Post office box Apartado de correos

Post time Registrar las horas

Postage Franqueo

Postdated check Cheque con fecha adelantada

Posting, registration and publication thereof Fijación, registro y publicación

Postnuptial Posmarital

Pounding Embate

Poverty Miseria

Power Facultad

Power conferred Facultad conferida

Power of Attorney Registry Book Libro de registro de poderes

Power of Attorney Poder protocolizado

Power of revocation Poder o autoridad de revocación

Power of substitution Poder de sustituir

Practicality Utilidad práctica, uso

Practice *(v.)* (profession) Ejercer

Practicing Attorney at Law Abogado en ejercicio

Pre-/Post-shipment finance Financiamiento pre/post embarque/expedición.

Pre-emptive rights *(shares)* Derecho de prioridad/ preferencial *(acciones)*

Pre-trial Audiencia previa y de conciliación

Precautionary measure Medida cautelar

Precede Anteceder

Precedent to the creation and issue of this Promissory Note Que haya ocurrido con anterioridad a la emisión de este pagaré

Preclusion Preclusión

Preempt Apropiarse

Prefeasibility study Estudio de prefactibilidad

Prefect Prefecto

Preferential margin Margen preferencial

Preferential rates A tasas preferenciales

Preferential Trade agreements Acuerdos de comercio preferencial

Preferential-rate dollar Dólar a tasa preferencial

Preferred shares on account of distribution of assets Acciones preferidas/preferenciales en cuanto a dividendos

Preferred shares on account of dividends Acciones preferidas/preferenciales en cuanto a dividendos

Preferred stock Acciones preferidas/preferenciales

Preinvestment Preinversión

Prejudice *(n.)* Prejuicio

Prejudice *(v.)* Prejuiciar *(bias)*; perjudicar *(lesionar, menoscabar)*

Premises Local *(comercial u otro)*

Premium Sobreprecio

Premium and discount on stock Prima y descuento sobre acciones

Premium due Prima debida

Premium's payments Pago de las primas

Prenuptial Premarital

Prepaid reply Contestación pagada

Prepare oneself Aprestarse

Preponderant Preponderante

Prescribed Establecido, exigido

Prescribed by the Board of Education for the High School Establecido por la Dirección de este Instituto de Educación Secundaria

Present *(adj.)* Actual, vigente

Present *(n.)* Don

Present for collection any such promissory notes, drafts and other commercial papers Protestar letras de cambio u otros efectos

Present market value Valor actual de mercado

Present tenants Actuales arrendatarios

Present value Valor actual

Presented for action Presentar para someter a decisión

Presented for action at such meeting Presentados para la correspondiente decisión en dicha asamblea

Presentment Denuncia, acusación, presentación

Preserved Conservado

President on leave of absence Rector suplente

President, Board of Education Presidente de la Junta de Educación

Press charges Levantar cargos

Press release Boletín de prensa, comunicado de prensa *(oficial)*

Press to Apremiar/instar a

Pressed Apremiadas por

Presume Suponer

Pretend Simular, fingir

Prevailing Prevaleciente, dominante, preponderante

Prevent Precaver

Preventive action Proceso cautelar

Preventive and executory measures Medidas preventivas

Previously Antes de/del

Price Costa

Price ceiling Máximo de precios

Price Earning Ratio (PER) Relación cotización/beneficios por acción

Price-level change Cambio en el nivel de precios

Prices are ex-works Fair Lawn, New Jersey El precio estará libre de cargo o gravamen alguno hasta salir de la planta de Fair Lawn, Nueva Jersey

Primary commodity Productos básicos

Primary obligor Obligado principal

Prime Momento principal

Prime cost Costo primario, costo de fábrica o de producción

Prime Rate Tipo principal de interés de Nueva York, tasa preferencial

Principal ***(n.)*** Director de escuela primaria o secundaria; poderdante, mandante; director ejecutivo; representado

Principal disburser Pagador principal

Principal of High School Director de escuela secundaria

Principal Office Sede

Principal owing Principal adeudado

Principal Registrar of... Registrador principal del...

Principal sum Monto por capital

Principle of accountability Principio de rendimiento de cuentas

Printed on the face of the card Impreso en el anverso o parte delantera de la Tarjeta

Prior Anticipación

Prior certification of judicial proceedings Previa certificación en autos

Prior to Antes de/del

Prior to that time Hasta ese momento

Prisoner Preso

Private Particular

Private business Asunto privado

Private carrier Transportador que trabaja por contrato

Private company under State management Empresa privada bajo dirección estatal.

Private foreign debt Deuda externa privada

Private persons and companies of every kind Personas naturales o jurídicas de cualquier clase

Privileged communications Conversaciones confidenciales entre un cliente y su abogado

Pro rata En forma pro rata/ prorrateada

Probate proceedings Juicio testamentario

Problem oriented language Lenguaje orientado hacia problemas

Procedural (law) Procesal *(adj.)*

Procedural bias Sesgo del procedimiento

Procedural rationality Racionalidad de procedimientos

Procedure Trámites

Procedure oriented language Lenguaje orientado hacia procedimientos

Procedures for the lawful incorporation of the Company Gestiones para la constitución legal de la compañía

Proceed to Proceder a, actuar

Proceed to decree Se sirva decretar

Proceed with the ceremony Proceder al acto *(matrimonio)*

Proceed with the lawsuit Seguir el juicio

Proceeding Procedimiento, acta; acto, actuación, trámite

Proceeding by proxy Actuación mediante apoderados

Proceeding for settling the estate of a decedent Juicio sucesorio

Proceedings to furnish additional evidence Diligencias para mejor proveer

Proceeds Ingresos, saldo, valor efectivo; réditos

Proceeds of sales Productos/proventos de ventas

Process cost accounting Contabilidad de costos de procesos

Process of liquidation Trabajo de liquidación

Processing batch Tanda de elaboración

Processing fee Gastos de tramitación

Processing of Tramitación de

Processing of prices Tramitación de precios

Processing of the debt Tramitación de la deuda

Proclamation of the banns Fijación de carteles

Produce Causar, dar lugar a, generar

Produce evidence Exhibir/mostrar/presentar evidencia

Product mix Composición de las ventas

Production Engendro

Productive facilities Instalaciones productivas

Professional Standards Revision (PSR) Revisión de normas profesionales.

Professional standing Nivel profesional

Professional Understanding Base (PUB) Base de Entendimiento Profesional (BEP)

Profit Fines de lucro, ganancias

Profit and loss account Cuenta de ganancias y pérdidas

Profit and loss statement Estado de ganancias y pérdidas

Profit sharing Participación de utilidades

Profitable Rentable

Profits acceleration Aceleración de las ganancias

Profits not allocated Utilidades no distribuidas

Programmed disbursement Desembolso programado

Programming Mission Misión de Programación

Progressive income tax rate Tasa tributaria sobre ingreso progresivo

Project Proyecto

Project administration Administración de proyectos

Project drafts Anteproyectos

Projected graduation Fecha prevista para la graduación

Prominent Destacado

Promise Convenir en/ obligarse a/ comprometerse a

Promise to pay *(v.)* Convenimos en pagar

Promissory Note Pagaré

Promote Promover

Promoter Empresario

Promotion Promoción; fomento

Prompt *(adj.)* Oportuno; diligente

Prompt *(v.) (somebody to do something)* Hacer que

Prompt payment in full Pronto pago del valor total

Promptly A la mayor brevedad

Pronounce a sentence for divorce Dictar sentencia de divorcio

Pronounce sentence Pronunciar el fallo, dicta sentencia

Proof Prueba

Proof to be bachelor Justificativo de soltería

Proof to have the right to be free from military services Justificativo para la exención del servicio militar

Proper Conveniente; debido

Proper care Debido cuidado

Proper conduct of the Company's business Manejo adecuado de los negocios de la compañía

Property Bienes, bienes de fortuna; propiedad

Property insurance Seguro de propiedad

Property rights Derechos de propiedad

Property subject to reversion in hydrocarbon concessions Bienes afectos a reversión en las concesiones de hidrocarburos

Proposals Proposiciones, consultas

Proposed amendment Proposición de enmienda

Proprietary programs Programas "patrimoniales"

Proprietor's account Cuenta de capital

Propriety of (the) Bondad de (la)

Prorating shall be made based on the company shares held by each of the parties interested El prorrateo se hará en base a las acciones que cada accionista interesado tenga en la Compañía

Prorogation Prórroga

Prosecute Actuar

Prosecuting attorney Abogado acusador

Prosecution of the action Ejercicio de la acción

Prospective Presunto, en perspectiva

Prospective customers Futuros clientes

Protection Defensa

Protective Tariffs Tarifas de protección

Protocol Protocolo

Protocol upon uniformity of Powers of Attorney which are to be utilized abroad Protocolo sobre uniformidad de poderes que han de ser usados en el exterior

Prove Acreditar; constatar

Prove his capacity as the owner/holder/bearer of the mortgage bonds Acreditar su condición de titular de las cédulas hipotecarias

Proved to be Resultare ser

Provide Facilitar

Provide *(somebody with something)* Abastecer, suministrar

Provide a service Prestar *(una actividad, servicio)*

Provide evidence/proof Acreditar

Provide for ***X*** Establecer, prever *(algo)*

Provide grounds Cimentar, basar en, fundamentar

Provide grounds to the declaration Fundar una declaración

Provided No obstante

Provided 2 Asegurado; estipulado

Provided by law Establecido mediante ley

Provided for Lo consignado

Provided for by law Que le otorga la ley

Provided for herein Prevista *(en ella)*

Provided for in Establecido en *(ley, art., reg.)*

Provided for under Se estipule en

Provided on Que aparece suministrada en

Provided that Con tal que, a condición de que, siempre que, siempre y cuando

Provides for the rights and obligations of the married couple/ spouses/ man and wife Establece los derechos y deberes de los cónyuges

Provisional offers/quotations Ofertas provisionales

Provisioning Aprovechamiento

Provisions (of law) ***(general norm)*** Instrucciones; disposiciones

Provisions of a similar rank Disposiciones de rango similar

Provisions of the Code Disposiciones del reglamento

Prow Proa

Proxy Poder *(temporal)*

Proxy vote Voto delegado, voto por poderes

Public Authorities Autoridad pública

Public bidding Licitación pública

Public Concessionaire Company Sociedad titular de una concesión, sociedad concesionaria.

Public deed Escritura pública

Public desire Deseo colectivo

Public documents Documentos públicos

Public liability insurance Seguro de responsabilidad civil

Public Office Cargo público

Public Officer Funcionario público

Public ownership firms Empresas públicas

Public Registry Act Ley de registro público

Public utilities Servicios públicos

Public utility bond Bono de servicios públicos

Public utility company Empresa de servicio público

Public-spirited Cívico, patriótico

Publication Publicación

Publication of the banns Fijación de carteles

Publication of X trademark Publicación de la marca X

Publish Difundir

Publishing notice of the slogans Publicación de lema comercial

Pun (to make puns) Juego de palabras

Purchase ***(vt)*** Adquirir; adquisición

Purchase ***(n.)*** Compra

Purchase and sale Compraventa

Purchase book Diario de compras

Purchase commitment Compromiso de compra

Purchase in lot Compra en lote

Purchase on account Compra a crédito

Purchase order Orden de compra

Purchasing power Poder adquisitivo

Purify Depurar

Purported Supuesto, alegado

Purpose Finalidad

Purpose of the Agreement Objeto del contrato

Purpose of the corporation or business Objeto social

Pursuant De conformidad; conforme

Pursuant this Power of Attorney En este poder

Pursuant to De conformidad con lo establecido en *(documento)*; aplicación analógica; en virtud de lo cual

Pursuant to Article 105 of Public Registry Act Por aplicación analógica del artículo 105 de la Ley de registro público

Put in danger Exponer

Put out of favor Caer en desuso

Put pressure on Ejercer presión

Q INGLÉS

Qualified Con salvedad

Qualified 2 Eficiente, preparado, competente; facultado, autorizado (Der.)

Qualified confession Confesión calificada

Qualified in Kings County Facultado en el condado de Kings

Qualified opinion Dictamen con salvedad

Qualifier *(n.)* Calificativo

Qualifying *(adj.)* Calificativo

Quality control Control de la calidad.

Quarrels Pleito

Quarter credit hour Hora-crédito por trimestre

Quarterly rental rate of Canon trimestral de

Query Pregunta

Questionable Cuestionable

Questions in court Posición jurada

Quick Diligente

Quick assets Activo de rápida liquidación

Quit Abandonar

Quit-claim deed Finiquito

Quittances Finiquitos

Quiz Prueba corta escrita u oral

Quota Cuota

Quotation Cotización

Quotation request Solicitud de cotización

Quote Citar

Quote a price Cotizar

R INGLÉS

Radio Assistance of the airport Radio Ayuda del aeropuerto

Raffle Sorteo

Raid *(n.)* Allanamiento *(de un establecimiento)*; tentativa de corredores de bolsa por bajar los precios

Raid *(v.)* Allanar

Raider Depredador de empresas. Individuo que lanza una oferta pública de acciones (OPA) hostil

Railroad Ferrocarril

Railway Ferrocarril

Raise Asumir

Raise a mortgage on Establecer hipoteca sobre

Raise moneys Recabar fondos

Raise X against... Llevar X a...

Raised seal Sello en relieve/seco

Raison d'être Razón de ser

Random access Acceso aleatorio

Range *(n.)* Extensión; gama

Range from Oscilar

Ranging from... and... De... a...

Rank *(n.)* Rango, jerarquía

Rank *(v.)* Figurar; calificar

Rank and file Generalidad

Rape Violación

Rapporteur Presidente de una junta; persona que preside

Rate Calificar

Rate differentials Tasas diferenciales

Rate of interest Tasa de interés

Rate of performance Tasa de realización

Rate of return Cuota de retribución

Rate of return on direct investment Tasa de rendimiento de las inversiones directas

Rate of taxation Tasa de impuesto

Rate paid for/on time deposits Tasa pagada por depósitos a plazo fijo

Ratifies and confirms all that my said attorney, agent and proxy may lawfully do or consent to be done by virtue hereof Ratifica y confirma todo cuanto su referido representante y poderhabiente pudiere legalmente hacer o consentir/permitir que se haga en virtud de este poder

Ratifying and confirming all that Mr. *X*, said Attorney, or his substitute shall lawfully do or cause to be done by virtue hereof Ratificando y confirmando por la presente todo cuanto dicho apoderado, Sr. *X*, o un sustituto del mismo hiciere o mandare hacer lícitamente, en virtud del presente poder

Rating Calidad de las emisiones de las sociedades prestatarias.

Ratio Proporción, índice, relación, razón

Ravage Diezmar

Raw data Datos primarios

Raze Arrasar

Re: (reference) Asunto

Re-study Revisión

Reach settlements Llegar a transacciones

Reached Concertado

Read out Dar lectura, leído *(documento)*

Read the call Dar lectura a la convocatoria

Readily Fácilmente

Reading... Que dice(n)...

Reads as follows Reza así, dice así

Reads verbatim Dice textualmente

Ready and willing Preparado y dispuesto

Reaffirming Reiterando

Real Efectivo *(adj.)*

Real asset Bienes raíces

Real property Bienes inmuebles

Real rate Tasa real

Real estate Bienes raíces

Real terms Valores reales

Real time Tiempo real

Realization account Cuenta de liquidación

Realize Advertir

Realtor Corredor de bienes raíces

Reap the benefits Aprovechar

Reason *(rv.)* Alzarse

Reasonable Equitativo

Reasonable solicitor's/attorney's fees Honorarios prudenciales de abogados

Reasoned resolution Resolución motivada

Reasoning Argumentación

Reasons for divorce Causales

Rebuttal Refutación

Receivable account Cuenta por cobrar

Receivable-billed account Cuenta por cobrar facturada

Receivables Cuentas por cobrar, partidas por cobrar

Receive Corresponder

Receive in any and all events any such amounts, certified titles, credits or securities as may be due to us Recibir en todos los casos las sumas, títulos certificados, créditos o valores que pudieran correspondernos

Receive pledges Dar en prenda

Receive sums of money and give the receipts and acquittances which may be necessary for such purposes Recibir cantidades de dinero y otorgar los recibos y finiquitos que sean necesarios a tales fines

Receiver Síndico, receptor/administrador judicial

Receiver's account Cuenta del síndico o administrador judicial

Recently Hace poco

Recipient Titular

Recipient companies Empresas receptoras

Reciprocal concession Concesión recíproca o mutual

Reckon with Tener en cuenta, considerar

Recognized financial debt Deuda financiera reconocida

Recommendation Consulta

Reconstruction Reestructuración

Reconventions or counter claims Reconvenciones

Record *(n.)* Registro, expediente; acta; asiento, protocolo

Record files Expediente

Record III Protocolo 3°

Record in accounts or books Contabilizar

Record keeping Llevar los registros

Record of a Marriage Acta matrimonial

Record of death Libro de defunciones

Record owners Propietarios registrados

Recorded Protocolizado

Recourses Recursos

Recoveries Suma recuperada

Recreation Esparcimiento

Recruitment Contratación

Rectification plea Solicitud de rectificación

Rectify name Rectificar el nombre

Rector Presidente

Redeemable shares Acciones amortizables

Redemption of Emphiteusis Redención de enfiteusis

Reduction in the value of our currency Pérdida de valor de nuestro signo monetario

Referencing Referenciación

Referred to as... Denominado...

Referred to in A que se hace referencia, mencionado

Refund *(v.)* Reembolsar; restituir, amortizar

Refund of the advance payment Reintegro por adelanto

Refunding Devolución

Refusal Negativa

Regard Calificar

Regarding En relación con/a, respecto de, sobre, acerca de, por lo que respecta, en materia de

Regarding the analysis... Análisis de la sentencia

Regardless of balance Cualquiera que sea su saldo

Regional development banks Bancos para el desarrollo regional

Regional marketplace Mercado de abasto

Regional member country País miembro regional

Register *(n.)* Inscripción en el registro

Register *(v.)* Registrar, inscribir, matricular, encartar, protocolizar

Register in accounts or books Contabilizar

Register of Baptisms Libro de Bautismo

Register of marriages Registro de matrimonios

Registered Agent Representante autorizado

Registered bond Título nominativo

Registered mail Correo certificado

Registered nurse Enfermera graduada

Registered Office of... Oficinas principales de...

Registered shares Acciones nominativas

Registered society Sociedad anónima, sociedad mercantil.

Registered with the Attorneys Social Welfare Institute, under no. ... Inscrito con el Instituto de Previsión Social del Abogado bajo el n°...

Registrar Registrador

Registrar of Companies Registrador de Sociedades

Registrar writ of proceeding on Auto que sobre ella recaiga

Registrar's proceeding Auto que sobre ella recaiga

***(X)* Registration certificate** Certificado de Registro de *X*

Registration of Tramitación de

Registration of the lease Suscripción del contrato de arrendamiento

Registry Data Datos del registro

Registry District Circuito de registro

Registry Entry no. ... Asiento de registro nº...

Registry fees Habilitación

Registry of Vital Statistics Registro demográfico

Registry Office Oficina de registro

Regular operational cycle Ciclo normal de operación

Regular operations Resultado corriente de operaciones

Regulations Reglamento, disposiciones legales

Reimbursement of interest payment Reintegro de pago de intereses

Reinstate a policy Rehabilitar una póliza

Reinstatement Reposición

Reinsurance Reaseguro, reaseguradora

Rejected Desechado

Related company Compañía afiliada

Related products Productos afines/conexos

Related to Conexa

Relation to child Parentesco con el niño

Relative share Participación relativa

Relator actions Acciones de interés público

Relator suitor Actor que se beneficia de la resolución judicial

Release *(n.)* Boletín; finiquitos

Release *(v.)* Eximir, liberar

Release from mortgage Librar de hipotecas

Release of the bonds guaranteeing pending appeals Liberación de fianza que garantiza recursos pendientes

Release required by law Finiquito de ley

Relevant Correspondiente; pertinente

Reliable access Acceso confiable

Reliance on A través de *(actividad de persona)*

Reliance on brokers, agents and other intermediaries A través de corredores, comisionistas y otros intermediarios.

Relief Compensación, resarcimiento, indemnización

Religion Culto

Rely on Contar con

Remain Durar, demorar

Remainders Residuos de costos

Remand (to lower Court) Reenvío

Remarkable Notable

Remarks Observaciones

Remarry Volver a casarse

Remedies Recursos

Remedies available under law Recurso legal disponible de conformidad con la ley

Remedy of Cassation Recurso de casación

Remittance order Orden de remesa

Remittances Remesas, envíos

Remote terminal Terminal remoto

Removal Remoción

Render *(v.)* Emitir

Render services to companies or individuals Prestar servicios a personas jurídicas o naturales

Renewable line of credit Línea de crédito renovable

Renewal of the loans Renovación de préstamos

Rent such real estate for any length of time Arrendarlo por cualquier período de tiempo

Rent-control Inquilinato

Rental rate Canon

Repair shop Taller de reparaciones

Reparcellation (of land) Reparcelamiento

Repay all or part of the total amount remaining unpaid for a purchase on an extended payment plan Pagar por anticipado todo o parte del saldo pendiente a plazos diferidos

Repeal Revocar, derogar

Replacement Reemplazo, remplazo, reposición, sustitución

Replacement cost Costo de reposición

Replenishment Reposición

Reply Acto de contestación

Reply affirmatively/ in the affirmative Responder afirmativamente

Reply and rejoinder Réplica y dúplica

Reply submitted by Réplica presentada por

Reply to interrogatories Prueba confesional

Report Informe

Reportedly Según se dice, según se informa, al parecer

Represent Manifestar

Represent me in any and all criminal actions Actuar en mi representación en cualesquier procesos penales

Representation Declaración/manifestación

Representation agreement Convenio de representación

Representative office Oficina de representación

Represented at this act by Representada en este acto por

Reprieve Suspensión temporal

Reputation El buen nombre de...

Request *(n.)* Petición, solicitud de

Request *(v.)* Pedir, solicitar

Request a search for trademarks similar to Solicitud de parecido de la marca *X*

Request decisions based on equity Solicitar la decisión según la equidad

Request loans Tomar dinero en préstamo

Requestor Solicitante

Requests to be issued... A objeto de solicitar

Requirable Exigible

Require Exigir

Require such performance Exigir tal cumplimiento

Required administrative powers Poder administrativo requerido

Required cash reserve Encaje requerido

Required to be proved or acknowledged Que han de ser comprobados o reconocidos

Required units Unidades de estudio

Requirements provided by law Requisitos exigidos por ley

Requisites for disbursement Requisitos para desembolsos

Res judicata Cosa juzgada

Resale Reventa

Rescinded subscriptions Suscripciones rescindidas

Rescission Rescisión

Reservation Reserva

Reservation of names Reseña/ reserva de nombres

Reserve Apartar, reservar

Reserve fund Fondo de reserva

Resettlement Restablecimiento *(personas)*

Residence Domicilio, ubicación eventual de una persona

Resident Dean Decano Residente

Resident's visa Visado de residente

Residential house Casa-quinta

Residents of this *X* De este domicilio

Residing in Residente de

Residual salvage value Valor residual

Resist Contrarrestar

Resolutely Denodadamente

Resolution Disposición

Resolution 196 is hereby repealed Se deroga la resolución nº 196

Resolution passed at the meeting of said Board Resolución adoptada en una sesión de dicha Junta

Resolve Acordar

Resolve (differences) Resolver

Resort to *(something)* Recurrir a algo

Resort to state Ocurro y expongo

Resource allocation Asignación de recursos

Respectfully address your Office Respetuosamente me dirijo a usted

Respectfully appear before The Court to declare Con el debido acatamiento ocurro ante Ud. y expongo

Respectfully resorts to you Respetuosamente me dirijo a usted

Respective record file Expediente respectivo

Respondent Demandado

Responsibilities Desempeño de un cargo, funciones

Restitution Restitución

Restraint Interdicción

Restrict Circunscribir, limitar

Restricted currency Moneda restringida

Restructuring of the debt Refinanciamiento de la deuda

Result Consecuencia

Result in Implicar, acarrear, producir, traer como resultado, redundar en

Resulting from Derivados de, provenientes de

Results of the research carried out Resultas de la investigación efectuada

Resume Reasumir, reanudar

Retail accounting Contabilidad de venta al detall

Retail business Negocio minorista, al detall o al por menor

Retail outlet Tienda al detall o al por menor

Retail price Precio al detall o al por menor

Retail trade business Negocio de comercio al detall o al por menor

Retailer Detallista, minorista

Retain (services) Contratar

Retain ownership Reserva de dominio

Retained cash reserve Encaje retenido

Retained earnings Ganancias retenidas

Retaliatory Que usa represalias, vengativo

Retard Demorar

Retirement Jubilación

Retirement allowance Pensión de retiro

Retirement with a pension Jubilación

Retiring Saliente *(adj.)*

Return *(n.)* Ganancias

Return on the investment Retorno/rendimiento de la inversión

Return shipping charges Costo de la devolución/del despacho

Returned check Cheque devuelto

Returned goods must be forwarded with transportation prepaid La mercancía devuelta deberá ser despachada con transporte pagado por anticipado

Returns and allowances Devoluciones y bonificaciones

Revenue account caption Título de la cuenta de ingresos

Revenue stamp Timbre fiscal

Revenues Ingresos principales

Revenues and expenditures Ingresos y egresos varios

Revision of boundary lines Modificación de linderos

Revocation of Power of Attorney Revocatoria de Poder

Revoke Revocar, derogar, anular, rescindir

Revolving credit Crédito rotatorio

Revolving fund report Informe de fondo rotatorio

Revolving line of credit Línea de crédito rotatorio

Right after A raíz de

Right of way Servidumbre de paso, derecho de vía

Right to file proofs Derecho a abrir a pruebas el proceso

Rightful property Legítima propiedad

Rights Títulos, derechos

Rights allowed to remain dormant Derechos dejados inmovilizados

Rights and obligations Deberes y derechos

Rights of ownership Derechos de propiedad

Rights of visitation Derechos de visitas

Rise Manar de; revelarse

Risk (+ gerund) Correr el riesgo de

Risk analysis Análisis del riesgo

Risk management Administración de riesgos

Risk-adjusted discount rate Tasa de actualización reajustada por riesgo

Road system Vialidad

Roadblock Barrera, obstáculo.

Roll over *(n.)* Extensión, prórroga

Roll over *(v.)* Refinanciar mediante nuevo crédito

Room Alojamiento

Rooted Arraigado

Roughness Escabrosidad

Rounds of negotiations Rondas de negociaciones

Routine Rutina

Royalties Derechos de autor

Royalty payments Pagos de regalías

Rubber stamp Sello de caucho/húmedo

Rule *(n.)* Norma

Rule out Excluir, evitar, impedir

Rules of Procedure for Meetings Reglamento interno de las Asambleas

Ruling (Court's decision) Decisión del tribunal

Run Manar de

Run a risk Exponer; exponerse a

Running lanes Calles de rodaje *(Av.)*

Runways Pistas *(Av.)*

S *INGLÉS*

Sabbatical leave Año sabático

Safekeeping Guardia, custodia, salvaguardia

Said payment shall be made through bank transfer El monto deberá ser pagado mediante transferencia bancaria

Sailors Marineros

Salaried Que devenga un sueldo

Salary Sueldo

Sale Liquidación

Sale agreement Contrato de compraventa

Sale of bonds Colocación de bonos

Sale of property Liquidación de bienes

Sale of shares of stock Operación de venta de acciones

Sale price Precio de venta al público

Sale was effected by Venta hecha por

Sales account Cuenta de ventas

Sales aid Material de apoyo a la venta

Sales allowances Rebajas en ventas

Sales forecast Pronóstico de ventas

Sales gross profit Utilidad bruta en ventas

Sales in terminal markets Ventas en mercados terminales.

Sales invoice Factura de venta

Sales manpower Personal de ventas

Sales returns and allowances Devoluciones y bonificaciones sobre ventas

Sales training Entrenamiento en ventas

Salesman Vendedor

Salvage value Valor de recuperación

Sample Muestra

Sanction Sanción

Sane Cuerdo

Sanitation Salubridad, saneamiento; higiene

Savings Cuentas de ahorros

Scarcely Apenas

Scarcity Escasez

Scatter coefficient Coeficiente de dispersión

Scope of government activity Extensión de la actividad gubernamental

Scope paragraph Párrafo de alcance

Scourging (severe punishment) Censura

Screen Malla

Scrip Cédula, vale

Schedule request Pedido para el personal

Schedules Listado, programas, inventarios

Scheduling Programación del personal

Scholastic attainments/achievements Resultados/logros académicos

School Escuela; Facultad

School Board of Education Consejo/Junta encargada de los asuntos relacionados con las escuelas públicas

School Board of Lake County Consejo Escolar/Junta Escolar del Condado de Lake

School Board President Presidente de la Junta Escolar/Consejo Escolar

School tuition Pensiones escolares *(matrículas)*

School vacations Vacaciones escolares

Sea beds Fondos marinos

Seal of the institute and duly authorized signatures are hereby affixed Se estampa el sello del instituto, así como también las firmas debidamente autorizadas

Seamen Marineros

Search *(v.)* Allanar

Search and seizure Registro y embargo, allanamiento

Search for the registration of X Investigación registral de

Search warrant Orden de registro

Season Temporada

Seat Asentar

Second guarantor Segundo fiador, fiador secundario

Secrecy and non-compete agreement Convenio sobre confidencialidad y no competencia

Secretary General of the Organization of American States (OAS) Secretario General de la Organización de Estados Americanos (OEA)

Secretary of State Secretario de Estado

Secretary of the Treasury Secretario de Hacienda

Section Ordinal

Sectorial Sectorial

Secure (something existing) Asegurar

Secured account Cuenta garantizada

Secured on a sound basis Garantice su mejor

Securities Títulos y valores; emisiones

Securities and exchange commission Comisión de bolsa y valores

Security agreement Contrato de garantía

Security costs Costos de seguridad industrial

Security deposit agreement Convenio de depósito en garantía

Security Exchange Commission (SEC) Agencia paragubernamental independiente norteamericana que vigila el mercado bursátil

See attached sheet Según hoja anexa

Seek Buscar

Seeks to avail itself of the benefit of any law for the relief of debtors Intentare hacer uso del beneficio de cualquier ley que otorgue liberación a deudores

Seize Embargar, secuestrar, confiscar, decomisar

Seizure Embargo

Selected to be Elegida como

Self-financed Con financiación propia

Self-funded Con financiación propia

Self-propelling Automotriz

Self-reliance Valerse por sí mismo

Selling price Precio de venta

Semester hour Hora semanal de clase por semestre

Send Remitir

Send off Desalojar

Sending Envíos

Sending bank Banco emisor

Senior De mayor rango/categoría

Senior college Años superiores de los estudios

Senior high school Ciclo diversificado

Seniority pay Antigüedad

Sense (the) Lo sustantivo

Sense of fairness Sentido de equidad

Senseless Absurdo

Sensitivity analysis Análisis de sensibilidad

Sent by Remitido por

Sent to your office Remitido a esa oficina a su digno cargo

Sentence (implies punishment) Decisión que implica castigo: sentencia, fallo

Sentence from a court having due/appropriate Jurisdiction Fallo de un tribunal de jurisdicción competente

Sentence of separation from bed and board Sentencia de separación de cuerpos

Separation from bed and board Separación de cuerpos

Serial number Número de serie

Servants Empleados

Serve as Actuar como

Serve as grounds Cimentar, basar en, fundamentar

Serve in the Arm Forces Estar prestando/prestar servicio militar

Serve notice Notificar

Service *(n.)* Notificación

Service *(v.)* Prestar servicio, atender

Service commission Comisión por servicios

Service channel Canal de servicio

Service of process/of summons Diligencias de emplazamiento *(entrega de citaciones)*

Service training Adiestramiento de servicio

Servicemen Militares; mecánicos

Services account Cuenta de servicios

Sessions Período de sesiones

Set Concedido; fijado

Set aside Apartar

Set forth Especificar; establecer

Set forth in A que se refiere; establecido/estipulado en

Set my hand and official seal Firmo y estampo mi sello oficial

Set or accept compensation terms Hacer o aceptar daciones en pago

Set our hand Suscribe

Set out to sea Hacerse al mar

Set sail Hacerse al mar

Set someone free Poner en libertad a alguien

Set the price Fijar el precio

Set their hands in agreement therewith Habiendo manifestado su conformidad firman

Setback Retraso, demora; revés; caída *(precios)*

Sets his hand hereunto as well as unto each of the pages hereof Suscribe la presente certificación y cada una de sus páginas

Setting (of price) Ajustes

Setting out Establecimiento

Setting-up the plant Montaje de la planta

Settle Arraigarse; asentar

Settle amicably through negotiations between the parties Resolver de común acuerdo

Settlement *(Com.)* Convenio; transacción

Settlement (law) Finiquito, conciliación, transacción en el juicio

Settlement procedure Forma de liquidación

Settling/settlement Asentamiento

Severance pay Cesantía

Sewers Cloacas

Shadow prices Precios sombra

Shall Debe, deberá *(indicativo de obligación)*

Shall assist Coadyudará

Shall be binding upon the party hereto Será de obligatorio cumplimiento para las partes

Shall be covered and governed Quedarán amparados y se regirán por

Shall be deemed to be *(+ n.)* Considerar *(+ n.)*

Shall be deemed to have acted Se considerará que X ha procedido

Shall be due and payable immediately Se dará por vencido y pagadero de inmediato

Shall be entitled to a pre-emptive right to subscribe for or purchase pro rata any shares issued in addition to the shares authorized in the original Articles of Incorporation Tendrán derecho preferencial de suscribir o adquirir prorrata cualesquiera acciones emitidas por encima de las acciones autorizadas en el documento constitutivo original

Shall be entrusted to Estar encomendada a

Shall be governed Se regirán por

Shall be paid in full as one payment Se pagará totalmente en una sola porción

Shall be valid Será válido, tendrá vigencia, entrará en vigencia, estará vigente

Shall become immediately due and payable Se dará por vencido y pagadero de inmediato

Shall become null and void Cancelada e insubsistente

Shall constitute a waiver thereof Constituirá una renuncia a los mismos

Shall direct and watch over the Company assets Tener la dirección y vigilancia de los bienes de la compañía

Shall include a statement concerning our will that the custody of our children be given/assigned to the mother Se consignará nuestra voluntad de que la custodia de los niños quede a cargo de la madre

Shall lawfully do or cause to be done by virtue hereof Hiciere o mandare hacer lícitamente, en virtud del presente poder

Shall not be understood under any circumstance as an assignment of contract No se entenderá bajo ningún caso como cesión de contrato

Shall not be unreasonably withheld No deberá ser negado sin motivo razonable

Shall not constitute a waiver or estoppel to assert its right or require such performance No constituirá una renuncia o impedimento de hacer valer su derecho o exigir tal cumplimiento

Shall place in trust/escrow the full amount of his share of the property Dejará en fideicomiso el monto total de sus gananciales

Shall result in Ocasionare, causare, redundare en

Shall so sell En esta forma venda

Shall take legal effect Entrar en vigencia

Shape Dar forma a

Share capital Capital en acciones

Share of the property *X* has in community with *X2* Gananciales

Share-holder Comunero

Shareholders' Extraordinary General Meeting (of) Asamblea Extraordinaria de Accionistas

Shareholder's Meeting Asamblea de Accionistas

Shares Acción, cuota, participación

Shares authorized in the original Articles of Incorporation Acciones emitidas por encima de las acciones autorizadas en el documento constitutivo original

Shares of common stock with a par value of $100 per share Acciones ordinarias con un valor nominal de $ 100 cada una

Shares of the capital stock Participación en las acciones de capital

Shares subscribed by each founder Acciones suscritas por cada fundador

Sharing of profits Participación en ganancias

She has compared the above/foregoing photostat with the original instrument Ha confrontado la copia fotostática que precede

Sheets of paper Cuartillas

Shelter *(n.)* Refugio, resguardo, protección

Shelve *(v.)* Aplazar indefinidamente, arrinconar *(Esp.)*; engavetar *(hisp.)*

Sheriff Alcalde, Prefecto; Jefe de policía local

Sheriff's Office Alcaldía

Shift Desplazar

Ship pledge Documento hipotecario de un barco

Shipment Despacho; embarque; envíos, volumen embarcado

Shipped in apparent good order and condition Embarcados en aparente buen estado y condición

Shipper Transportista, cargador; armador

Shipping Envíos, transporte marítimo

Shipping bill Factura de embarque

Shipping charges Gastos de embarque

Shipping point Lugar de embarque

Short term Corto plazo

Short term receivables purchases and sales Compra y venta de activos exigibles a corto plazo

Shortfall Deficiencia

Should... (at the beginning of the sentence) De ser/de no ser, en caso de

Should an amicable settlement fail within this term, the said controversy shall be settled by arbitration De no surgir solución amistosa en ese plazo, el asunto deberá ser sometido a arbitraje

Should become winning numbers Que resultaren favorecidos

Should they enter into any dispute which might hinder any satisfactory settlement between the parties Surgiere con éste cualquier otra clase de discrepancia o desacuerdo que no hiciere posible un acuerdo satisfactorio entre las partes

Show Arrojar; constar

Shutter Persiana

Sic. (...) Nota del traductor; lo dice así

Sickness benefits Compensaciones por enfermedad

Side Aspecto

Sight drafts/notes Giros/pagarés a la vista

Sign *(n.)* Indicio

Sign *(v.)* Refrendar

Sign a contract Celebrar contrato

Sign and seal Rubricar

Sign documents which may be necessary or desirable in the exercise of this power of attorney Firmar los documentos que en el ejercicio de este poder sean necesarios o convenientes

Sign in his name Firmar en su nombre

Sign in the name and on behalf of the company Firmen a nombre y por cuenta de la compañía

Signatory Signatario

Signature thereto is/to be genuine La firma que aparece en el mismo es auténtica

Signed (Sgd.) Firmado (Fdo.), suscrito

Signed in agreement therewith Manifestaron conformidad y firman, habiendo manifestado su conformidad firman

Signing for *X* bank account Movilización de las cuentas bancarias de *X*

Signing the income-tax return Firmar declaración de rentas

Silversmith Orfebre

Simple Escueta

Simple assault and battery Asalto y agresión simple

Simple copies Copias simples

Since Con posterioridad a

Since 2 Ya que

Sine actione agis Excepción de falta de acción

Single Soltero *(masc.)*

Single entry Partida simple

Single entry bookkeeping Contabilidad por partida simple

Single item Artículo único

Single-family Unifamiliar

Single-family private dwelling Vivienda privada unifamiliar

Singularly En forma exclusiva

Sinking fund Fondo de amortización

Situated and lying in said State of *X* Situadas en el referido Estado de *X*

Size Calibre

Sketch Esbozar

Skill set Destrezas necesarias

Slanderous Difamatoria

Slip Volante

Slogan Lema comercial

Small-scale capital Capital a pequeña escala

Smear campaign Campaña de difamación *(periodismo)*

So *(+ v. + so)* De esa manera *(referencia a lo anterior)*

So *(+ v.)* Así lo *(+ inf.)*

So as not to De modo que no se, a fin de no, de forma tal que no

So as to Con el fin de, para que

So far Hasta el presente, hasta ahora

So I do declare, assume and sign it before a Notary Public Así lo digo, otorgo y firmo por ante una Notaría Pública

So that Para que

So that he may act on behalf and representation of Para que represente los derechos e intereses de *X*

So that on my behalf Para que en mi nombre

So to do Correspondiente

Social guests Invitados

Social opportunity cost Costo social de oportunidad

Social Security Act Ley de seguridad social

Social Security Taxes Cargas sociales

Social service Beneficencia pública

Social welfare Bienestar social

Socioeconomic Socioeconómico

Soft loan Préstamo concesionario

Soft terms Términos fáciles

Sole Exclusiva

Sole item Partida única

Sole means of evidence Únicos medios de comprobación

Sole paragraph Párrafo Único

Sole subclause Único aparte

Solely for purposes of Sólo a los fines de

Solemnize a marriage Celebrar matrimonio

Solemnize such marriage Presenciar *(matrimonio)*

Solicitor *(GB)* Abogado

Solidity Solidez

Solve (problems) Resolver

Sophomore Estudiante de segundo año

Sort out Encasillar

Sound protection Mejor defensa

Southern/Austral Austral

Southernmost part Parte más meridional

Spanish Conquest Conquista Española

Spare parts Repuesto

Speak Tomar la palabra

Speaker Orador

Special agent Mandatario especial/singular

Special Drawing Rights (SDRs) Derechos Especiales de Giro (DEG)

Special power of attorney to a natural person Poder especial a persona natural

Special provisions Exoneraciones

Special rates A tasas preferenciales

Special report Informe especial

Special reserve by Reserva especial con

Special Stockholders' Meeting Asamblea Extraordinaria de Accionistas

Specially (specific, opposed to the general) Especialmente

Specific loan Préstamo específico

Specify Especificar; establecer

Specimen Muestra

Speed up Acelerar

Speedy Diligente

Spending Gasto

Spending pattern Estructura de gastos

Spirit Esfuerzos

Spokesman Vocero, portavoz

Sponsor *(n.)* Representante, patrocinadora *(empresa)*

Sponsor *(v.)* Patrocinar, auspiciar

Sponsor's particulars Datos de los representantes

Sporadic Esporádico

Spot rate Tasa a la venta/al contado

Spot transaction Operación al contado/a la venta

Spouses Cónyuges

Spread Difundir

Spread upon the record Hacer constar en acta, dejar constancia

Spring from Desprender de; originarse

Spring up Manar de

Squalls at home Desavenencias

Squatters Intrusos, ocupantes ilegales

SS A saber:

Stability Solidez

Stabilize Estabilizar

Staffing agreement Convenio de suministro de personal

Stale check Cheque caducado

Stalemate Estancamiento

Stamp Estampar

Stance Posición

Stand Posición

Standard acknowledgement form Formulario normal de reconocimiento

Standard bill of materials Lista estándar de materiales

Standard conditions of sale Condiciones normales de venta

Standard International Trade Classification (CTCI) Clasificación Uniforme para el Comercio Internacional (CUCI)

Standard operating procedures Normas de procedimientos operacionales

Standards Principios; patrones, normas

Standards of performance Normas de actuación.

Standing Committee Comité permanente

Standpoint Punto de vista

Standstill (stronger) Estancamiento

Staple commodities Artículos corrientes de consumo

Staple shopping goods Artículos de consumo general

Start a complaint for divorce Incoar/intentar demanda de divorcio

Start-up process Puesta en marcha

Starting from the date of shipment from the factory A contar de la fecha del envío desde la fábrica

State *(v.)* Asegurar/afirmar; comunicar, exponer

State Board of Elementary and Secondary Education, President Presidente de la Junta Estatal de Educación Primaria y Secundaria

State High School Course of Study Plan de estudios de educación secundaria del Estado

State of a process Instancia

State of birth Lugar de nacimiento

State of origin País de origen

State Superintendent of Public Education Superintendente estatal de educación pública

State the will Consignar la voluntad *(hacer constar/manifestar)*

State trading organization Organización comercial estatal

State-Approved Senior High School of Louisiana Instituto de educación media del ciclo diversificado aprobado por el Estado de Louisiana

Stated Indicadas

Stated capital Capital declarado

Stated herein Aquí expuestos

Statement Declaración *(oral) (leg.)*, manifestaciones, aseveración, afirmación, consignación, compromiso

Statement 2 Estado de cuenta

Statement of origin Declaración/certificado de origen

Statement of retained income Estado de utilidades retenidas, estado de capital, estado de superávit

Statewide basis Nivel nacional

Statistical chart Cuadro estadístico

Status of Estado de; tramitación de

Status of the parent Situación del padre o de la madre

Status of the *X* debt Estado de la deuda con *X*

Statute of frauds Ley que establece que ciertas obligaciones deben constar por escrito

Statute of limitation Término de prescripción

Statutes Leyes (del Estado)

Statutory Corporation Corporación creada por Ley, ente autárquico creado por una ley especial

Stay Demorar

Stay of proceedings Interrupción/suspensión del proceso

Steel hull Casco de acero *(barco)*

Steel mill Acería

Steering committee Comité de enlace

Stemming from Derivado de, que se desprenden de

Steps required for Medidas, trámites, gestiones

Stigmatize Tildar a algo de

Stipulate Establecer

Stipulated Estipulado

Stipulated to effect the payment of Fijado para el pago de

Stock certificate Certificado o título de acciones

Stock Company Compañía Anónima

Stock control Control de inventario

Stock corporation Sociedad Anónima

Stock exchange Bolsa de valores

Stock issued in exchange for goods and services Acción emitida a cambio de bienes y servicios

Stock market Mercado de capitales

Stock or bond Acción o valor

Stock outstanding Acciones en circulación

Stock Register Libro de Accionistas

Stock subscription of parties Suscripción accionaria de las partes

Stockholder Accionista

Stop Contrarrestar

Stores ledger Libro mayor de almacenamiento

Storm-water drainage Aguas blancas

Straight betting Apuesta uniforme

Strata Estratos *(sociedad)*

Stratification after selection Estratificación postselectiva

Strength Solidez

Strengthen Fortalecer, consolidar

Strike an average Tomar el promedio

Strive to improve Esforzarse por mejorar

Strokes Pulsaciones

Strong belief Convicción

Student demonstration Manifestación estudiantil

Student's Adviser Profesor guía, tutor, orientador

Style Fisionomía

Style oneself Titularse

Sub-delegate all or any of the powers, authorities and discretions vested in him Sustituir, total o parcialmente, todas o cualesquiera de dichas facultades, autoridades y poderes a él otorgados

Sub-licensing Sub-concesión

Sub-loan Sub-préstamo

Sub-paragraph 1 of Paragraph C Inciso 1 del parágrafo C

Sub-project Sub-proyecto

Subcontractor Subcontratista

Subdivision Numeral

Subdue Avasallar

Subject *(n.)* Asunto; materia *(Ed.)*

Subject + being Estando

Subject oneself to Se somete a

Subject to Afecto a, sujeto a, expuesto a

Subject to all exceptions, limitations and conditions agreed upon herein at the port of *X* Sujeto a todas las excepciones, limitaciones y condiciones en el presente convenidas en el puerto de *X*

Subjugate Avasallar

Submission of periodic bids Participación en remates/subastas

Submit Entregar, presentar, introducir

Submit invoices Someter facturas

Submit to arbitration, either that governed by equitable principles or that restricted to application of the law / submit by arbitrators, both those bound by legal principles, and those not so bound Comprometer en árbitros arbitradores o de derecho

Submit to *X* or consideration Someter a consideración

Subordinate Office of the Second Registry District Oficina subalterna del 2° circuito de registro

Subordinate Registrar of Registrador subalterno de *(registro)*

Subordinate Registry Office Registro subalterno de *X*, oficina subalterna de registro

Subparagraph Inciso, aparte, ordinal

Subpoena Citación

Subscribe for or purchase pro rata any shares issued in addition to the shares authorized in the original Articles of Incorporation Suscribir o adquirir prorrata cualesquiera acciones emitidas por encima de las acciones autorizadas en el documento constitutivo original

Subscribe my name Firmo

Subscribed and sworn before me Firmado y jurado ante mí

Subscribed and sworn to before me this *X* day of Suscrito y jurado ante mí a los *X* días del mes de *X*

Subscribed callable capital Capital suscrito exigible

Subscribed capital Capital suscrito

Subscription Participación

Subsequent to Con posterioridad a, subsiguiente, posterior

Subsequently Posteriormente, más adelante, acto continuo, seguidamente

Subsidiary Subalterna

Subsidiary account Cuenta auxiliar

Subsidiary company Compañía filial

Subsidiary Registry Office Oficina subalterna de registro

Substantial Exitoso

Substantially Mayormente, básicamente, principalmente, predominante, prácticamente

Substantiate Cimentar, basar en, fundamentar

Substitute *(adj.)* Auxiliar

Substituted Sustituido

Substitution of power of attorney Sustitución de poder

Substructure Infraestructura

Succeed in *(+ gerund)* Lograr *(+ inf.)*

Success Acierto

Successors Causahabientes

Succinct Conciso

Such Dicha; aludida

Such... as Los que

Such other party O cualquier otra persona *(natural o jurídica)*

Such property of ours El inmueble de nuestra propiedad

Sue Demandar

Sue for divorce Incoar/intentar/introducir demanda de divorcio; pedir el divorcio

Suffice Alcanzar para

Sufficiently given Suficientemente cursado

Suit Pleito, litigio

Suitable Adecuado/apropiado; conveniente

Sum Suma

Summary *(adj.)* En forma sumaria, sumariamente

Summary minutes Actas resumidas

Summing Alegato

Summons Notificación, citación, auto de comparecencia; emplazamiento

Summons by publication Emplazamiento por edictos

Summons for directions Fase preliminar de preparación de la audiencia final

Sundry accounts Cuentas varias

Superimposed Superpuestas

Superintendency of Insurance Superintendencia de seguros

Superintendent of Schools Superintendente de escuelas

Superintendent's Office Superintendencia

Supersede Reemplazar, remplazar, sustituir

Supersedes any and all existing prior agreements, whether oral or written, between the parties Sustituye cualquier y todos los convenios anteriores, verbales o escritos, celebrados entre las partes

Supervisor Interventor

Supplementary document Documento complementario

Supplemented Complementado

Suppletory title Título supletorio

Suppliers Fuentes, proveedores.

Suppliers credits Crédito de proveedores

Supplies and parts stocking Existencia de materiales y repuestos

Supply *(n.)* Oferta, suministro, aprovisionamiento, abastecimiento

Supply *(something)* to *(someone)* Abastecer; facilitar

Supply-side economics Economía orientada a la oferta

Supplying Habilitación de; aprovechamiento

Support *(v.)* Cimentar, basar en, fundamentar; favorecer

Support *(n.)* Adhesión; auspicio, apoyo

Surcharge on the premium Recargo de la prima

Surely Ciertamente

Surety bond Fianza de caución/de seguridad/de garantía

Surpass Exceder

Surplus Saldo positivo

Surplus cash Fondos excedentes

Surplus value Plusvalía

Surrender the contract of mandate Renuncia del mandato

Surrenders *(n.)* Renuncias

Surrogate Juez del tribunal testamentario

Survey Plano de deslinde

Surviving spouse Nombre del cónyuge sobreviviente

Susidiary Registry Office Oficina subalterna de Registro

Suspension of payments Cesación/suspensión de los pagos

Suspicion Desconfianza

Sustain an injury Sufrir una herida

Sustain and defend Sostenga y ejerza

Swift Diligente

Sworn statement on patrimony or property owned Declaración jurada de bienes

Sworn to before me this day/ this *X* day of Jurado ante mí en esta fecha/a los *X* días del mes de *X*

Syllabus Descripción de una materia

Syndicates Consorcios

Systems analyst Analista de sistemas

T INGLÉS

Tackle (difficult assignment) Abordar

Tag Etiquetas

Take Realizar

Take a chance Exponerse a

Take a lot of Costar

Take acknowledgements of deeds Recibir reconocimientos de escrituras

Take action at a meeting Tomar una decisión en

Take advantage from Aprovechar

Take after somebody Parecerse a una persona

Take an active part Participar activamente

Take before the Court any such steps as may be necessary or required to obtain... Adelantar ante el tribunal los trámites necesarios para obtener...

Take courage Cobrar aliento

Take credit Atribuirse el crédito

Take charge of Asumir *(un cargo)*

Take into due account Tener debidamente en cuenta

Take (legal) effect Entrar en vigor

Take office Tomar posesión de un cargo

Take on *(an obligation)* Contraer

Take part in an exhibition Exponer

Take root *(somewhere)* Arraigarse

Take steps Hacer gestiones

Take the acknowledgment or proofs of deeds and other instruments in writing Tomar reconocimientos o pruebas de escrituras y de otros instrumentos escritos

Take the necessary procedures as required by the criminal ordinances Realice los trámites necesarios en conformidad con las disposiciones penales

Take the necessary steps Hacer lo pertinente

Take the place of Desplazar

Take the proof and acknowledgments of deeds for the conveyance of land, tenements or hereditaments Realizar pruebas de escrituras para el traspaso de terrenos, tenencias y herencias

Take the steps required for... before... Adelantar los trámites

Take up residence Radicarse en

Take *X* along with him Sacándolos consigo

Takeover *(n.)* Toma, adquisición

Taking of deposits Aceptar depósitos

Taking turns with Alternando con

Talent Aptitud, don

Tariff schedule Numeral arancelario

Tarry Demorar

Task Faena

Tax *(n.)* Gravamen

Tax *(v.)* Gravar

Tax accounting Contabilidad fiscal

Tax administration Administración tributaria

Tax authorities Autoridad fiscal

Tax avoidance Evasión de impuestos

Tax burden Carga fiscal

Tax collector Recaudador de impuestos

Tax Collector's Office Oficina receptora de fondos nacionales

Tax Control Division División de control fiscal

Tax cuts Reducción de impuestos

Tax deductions Desgravamen

Tax evasion Evasión del impuesto

Tax haven Paraíso fiscal

Tax incentive Incentivo fiscal

Tax liability Obligación tributaria/taxativa/impositiva

Tax payable Impuesto a pagar

Tax planning Planificación tributaria

Tax policy Política fiscal

Tax preference items (TPI) Privilegio fiscal, rubros con tratamiento preferencial

Tax rate Tasa impositiva

Tax release Solvencia

Tax return Deducciones

Tax return form Formulario/impreso/ modelo de/planilla para la declaración de impuestos *(hisp.)*

Tax revenues Recaudación fiscal

Tax savings Ahorro impositivo

Tax treaty Tratado impositivo

Tax year Año fiscal

Taxable Gravable

Taxable earnings Ganancias gravables, beneficios imponibles

Taxable income Renta o utilidad gravable

Taxable profits Ganancias gravables

Taxation Gravamen

Taxation Code/Tax Code Código orgánico tributario

Taxation policy Política fiscal

Taxes Tributos

Taxes assessed Impuestos puestos al cobro

Taxes, imposts, levies or duties of any nature Impuestos, derechos, gravámenes u obligaciones de cualquier índole

Taxpayers in the lower income brackets Contribuyentes de menores ingresos

Teacher's College Colegio Mayor, Instituto pedagógico *(hisp.)*

Teaching Docencia, docente

Teaching staff Cuerpo de profesores

Tear down Derribar

Technical assistance agreement with Contrato de asistencia técnica con

Technical consultants Asesores técnicos

Technical cooperation agreement Convenio de cooperación técnica

Technical cooperation mission Misión de cooperación técnica

Technical cooperation request Solicitud de cooperación técnica

Technology transfer Transferencia de tecnología

Telegram with a prepaid reply Telegrama con acuse de recibo *(contestación pagada)*

Telephone conference (TC) Conversación telefónica

Television set Televisor

Telex to Telex a

Temporary Clause Cláusula transitoria

Temporary injunction Embargo provisional

Ten Decena

Tenant Arrendatario

Tendency (habits) Corriente

Tenders Licitaciones

Tending Tendentes a

Tenements Tenencia, propiedad

Term Plazo; (plur.) particulares, condiciones

Term stipulated for Plazo fijado

Term of the Agreement Duración del contrato

Terminal ***(n.)*** Terminal

Terminal building Terminal aéreo

Terminate Anular, rescindir, dar por terminado

Termination Rescisión

Terms and conditions of this Promissory Note will be governed by and construed in accordance with the laws of the government of ***X*** Términos y condiciones de este pagaré se regirán y serán interpretados en conformidad con las leyes de *X*

Terms of reference Términos de referencia

Terms of the ***X*** **settlement** Términos de la tramitación de *X*

Testamentary capacity Capacidad para otorgar testamento

Testify Dar fe

Testimonial of graduation from... Constancia de graduación *(hecho)*

Testimony ***(v.)*** Testimoniar

Thank (somebody) for (something) Agradecer *(+ compl. dir.)*

That is due to Corresponda a

That is to say (i.e.) Es decir...

That is... O sea

That provided for Lo previsto

That you transfer Se traslade

The above El documento que antecede

The above named child was born alive at the place and time and on the date stated above El niño antes mencionado nació vivo en el lugar, fecha y hora antes señalados

The alleged La pretendida

The annexed instrument is executed according to the laws of the State of ***X*** El documento anexo ha sido otorgado en conformidad con las leyes del Estado de *X*

The Articles of Incorporation and By-Laws of my Principal El acta constitutiva que a la vez le sirve de estatutos sociales a mi representada

The attempted La pretendida

The bearer of El portador de

The Board may by power of attorney... La Junta Directiva podrá, por vía del presente poder,...

The bonded El afianzado

The bonds of matrimony between ***X*** **and** ***Y*** **are hereby dissolved** Disuelto en consecuencia el vínculo matrimonial existente entre ellos

The borrower promises El prestatario se compromete a

The case which is pending in the Court El caso que está cursando ante el tribunal

The clerk read out El Secretario dio lectura

The coming years Los años futuros

The Conquest of America (by Spain) La Conquista Española

The contents of said instrument El contenido de dicho documento

The date it becomes demandable El día de su exigibilidad

The day and year last above written En la fecha antes señalada

The declaration between La declaración suscrita por

The dissolution of the bonds of matrimony is hereby declared Liquídese la comunidad conyugal

The documents produced being adequate/appropriate to proceed with this ceremony Siendo suficientes los documentos producidos para proceder al acto

The elderly Los ancianos

The exterior of La fachada, el aspecto exterior de

The fact is Es el caso

The failure of the holder of the Promissory Note to exercise any of its rights hereunder in any instance En caso de que el tenedor del pagaré dejare de ejercer cualesquier derechos emanados de este documento en caso alguno

The father shall have rights of visitation as follows/ in the following manner El derecho de visitas sea ejercido por el padre así:

The first named acting in the capacity of Procediendo el primero con el carácter de...

The following documents are required to carry out the proceedings before the Central Bank Se requiere la siguiente documentación para el trámite ante el Banco Central

The foregoing Lo antedicho

The former *(adj.)* El primero, aquél

The former *(n.)* Formador, matriz

The holder hereof El titular del presente

The holder of Portador de

The indebtedness has been cleared La deuda haya sido saldada

The individual whose description appears on the front page of this document La persona cuyos datos están contenidos en el anverso de este folio

The interested person La persona interesada

The judicial authority, however, will not entertain the complaint La autoridad judicial, puede, sin embargo, no estimar la demanda

The law of said State of *X* does require the impression of the Seal of such notary La ley del Estado de *X* exige la impresión del sello de dicho notario

The law provides La ley otorga

The making and performance by the seller of each document La suscripción y ejecución por parte del vendedor de cada uno de los documentos

The mandator El otorgante

The meeting was chaired by Mr. *X* Se inició la sesión bajo la presidencia del Sr. *X*

The Mercantile Registrar for the Judicial Circuit of the Federal District and State of *X* El Registrador Mercantil de la Circunscripción Judicial del Distrito Federal y Estado de *X*

The minor child was acknowledged by her father La menor fue reconocida por su padre

The obligations shall be joint and several Las obligaciones serán conjuntas y de diversa índole

The owner of all of the ownership rights in said corporation Titular único de todos los derechos de propiedad en dicha compañía

The partnership binds itself La sociedad se obliga por sí

The party of the first part; and the party of the second part... Por una parte; y por otra...

The person concerned/in interest La persona interesada

The plaintiff would have the burden of proof Correspondería al demandante aportar la correspondiente prueba

The powers and authority Las facultades

The principle that the Law is not retroactive El principio de irretroactividad de la ley

The propriety of La bondad de

The provisions Lo estipulado, lo previsto

The provisions in the following article shall constitute exceptions hereto Queda a salvo la cláusula siguiente *(constituye una excepción)*

The provisions of decree *X* Con lo establecido en el decreto *X*

The said... Dicha...

The said attorney of ours Nuestro apoderado nombrado

The said controversy shall be submitted to arbitration El asunto será sometido a la discusión de un árbitro

The same being Siendo el mismo

The same being the sole authority to try the action Los únicos tribunales competentes para conocer de las demandas

The same to be an imprint of the genuine official seal of the said *X* Dicha impresión es del sello oficial auténtico de *X*

The sense Lo sustantivo

The sentence from a court having due jurisdiction El fallo de un tribunal de jurisdicción competente

The Sheriff caused to be issued Hizo extender la señora Alcaldesa

The signature thereto is/to be genuine La firma que aparece en el mismo es auténtica

The title awarded El otorgamiento del título

The true and lawful attorney, agent and proxy of the undersigned En calidad de representante real y verdadero del suscrito

The undersigned official having been selected by the contracting parties to solemnize such marriage Habiendo sido el funcionario que suscribe el escogido por los contrayentes para presenciarlo

The whole/entire weekend Todo el fin de semana

The world over En el mundo entero

The writ including the proceeding pertaining thereto Con inclusión del auto que sobre ella recaiga

The years ahead Los Años futuros

Then Acto continuo, incontinenti, seguidamente

Then due En la fecha en que sea debida

Thence with the meander of the river Desde allí con el curso del río

There appear rubber stamps reading... Se encuentran estampados sellos de caucho/húmedos que dicen...

There being no further business, the meeting adjourned No habiendo otro asunto de que tratar, se levantó la sesión

There in after En lo sucesivo, posteriormente en, después, adelante

There in before Antes, más arriba, anteriormente

There is recorded Consta

There was one child born unto the parties hereto as the issue of their marriage De la unión matrimonial procrearon un hijo

Thereabout Aproximadamente, más o menos; cerca, alrededor; acerca de esto

Thereby Por éstos

Therefor Para ello, para este fin, para tal efecto; por las mismas, por lo cual, por lo que

Therefore Por lo tanto, por consiguiente, por ende, debido, en consecuencia

Therefrom De allí/ahí; de eso, de aquello

Therein Adentro; en el mismo, en ese respecto

Thereof De esto/eso, de allí/ahí, de los mismos

Thereon Encima de eso; luego, sobre eso/esto

Thereto A eso/ello; además; a la misma

Therewith Con la misma

These members shall remain in office three years La duración del cargo es de tres años

These provisions El presente reglamento

Thesis Tesis de licenciatura o postgrado

They are responsible in their own right Tendrán la responsabilidad de, y podrán actuar por iniciativa propia

They declare to submit themselves Ambas partes nos sometemos

They know and can thus declare Saben y les consta

They set their hands Habiendo manifestado su conformidad

They signed/set their hands in agreement therewith Habiendo manifestado su conformidad, firman

Thing Cosa, hecho

Thing or matter in default Cosa o asunto objeto de incumplimiento

Think of Calificar

Third Civil Court of First Instance/ Common Pleas Juzgado tercero de primera instancia en lo civil

Third Mercantile Court of the Federal District and State of *X* Juzgado tercero mercantil del Distrito Federal y Estado de *X*

Third party Tercera persona

This authentication does not involve/entail/imply any prejudgment concerning any other fact, of substance or form La presente legalización no prejuzga acerca de ningún otro extremo de fondo ni de forma

This bond yields 4% Esta obligación rinde el 4%

This certifies that Se certifica por la presente que

This is a true and exact copy of the original record La presente acta es copia fiel y exacta de su original

This is an unlimited power of attorney Este poder tiene carácter ilimitado

This is to authenticate the foregoing/above signature of Mr. *X* Se legaliza la firma que antecede del señor *X*

This item of the claim has no grounds Es improcedente el reclamo

This promissory note has been discounted at an interest rate for one year term A la suma otorgada por este pagaré le ha sido deducida una porción por concepto de intereses anuales

This record is complete for the academic work that *X* completed at Dicho expediente recoge todo el trabajo escolar realizado por *X*

This rectification plea Esta solicitud de rectificación

This to be a true copy Es copia fiel y exacta

Thorough Minucioso

Thoroughly Detenidamente

Those *(adj.)* Los *(art.)*

Threaten *(v.)* Amenazar

Through A través de

Through administrative means Por vía administrativa

Through mid-1995 Hasta mediados de 1995

Through ten semi-annual and consecutive payments En diez pagos semestrales sucesivos

Through *X* date Y el *(fecha)* inclusive

Throughout Spain Dentro de todo el territorio de España

Thus Así, de este modo

Thus *(+ v. continuous) (ex. He is thus purchasing)* Así lo compra

Thus far Hasta el presente

Thwart Contrarrestar

Tied Empatado

Tied resources Recursos ligados

Ties *(n.)* Vinculación

Time Fecha

Time bill Letra de cambio a plazo fijo

Time deposit Depósito a plazo

Time draft Giro a término

Time limit Plazo límite

Time sharing Tiempo compartido

Time span Lapso de tiempo

Timely Oportuno

Timely notice Notificación a tiempo

Title Derechos de propiedad; cargo

Title IV Título IV

Titles so purchased Títulos adquiridos

To...'s satisfaction/to the satisfaction of... A satisfacción de

To act in her stead, the true and lawful attorney, agent and proxy of the undersigned Para que actúe en su lugar en calidad de representante real y verdadero del suscrito/ en su nombre como mandatario real y verdadero del suscrito

To achieve the purposes thereof Para el logro de los objetivos propuestos

To all intents and purposes A todo efecto; prácticamente, en realidad, en el fondo

To all to whom these presents shall come, Greetings: A quienes las presentes vienen, reciban salud

To be attached to Para acompañar

To be considered Se reputa *(se considera)*

To be held Que tendrá lugar

To be held in confidence A título confidencial

To be in... Dedicarse a...

To be in an amount established Por el monto establecido

To be stated Se harán constar

To be submitted to the Municipal Council Para su presentación al Concejo

To be the attorney or attorneys of the company Para que actúen como apoderado o apoderados de la compañía

To consider the following agenda Para tratar el siguiente orden del día

To cover this risk Cobertura de este riesgo

To discuss aspects connected with A fin de tratar aspectos

To do and perform all and every act and thing whatsoever, requisite and necessary to be done in and about the premises Para realizar, sin excepción alguna, cualquier acto o trámite que fuere requerido o necesario en o respecto de dicha propiedad

To do's Lista de actividades pendientes

To file the briefs on Para llevar dichos registros

To forward Devolver

To gain access to Ganar acceso

To have access Tener acceso

To have and to hold singularly the said aircraft forever Derecho a hacer uso de la aeronave en forma exclusiva e ilimitada

To inquire on Para averiguación de

To inquire on objections Averiguación de oposiciones *(para)*

To make acknowledgments, affidavits and proofs of deeds or conveyances for land, tenements or hereditaments Para realizar reconocimientos, declaraciones juradas y pruebas de escrituras o traspasos de terrenos, tenencias y herencias

To make payment De hacer el pago

To me known, and known to me to be the individual described in the foregoing power of attorney Quien me es conocido y me consta es la persona señalada en el poder que antecede

To me personally known A quien conozco personalmente

To meet *(something)* Cumplir con *(algo)*

To put through legally Darle curso legal

To serve as Actuar *(como)*

To state Para exponer

To such addresses as hereafter shall be furnished A las direcciones que más adelante se mencionan

To such effect Para este efecto, para tal efecto, al efecto

To such effect/respect the parties agree that Al respecto se conviene

To such end A tales fines

To take Office *(on... date)* Juramentar *(un presidente)*

To take up... *(you set yourself a goal)* Dedicarse a

To terminate Dar por terminado

To the account of the spouse *X* A favor del cónyuge *X*

To the best of my knowledge and belief A mi leal/buen saber y entender

To the effect that the undersigned or the guarantor is bankrupt, insolvent or in suspension of payments En el sentido de que la suscrita o el fiador está en quiebra, insolvente o en suspensión de pagos

To the effects of A los fines/efectos de

To the exclusion of Excluyendo a

To the extent possible En la medida posible

To the extent that En la medida que

To the jurisdiction of which courts they declare to submit themselves in the event of disputes A la jurisdicción de cuyos tribunales en caso de controversia, ambas partes nos sometemos

To the order of A la orden de

To this day Hasta el presente

To turn *X* Cumplir *X* años

Together Con todos

Together with all the appertaining honors, rights and responsibilities Con todos los correspondientes honores, derechos y responsabilidades

Tort Acto dañoso; agravio

Totaling... Asciende a...

Totally paid Pagado en su totalidad

Town Ciudad

Town Council Cabildo, ayuntamiento

Town Hall Cabildo, ayuntamiento

Trace Indicio

Tract 37 North Sector 37 Norte

Trade *(n.)* Tráfico; despacho

Trade *(v.)* Negociar

Trade acceptance Aceptación comercial

Trade accounts receivable Cuentas comerciales por cobrar

Trade association Asociación mercantil

Trade balance Balanza comercial

Trade name Denominación comercial, razón social

Trade pattern Patrón de comercio

Trade secrets Secretos profesionales

Trade unions Sindicatos

Trademark Marca de fábrica, marca registrada

Trademark license Licencia de uso

Trademark License Agreement Convenio de licencia de uso

Tradeoff *(n.)* Ventajas recíprocas

Trading account Cuenta de compraventa

Traffic Tráfico

Train Adiestrar

Training Adiestramiento

Training of personnel Capacitación de personal

Transaction *(sing.)* Transacción *(poco frecuente)*

Transactions Trámites

Transcript Expediente académico; copia

Transcript was made upon request from Copia que se expide a solicitud de

Transfer *(n.)* Transferencia

Transfer *(v.)* Ceder

Transfer credit Equivalencia

Transfer check Comprobación de transferencia

Transfer of assets Traspaso de bienes

Transfer tax Impuesto que grava la venta de acciones

Transfer, sell, assign, or otherwise dispose of any and all interest which I may have individually, or as the wife of *X*, in a commercial real estate Transfiera, venda, ceda o de alguna otra manera enajene cualesquier intereses que yo tuviese personalmente o como esposa de *X* en el bien inmueble de tipo comercial

Transferable Transferible, cedible

Transient Pasajero, efímero, momentáneo

Translation of currencies Traslación de monedas

Transportation Traslado

Transportation prepaid Transporte pagado por anticipado

Transportation to *X* to collect Traslado a *X* para buscar

Transshipment Transbordo

Travel expenses Viáticos

Traverse on questions of fact Negación de los hechos

Traverse on questions of law Negación del derecho

Treasury Department Ministerio de Hacienda, Hacienda

Treasury income Ingresos del Tesoro

Trend Corriente

Trespass Invadir tierras

Trial Audiencia final

Trial balance Balance de comprobación

Triennium Trienio

True and lawful attorney Apoderado/mandatario leal y verdadero

True name Verdadero nombre

Trust account Cuenta en fideicomiso

Trust company Compañía de fideicomiso

Trust deed Escritura de fideicomiso

Trust fund Fondo en fideicomiso

Trust receipt Justificante de depósito, recibo fiduciario

Trustee (person) Síndico, regentes

Trusts Fideicomisos

Trusts Funds Fondos de fideicomiso, fondos fiduciarios

Truthful Ciertas y exactas

Try to cope Intentar resolver

Tuition Matrícula

Turnkey Contract Contrato llave en mano

Tutelage Tutela

Tutorship Pasantía

Two identical copies of this document were made for the same purpose Se hacen dos ejemplares de un mismo tenor y a un mismo efecto

Type Índole

Type of settlement Forma de liquidación

U

INGLÉS

Ultimate balance Último saldo

Ultimate consumer Consumidor final

Ultimate resources Límite de reservas

UN Revolving Fund Fondo rotatorio de las Naciones Unidas

Unanimously Por aclamación

Unappropriated balance Saldo no asignado

Unassigned capital Capital no asignado

Unavoidable Forzosa

Unbalance Desnivel

Uncalled amount Cantidad no exigida

Unceasing Incesante

Unchecked Sin restricciones

Uncollectible accounts Cuentas incobrables

Uncollectibles *(n.)* Cuentas incobrables

Uncommitted capital resources Recursos de capital no comprometidos

Uncommitted Guidance Facility Letter for Short Term Receivables Purchases and Sales Carta de facilidad para asesoramiento imparcial acerca de la compra y venta de activos exigibles a corto plazo

Uncommitted Recourses Recursos no comprometidos

Uncork Descorchar

Uncovered yard Patio descubierto

Under En virtud de lo cual, por virtud de, de conformidad con, previsto/estipulado/establecido en (ley, *art.*)

Under 2 Menor de

Under contracts Cubiertas por contratos

Under oath Bajo juramento

Under our standard conditions of sale Bajo nuestras condiciones normales de venta

Under similar conditions En condiciones similares

Under the auspices of Bajo los auspicios de

Under the touch of De manos de

Under this Power of Attorney En virtud del presente mandato

Undercut Socavar

Underemployment Subempleo

Undergo Experimentar

Undergraduate Pregrado

Underlie Sustentar

Underlying bonds Obligaciones principales

Underlying cause Causa subyacente

Undersigned Suscrito

Undertake Abordar; comprometerse, obligarse a, prometer; encargarse de

Undertakes to deliver Se compromete a pasar

Undertaking *(n.)* Empresa; gestión de negocios

Underwrite Suscribir *(una emisión de valores)*

Underwriter Asegurador, evaluador de riesgos

Underwriter 2 Corredores especializados en la colocación de emisiones en el mercado primario

Underwriting Operación de colocación de emisiones para posterior reventa en el mercado primario

Underwriting 2 Garantías y avales

Underwriting the expenses Cubrir los gastos

Undisbursed balance Saldo no desembolsado

Undisbursed participation Participación no desembolsada

Unequivocal Inequívoco

Unequivocally Indudablemente

Unevenness (landscape) Desnivel

Unexpected Imprevista

Unforeseen Imprevista

Unfriendly Esquivo

Uninterrupted Incesante

Union barren of issue Matrimonio sin hijos

Union contract Contrato sindical

Union of interests Conjunción/comunidad de intereses

Union sector Sector sindical

Unionized Agremiado

Unique Singular

Uniquely defined Definido de una manera única

Unit Dependencia, departamento

Unit 2 Unidades habitacionales

Unite Fundirse en

Unjustifiable refusal to pay Negativa injustificada a pagar

Unlawful entry Allanamiento

Unless A menos que, a no ser que, excepto/salvo que, a excepción de

Unless and except as Salvo que y excepto como

Unless it shall first have obtained the consent of the company in writing Salvo previo consentimiento de la compañía por escrito

Unless required by law A no ser que lo disponga la ley

Unless the context otherwise requires A menos que el contexto exija una interpretación diferente

Unlimited Carácter ilimitado

Unlimited power of attorney Poder de carácter ilimitado

Unload Descargar

Unmarried Soltero

Unmet No cumplidas

Unmistakable Inequívoco

Unobtrusively En forma desapercibida

Unpaid Pendiente de pago

Unpaid capital Capital pendiente de pago

Unpaid capital balance Saldo insoluto del capital

Unqualified Sin salvedad

Unqualified opinion Dictamen limpio, sin salvedad

Unremovable Inamovible

Unruly Desordenado

Unsettled account Cuenta pendiente

Unsolvable Insoluble

Until Hasta

Until full payment has been made Hasta el pago total

Until replaced Hasta tanto sea sustituido

Until revoked Hasta/en tanto no sea revocado

Until revoked by a subsequent certificate En tanto no sea revocada por una certificación posterior

Until such time as... Mientras, hasta tanto

Untrue Incierto, inexacto

Unwritten law Derecho consuetudinario

Up to now Hasta ahora

Up to that/ such time Hasta ese momento

Upon Previo; a raíz de; sobre; según

Upon *(+ n.) (i.e. Upon revocation)* Al *(+ v.) (ej. Al revocarse)*

Upon admission of the request Admitida la solicitud

Upon authorization by/from Una vez concedida la autorización, previa autorización de

Upon compliance with all the legal formalities Previas las formalidades legales

Upon deductions of costs directly related with this transaction Una vez restados los gastos directamente relacionados con esta transacción

Upon due compliance with every/all the requirements as provided by Law Previo el cumplimiento de los requisitos exigidos por la ley

Upon entering Extendida; una vez extendida

Upon entering this record in the appropriate Register Extendida inmediatamente la presente acta en el libro correspondiente

Upon infringement En el momento del incumplimiento

Upon receipt Al recibir/ser recibido

Upon recommendation of the faculty Por recomendación del cuerpo docente

Upon request from A solicitud de

Upon revocation of this certificate Al revocarse esta constancia

Upon the counsel of Asesorado por

Upon the final development Al efectuarse el proyecto urbanístico definitivo

Upon the occurrence Luego de la ocurrencia

Upon the occurrence of any of the following events Al ocurrir cualquiera de los eventos siguientes

Upon the recommendation of the Faculty Por recomendación del cuerpo docente

Upon which Respecto del cual

Uprooted Desarraigados

Upward bias Sesgo por exceso

Urban Credit Mortgage Bank Banco Hipotecario de Crédito Urbano

Urge from Instar

Urge to Instar a

Urged Apremiadas por

Use Aplicación

Use best efforts Hacer todo lo posible, desempeñar sus mejores esfuerzos

Use the argument of defect of form of the complaint Alegar defecto de forma del libelo

Usefulness Utilidad

Useless Inútil

Utilities Empresas de servicios públicos

Utility Utilidad

Utility bills Cuentas de servicios

Utility services Servicios públicos

V

INGLÉS

Vacating of the premises Desalojo, desocupación

Valid Vigente

Valid for one year Válido por un año

Validate Hacer válido, justificar

Validity: one year Válido por un año

Value Importe

Value date Fecha de valor/efectiva

Value for collection Valor al cobro

Value of the net fixed assets Valor del activo fijo y neto

Value parted with Valor compartido

Value received Valor recibido

Value-added processing Valor agregado por procesamiento

Vault Bóveda

Venture *(n.)* Empresa

Venture *(v.)* Arriesgar

Venture analysis Análisis de operaciones arriesgadas

Verb + so De esa manera *(referencia a lo anterior)*

Verdict (Court case) Decisión de culpabilidad en un caso: veredicto

Verify Constatar

Verily believe Y en verdad creo

Versus Contra

Very affectionately Entrañablemente

Vessel Embarcación, buque

Vessel mortgage law Ley de privilegio e hipotecas navales

Vest Conferir

Vested Conferido, investido

Vice Consul Vicecónsul

View Criterio; opinión

Vital Records Unit Unidad de estadísticas vitales

Vividly Claramente

Viz. (namely) A saber

Vocational counselor Consejero vocacional

Voided check Cheque anulado

Volume Caudal; tomo, volumen

Volume exported Volumen exportado

Volume of business Volumen de negocios

Volume shipped Volumen embarcado

Voluntary Deliberada

Voluntary confession Confesión espontánea

Voluntary dismissal of action Desistimiento

Voluntary dividend Dividendo voluntario

Voluntary jurisdiction Jurisdicción voluntaria

Voluntary manslaughter Homicidio voluntario ocurrido en forma imprevista

Vote La votación

Vote all membership rights owned by the undersigned Ejercer el voto haciendo uso de todos los derechos de miembro que corresponden al suscrito

Voting *(adj.)* Con derecho a voto

Voting *(n.)* El voto

Voting owner Propietario con derecho a voto

Voting power of the member countries Países miembros con derecho a voto

Voting preferred Con derecho a voto

Voting qualifications Requisitos para votar

Voting representatives Sustituto a efectos del voto, representante a/para la votación

Voting stock Acciones con derecho a voto

Voting trust certificate Certificado de fideicomiso con derecho a voto

Voting trustee Fideicomisario

Vouch Garantizar

Vouch charges and credits Justificación de los cargos y abonos

Voucher for Comprobante/recibo de pago

Voucher for payment Comprobante de pago

W *INGLÉS*

Wage *(n.)* Salario

Wage *(v.) (a war)* Enfrentar

Wage continuation plan Plan de salarios continuos

Wage scale Tabulador de cargos y salarios

Wail Clamar

Wait for Esperar *(+ compl. dir.)*

Waive Renunciar, rescindir

Waive a claim or abandon an action Desistir

Waiver Renuncia

Waiver or estoppel to assert its right Renuncia o impedimento de hacer valer su derecho

Waiver premium Exoneración del pago de la prima

Warehouse Depósito, almacén, bodega

Warehouse-keeper Vigilante *(gen. nocturno)*

Warehousing Almacenamiento

Wares Efectos

Warn Exhortar

Warning: Se advierte *(= advertencia)*

Warrant of arrest Orden de arresto; auto de detención

Warranty deed Escritura de propiedad con garantía de título

Warranty *(products)* Garantía

Wasting assets Activos agotables

Watch over Velar

Watchman Vigilante *(gen. nocturno)*

Water supply Dotación de agua

Watered capital Capital desvalorizado o diluido

Wave *(people)* Corriente

Ways and means Fórmulas

We declare under oath that this matter is urgently required Juramos la urgencia del caso

We further declare that the assets and liabilities of the marital community include/are the following Declaramos por otra parte, que componen el haber y las cargas de la sociedad conyugal los siguientes bienes y pasivos

We have learned Se supo

We only maintain and honor authorized requests for records Sólo nos encargamos de conservar dichos registros y únicamente atendemos solicitudes autorizadas de los mismos

We pledge to reconfirm this on the occasion of each additional endorsement, if requested and required Convenimos en reconfirmar dicha validez y autenticidad en la oportunidad de cada nuevo endoso, si así se solicitare o exigiere

We the applicants named in this certificate, each for himself, Los solicitantes nombrados en este certificado, cada quien por separado,

We therefore award this diploma as Le otorgamos el presente diploma

We will take reasonable steps Tomaremos las medidas necesarias para

Weakness Debilidad

Wear and tear Deterioro

Wear away Erosión

Wed Contraer matrimonio

Wed by proxy Contraer matrimonio por poder

Weigh anchor Levar anclas

Weighted average Promedio ponderado

Weighting coefficient Coeficiente de ponderación

Welfare Beneficencia pública

Well known Destacado

Well-mannered Educado

Went to Gestiones en

Went to court on matters involving Realizó gestiones en el tribunal

Wharf Muelle

Whatever *X* may be Cualesquiera que sea

Whatsoever Que fuere sin excepción alguna

Whatsoever 2 Cualquier cosa que, lo que, todo lo que

Whatsoever 3 *(pron.)* Cualquier, alguno, de cualquier clase; cualquiera que sea

When En el caso de, si, en los casos en que

When all is said and done Al fin y al cabo

When due En el momento de su/a su vencimiento

When it be/is so justified Cuando así se justifique

When received A su recepción

When, as and if... En la oportunidad en que, de la manera que, y en caso de que

Whereabouts Paradero

Whereas Mientras, en cambio, por cuanto

Whereas 2 Considerando que, por cuanto, visto que, en vista de que, puesto que

Whereby Mediante la cual, a través del cual, en que se

Wherefor Para lo cual

Wherefore (+ formal) Por lo que

Wherein En que, donde, en la cual

Wheretofore it is ordered, adjudged and decreed that Declara con lugar la solicitud de...

Whether *(conj.)* Si, ya sea

Whether *(prep.)* Cuál *(de los dos)*

Whether nominated directly or indirectly by the Board Que hayan sido nombradas directa o indirectamente por la Junta Directiva

Whether of similar nature or otherwise Sea de naturaleza similar o no

Whether or not Si...

Which Sin que ello signifique/implique, sin que por ello

Which are inconsistent or contradictory with these regulations Que coliden o converjan con el presente reglamento

Which *(+ n.)* N *(+ que) (ej. revocaciones que)*

Which assignment is contained in document authenticated under no. ... Cesión que consta de documento autenticado bajo el nº ...

Which contains the deed of sale Contentivo de la venta

Which is hearing the appeals filed by Atendiendo apelaciones interpuestas por

Which is my rightful property De mi legítima propiedad

Which is said/claimed/alleged to have been Que se dice

Which is the object of A que se contrae

Which may be attributed to Atribuible a

Which may be properly presented for action at such meeting Que fueren debidamente presentados para la correspondiente decisión en dicha asamblea

Which might hinder any satisfactory settlement between the parties Que no hiciere posible un acuerdo satisfactorio entre las partes

Which now amounts to/ now amounting to *X* per month Valor que asciende en la actualidad a *X* mensuales

Which provides for the rights and obligations of spouses/ married couples Que establece los derechos y deberes de los cónyuges

Which revocations shall be without prejudice to and in addition to any other remedies available under law Revocaciones que se harán sin perjuicio alguno de, y además de cualquier otro recurso legal disponible de conformidad con la ley

Whichever is greater Cualquiera que sea mayor

Whichever is the earlier Sea cual fuere la situación que se diere primero

Whichever may be higher Cualquiera que sea mayor

White-collars workers Oficinistas

Who died intestate Fallecido ab-intestato

Who executed the above instrument Quien otorgó dicho documento

Who was at the time Quien era para entonces/ para la fecha

Who was at the time as he styles himself Quien era para la fecha como él mismo se titula

Who was at the time of executing this document as stated therein Quien para la fecha del otorgamiento del presente documento era como en él se expresa

Who were to sign Que debe subscribirla

Whoever replaces him Quien haga sus veces

Wholesale business Negocio al mayor

Wholesale marketplace Mercado de abasto

Wholesaler Mayorista

Whomsoever Persona alguna

Whose name is subscribed Cuyo nombre aparece suscrito/firmado al pie del mismo

Wild Desordenado

Will be governed by Regirse por

Will do so Procederá a

Will form the basis Formará la base

Will you accept *(name)* as your lawful wife? ¿Toma Ud. por esposa a *(nombre)*?

Willfully En forma intencional/premeditada

Win Granjearse

Wind up Finiquitar; liquidar *(disolver)*

Winding up Liquidación, dar por finalizadas sus operaciones

Window display Vitrina

Winning titles Títulos favorecidos

Wisdom Acierto

Wish for Aspirar a

Wish to declare Querer dejar constancia

With Ante *X*

With commercial domicile in Domiciliada en

With full power and authority as provided for by law En la forma más amplia permitida por el derecho

With full power of substitution and revocation Con pleno poder/autoridad para sustituir y revocar

With full power of substitution for and in the name, place and stead of the undersigned Con pleno poder/autoridad para sustituir a nombre y en representación del suscrito

With its principal office at Con sede principal en

With main offices in Domiciliada en

With my own funds Con dinero de mi propio peculio

With no detriment of the application of the appropriate/pertinent penalties Sin perjuicio de la aplicación de las sanciones correspondientes

With option Con opción

With or without overdraft privileges A descubierto o con provisión de fondos

With overdraft privileges Con provisión de fondos

With place of business Domiciliada en

With prior notice in a newspaper having a large circulation in the country Previa convocatoria por prensa de amplia circulación

With prior written approval Salvo previa autorización por escrito

With prior written consent Salvo previo consentimiento por escrito

With regard for Sin menoscabo de

With regards to En referencia a, por lo que respecta, con respecto a

With reserve of ownership Con reserva de dominio

With respect to En relación con; respecto de, sobre; ante

With the exclusion of Con exclusión de

With the fullest power and authority En la forma más absoluta

With the passing of time Con el correr del tiempo

With the provisions of Con lo establecido

With written notice Mediante notificación por escrito

With *X* and *Y*, being in official attendance Constituidos los Sres. *X* e *Y*

With *X's* consentment De común acuerdo con

With years Con el correr del tiempo

Withdraw Alejar; retirar

Withdrawable Exigible

Withdrawal Retiro

Withdrawals of cash Retiros de caja

Withheld pay Pago retenido

Withhold Negar, rehusar, denegar *(más formal)*; retener

Withhold from Abstenerse de

Withhold further shipments Retener envíos subsiguientes

Withholding Retención

Within Dentro del marco de

Within a period no later than/ not exceeding En un lapso no mayor de

Within a short period En breve término

Within a *X* day period Para un período de *X* días

Within our means A nuestro alcance

Within the *X* working/court days following the time of each payment Dentro de los *X* días hábiles siguientes a la fecha de cada pago

Within the legal term Dentro del plazo legal previsto

Within the stipulated time limit Dentro del plazo legal previsto

Within the term provided by law Dentro del plazo legal previsto

Within the time limit established therefor Dentro del plazo legal previsto

Within Spain Dentro del territorio de/dentro de España

Without any deduction Sin reducción alguna

Without any restriction whatsoever Sin limitación alguna /en la forma más amplia permitida por el derecho

Without cause Sin necesidad de motivo suficiente, sin motivo suficiente

Without due process of law Sin el proceso debido

Without first obtaining Sin el previo

Without justification Insubsistente

Without limit as to amount Sin límite en cuanto a cantidad

Without prejudice and bias Sin prejuicios ni preferencias

Without prejudice to the provisions of the preceeding article Sin perjuicio de lo previsto/dispuesto en el artículo anterior

Without protest or notification Sin aviso ni protesto

Withstand intense sensitivity analysis Soportar intensos análisis de sensibilidad

Witnesseth: Da fe; evidencia

Witticism Ocurrencia

Woman Mayor Alcaldesa

Work Faena

Work contract/agreement Contrato de trabajo

Work done on drafting... Trabajo en...

Work in the capacity of... Trabajar como...

Work out Solucionar, resolver

Workable Factible, practicable, viable

Workable competition Competencia factible

Working capital Capital circulante, capital de explotación, capital de trabajo

Working days Días hábiles

Working group Grupo de trabajo

Workmen's compensation insurance Seguro social de obreros

Workplace environment law Ley del medio ambiente de trabajo

Works in the capacity of Trabaja como

Workshop Taller *(curso práctico)*

Worse yet Lo que es peor

Worship Culto

Worth of Por un valor de

Worthless accounts Cuentas sin valor

Would be Fuere, causare

Would cause Fuere, causare

Wrap-up Cierre

Writ Mandamiento *(únicamente el que emite el tribunal)*

Writ of attachment Auto de embargo

Writ of proceedings Escrito/libelo de demanda

Writ to acknowledge illegitimate child *(minor)* Reconocimiento de hijo natural *(menor)*

Writ to acknowledge illegitimate child (of legal age) Reconocimiento de hijo natural (mayor)

Writ to rectify name Escrito para rectificar el nombre

Writ to rectify the birth certificate Escrito para rectificar la partida de nacimiento

Write checks Girar cheques

Write off Cancelar, anular, eliminar, suprimir

Write up the agenda Redactar el orden del día

Written ballot Votación por escrito

Written promises Compromisos escritos

Wrong *(v.)* Agraviar

Y INGLÉS

Year (-th) of Independence Año de la Independencia

Year at *(date)* *(X)* año al *(fecha)*

Year term credit Pagadero en *(X)* años de plazo

Year term credit at *X*% Crédito al *X*% pagadero en *X* años de plazo

Year-end bonus Aguinaldo *(bonificación de fin de año)*

Yearning Anhelo, deseo vivo

Years since Federation Año de la Federación

Years' grace Años de gracia

Yield *(n.)* Renta, producción, rédito, rendimiento

Yield *(v.)* Rendir, redituar, devengar, producir *(Com.)*

Yield earned Devengar fruto

Yield *X* % Rendir *X* %

You proceed Se sirva

Your Honor Su Señoría, Señor Juez

Z INGLÉS

Zeal Celo

Zenith Momento principal

Zero real growth budget Presupuesto exacto *(sin crecimiento)*/de crecimiento cero/de base cero